KB105037

묵시록의 네 기사

하이브리드 총서 09

묵시록의 네 기사

© 복도훈, 2012

초판 1쇄 인쇄일. 2012년 2월 13일
초판 1쇄 발행일. 2012년 2월 28일

지은이. 복도훈
펴낸이. 강병철
주간. 정은영

기획편집. 이혜영, 문여울, 한승희
디자인. 워크룸, 이연경
제작. 고성은
영업. 조광진, 장성준, 김상윤
마케팅. 전소연, 박제연
웹홍보. 정의범, 조미숙, 한설희, 이혜미

펴낸곳. 자음과모음
출판등록. 2001년 5월 8일 제20-222호
주소. 121-840 서울시 마포구 서교동 396-33
전화. 편집부 02.324.2347 / 경영지원부 02.325.6047~8
팩스. 편집부 02.324.2348 / 경영지원부 02.2648.1311
홈페이지. www.jamo21.net
독자카페. cafe.naver.com/cafejamo
이메일. inmun@jamobook.com

ISBN 978-89-5707-640-8 (04100)

잘못된 책은 교환해드립니다.
저자와의 협의하에 인지는 붙이지 않습니다.
가격은 뒤표지에 있습니다.

이 책은 2011년 경기문화재단의 '문화예술진흥지원금'을
받았습니다.

하이브리드 총서 9

묵시록의 네 기사

복도훈

자음과모음

예정된 미래를 바꿀 수 있는가.
/ 조하형, 『조립식 보리수나무』

다시 동쪽으로 이백 리를 가면 태산이라는 곳인데 산 위에서는 금과 옥이
많이 나고 광나무가 많이 자란다. 이곳의 어떤 짐승은 생김새가 소 같은데
머리가 희고 외눈에 뱀의 꼬리가 있다. 이름을 비蜚라고 하며 물을 지나가면
물이 마르고, 풀을 지나가면 풀이 죽는다. 이것이 나타나면 천하에 큰
돌림병이 생긴다. / 『산해경』

재난을 몸처럼 귀하게 여겨라貴大患若身.
/ 노자, 『도덕경』

어떤 시대에나 그 시대의 병폐, 그 시대의 타락, 그 시대의 고뇌, 그 시대의
불안, 그 시대의 위기가 있어서, 그 시대를 사는 사람들은, 그 시대 사람들
나름으로, 말세가 가까이 왔다고 생각을 하는 것이 아닌가 하고 있습니다.
이 말은 바꾸면, 말세는 그래서 한 번만 오는 것이 아니라 되풀이해서
나타나는 것이라는 의미며, 모든 말세가 갖는 하나의 구조, 또는 하나의
전형이 아닌가 하는 것입니다. / 박상륭, 『죽음의 한 연구』

그러자 최후의 심판이 시작되고 모든 이는 상상의 눈으로 저마다 처한
상황에 따라 그 비전을 보니라. / 윌리엄 블레이크William Blake, 「최후 심판의
비전A Vision of the Last Judgment」

추수 때 잡초들은 하나님의 포도원에서 마땅히 뽑아야만 합니다. 그래야만 아름다운 붉은 밀이 깊이 뿌리를 내려 올곧게 자라날 것입니다. 신령한 지혜의 분노를 집행하는 하나님의 진지한 종들인 천사들은 이러한 목적을 위해 낫을 갈고 있습니다. / 토마스 뮌처Thomas Müntzer, 「주군들 앞에서의 설교Fürstenpredigt」

유토피아는 급진적 차이의 장소가 될 것이다. 유토피아에서 우리는 우리 자신에게 상상하기조차 어려운 외계인이 된다. 그리고 소외되지 않은 삶이 모든 것들 중에서도 가장 낯선 것임이 증명되리라. / 프레드릭 제임슨Fredric Jameson, 『미래의 고고학Archaeologies of the Future』

우리는 태어나기 위해, 그리고 계속 존재하기 위해, 도래할 미래가 되기 위해 싸워야 합니다. 그것이 우리가 당신에게 온 이유입니다. / 마지 피어시Marge Piercy, 『시간의 경계에 선 여자Woman on the Edge of Time』

서문

1.

한국문학에서 '오컬트'의 당당한 영예를 누리고 있는 박상륭의 장편소설 『죽음의 한 연구』(1975). 서른세 살의 학승學僧인 주인공은 김 장로의 교회에서 몇 안 되는 신도를 앞에 두고 불교에서 기독교, 연금술에 이르는 난해한 이론을 설파한다. 아직도 그 형이상학적 의미가 제대로 해독解讀, 解毒되지 않은 『죽음의 한 연구』의 저 흥미진진한 설교를 하는 도중에 주인공은 파트모스 섬에 유배된 채 로마제국의 멸망을 고대하면서 사도 요한Saint John이 썼다고 알려진 「요한계시록」의 '묵시록의 네 기사騎士'에 대해 다음과 같은 해석을 내리고 있다.

> 저 장면은 확실히 말시의 풍경인 듯합니다. 그러나 소승이 짐작키로는, 어떤 시대에나 그 시대의 병폐, 그 시대의 타락, 그 시대의 고뇌, 그 시대의 불안, 그 시대의 위기가 있어서, 그 시대를 사는 사람들은, 그 시대 사람들 나름으로, 말세가 가까이 왔다고 생각을 하는 것이 아닌가 하고 있습니다. 이 말은 바꾸면, 말세는 그래서 한 번만 오는 것이 아니라 되풀이해서 나타나는 것이라는 의미며, 그래서 저 〈네 기사〉의 지옥화를 소승이 이해한 바로는, 모든 말세가 갖는 하나의 구조, 또는 하나의 전형이 아닌가 하는 것입니다.

다른 어떤 이론보다도 위 구절은 '묵시록 서사apocalypse narrative'의 전반적인 특징을 정확하게 압축해 보여준다. 『묵시록의 네 기사』의 본문에서도 자주 언급하겠지만, 묵시록 서사는 인간이 단 한 번 자신의 종말끝, Ende을 맞이한다는 위기의식 속에서 촉발되어 시작과 끝을 재구성하려는 욕망에 의해 플롯이 만들어지는 픽션이다. 누구에게나 자신의 죽음은 곧 자신이 살아

온 세계에 대한 종말이라는, 다른 무엇으로도 대체 불가능한 인식과 상상에서 비롯된 픽션. 프랭크 커머드Frank Kermode가 결말이 어떻게 될지 갈피를 잡기 어려운 '중간에 대한 감각'이라고 부르는 것 속에서 사람들 각자는 자신의 시대를 결핍된 것, 위기의 소산, 말세로 체험하기에 이른다.

그런데 『칠조어론七祖語論』(1990)에 오면 유리羑理의 칠조촌장인 촛불 중이 다시 이렇게 말한다. "헤, 헤, 헨뎁지, 이것은 순전히 촌견村畎입지만, '말세'란 유정有情의 수만큼이나 있어, 그 유정이 하나씩 식을 때마다, 하나씩의 말세가 와, 그 유정을 음부에다 처넣는 것이 아닌가 하고 있습지. 죽음 말입습지. 어차피, 지은 업에 의해 새로 살입어 새로 한 벌의 운명을 운영하러 무엇이, 다시 돌아오지 않는다면, 한 유정들께마다 오는 한 번의 죽음은, 그 한 유정께는, 한 우주의 종말일 수밖에 없거든입지. 이상한 것은 헌데도, 특히 인간이라는 유정 하나만은, 자기들의 확정된 죽음에 대해서는 그렇게 잘 상상하지를 못하면서도 다만, 예정만 되어 있을 뿐으로 미정未定의 말세, 집단의 죽음의 날, 한 천지가 깡그리 소멸되어져버린다는 날에 관해서는 지나칠이만큼 잘 상상하고 있다는 그것이고, 그것은 경악을 금하지 못하게 합습지."

방금 읽은 마지막 문장에는 미묘한 반전이 있다. 자신의 죽음에 대해서는 상상력을 발휘하는 데 둔감한 인간들이 예를 들면 정작 천지가 요동침과 동시에 함께 산책 나왔던 애완견만 남기고 일제히 하늘로 올라가는 상상을 하는 데는 지나치게 활발하다는 것이다. 묵시록을 비꼬는 말이다. 물론 앨런 와이즈먼Alan Weisman이 쓴 생태주의 묵시록eco—apocalypse의 베스트셀러 『인간 없는 세상The World Without Us』(2007)과 동명의 유명한 다큐멘터리가 단적으로 예시하는 것처럼, 묵시록은 '인간 없는' 백 년, 천 년, 만 년 후의 세상을 보여줌으로써 재앙의 중심인 인간에 대해 적당히 경악하게 만들고 환경문제에 경각심을 일깨우는 교육적인 호소력도 발휘한다. 이런 식으로 묵시록은 나의 종말에 대한 상상과 세계의 종말에 대한 상상이 출발점을 달리해 원을 그려나가다가 만나게 되는 허구fiction의 장場이다.

그런데 이러한 묵시록에 대한 상상 또는 감각은 한편으로는 저마다 독특한 것singular이지만, 또한 공통적인 것common이기도 하다. 그것은 오직 단 한 번의 죽음이 있을 뿐인 개인에게는 여러 번 반복이 불가능한 경험이 되겠다. 박상륭의 촛불중의 말처럼 '한 유정들께마다 오는 한 번의 죽음은, 그 한 유정께는, 한 우주의 종말일 수밖에 없거든입지'. 그러나 세대는 이 반복 불가능성을 반복한다. 묵시록은 세대를 달리해 계속 나타날 수 있는 것이다. 공통적인 것을 강조하면 묵시록은 반복이 된다. 이것이 묵시록의 첫 번째 특징이다.『죽음의 한 연구』의 학승은 묵시록의 네 기사가 탄 말의 색깔인 백白, 적赤, 흑黑, 그리고 그것들의 순환을 가능하게 하는 청황색의 독毒을 통해 '말세'의 구조적, 신화적 반복을 이야기한다. 묵시록 서사는 한국문학에서 특이한 문학사적 현상으로 출현했지만, 어딘지 모르게 꽤 기시감이 드는 서사 공식과 문법을 갖고 있다. 신화비평가 노스럽 프라이Northrop Frye라면 묵시록을 모든 기운이 쇠락하는 '가을의 뮈토스mythos'로 읽었을 것이다. 그러나 이것도 한때 좋았던 시절의 이야기다. 최근에 번역되었고 아름다운 문체가 인상적인 다이앤 듀마노스키Dianne Dumanoski의『긴 여름의 끝The End of the Long Summer』(2009)에 따르면 인류문명의 출현과 긴밀하게 연관된 일만여 년 동안의 간빙기, 충적세沖積世, the Holocene는 조만간 끝날 것이라고 한다. 인간이 전 지구적 환경에 거의 압도적이고도 일방적인 영향을 끼친 결과인 새로운 지질시대로 인류세人類世, the Anthropocene가 시작된 것이다. 그렇게 되면 간빙기에서 뚜렷하게 나타나는 기후인 봄과 가을도 지구상에서 더 이상 찾아보기 힘들게 될 것이다. 그러니 '긴 여름의 끝'을 애도하는 조락凋落의 서사와 담론이 최근 몇 년 사이에 급증했던 것도 이상할 게 없어 보인다.

한편 독특한 것에 주목하면 묵시록은 역사 또는 역사적 현상으로 읽을 수 있다. 이것은 묵시록의 두 번째 특징이다. 한국소설에 한정해 말해보면, 묵시록 서사는 식민지 시기에는 파국으로 치닫는 신경향파 문학으로 희미하게, 일제 말기의 문학에서 새로운 세기의 시작이라는 전도된, 이데올로기적으로 도착적인 형식으로, 1950년대의 장용학 등과 같은 작가의 전후 소설에서 비극적인 추상화 또는 알레고리의 형태로, 1990년대 중

후반의 몇몇 작가의 모더니즘 소설에서 세기말의 분위기를 환기하면서 출현했다. 그러나 묵시록이 사실 지난 몇 년 사이에 보다 뚜렷한 형식과 내용을 갖춰가면서 한국소설의 우세종種으로 등장했다고 해도 틀린 말은 아니다. 이것은 전무후무하지는 않지만 확실히 특이하다. 나는 그 어느 때보다 독특하게 위기적이고 말세적이라고 느낄 만한 정치경제적, 문화적 사건과 숱한 자연재해, 그리고 그와 더불어 기존의 낡고 폐쇄된 시스템에 대한 급격한 지각변동을 몰고 오는 일련의 혁명, 즉 누군가에게는 재앙이자 파국일 혁명이 2011년 전후로 정말 폭발하듯이 일어난 것을 두고 이런 말을 하는 것은 아니다. 이러한 사건들이 중요하지 않다는 것이 아니다. 오히려 최근의 파국적인 사건들을 묵시록의 비전으로 읽어내는 방식, 세계를 체험하고 수용하는 인지cognition와 상상력의 형식이 이전과는 분명히 달라졌다는 사실이 독특한 것이다. 몇몇 예외를 제외하고는 찾아보기 어려웠던 근미래近未來, near future를 형상화하는 서사 양식은 확실히 2000년대 한국소설의 독특한 양상이다. 게다가 이러한 묵시록 서사는 그보다는 좀 더 세속적인 서사 양식인 소설novel과도 다르며, 재현 방식에서도 리얼리즘의 그것과 차이가 난다. 거기에는 또한 2000년대 문학에서 말썽과 오해를 불러일으키는 리얼리티의 개념을 둘러싼 착종錯綜이 있다.

묵시록 서사는 가깝게는 최수철, 정영문의 해체적인 소설에서 보여준 것처럼 모더니즘 소설의 실험적 변종으로 취급되기도 하지만, 최근 젊은 작가들의 소설이 그러하듯이 좀비 묵시록zombie apocalypse을 포함한 각종 포스트 아포칼립스 장르 소설, 할리우드 재난 영화, 애니메이션, 만화, 그래픽노블 등 대중서사의 양식을 차용하는 경우가 적지 않다. 묵시록적 분위기의 소설을 쓴다고 해서 최근 젊은 작가들이 「요한계시록」을 대수롭게 취급하지는 않겠지만, 이러한 텍스트를 딱히 크게 염두에 두지는 않는 것 같다. 그렇다고 작가들이 「엔드게임Endgame」(사무엘 베케트Samuel Beckett, 1957)보다 『엔더의 게임Ender's Game』(올슨 스콧 카드Orson Scott Card, 1985)을 더 선호하는지도 장담하기란 쉽지 않다. 다소 거창한 얘기로 들려도 용서해주시길 빌며, 각설하고, 나는 『묵시록의 네 기사』에서 2000년대 한국소설을 포함해 최근 국내외의 주목할 만한 묵시록 서사와 담론을 읽으면서 묵시록의 형식(구조)과 묵시록이 함의하고 있는 정치경제적 내용(역사)을 함께 짚으려고 노력했다.

2.

묵시록 서사는 보통 근미래의 재앙을 다루는 디스토피아 소설에서 그렇듯이, 시공간이 특이한 서사 장르다. 묵시록은 마치 '낯선' 장례식장에서 자신의 장례식을 '미리' 지켜보는 것 같은 불가사의한 꿈 장면과 닮았다. 묵시록 서사는 절망적인 내용을 담고 있지만, 사실은 희망의 전도된 서사 형식이다. 왜냐하면 묵시록은 세계의 파멸을 재현하고 그러한 재현은 파멸을 '희망'한 결과니까. 그래서 묵시록에서 희망은 이중적이다. 그것은 세계의 파멸(이라는 희망)을 통해 세계의 비밀을 드러내고 다른 세계(라는 희망)를 암시하기 때문이다. 아포칼립스Apocalypse가 파국적인 사건뿐만 아니라 은폐된 것을 폭로하는 계시Revelation라는 의미를 함께 갖고 있는 것도 이 때문이다. 유대인 신학자 야콥 타우베스Jacob Taubes가 『서구 종말론Abendländische Eschatologie』(1947)에서 쓴 것처럼 "묵시록은, 그 단어의 참된 의미에 의하면, 폭로이다. 모든 묵시록은 영원성의 승리에 대해 말한다. 이러한 말하기는 영원성의 암시를 붙잡는 것이다. 묵시록은 최초의 기호들 속에서 벌써 완성된 것을 일별하여 그렇게 보여진 것을 대담하게 언표함으로써 아직 밝혀지지 않은 것을 미리 엿볼 수 있게 한다". 이렇게 묵시록은 계시록이 된다. 그래서 그런지 묵시록에 나타난 소망충족의 파토스는 메시아주의의 그것과 닮아 있다.

다소 깐깐해 보이는 어느 철학자의 구분을 참조하면 우리가 이 책에서 읽는 각종 텍스트는 확실히 메시아주의적인 것이 아니라 묵시록적인 것이리라. "묵시록은 최후의 날, 분노의 날에 자신을 위치시킨다. 묵시록은 종말이 완성되는 것을 보고 그것을 묘사한다"(조르조 아감벤Giorgio Agamben, 『남겨진 시간// Tempo Che Resta』, 2000). 묵시록은 무엇보다도 '최후의 심판'을 누군가가 기록한다는 역설 또는 의문에서 비롯된다. 최후의 날이 왔는데, 누가 최후의 날에서 '예외'가 되어 그가 본 것을 증언할 수 있는가라는 의문과 역설. 그래서 묵시록은 최후의 날에 대한 환상을 보고 기록하는 것이며, 당연한 이야기이지만 묵시록은 현실이 아니라 허구다. 그리고 그것이 말하는 암울한 내용만큼이나 형식이 특이한 허구적 서사다. 이러한 묵시록은 앞에서 간략히 언급한 것처럼 반복적으로 출현하는 패러다임의 산물이지만, 또한 특정한 시대가 낳은 허구적 산물이다. 그렇다면 묵시록과 잘 구별되지 않는 메시아주의(메시아주의 텍스트)란 무엇일까. 그것은 묵시록의 변종인가 이종異種인가.

묵시록과 메시아주의의 차이는 우선 시간의 차이로 이해하는 것이 낫겠다. 아감벤에 따르면 묵시록이 '시간의 종말' 그리고 그와 이어지는 어떤 비세속적인 무無의 시간을 상상한다면, 메시아주의는 이른바 '종말의 시간' 또는 '시간과 종말 사이에 남아 있는 시간'을 사유한다. 그것은 여전히 세속적인 시간처럼 보이지만, 실제로는 세속적인 것과 구분이 안 되는 형식으로 존재하는 시간이다. 메시아주의 서사나 담론은 묵시록적인 파국의 환상을 특별히 동반할 필요가 없다. 묵시록적 파국의 환상 속에서 시간은 보통 그것의 종말이 앞당겨지기를 원하는 욕망으로 지탱되며, 이러한 욕망의 기대 지평에 알맞은 환상을 창출한다. 시간의 종말을 앞당기는 플롯으로 짜인 묵시록. 그럼에도 이 구분이 여전히 너무 어렵게 느껴진다면, 묵시록의 대중문화 버전인 좀비 아포칼립스에 구현된 시간을 한번 상상해보면 좋겠다. 예를 들면 대니 보일Danny Boyle 감독의 영화 〈28일 후.28 Days Later〉(2002)나 미국 TV 시리즈물인 〈워킹 데드The Walking Dead 1〉(2010)에서 인간 대부분이 파멸하거나 좀비로 변한 뒤에 찾아오는 불편한 고요함이나 인간이 사라진 자연의 이미저리가 주는 무상함 등을.

이에 비해 메시아주의의 시간은 시간을 절단하는 시간 또는 시간에 개입(절단)하는 시간이라고 해야 할까. 그 대표적 사례로 나는 알폰소 쿠아론Alfonso Cuaron 감독의 근미래 영화인 〈칠드런 오브 맨Children of Men〉(2006)에 나오는 기적과도 같은 어떤 순간을 언급하고 싶다. 이 영화

는 더 이상의 아이가 태어나지 않는 불임不姙의 미래를 다루는데, 오늘날의
현실('테러와의 전쟁'을 벌이는 정부군과 반정부 급진 테러리스트 사이의
극한 대립, 철창신세의 난민들로 가득 찬 슬럼가와 온갖 미술품으로 치장
된 펜트하우스의 상류사회)을 몽타주한 실감이 특히 뛰어나다.

    내가 말하는 기적의 순간은 〈칠드런 오브 맨〉의 후반부에 등장한다.
난민들이 사는 낡은 건물에 고립된 테러리스트들과 정부군이 치열하게 전
투를 벌이고 있는 와중에 불임의 현실에서 기적적으로 태어난 갓난아이를
제3국에 데려다주는 임무를 떠안은 주인공 테오는 보자기에 아이를 감싸
데리고 나온다. 한 치도 내다볼 수 없는 절망적인 상황인 데다가 아이를
데리고 나오는 것은 절망적으로 불가능해 보인다. 한마디로 그에겐 시간
이 없다. 그런데 총포 소리가 어지러이 교차하는 가운데 희미하게 들리던
아이의 울음소리가 점차 총과 대포의 엄청난 파열음을 잠식해가는 장면이
시작된다. 아이를 강보에 감싸 안은 테오와 계단에서 마주친 테러리스트
들 그리고 그들을 쫓는 영국군들이 차례로 갓난아이를 보자마자 총을 내
리면서 경이로운 표정으로 아이를 쳐다보기 시작한다. 마침내 모든 이들이
일제히 총을 겨누거나 쏘기를 멈추는 짧은 휴지부가 영화에서 기적적으로
열린다. 흥미로운 것은 이 디제시스diegesis의 순간이다. 일련의 시퀀스에 특
별히 환상적인 색감이 더해진 것은 아니다. 분명 초월적인 어떤 순간이 출
현했지만, 그에 따라붙을 어떠한 매혹적인 이미지도 영화의 디제시스의 장
場에 덧붙여지지 않는다. 여기서 메시아적 시간을 이렇게 상상해보자. 영국
군 또는 테러리스트들이 전투를 벌이는 장면은 다르게는 시간의 주도권을
둔 싸움일 것이다. 누가 오래 버틸 것이며, 누가 승산을 쥘 것인가. 이에 비
해 자신을 지킬 변변한 무기 하나 없는 주인공에게 시간은 결코 자신의 편
이 아니었다. 그러나 앞서 묘사한 이 마술적인 순간을 통해 잠시나마 시간
은 구부러져 전적으로 주인공 편으로 스며든다. 아기와 주인공은 무사히
탈출하고, 이 마술적 순간을 끝으로 다시 전투의 시간은 이어진다. 크로노
스에 침투해 그것을 절단하는 이 시간을 메시아적인 순간이라고 부를 수
는 없을까. 방금 〈칠드런 오브 맨〉을 예로 들었지만, 묵시록 텍스트와 메

14

시아적 텍스트는 그렇게 종종 겹쳐지기도 한다. 끝을 상상하는 텍스트와 시작을 상상하는 텍스트는 서로에게 삼투한다.

3.

시작은 끝을, 끝은 시작을 내포한다. 「창세기」는 「요한계시록」을 포함하며, 「요한계시록」은 「창세기」를 내포한다. "그 뒤에 나는 새 하늘과 새 땅을 보았습니다. 이전의 하늘과 이전의 땅은 사라지고 바다도 없어졌습니다"(「요한계시록」21장 1절). 이 구절은 마치 「창세기」에서 지상을 뒤덮었던 물이 완전히 빠져나간 다음 날, "구름 사이에 무지개"(「창세기」9장 13절)가 보이는 아침을 묘사하는 것으로 읽힌다. 세계의 끝에서 다시 세계가 시작된다. 앞서 우리가 시간의 끝(또는 끝의 시간)을 이야기했는데, 이번에는 공간, 곧 세계의 끝(끝의 세계)을 이야기할 시점이다.

그런데 시작의 서사인 「창세기」에는 적어도 세계의 끝, 세상의 종말에 해당되는 이야기가 세 개 정도 있다. 방금 언급한 노아의 홍수, 바벨탑의 폐허, 소돔과 고모라를 내리친 유황불이 그것이다. 노아의 홍수는 아마도 간빙기의 충적세 문명이 시작되기 직전의, 빙하기가 지구에 내린 마지막 재앙일 것이다. "내가 이제 땅 위에 폭우를 쏟으리라. 홍수를 내어 하늘 아래 숨 쉬는 동물은 다 쓸어버리리라. 땅 위에 사는 것은 하나도 살아남지 못할 것이다"(「창세기」6장 17절). 노아의 홍수라는 최초의 이 절멸 프로젝트는 피조물 전체를 목표로 한 것인 데 비해, 이후의 절멸 프로젝트는 인간과 그 인간이 벌인 행위의 산물을 집중적으로 타격한다는 데서 서로 다르다. 하이데거Martin Heidegger를 빌리면, 인간의 의도에서 비롯되는 존재론적 파국ontological catastrophe과 인간 의지의 물질적 결과에서 기인하는 존재적 파국ontic catastrophe이 중요해지는 것이다. 그리고 여기서 문명의 공간, 도시의 체험이 각별하게 부각된다.

「창세기」에서 도시의 폐허와 관련된 상징적 사건은 물론 바벨탑 그리고 소돔과 고모라다. 먼저 바벨탑부터 읽어보자. "어서 도시를 세우고 그 가운데 꼭대기가 하늘에 닿게 탑을 쌓아 우리 이름을 날려 사방으로 흩어지지 않도록 하자"(「창세기」 11장 4절). 과학소설 작가 테드 창Ted Chiang 의 경이로운 데뷔작 「바빌론의 탑Tower of Babylon」(1990)은 고대 바빌론의 우주론과 건축술을 탁월하게 외삽外揷, extrapolation한 이른바 바빌론 사람이 직접 썼을 것 같은 단편 과학소설이다. 소설에서 바벨탑 이후의 바벨탑을 쌓는 벽돌공인 주인공은 마침내 다다른 하늘의 천장을 푹 찌른다. 결과는 대재앙이었다. 그런데 바벨탑은 건축이 건설이 아닌 폐허의 이미지와 가깝게 결부시킨다. 물끄러미 바벨탑의 공사를 지켜보던 야훼는 이렇게 중얼거린다. "이것은 사람들이 하려는 일의 시작에 지나지 않겠지. 앞으로 하려고만 하면 못할 일이 없겠구나"(「창세기」 11장 6절). 야훼는 인간의 오만으로 쌓아올린 탑을 직접 무너뜨리는 대신 공사에 동원된 그들의 말을 흩어버리며, 그렇게 공사는 중단되고 만다. 바벨탑 사건에서 유념해야 할 것은 파국의 양가적 차원, '사람들이 하려는' 것(존재론적 파국)과 그 결과(존재적 파국)다.

둘째는 소돔과 고모라. 소돔과 고모라의 경우 흥미로운 것은 재난의 평등과 불평등의 역학이다. 흔히 재난은 불평등한 세상에 대한 평등한 일소一掃처럼 보이지만, 실제로는 그렇지 않다. 죄악의 천국인 소돔과 고모라를 파멸시킬 것인가 말 것인가를 두고 아브라함과 야훼가 나눈 대화(협상)를 한번 살펴보자. 먼저 아브라함이 말한다. "죄 없는 사람을 어찌 죄인과 똑같이 보시고 함께 죽이시려고 하십니까? 온 세상을 다스리시는 이라면 공정하셔야 할 줄 압니다"(「창세기」 18장 25절). 그러나 야훼는 아랑곳하지 않는 것 같다. 그러자 다시 아브라함이 애원한다. "주여, 노여워 마십시오. 한 번만 더 말씀드리겠습니다. 만일 열 사람밖에 안 되어도 되겠습니까?" 그러자 야훼가 약속한다. "그 열 사람을 보아서라도 멸하지 않겠다"(「창세기」 18장 32절). 그러나 19장에서 야훼의 명령을 수행하는 천사들은 롯과 그의 가족을 대피시키고 야훼는 유황불로 소돔과 고모라뿐만 아니라 그 도시의 "사람과 땅에 돋아난 푸성귀까지 모조리 태워버리셨다"(「창세기」 19장 25절). 불타는 도시에 미련이 남았던지 뒤를 돌아다본

알브레히트 뒤러Albrecht Dürer(1471~1528), 〈묵시록의 네 기사Die Vier Apokalyptischen Reiter〉(1498).

롯의 아내는 소금기둥이 되고 만다. 야훼는 약속을 지키지 않았던 것일까. 아무튼 문헌에 기록된 최초의 도시와 대규모의 건축 모두 폐허와 몰락, 심판의 이미지와 결부되어 있다. 게다가 재난은 도시에서 푸성귀에 이르기까지, 선인에서 악인에 이르기까지 완전히 평등하게 선사된다. 단 재난 속에서 아무것도 살아남는 것이 없는 한에서 그러하다.

이쯤에서 『묵시록의 네 기사』는 재난의 시공간에 대한 상상적 체험을 통해 자유와 평등과 같은 이데올로기, 그리고 역사에 접근한다. 신학자 위르겐 몰트만Jürgen Moltmann은 참된 종말론은 '미래의 역사'와 관계가 있는 것이 아니라, '역사의 미래'와 관계가 있다고 말했다(위르겐 몰트만, 『오시는 하나님Das Kommen Gottes』, 1996). 이 책에서 읽는 묵시록 서사는 미래로 슬쩍 도망가면서 현실에 대한 문학적 책임을 망각하는 서사가 아니다. 오히려 묵시록 서사는 포스트이데올로기인 '역사의 종말' 이후의 역사를 어떤 식으로든 서사화하면서 역사에 참여한다는 것이 내 생각이다. 물론 그것은 때로는 우주론적, 자연주의적으로 신비화되기도 하며, 거꾸로 이러한 신비화, 자연화의 전략을 텍스트에서 내파하기도 한다. 「창세기」에 등장한 파국의 사건들은 묵시록 서사를 읽는 특별한 형식의 방법론 그리고 이론의 전략과 개입이 필요함을 역설한다.

4.

「요한계시록」은 D. H. 로렌스David Herbert Lawrence가 매혹을 느꼈던 것처럼 상징과 알레고리로 충만한 이교도 신화와 당대의 유대 지방에서 유행하던 묵시록을 브리콜라주한 텍스트, 일종의 대중문화였다. 또한 알브레히트 뒤러의 〈묵시록의 네 기사〉를 포함한 목판화 연작은, 에르빈 파노프스키Erwin Panofsky가 말한 것처럼, 「요한계시록」의 한 장면 장면을 열다섯 시퀀스로 옮겨놓은 영화로 간주해도 무방하다. 테리 프래쳇Terry Pratchett · 닐 게이먼Neil Gaiman이 쓴 「요한계시록」의 패러디인 『멋진 징조들Good Omens』 (1990)에는 이 '묵시록의 네 기사'가 "시커먼 연기구름을 올리고 기름을 줄

줄 흘리며 뒤쪽 길에는 작은 오토바이 부품을 줄줄 흘리"는 오토바이 폭주족으로 등장해 교통경찰의 신호도 무시하고 영국의 지방 국도를 요란스레 달린다. 이처럼 묵시록의 네 기사는 알레고리화하기가 좋다. 아무렇게나 읽어도 괜찮다는 뜻이다. 정복(활), 전쟁(칼), 기근(저울), 죽음(삼지창, 청황색 말)의 의미를 거스르지 않고, 이 맥락에서 당대 현실의 증상 또는 적대antagonism를 찾아 적절히 외삽하라.

『묵시록의 네 기사』 1부에 실린 글 네 편의 이콘icon인 '묵시록의 네 기사'는 뒤러가 살던 시대에는 각각 종교개혁의 정치사회적 파장, 오스만 투르크 제국의 위협, 급작스런 인구 증가에 따른 기근, 조만간 벌어질 농민 전쟁과 30년 전쟁에 따른 죽음의 알레고리였다. 1부에서 나는 묵시록의 네 기사에 대해 다음처럼 각각 정치경제적 알레고리를 부여했다. 활을 든 흰 말의 기사는 파국을 향해 나아가는 자본주의의 진보 서사, 칼을 든 붉은 말의 기사는 현실의 중핵인 적대와 적과 동지라는 정치적 상상력의 곤경, 저울을 든 검은 말의 기사는 평등과 불평등의 피비린내 나는 인정투쟁, 삼지창을 든 청황색 말의 기사는 삶과 죽음에 대한 생명정치의 이데올로기.

그리고 나는 장준환 감독의 〈지구를 지켜라!Save the Green Planet!〉(2003)를 『묵시록의 네 기사』 1부의 밑절미, 서브텍스트로 선택했다. 과학소설과 판타지, 묵시록과 재난 서사disaster narrative, 음모 이론 등의 클리셰 덩어리 할리우드 영화를 창조적으로 콜라주한 이 영화는 그동안 내가 보았던 2000년대 한국영화 중에서 가장 문제적인 작품이었다. 〈지구를 지켜라!〉를 서브텍스트로 설정한 이유는 이 영화가 진보 담론과 서사, 정치적 적대의 문제, 평등과 구원, 생명정치와 같은 핵심 문제를 소박하지 않은 방식으로 유쾌하고도 흥미롭게 제기했기 때문이다. 뒤러의 〈묵시록의 네 기사〉의 기사들은 하나님의 명령에 따라 세계의 종말을 열어젖히는 악마적 대리인들로 설정되어 있다. 이 목판화에 등장하는 천사가 네 기사 위에서 진격을 지시하는 것은 그 때문이다. 마찬가지로 강만식 사장-안드로메다 외계인, 곧 인류의 데미우르고스가 "저 행성엔 희망이 없어" 하고 지구를 폭파시키는 것은 자신의 내적인 서사의 섭리에 따라 끝을 향해 전진하는 자본주의의 종말론적 사명에 충실한 행위로 읽을 수 있다.

어떻게 그러한가? 젊은 마르크스Karl Marx · 엥겔스Friedrich Engels의 『공산당 선언Manifest der Kommunistischen Partei』(1848)에 따르면 자본주의는 모든 것을 탈신화화한다. 그렇지만 공산주의라는 유령에 대항하는 자본주의는 그 자신을 재신비화하면서 자신만의 고유한 유령을 산출하기도 한다. 자신의 바깥은 없다고 주장하는 자본주의 이데올로기가 바로 그 유령이다. 이 유령에 따르면 인간 본성은 자본주의를 상상하고 창출할 뿐만 아니라 자본주의의 바로 그 속성에 인간 본성이 유일하게 부합한다고 주장한다. 이러한 재자연화, 신비화의 유령적 전략이 우리의 일상적 삶의 전 지구적 반영에 다름 아니라는 슬라보예 지젝Slavoj Žižek의 통찰은 여기서 잠시 숙고할 만하다. 〈지구를 지켜라!〉에서 병든 지구와 인류의 구원자를 자처하는 강만식-안드로메다 외계인이 병구의 노트와 책 등으로 급조한 묵시록적 장광설은 자본주의가 자신을 합리화하는 전형적인 서사다. 인간인 너희들에게 자본주의의 낙원을 제공했는데, 게임을 망치고 파국의 역사를 이끌어 온 것은 너희들이라는 것이다. 강 사장의 장광설은 지구에서 유일하게 같은 종種을 학대하는 "가속성 공격유전자"를 지닌 인류가 자행한 파국과 무질서를 억제할 수 있는 것은 오직 자본주의뿐임을 암시한다. 자본의 한계(공황)는 자본 그 자체이지만, 이 한계(공황)를 먹고 사는 것도 자본이다. 지구를 폭파하는 시퀀스가 상징하는 것처럼 필요하다면 절멸을 통해서라도 자본주의는 자신의 서사적 플롯을 짜나간다. 이렇게 보면 묵시록이야말로 자본을 증식시키는 상품일 수도 있겠다. 『묵시록의 네 기사』에서 자본주의에 복무하고 기생하는 파국의 담론과 묵시록의 신비화된 서사 전략을 해체해야 할 필요성을 느낀 것은 이 때문이다.

그래서 묵시록에 대한 나의 관심은 문학적인 동시에 정치적인 것이 된다. 나는 특히 '미래'라는 어휘에 대해 오랫동안 생각했다. 내가 과학소설과 묵시록에 대해 본격적인 관심을 갖기 시작한 무렵인 2008년에 가장 많이 회자된 어휘가 하나 있다면, 그것은 경제만큼이나 미래라고 생각한다. 지배 이데올로기의 수사를 보면 우리가 강탈당하는 것은 현재나 과거라는 이야기가 많다. 한국의 민주주의(어쩌면 민주주의 그 자체)가 이렇게까지 허약한 체제에 불과했나 싶을 정도로 정치적 진보의 성과로 이룬 것들이 퇴보하고 있다. 그러나 내 생각에 진정 파괴되고 있는 것은 미래가 아닐까 싶었다. 발터 벤야민Walter Benjamin은 정복자로부터 우리의 과거도 전혀 안전하지 못하다고 말했지만, 이제 우리는 결코 안전하지 않은 미래에 대해서도 같은 말을 해야 할 때다.

전 지구적 자본주의 운운할 것도 없이 가까운 우리의 현실을 돌아보자. 수많은 땅 투기꾼들, 건설 투자자들, 불도저와도 같은 협박꾼들은 지금 시장이 요구하는 방식대로 미래를 자본이 투자할 만한 영역으로 채우고 있다. 선진화, 녹색 성장, 지속 가능한 발전 등등. 국가 지도자들과 기업가들은 현재를 조금만 참고 견디면 내일은 도래한다고 말하면서 우리를 위로해주는 척하지만, 그들에게 내일이란 기실 노동력 상품을, 잉여가치를 착취하는 오늘의 다른 이름에 불과하다. 우리에게 약속된 미래란 고작해야 진보와 테크놀로지 혁명으로 중화된, 역사가 소거된 미래, "동질적이고도 공허한"(벤야민) 현재의 연장인 미래밖엔 없다. 그래서 한 민감한 시인은 신자유주의적 천년왕국의 수사가 넘쳐났던 2008년 벽두에 「미래를 미래에게 돌려주자」라는 글에서 이렇게 썼던 것이다. "시간의 생태는 지금, 위험하다. 미래의 폭주, 미래의 과잉이다."

선진화, 녹색 성장, 지속 가능한 발전 등등의 어휘들은 우리를 몰아치면서 강제로 앞으로 떠미는 진보의 폭풍이다. 미래는 얼어붙은 채 완전히 식민화된 것이다. 우리는 벤야민의 천사처럼, 우리를 떠미는 진보라는 폭풍에 휘말린 채 오지 않은 미래가 폐허의 잔해로 쌓이는 것을 불안하게 내다보고 있다. 『묵시록의 네 기사』는 우리 삶의 피부를 무감각하게 하는 마비 증상에 충격을 가하며, 파국의 공통 감각을 일깨우고 거기에 동참하기를 요청한다.

그처럼 우리의 삶은 절박하다. 그러나 그러한 절박함이야말로 거꾸로 희망을 상상하기 위한 조건이 아닐까. 이것을 미래의 관점에서, 아직 태어나지 않은 먼 후손들의 관점에서 상상해보면 어떨까. 요즘 분위기를 보면, 미래에 희망이 없다는 일종의 우울증 같은 것을, 생각 있는 사람들조차 암암리에 광범위하게 앓고 있다는 느낌이 강하게 든다. 그래서 선거니 대통합이니 하고 조급하게 말하는 것일 테다. '내년에는 예루살렘에서Next year in Jerusalem'라는 말이 선거의 심판론으로 환원되고 만다. 그래서 나는 여기에서 역설적으로 절망을 느꼈다. 자크 라캉Jacques Lacan이 어디선가 말했던 것처럼, 우울은 영혼의 한 상태라기보다는 도덕적인 질병이다. 지금 우리는 집단적 조증manic, 躁症을 앓고 있을지도 모른다.

5.

한국문학에서 미래를 표상하는 작품들은 다분히 미래를 비관적으로 채색한다. 그런데 나는 이것조차 희망의 징조로 읽고 있다. 데모가 현실을 바꿀 수 있느냐라는 냉소적 질문에 데모가 현실을 데모하는 현실로 바꾸지 않았느냐는 가라타니 고진柄谷行人의 재치 있는 응답이 생각난다. 미래의 이미지가 아무리 비관적이더라도 작가들은 비로소 미래를 상상하기 시작한 것이다. 문제는 그 미래가 현재의 연장에 불과한, 공허한 미래라는 것이다. 이것은 현재=미래다. 루이 알튀세르Louis Althusser는 '표현적 인과성'에 대해 이야기한 적이 있다. 그것은 토대/상부구조의 상응과 비슷한 것으로, 과학소설에서는 현재에서 미래를 유추해내는 방법이 되며, 이러한 유추의 비유적 결과는 대개 근미래 서사인 디스토피아 소설, 묵시록으로 나타난다. 그런데 내가 미래라고 부르는 것은 단지 현재에서 논리적으로 유추되거나 외삽되는 미래만을 뜻하지는 않는다.

　내가 생각하는 미래는 오늘날 그 의미가 거의 실종되다시피 한 '사유금지Denkverbot'된 어휘인 유토피아적 욕망(충동)과 더 관련이 있다. 어쩌면 묵시록에 나타나는 미래에 대해 비관적인 디스토피아 속에서 우리는 침묵하는 유토피아를 발굴해야 할지도 모른다. 그것은 정말 어려운 일이다. 프레드릭 제임슨이 꼬집은 말이기도 하지만, 우리는 어쩌면 자본주의적 생산양식의 종말보다는 세계의 종말을 상상하는 것을 더 속 편하게 생각하니까. 그렇지만 묵시록이나 디스토피아 소설은 사실 그 안에 희망적인 계기가 들어 있다. 그것은 이러한 서사 장르의 형식적 특성에서도 유추할 수 있다.

예를 들면 코맥 매카시Cormac McCarthy의 『로드The Road』(2006)는 아마겟돈 이후의 세계, 이른바 '핵겨울nuclear winter'의 잿빛 세상을 재현하고 있다. 이 작품에서 중요한 것은 아마겟돈 이후의 폐허의 현상뿐만 아니라, '불씨를 전달해주는' 사람인 아버지와 아들의 지극한 사랑이다. 아마 사랑을 강조하기 위해 작가가 세계를 자신의 상상 속에서 폐허로 만들어놓았을지도 모른다. 이 책에서 반복해 언급하겠지만, 프로이트Sigmund Freud가 말해준 것처럼 친척들의 장례식에서 한 여자를 만나는 남자의 반복되는 꿈속에서 중요한 것은 멀쩡하게 살아 있는 친척들을 죽이고 싶어 하는 남자의 사디즘이 아니라, 꿈속의 장례식을 통해서야만 여자를 만날 수밖에 없는 남자의 절박한 소망충족이다. 다만 소망충족에도 대가가 따른다. 살아 있는 친척들의 장례식을 꿈속에서 치러야 했으니까. 이것은 묵시록의 양가성과도 관련이 있다. 아들에 대한 아버지의 사랑을 극대화하기 위해 『로드』 역시 두 사람 이외의 세계를 폐허로 만들었으니까. 쇼핑센터가 좀비 아포칼립스의 전형적인 코드라는 것을 상기해봐도 좋다. 카드나 현금 없이 물건을 카트에 마음대로 담을 수 있다는, 교환논리가 정지된 상품의 풍요로운 낙원을 즐기는 것이 좀비 영화에 담긴 소망충족의 진짜 내용이다. 종말에 대한 관심을 헛것을 보는 행위나 사디스트의 복수로 간주해서는 곤란하다. 지금 이 서문을 거의 끝내는 와중에 공교롭게도 맞춤하게 번역 출간된 『종말론Apocalypse Theory and The Ends of the World』(1992)에서 필자의 한 사람인 크리샨 쿠마르Krishan Kumar는 동구권의 해체와 자본주의의 승리의 축배가 한창일 때 다음과 같은 말을 했다. "종말에 대한 관심은 우리가 가능한 대안적 세계들에 대해 생각하도록 만드는 일에 관여한다." 그로부터 정확히 10년이 지난 지금은 어떠한가?

『묵시록의 네 기사』의 서문을 마무리하는 한 해의 끝을 돌이켜보니, 2011년은 인간이 자부심을 갖고 만든 많은 것들이 허무하게 무너져 내리

는 자연적이고도 인공적인 파국과 더불어 억압적인 세계를 뒤로하고 다른
세계에 대한 열망을 표출한 혁명을, 많은 사람들이 직간접적으로 공통으
로 경험한 특별한 해丰였다. 후쿠시마 원전 사고와 쓰나미의 재앙이 한쪽
에, 튀니지에서 시작되어 현재진행형인 중동의 급진적인 혁명이 다른 쪽에
있다. 도처에서 이런 목소리도 들려온다. "안 하고 싶네요! would prefer not to."
수많은 바틀비Bartleby들이 신자유주의가 내미는 1퍼센트의 당근과 99퍼센
트의 채찍 모두를 거절하고 있다. 안 하고 싶네요. "월가를 점령하라Occupy
Wall Street!"는 이렇게 시작되었다. 확실히 『묵시록의 네 기사』에서 자주 인
용하는 것처럼 세계의 종말 대신에 자본주의의 종말을 상상하는 것은 정
말 어려운 일이다. 지금까지 우리는 소행성이 지구 생명체를 파괴하는 할
리우드 묵시록 영화를 구경해오던 관객이었으니까. 그러나 2011년 10월
9일, 뉴욕의 주코티 공원Zucotti Park에 좀비 등으로 분장한 OWS 시위대와
시위대에 둘러싸인 지젝은 함께 외쳤다. "이제 우리는 자본주의 시스템이
파괴되어가는 것을 지켜보는 목격자들입니다!" 그러나 우리는 여전히 우
리가 원하는 것이 이루어지기를 두려워하는 존재, 원하지 않는 것을 원하
는 존재다. 당신은 자본주의가 무너지는 것을 정말로 원하는가. 그렇다면
당신이 원하는 것을 결코 두려워하지 말라…… 그리고…… 명박산성이 있
었으나 촛불들이 있었다. 용산참사가 있었으나 두리반도 있었다. 쌍용자
동차가 있지만 '소금꽃'의 김진숙과 희망버스도 있다. 파국에서 혁명이 싹
트고, 절망에서 희망이 피어나고 있다.

　　그러면 '무엇을 할 것인가.' 현재=미래라는 등식뿐 아니라, 현재≠미
래의 상상력의 기어변속을 감행해야 할 것이다. 미래를 지금처럼 얼어붙은
현재로 연장하려는 시장주의자들 그리고 이들과 결탁한 국가주의자들이
있는 한, 얼어붙은 미래를 가르는 '도끼날'(프란츠 카프카Franz Kafka)의 상상
력은 지금 우리에게 절실하다. 우리가 살고 있는 현실이 이러한데, 파괴와
생성의 묵시록적 상상력을 요청하는 일이 어떻게 작가와 문학만의 임무라
고 할 수 있겠는가.

묵시록의 네 기사

서문 7

1부

1 묵시록의 아이러니:
묵시록의 네 기사 (1) **27**
* "만일 이대로 계속되면……" 27
* 세계의 종말과 자기기만 30
* 다자인과 디자인 34
* 쓰레기가 되는 삶:
『러브 차일드』의 사례 37
* 아이들: 소망 충족의 형식 45
* 묵시록의 쓸모 48

2 적이 없는 세계의 적:
묵시록의 네 기사 (2) **55**
* 정상과 비정상 55
* Innovation 58
* 적이란 무엇인가 64
* 단도^{sicarii} 68

3 저울에 대하여:
묵시록의 네 기사 (3) **79**
* 교환의 저울 79
* 법의 저울 90

4 "내 최고의 희망으로부터 태어날……":
묵시록의 네 기사 (4) **105**
* 우주 파르티잔, 병구여 안녕! 105
* 엔트로피 내러티브 109
* 핼리 혜성을 기다리며 123
* "내 최고의 희망으로부터 태어날……" 128

1   묵시록의 아이러니: 묵시록의 네 기사 (1)

나는 어린 양이 그 일곱 봉인 중의 하나를 떼시는 것을 보았습니다. 그리고 네 생물 중의 하나가 우레 같은 소리로 "나오너라" 하고 외치는 음성을 들었습니다. 그러고 보니 흰 말 한 필이 있고 그 위에 탄 사람은 활을 들고 있었습니다. 그는 승리자로서 월계관을 받아 썼고, 또 더 큰 승리를 거두기 위해서 나아갔습니다. / 「요한계시록」 6장 1~2절

"만일 이대로 계속되면……"

모두가 떠나버린 아파트의 철거일은 곧 다가올 것이며, 이미 죽은 할아버지와 함께 남아 있는 한 아이는 혹한과 붕괴의 위험 속에서 기약할 수 없는 엄마의 귀가를 기다리며 하루하루를 견딘다. 엄청난 수해가 난 철거 대상 아파트를 탈출하는 과정에서 엄마를 잃은 다른 아이는 스티로폼에 몸을 의지해 물에 잠긴 골리앗 크레인 쪽으로 필사적으로 헤엄쳐 가야 한다. 그 아이의 아비가 오래전 고공 시위를 하다가 추락사했던 바로 그곳으로. 또 다른 아이는 우연찮게 발견한 옹기가 속삭이는 소리를 따라간 곳에서 거대한 공사장을 발견한다. 인부들은 땅속에 엄청난 것들이 파묻혀 있음을 알면서도 모른 척하며, 어른들은 옹기란 아무짝에도 쓸모없다고 말한다. 아이가 보기에 어른들이란 뭔가를 파묻으면 기억에서 사라질 거라고 생각하는 어리석은 존재들이다. 땅속에 뭐가 그리 많이 묻혀 있는 것일까. 그런가 하면 어떤 사내는 임종 직전인 한 노인을 위한 화환을 싣고 지진이 있었던 한 도시로 내려온다. 주인공은 노인의 죽음을 기다리는 자신의 상상에 놀란다. 자칫 자신이 당할 뻔했던 교통사고로 불타오르는 차량의 화염을 응시하면서 타인의 죽음이 자신의 죽음이 될 수도 있었다는 사실에 몸서리치던 주인공은 마음에도 없는 여인에게 구애의 전화를 한다…….

　최근에 읽은 소설들의 암울한 장면들이다. 다들 그렇게 살아왔던 것일까. 지진과 화염, 홍수와 혹한 속에서 언제까지나 지켜질 것이라고 믿었

던 꿈과 건물이 부수어지고 무너지며 부패하고 썩고 얼어붙고 떠내려가더라도, 아이들이 그 지경이 되도록, 그렇게 버려지고 버려질 아이들을 모두들 모른 척했다. 우리는 정말 시간의 끝인 종말을 살고 있는 것일까. 지금 문학의 상상력은 버려진 이 아이들을 어떻게 해야 할까. 루쉰魯迅이 창조한 광인의 외침처럼, 문학은 아직 사람을 먹지 않은 아이를 구할 수 있을까, 그 아이는 도대체 어디에 있는 것일까.

종말이 가까워졌음을 알리는 대참사와 재앙을 형상화하는 묵시록에 대한 한국문학의 관심은 이제 막 점화되기 시작했다고 보아도 좋은 것일까. 한국문학의 묵시록적 경향은 앞으로도 갈수록 심화되어갈까, 아니면 일시적인 유행으로 그치고 말까. '만일 이렇게 계속된다면……'으로 공식화할 수 있는, 현실에 대한 위기의식과 절망의 심화가 작가들의 상상력을 극단적인 파국으로 이끌었던 것일까. 이것이 다소 심각하게 과장된 진단이라면, 영화로 제작된 코맥 매카시의 『로드』, 그리고 〈해운대〉(2009)처럼 인기를 끌었던 당대의 묵시록적 대중문화를 문학이 경쟁적으로 모방한 결과인가. 그런데 그것을 그저 묵시록 코드에 영합한 것이라고 할 수 있을까. 이도 그도 아니라면 선진화라는 이름으로 행해지는, 4대 원소인 물, 불, 흙, 공기라는 질료의 차원에까지 미치는 개발과 철거의 폭압적 현실에 대한 작가들의 위기의식과 상상력이 묵시록이라는 당대의 문화적 우세종과 결합한 것일까. 세상의 시작과 종말을 서사적으로 구성하는 기독교는 백년 이상 그것을 떠받들어온 한국인들에게 익숙한 종교적 신념 체계다. 그럼에도 불구하고 종말론의 비전을 문학적으로 형상화하는 묵시록은 그간 한국문학에서는 비교적 낯설고 요원한 물건이었다고 말할 수 있겠다.

그런데 최근의 한국문학에 한정해서 말한다면, 두 문학평론가가 각각 얼마 전에 쓴 글은 묵시록 서사가 한국문학의 주요한 한 현상일 뿐 아니라 동시대의 한국 사회에서 일어나고 있는 주요한 사건들에 대한 정치사회적, 문화적 징후임을 공통적으로 지적하고 있어서 흥미롭다. 황종연은 묵시록적 서사의 근간이 되는 메시아주의라는 역사철학이 한국 작가들에게 그리 친숙한 것이 아니라고 하면서도 편혜영의 단편 「저녁의 구애」를 한 예로 분석하면서 그 작품이 "자연사의 법칙에 따라 존립하는 인간 세계의 한 축도"[1]를 보여준다고 말한다. 편혜영 소설이 지진, 역병이 일어나고 번지는 그로테스크한 이미저리를 통해 문명이라고 부르든 일상이라고 부르든 간에 우리가 살고 있는 현실을 그것과 더불어 몰락하는 자연사적 감각으로 형상화한다는 지적은 그간의 편혜영 소설을 염두에 둬도 충분히 공감이 가는 판단이다. 한편 「대한민국 묵시록」이라는 인상적인 제목의 글에서 평론가 김형중은 김경욱, 김애란, 황정은이 발표한 최근 단편을, 눈물이라곤 눈 씻고도 찾아볼 수 없는 사이비 파우스트의 무자비한 개발이 초래하는 파국적 당대 현실에 대한 문학적 대응으로 읽는다.[2]

근래에 들어 묵시록적 상상이 한국문학에서 증가하는 현상은 먼저 미래를 상상하려는 노력에서 그동안 소홀했던 한국문학이 새로운 문학의 시공간을 답사한다는 인상적인 사례로 주목해도 좋을 것이다. 또한 묵시록적 상상력의 출현은 현실에 개입해 그것을 재현하는 방식을 '여기 지금'으로 제한하는 리얼리즘 문학과는 다른 방식으로, 현실에 대한 미메시스의 강도와 깊이에서 결코 뒤지지 않을 새로운 문학이 가능할 수도 있다는 기대를 준다. 그럼에도 묵시록은 묵시록적 상상을 촉발하는 현실의 그물망에 독특하게 아이러니한 위치로 매달려 있다.

---

1   황종연, 「머리말—대지진 이후」, 『문학동네』 2010년 봄호, 21쪽. 이 글에서 인용된
    편혜영의 소설의 출처는 이렇다. 편혜영, 「저녁의 구애」, 『2010 제1회 젊은작가상
    수상작품집』, 문학동네, 2010. 이 단편은 편혜영, 『저녁의 구애』, 문학과지성사, 2011에
    수록되었다.
2   김형중, 「대한민국 묵시록」, 『현대문학』 2010년 7월호 참조. 김형중이 분석하는 세
    작가의 단편소설 제목과 발표 지면은 다음과 같다. 김경욱, 「소년은 늙지 않는다」,
    『한국문학』 2010년 여름호; 김애란, 「물속 골리앗」, 『자음과모음』 2010년 여름호;
    황정은, 「옹기전甕器傳」, 『현대문학』 2010년 6월호. 이 단편은 황정은, 『파씨의 입문』,
    창비, 2012에 수록되었다.

세계의 종말과 자기기만

프레드릭 제임슨은 어디선가 탈역사적인 시대에 사는 사람들은 이제 과거를 상상하는 능력뿐 아니라, 미래를 상상하는 능력 또한 갈수록 현저히 떨어져간다고 말한 바 있다. 적어도 미국과 소련의 대립이라는 냉전 시대에는 핵전쟁의 아마겟돈으로 인한 세계 전체의 거대한 절멸과 복원의 상상력이라도 있었다. 그러나 냉전이 끝난 지금은 미국을 중심으로 하는 자유민주주의적 신자유주의 정치경제 체제가 압도적인 군사력으로 대항 세력을 없애거나 미약한 상태로 남겨두게 되었다. 어떠한 대항마나 브레이크 없이 투기금융으로 점령된, 시장유토피아로 완료된 미래밖에는 없게 된 작금의 사태가 바로 '역사의 종말'이라는 역사적 현실의 실체일 것이다. 그렇다고 묵시록이 없어진 것은 아니니, 오늘날의 묵시록은 냉전 또는 자본주의와 공산주의 등 체제의 구체적인 종말보다도 체제의 추상화된 버전인 '세계의 종말'을 꿈꾸게 된다. 이제 사람들은 자본주의의 구조적인 종말에 대해 상상하는 대신에 보다 추상적이면서도 그만큼 강렬한 이미지로 '세계의 종말'을 상상하기 시작한다. 그러나 여기서 역설이 생겨난다. 말하자면, 자본주의의 종말을 상상 또는 사고하는 것을 포기하는 대신에 사람들은 세계의 종말을 상상하고 탐닉하는 쪽으로만 몰리게 된다는 것이다.

사실 세계의 종말은 인류의 종말이기도 하다. 그러나 누가 인류의 종말을 상상할 수 있을까. 인류의 종말을 상상한다는 것은 인류가 스스로에 대한 전쟁을 수행해야만 한다는 뜻이다. 나치에 동조한 정치철학자 카를 슈미트Carl Schmitt는 『정치적인 것의 개념Der Begriff des Politischen』(1932)에서 이미 적으로 규정된 한 국가의 멸망은 가능하더라도 인류의 종말 같은 것은 불가능하다고 썼다. 종교에서 인종에 이르는 모든 적대적 계기가 정치로 전환될 수 있음을 염두에 두고 정치적인 것이란 적과 동지의 구별에 있다고 주장하는 슈미트는 칸트Immanuel Kant의 영구평화론, 그리고 이를 염두에 둔 국제연맹의 말뿐인 평화주의를 비판했다.

다음 문장은 국제연맹이나 정치와 정치적 적대에 대해 아무런 생각이 없는 비현실적 평화주의자들이 생각하는 것 같은 인류라는 개념이 엄연한 날조이며, 영구평화가 비현실적임을 지적하고 있다.

> 만약 지구상의 여러 민족, 종교, 계급, 기타 다른 인간의 집단이 모두
> 일체가 되고, 상호간의 투쟁이 사실상으로나 이론상으로 불가능하
> 게 된다면, 나아가 또한 전 지구를 포괄하는 국가의 내부에서 내란의
> 가능성마저 사실상 생각할 수 없게 된다면, 즉 적과 동지의 구별이라
> 는 단순한 우발성마저 중단된다면, 거기에 존재하는 것은 단지 정치
> 적으로 무색한 세계관, 문화, 문명, 경제, 도덕, 법, 예술, 오락 등등에
> 불과하며, 정치도 국가도 거기에는 존재하지 않는 것이다. 지구와 인
> 류의 이와 같은 상태가 과연 도래할 것인지, 또한 언제 도래할 것인
> 지 나는 알지 못한다.[3]

사실 이 문장은 미국과 소련 그리고 특히 당시에 급부상하던 나치 독일과
같은 강대국들이 긴장과 이완의 적절한 균형을 잡으면서 세계를 분할 통
치하는 것으로부터 실질적인 평화가 시작될 것이라는 슈미트의 암묵적인
염원을 담고 있다. 물론 영미英美 주도의 국제법에 대한 대대적인 수정을
거친 광역 질서론이 현실에서 실현이 불가능해지자, 슈미트는 강대국들의
통치와 기존의 국제법에 맞서는 제3제국을 위한 주권독재론을 강력하게
펼치긴 하지만.
      그런데 이 글의 맥락에서 마치 과학소설의 한 장면과도 같은 위의 문
장들을 잘 읽어보면, 슈미트가 가정법으로 제시한 미래가 1989년 이후의
전 지구적 상황, 프랜시스 후쿠야마Francis Fukuyama가 '역사의 종말'이라고
지칭한 세계의 이미지와 놀라울 정도로 흡사하다는 사실을 알게 된다. 아
쉽게도 슈미트는 '역사의 종말'이라는 문턱에서 눈을 감았다. 만일 지구촌
과 인류라는 개념이 현실적으로 정착되면, 그리하여 정치적인 것의 본질인

3　　카를 슈미트, 『정치적인 것의 개념』, 김효전 옮김, 법문사, 1992, 65쪽.

적과 동지의 구별이 더 이상 존재하지 않게 되면, 거기에는 '정치적으로 무색한 세계관, 문화, 문명, 경제, 도덕, 법, 예술, 오락' 등만 남게 된다. 후쿠야마가 니체Friedrich Nietzsche, 헤겔Georg Wilhelm Friedrich Hegel의 인간론(니체의 '최후의 인간der letze Mensch'과 헤겔의 '자기를 보전保全하는 개체')을 급조한 '최후의 인간'이 거주하는 세계의 현실적인 향방은 전쟁과 유혈 사태로 정의되는 역사를 끝낼 수 있는 지구 위 단 하나의 제국(미국)이 주도하는 세계 신질서의 정치 패러다임에 의해 결정될 것이다. 그래서 인용문은 아이러니하게도 세계 신질서의 주도자인 미국이 인류에게 약속한 유토피아로 읽힌다.

그렇지만 팍스 아메리카나Pax Americana라는 유토피아는 한편으로 미국이 UN의 승인으로 치른 걸프전이 상징하는 것처럼, '역사의 종말' 이후에도 적과 동지의 구별은 여전히 유효하며, 그 유토피아란 전 지구적 내전을 대가로 치러야 얻을 수 있는 반쪽에 불과하다. 한편에는 역사의 종말에 상응하는 팍스 아메리카나라는 '유토피아'가 있고, 다른 한편에는 전 지구적 내전과 문명 충돌, 환경 파괴와 자원 고갈 등 온갖 형태의 '디스토피아'가 진행 중이다. 슈미트는 전자를 부정적으로 예상했으며, 그의 이론은 후자가 냉혹한 현실임을 일깨웠다.

물론 현실의 이러한 패러다임에서 어느 한쪽만 수긍하는 한, 사람들의 의식 속에서 이것은 필시 자기기만mauvaise foi으로 자리 잡을 수밖에 없다. '나는 미국 주도의 대안 없는 현실에 엄연한 문제가 있다는 것을 잘 알아, 하지만 미국화의 미래가 그 문제를 해결할 어쩔 수 없는 대안이라고 믿을 수밖에.' 이러한 자기기만과 세계의 종말에 대한 사람들의 상상이 어떻게 결합하는지는 어렵지 않게 짐작된다. 그것은 정치·경제·문화·인종적 적대, 환경 파괴와 내전, 신자유주의의 위기 등으로 다가올 실제적인 파국의 가능성을 사람들의 의식구조 내에서 상상적으로 해소하려는 전략이다. 테크놀로지의 막강한 도움을 받은 대중문화와 미디어가 제공하는 '세계의 종말'이라는 환상적이면서도 고도로 자기 탐닉적인 이미지로 말이다.

세계의 종말을 상상하는 패러다임의 우세는 있을 수 있는 최악의 상황을 가능한 한 상상하지 않으려고 하는 사람들의 자기기만이 점증한다는 징후이기도 하다. 반복하지만 자기기만은 서로 모순된 두 신념을 공유하는 것이다. '나는 조만간 파국이 닥칠 것을 잘 알아, 그럼에도 나는 실제로 그것이 올 것이라고는 믿지 않아.' 우리는 월스트리트발發 서브프라임 모기지 사태 등 신용경제의 붕괴에 대한 미디어의 보도를 통해 다가올 체제의 종말을 상상하거나, 홍수와 해일, 화산 폭발과 운석과 지구의 충돌, 지구 온난화에 대한 영화와 다큐멘터리 등 여러 문화적 상상의 도움을 받아 파국과 종말이 늘 임박해 있음을 '매우 잘 알고 있다'. 그런데 흔히 생각하는 것과는 달리 냉소주의란 불신의 공유가 아니라, 신념의 공유다. 파국이 닥치게 될 것을 믿지 않는 태도가 냉소주의가 아니라, 파국이 닥치지 않을 것이라고 믿는 것이 냉소주의다. '파국이 닥칠 것이라고 믿지는 않아'라는 표층적 진술은 '파국이 실제로 닥치지 않을 것이라고 믿어'라는 심층적 의미를 숨기고 있다. 우리는 엔딩 크레디트가 올라오는 스크린이 점차 희미해짐을 감지하면서 파국의 대사건이 이제는 물러갔음을, 사태가 다시 정상화되었다는 사실에 안도의 한숨을 내쉰다. 그리고 하나둘씩 불이 켜지는 좌석에서 일어나 다른 관객들과 함께 서둘러 극장을 빠져나간다.

　　그런데 슈미트가 암시한 바 있는 세계 또는 인류의 종말, 곧 인류가 스스로에 대해 전쟁을 치르지 않으면서도 자신의 종말을 앞당기는 상상적인 방법이 하나 있긴 하다. 아마도 슈미트는 냉전 시대의 미국과 소련이 벌일 수도 있었을 핵전쟁의 가능성에서 인류가 인류의 종말을 자초할 수도 있는 현실을 염두에 두었을 것이다. 그런데 우리의 관점에서 볼 때, 불가능하다고 생각한 인류의 종말에 대한 슈미트의 상상은 지구인보다 훨씬 강력하고 아마도 지구인을 창조했을 수도 있을 외계인의 침입, 그리고 외계인에 의한 지구의 멸망 등으로 얼마든지 가능할지도 모른다. 적과 동지의 구별이라는 슈미트의 정치학은 인류와 세계의 종말을 가져오는 만큼의 우주적 규모로 확대되면서 여전히 건재함을 입증할 것이며, 그때 슈미트가 할 수 있는 말은 아마도 단 한마디밖에 없을 것이다. "지구를 지켜라!"

다자인과 디자인

개인적일 수도 있는 이야기를 조금 허락해주기 바란다. 2009년 여름, 수십 층 높이의 고층 타워가 무심한 신의 눈길로 내려다보는 것 같은 용산참사의 현장인 이른바 '남일당' 앞에 모인 젊은 작가들은 피켓을 들고 용산역 광장으로 이동했다. 그러나 작가들은 민간 요원들의 온갖 협박과 회유에 떠밀려 왔던 자리로 되돌아오곤 했다. 그곳은 현대쇼핑센터의 사유지라는 것이다. 고객들이 쇼핑하는 장소에서 이러시면 안 된다고 작가들을 쫓아내던 민간 기업의 보안요원들. 그래서 사유지에서 이러면 안 된다는 말을 듣고 용산역 구내로 들어가면 이번에는 용산역 직원이 나와 역내는 공공장소이니 이곳에서 시위를 할 수 없다고 했다. 사유지여서 안 되었고, 또 공공장소라서 안 되었다. 그럼 도대체 어디에 있으란 말인가. 용산역 광장의 긴 에스컬레이터를 타고 곧바로 쇼핑센터로 이동할 수 있는 용산 역사에서 용산참사의 현장인 남일당까지는 불과 삼백여 미터 정도밖에 떨어져 있지 않았지만, 이곳과 저곳 사이에 건널 수 없는 스틱스Styx 강이 흐르는 것 같았다. 한쪽에는 웃음 가득한 가족과 연인이 쇼핑백을 가득 들고 나오는 소비의 유토피아가 있었으며, 다른 쪽에는 모기 떼와 쓰레기, 언제 무너져 내릴 줄 모를 철거된 건물의 디스토피아가 있었다.

그렇게 작가들과 함께 피켓 시위를 하거나 가톨릭사제단이 주최하는 저녁 미사의 찬미가를 들으면서 나는 종종 사람들의 비명으로 가득 찬 건물들이 계속 불타고 무너져서 재로 변하는 이미지들이 나타났다 사라지는 환영에 사로잡히곤 했다. 물론 그 재난의 환영은 2009년 1월 20일에 발생했던 무너져 내린 콘크리트 더미나 재가 뒤섞인 다른 쓰레기들로 가득했던 재개발 현장을 충격과 경악 속에서 직접 둘러본 후에 생겨났던 것이기는 했다. 그런데 내가 상상한 묵시록의 이미지는 우울하게 마음의 안쪽을 향했다기보다는 다른 방향을 겨누고 노려본 것이었다. 나는 그해 겨울 망루에서 불타고 떨어져 죽어간 철거민들에 대한 애도와 추모를 하기에 너무 감정적이었으며, 종종 공격적이었다. 그만큼 즉흥적이었고 즉흥적이면 늘 그렇듯이 제대로 한 것 하나 없이도 쉽게 지쳤다. 사실 나는 망루에서 불에 타 죽어간 철거민과 유가족의 처지에 무관심하거나 냉소적이었던 사람들, 부자들, 철거민들을 도심 테러리스트라고 불렀던 수구 언론들, 용산 개발에 엄청난 이권을 갖고 있었던 삼성 같은 대기업, 그들을 후원하던 잔인한 인간 사냥꾼들이 쥐 떼처럼 득시글거리는 청와대와 국회의사당 등의 건물이 무너지고 그 안에 있는 사람들이 남김없이 불에 타고 건물과 함께 무너져 모조리 땅 밑으로 사라지기를 바랐다. 눈앞에서만 이글거리던 비명과 불과 재의 환영은 복수의 감정과 무관하지 않았다. 상상 속 복수의 대상인, 죽어가는 이들의 얼굴을 떠올리고 싶지 않았다. 당신들의 얼굴을 들이밀지 말라. 나는 타인의 얼굴을 마주하면서 마음 약해질 것을 권유하고 속삭이는 어떤 요청도 거절할 것이다. 그렇게 혼자 멋대로 상상했다.

그럼에도 이 후안무치한 도당徒黨은 대체 어떤 종족들인가. "지금 와서 대통령을 바꿀 수 없지 않느냐"라는 한 여당 국회의원의 말이 떠오른다. 미국산 쇠고기 수입 반대 촛불시위가 한창일 때 나왔던 그 언표 속에는 마치 브레히트Bertolt Brecht의 풍자시를 흉내 낸 것 같은 뻔뻔한 심중이 담겨 있었다. 곧 대통령을 바꾸는 대신 말 안 듣는 국민을 바꾸고 개조하면 되지 않겠느냐는 노골적인 발상 말이다.[4] 바로 이것이 대참사의 전조前兆는 아니었을까. 그렇다면 이들 도당에게 있을 수 있는 참사를 가능한 한 그대로 되돌려줘야 하는 것은 아닐까. 이 관점에서 다시 생각해보면 정부의 '4대강 사업'은 바위와 모래와 물이 어울리는 자연을 인공 콘크리트로 뒤바꾸는 자연 개조사업일 뿐만 아니라, 인간 본성의 한 측면에 대한 강제적인 대수술에 가깝다고 할 수 있을지도 모르겠다. "지금은 여러분들이 반

---

4   나는 베르톨트 브레히트의 시 「해결방법Die Lösung」(1953)을 염두에 두고 있다. "6월 17일 인민봉기가 일어난 뒤/작가 연맹 서기장은 스탈린 가에서/전단을 나누어주도록 했다./그 전단에는, 인민들이 어리석게도/정부의 신뢰를 잃어버렸으니/이것은 오직 두 배의 노동을 통해서만/되찾을 수 있다고 씌어져 있었다. 그렇다면 차라리/정부가 인민을 해산해버리고/다른 인민을 선출하는 것이/더욱 간단하지 않을까?" 베르톨트 브레히트, 「해결방법」, 『살아남은 자의 슬픔』, 김광규 옮김, 한마당, 1991, 139쪽.

대하겠지만 나중에 '친환경적으로' 디자인된 강 주변의 포장도로를 산책하고 운하를 따라 배를 타고 서울에서 부산까지 유람하는 등 모두들 좋아할 것이다"라는 대통령의 발언은 대통령을 바꿀 수 없지 않느냐(대신 국민을 바꾸면 되지 않겠느냐)는 브레히트의 어법과 공명한다. 2008년, 미국산 쇠고기 반대 집회 때도 대통령은 싼값의 쇠고기를 운운하면서 이와 비슷한 말을 한 적이 있다. 지금 생각하면 그가 한 말들은 인간은, 국민은 개조가 얼마든지 가능한 존재라는, 놀랍도록 포스트휴먼적인(?) 믿음을 전제로 한 것이었다.

말놀이를 하면, 4대강 사업이란 '죽을 정도로 병든 자연'으로 정의되곤 하는 현존재Dasein에 대한 대대적인 디자인design은 아닐까. 물론 이명박 대통령이 휴가철에 '제작'을 뜻하는 그리스어 '테크네technè'에 대한 하이데거의 글을 읽었을 리는 만무하다. 그렇지만 대통령이 토목 공사와 테크네를 철저하게 헷갈리는 것만큼은 분명하다. 내가 4대강 사업을 반대하는 이유는 함께 4대강 사업에 반대하는 사람들이 주장하는 것처럼, 멀쩡한 생명과 자연을 죽이고 건설업자들의 배를 살찌우려는 이명박 정권의 이기심과 악의 때문만은 아니다. 당국자들의 생각에 4대강 사업은 죽어가는 4대강을 살리려는, 생명을 살리려는 총체적인 노력임을 확고부동하게 증명하려고 노력할 것이다. 그러니 정부의 관점에서 국민들의 반대는 전혀 이해가 가지 않는 것이다. 생명을 살리려고 하는 사업인데, 다들 왜 반대를 하느냐이다. 그들은, 결코, 멈추지 않을 것이다.

그런데 생명에 너도 나도 관심이 많은 이 시점에 적어도 분명히 해둘 것이 하나 있다. 생명은 생명이기에 소중한 것이라는 동어반복은 개발업자도 그들에게 공식적, 비공식적 뒷돈을 대주고 공식적, 비공식적으로 수익을 챙길 정부도, 그들에게 반대하는 수많은 선의 있는 사람들만큼이나 갖고 있는 어떤 것이다. 모두가 생명이 소중함을 모르지 않는다고 말한다. '왜 생명이 소중할까'가 아니라 '언제부터 생명을 소중하게 취급했는가'로 물음을 바꿔야 한다. 생명은 자본주의가 발명해낸 인공품이다. 생명을 쓰레기로 취급하는 것이 문제가 아니라, 생명이라는 원액을 추출하려면 나머지 것들이 그대로 생명의 잔여물 곧 쓰레기로 간주될 수밖에 없는 것이 핵심이다. 발터 벤야민(「폭력비판을 위하여Zur Kritik der Gewalt」, 1921)과 미셸 푸코Michel Foucault(『감시와 처벌Surveiller et Punir』, 1975)가 말한 것처럼, 생명에 대한 국가나 국민의 특별한 관심은 폭력과 법, 나아가 근대국가가 성립된 계보의 중추를 받치는 권력의 어두운 비밀이다.

이렇게 생명에 유독 관심이 많은 이명박 정권은 그만큼 생명을 위해 깎아낸 나머지 것들을 돌아보지 않고 무단 방출하는 정부이기도 하다. 이 때 '생명이 쓰레기이며, 쓰레기가 생명'이 되는 절합切合, articulation의 절묘한 타이밍을 놓치지 말아야 한다. 시골집에서 조용히 살던 늙은 필레몬과 파우키스 부처夫妻의 죽음을 안타까워하던 파우스트가 흘린 한 줌의 눈물에서 연민조차 찾아볼 수 없다고 아쉬워할 필요까지는 없다. 어차피 늙은 괴테Johann Wolfgang von Goethe가 그려낸 대운하의 건설자 파우스트의 눈물이란 진실을 호도하는 악어의 눈물, '결백의 수사rhetoric of innocence'일 뿐이었으니까. 김형중의 표현을 좀 더 밀고 나가자면, 사이비 파우스트가 있는 것이 아니라(그럼 사이비가 아닌 파우스트란 도대체 누구란 말인가), 파우스트가 사이비고 그가 불도저로 밀고 나가게 했던 그런 모더니티가 사이비다. 문학은 파우스트의 연민의 눈물을 스케치할 수 있다. 그렇지만 그 이미지에 혹하거나 속아서는 안 될 것이다. 문학은 세상에 대한 줄기찬 비난을 하면서도 은밀히 그 자신만을 빠뜨리는 '아름다운 영혼schöne seele'의 역할을 적지 않게 자임해왔다. 이제 문학조차 결백할 수만은 없겠다. 문학이 지금 일어나는 파국을 끌어안고 그 안으로 깊숙이 연루되는 방법 이외에는 대안이란 없다. 묵시록의 상상력이 그 대안이 될 수 있을까.

쓰레기가 되는 삶: 『러브 차일드』의 사례

다소 장황하게 서술된 감이 없지 않은 이러한 전제를 염두에 두고 김현영의 장편소설 『러브 차일드』⁵를 묵시록 장르의 한 소설적 사례로 읽어보도록 하자. 『러브 차일드』는 조지 오웰George Orwell의 『1984년Nineteen Eighty-

Four』(1949)이나 올더스 헉슬리Aldous Huxley의 『멋진 신세계*Brave New World*』 (1932)처럼 디스토피아적인 근미래를 섬뜩하게 형상화하고 있는 묵시록이 다. 김현영이 보여주는 가까운 미래의 묵시록적 풍경은 어떠하며, 왜 작가 는 조만간에 우리도 함께 맞이할 수 있을 미래를 이토록 끔찍하고도 처참 한 풍경으로 그려놓았을까. 발상은 의외로 간단하다. 작가는 '늙어가는 데 대한 두려움'을 이 소설을 쓰게 된 동기라고 말하는데, 일견 단순하게 들리 겠지만 묵시록 장르가 어떻게 태어나게 되는지를 유추할 수 있는 단서이 기에 흥미롭다. 여기서 늙음에 대한 두려움은 사실 죽음에 대한 여러 두려 움 중 하나가 특화된 것이라고 바꿔 말할 수도 있다. 묵시록에 대한 프랭 크 커머드의 고전적인 논의를 참조하면, 묵시록은 태어남과 죽음 사이에 있을 법한 다양한 판본의 종말에 대한 각양각색의 두려움에서 그 상상력 이 촉발되는 문학 장르다.[6] 한 시대, 또는 세기의 종말이 가까워졌음을 말 하는 묵시록은 사실 당대의 시대정신을 관장하는 패러다임이 바뀌면 무효 화되기 쉽고 또 과장으로 비난받을 수도 있다. 그럼에도 묵시록은 효력이 다하는 법이 없는 유연한 문학 장르다. 종말은 늘 유예되어왔으며, 죽음은 늘 있어왔기에.

태어나기도 전에 "의료 폐기물"이 된 복수複數의 태령胎靈인 화자가 원 한과 냉기, 우울이 가득 찬 눈으로 들여다보는 가까운 미래의 풍경은 『러 브 차일드』에서 참담할 정도로 묘사된다. 그 미래에 사람들은 60세가 되면 '생애 전환기 검사'를 받으며, 그에 따라 새로운 나이를 부여받거나 60세 에 그대로 머무른다. 검사에서 탈락되지 않은 심사자들은 민간에 위탁되 어 재활용 심사를 받기 전까지 남은 삶을 살게 되지만, 만일 상품처럼 '하 자'가 생겨 재활용 심사를 받아 탈락하게 되면 그대로 폐기처분된다. 재활 용할 만한 가치가 없으면 생매장되거나 재활용 쓰레기 신세로 남은 삶을 끝마치게 되는 것이다. 『러브 차일드』의 두 번째 장인 '폐기물'에는 살아 있 는 폐기물을 지칭하는 이른바 'SRGD'들이 적재함에 집어던져진 다음, 다 양한 방식으로 폐기처분되는 방식들이 섬뜩하고도 냉정하게 묘사된다. 이 폐기처분은 보통 매립, 소각, 재활용의 세 단계를 거친다. 먼저 쓸모없는 폐기물들은 "밑이 터진 종이봉투인 양"[7] 쏟아져 거대한 구덩이 속으로 매립된다. 매립되고 남은 폐기물들은 소각된 다음, "250톤의 압력으로 45분간 천천히 눌려, 흘러나온 액체는 비누와 양초가 되고 걸러진 고체는 비료"[8] 등으로 재활용된다. 아마 재활용 심사를 받을 심사자들이 올라서는, 끝없이 순환하는 컨베이어 벨트야말로『러브 차일드』에서 자연에 대한 유일한 객관적 상관물일 것이다. 그 누구도 피할 수 없으며, 그 누구도 예외 없이 맞이하게 될 무상無常한 운명이라는 의미에서의 '자연'으로 말이다.

작가는 어떻게 이런 끔찍하고도 도저한 상상을 하게 되었을까. 인간이 인간을 쓰레기로 취급하고 처분하는 대목들은『러브 차일드』의 시작에서 끝까지 폐기물을 실어 나르는 컨베이어 벨트처럼 멈추지 않고 계속 반복된다. 게다가 인간=쓰레기임을 강조하는 본문의 수많은 문장의 고딕체 표기, 기호와 숫자, 제복과 규율로 전체주의화된 미래에 대한 숨 막히는 서술, 묘사와 서사보다는 설명과 논평이 압도적인 문장은 소설 읽기를 더욱 고통스럽게 한다.『러브 차일드』가 장르적으로 묵시록임을 증거하는 예는 쓰레기가 되어버린 삶에 대한 도처의 재난과 죽음의 알레고리뿐만은 아니다. 있을 수 있는 그 모든 참담하고도 잔혹한 상황을 응시하고 설명하고 묘사하고 논평하는 전지적 서술자 또는 시점도 여기에서 한몫을 한다.

독일의 판사회의 의장 출신의 유명한 정신병자로 환각, 환청의 고통 속에서 자신의 논리적이고도 환상적인 편집증을 글로 썼던 다니엘 파울 슈레버Daniel Paul Schreber는『한 신경병자의 회상록Denkwürdigkeiten eines Nervenkranken』(1903)에서 자신의 망상 속에서 본 세계의 종말에 해당하는 숭고한 장면을 "신과 함께하는 광경"이라고 명명하고 있다.[9] 묵시록적 환각에 빠져든 슈레버는 신의 시점에 서서 별들이 우주의 제 궤도에서 이탈해 떨

---

5   김현영,『러브 차일드』, 자음과모음, 2010.
6   프랭크 커머드,『종말 의식과 인간적 시간』, 조초희 옮김, 문학과지성사, 1993, 20쪽.
7   김현영,『러브 차일드』, 31쪽.
8   김현영,『러브 차일드』, 34~35쪽.

어져나가는 등 세계의 종말이라는 어마어마한 이미저리를 응시했던 것이다. '신과 함께하는 광경'이라는 슈레버의 표현은 『러브 차일드』에서 비록 신은 아니더라도 모든 것을, 과거와 미래를 한꺼번에 응시하는 '태령'의 시점과 일맥상통한다. 묵시록에서 전지전능한 시점의 등장은 간과될 사항이 아니다. '안다고 가정되는' 이 시점은 근대 소설 이후, 특히 지금에 와서 철저한 불신의 대상으로 취급되지 않았던가. 현대의 묵시록에서 담즙膽汁으로 가득한 토성 자리의 음울한 시점이 다시 등장하는 것은 어쩐 일일까. 간단하게 생각해보면 이렇다. 만일 총체성이 불가능한 것이더라도, 세계의 종말과 몰락은 그것이 부정하고 해체할 총체성이 전제되지 않을 수 없다. 세상의 총체적 종말에 대한 비전은 오직 신의 시점에서만 가능하다.

　이렇게 단 한 순간의 일격으로 세계의 종말을 조망하는 신의 시점에서 투발루 섬의 침몰은 제유적 실례로서, 곧 종말 그 자체의 이미지로 승화된다. 묵시록적 상상에서 현실의 부분적 요소는 '부분은 전체다'라는 제유提喩의 작동으로 말미암아 현실 그 자체에 대한 알레고리로 승격되는 것이다. 그래서 묵시록에는 특유의 과장이 있을 수밖에 없으며, 그 과장 때문에 종종 비난받기도 한다. 『러브 차일드』에서 끔찍한 디스토피아를 촉발시킨 상상력의 두 축에는 '자연적' 재해인 투발루 섬의 침몰과 '인공적' 재난의 사례인 용산참사(를 떠올리게 하는 장면들)라는 제유의 사례들이 있어 보인다. 하나씩 살펴보자.

　　투발루는 가라앉고 있는 섬이었다. 아니, 수위가 높아진 바다에게 집어삼켜진 섬이었다. 바다는 섬 주민의 발바닥을 간질이다가 이내 발목을 물어뜯었으며 무릎을 베어 먹었고 이젠 코밑까지 밀어닥쳤다. 익사는 시간 문제였다. 투발루 주민들의 삶은 투발루가 아닌 곳에서만 가능해졌다. 하지만 투발루 아닌 곳에서 투발루 주민이 살 수 있는 방법은 하나밖에 없었다. 할 줄 모르는 이웃 나라의 언어를 당장 구사할 수 있어야 했고 가져본 적 없는 첨단의 전문직을 당연히 가져야 했으며 아울러 40세 이하의 남자가 되어야 했다. 모든 조건을 충족시키면 투발루를 떠나 살 수 있었다. 익사를 면할 방법을 분명히 제시해주었는데도 익사하는 자가 있다면 그건 그자의 책임이거나 운명이었다. 그러니, 아무도 우리를 죽이지 않았다.

진과 수에게 투발루는 TV속 세상이 아니었다. 떠나야만 살 수 있는데 떠날 방법이 없는 그곳이 바로 투발루였다. 정수리에서 오세아니아를 발견했다는 진의 말에 수가 대뜸 투발루부터 떠올린 데는 그만한 이유가 있었던 것이다. 태어나야만 살 수 있는데 태어날 방법이 없었던 우리가 그것을 모를 리 없다.[10]

---

9   쥘 베른Jules Gabriel Verne의 『지구 속 여행Voyage Au Oenter de la Terre』(1864)에서 탐험가들이 지구의 배꼽으로 들어가는 경이로운 장면을 연상시키는 다음 대목을 보라. "이미 언급했듯 내가 수없이 본, 세계 몰락의 표상을 담고 있던 비전들은 한편으로는 섬뜩한 성격을 가지고 있지만 다른 한편으로는 형언하기 힘들 만큼 웅대하다. 나는 그중 일부만 떠올리려 한다. 그중 한 비전에서 나는 지구 깊숙한 곳으로 하강하는 기차 혹은 휠체어에 앉아 있었는데, 그것을 통해, 말하자면 인류 또는 지구의 역사 전체를 거꾸로 거슬러 올라갔다. 위쪽에는 나뭇잎이 우거진 숲이 있었고, 아래쪽으로 갈수록 점점 어둡고 검게 변했다. 때로는 타고 있던 데서 내려 거대한 공동묘지 같은 곳을 돌아다녔는데, 라이프치히 시민들이 묻혀 있던 장소에서는 아내의 무덤을 지나치기도 했다. 다시 그곳에 올라앉아 3번 지점까지만 더 나아갔다. 나는 인류의 시원을 보여줄 1번 지점에는 감히 들어가지 못했다. 돌아오는 길에 내 뒤쪽에서 갱도가 무너져 내렸는데, 그것에 의해 나와 동시에 그 안에 있는 '태양의 신'은 계속 위협받았다. 이와 관련해 갱도가 두 개 있었다(이는 신의 나라의 이원론에 해당하는 것일까?)는 말을 들었는데, 두 번째 갱도마저 붕괴했다는 소식이 전해졌을 때 그들은 모든 것을 잃어버렸다고 했다. 다른 한번은, 라도가호에서부터 지구를 관통해 브라질까지 갔다. 그리고 그곳의 성처럼 생긴 한 건물에서 간수 한 명과 함께, 점점 불어나는 노란빛의 조수潮水—나는 그것이 매독 전염병과 관계있다고 여긴다—로부터 신의 나라를 보호하기 위한 담장을 쌓았다. 또 다른 한번은 마치 나 자신이 축복 상태로 고양된 것 같은 느낌을 받았다. 그때 나는 하늘 높은 곳 푸른빛 궁륭 아래에서 쉬면서 지구 전체를 내려다보았는데, 그것은 비교할 수 없이 화려하고 아름다운 광경이었다. 나는 이 장면을 지칭하기 위해, '신과 함께하는 광경Gottesbeieinanderaussicht'이라는 표현이 울리는 것을 들었다." 다니엘 파울 슈레버, 『한 신경병자의 회상록』, 김남시 옮김, 자음과모음, 2010, 85~86쪽.

10   김현영, 『러브 차일드』, 28~29쪽. (강조는 원문)

묵시록에서 재현되는 재앙은 상당수 인공적인 것임에도 불구하고 묵시록적 풍경 그 자체는 자연의 폐허, 폐허의 자연을 닮았다는 느낌을 준다. 왜 그럴까. 인용문에서 투발루 섬의 침몰은 자연적 재해지만, 이것을 경험하는 투발루 주민에게 그것은 인공적 재난일 뿐이다. 이웃 나라에서 살려면 그 나라의 언어를 구사하고 첨단의 직업을 가져야 하며, 특히 본인의 노력으로 섬을 빠져나오지 않으면 안 된다. 그러한 능력이 없으면 죽을 수밖에 없고 그렇게 되는 것은 '그자의 책임이거나 운명이었다'. 그런데 우리가 살고 있는 냉혹한 신자유주의의 이데올로기적 복음이 설파하는 것이 혹시 이런 것들은 아닐까.

슬라보예 지젝이 간파했던 것처럼, 오늘날 탈이데올로기로 보이는 자본주의는 자본주의적 사회경제 시스템을 '자연화하는naturalize' 마술을 부리고 있는 유일무이하게 막강한 이데올로기적 체제다. '역사의 종말' 이후 지구상의 최후의 승리자로 자처하는 자본주의는 인간 본성 중 가장 중요한 '욕망'에 기초해 있으며, 따라서 자본주의의 서사는 인간 본성에 내재적이고 욕망이라는 잠재적인 성질을 현실화하는 경로를 일관되게 따라왔다는 식의 이데올로기적 서사를 다양한 버전으로 줄기차게 재구성하기를 게을리하지 않는다.

영화 〈지구를 지켜라!〉[11]에서 나중에 안드로메다 왕자로 밝혀지는 (?) 자본가 계급이자 그 자신이 악덕 자본가이기도 한 강만식은 인류 타락의 역사를 재구성해낸다. 병구로부터 탈출을 하기 위한 위장 전술로 이야기를 꾸며냈는지 아니면 정말 그가 그렇게 생각하는 것인지는 확실히 알 수 없지만, 〈지구를 지켜라!〉는 아서 클라크Arthur C. Clarke의 원작을 바탕으로 한 스탠리 큐브릭Stanley Kubrick의 SF 영화 〈2001 스페이스 오디세이2001- A Space Odyssey〉(1968)를 정반대로 브리콜라주한 것 같은 인간 몰락의 장대한 서사를, 강만식의 장엄한 내레이션과 전쟁과 내란의 비극적인 장면들에 대한 편집을 통해 들려주고 보여준다. 강만식에 따르면, 인간종種은 이른바 '가속성 공격 유전자'와 같은 증오 유전자 또는 증오 바이러스 때문에 수백만 년의 실험에 걸쳐 동물로 퇴화되었으며, 인간의 멸종은 그에 따른 필연적인 수순이고 자명한 이치라고 말한다. 영화의 후반부에서 강만식은 노동자 계급 병구와 같은 지구인과는 그 종種이 다른, 애초에 지구인을 만들어낸, 그렇기에 지구인을 쓸어버릴 수 있는 권리를 가진 창조주 외계인으로 밝혀진다. 한편, 자유는 인간 본성에 기초한 자연적 덕성이지만, 평등은 인위적이기에 부자연스럽다고 말하는 과학소설 작가 복거일의 발언도 이러한 재자연화를 한층 거들고 있다. 체제가 인간 본성에, DNA라는 이 기적 유전자에 기초해 있기에 그 체제에 적응하지 못하거나 이의를 제기하다가 발생할 수 있을 불행과 전락은 항의하는 당사자 개인의 부적응과 도태의 결과일 뿐이다. 더구나 그것은 시스템의 문제가 아닐뿐더러, 강만식의 말처럼, 늘 남 탓하기 좋아하는 저 "병신 새끼"들이 가진 원한ressentiment 이 마땅히 치러야 할 대가다.

이렇게 전 지구적인 규모로 일어나는, 모든 것을 식민화시키면서 그 과정을 인위적인 것이 아닌 인간 본성에 기초한 자연의 수순임을 정당화하고 채색하는 것이 '재자연화'라면, 묵시록은 바로 이러한 재자연화에 홀로 맞선 고립된 단자가 격렬하게 내는 이디오진크라지Idiosynkrasie적 반응은 아닐까도 싶다. 강원도 산골의 외따로 떨어진 광부 목욕탕을 외계인과 교신하는 장소로 개조하고 오로지 지구를 구하기 위해 외계인을 납치해 살해하는 병구와 그를 잡동사니처럼 둘러싸고 있는, 온갖 기묘한 도구와 실험실로 가득 찬, 편집증적으로 브리콜라주된 환경을 한번 떠올려보라. '병구'란 치유와 병이 얽혀 있는 역설적 존재며, 그는 자체로 하나의 증상이다. 그래서 우리의 주인공 이름이 병구病究였던 것이리라(이에 비해 강만식

11 〈지구를 지켜라!〉에 대한 나의 논의를 전개하는데 다음의 세 글이 중요한 참조점이 되었음을 밝힌다. 김지훈, 「판타지와 대항-기억으로서의 브리콜라주—영화 〈지구를 지켜라!〉의 양가적 상상력」, 『문학과사회』 2003년 가을호; 김영찬, 「공포의 근대와 편집증—영화로 읽는 근대의 무의식 2」, 『비평의 우울』, 문예중앙, 2011; Peter Y. Paik, "The Defense of Necessity: On Jang Joon-Hwan's Save the Green Planet", *From Utopia to Apocalypse: Science Fiction and the Politics of Catastrophe*, University of Minnesota Press, 2010.

은 모든 것을 자본으로 식민화하며 그 과정을 자연의 이치인 것처럼 기만하는 이름, 强萬植/食이 아닌가).

한편 다음 문장은 작가가 『러브 차일드』를 쓴 두 번째 동기라고 한 것과 관련 있으며, 묵시록에서 재현이라는 미메시스의 문제를 숙고하도록 이끈다.

물대포는 계속 발사되었다. 투하되는 물의 양이 많아질수록 불의 세력도 점점 커져갔다. 인화물질은 망루 안에 숨겨두었던 유사휘발유였다. 망루에 스스로를 감금시킨 그들이 특공대의 일만 가지 일망타진 방법으로부터 자신들을 방어할 유일한 무기였다. 하지만 유리병에 정량이 담긴 채 심지를 물고 있어야만 무기라 불릴 수 있는 그것들은 아직 무기가 아니었다. 그저 유사휘발유에 지나지 않았다. 물에 진화되지 않고 다만 물 따라 흘러갈 뿐인.

아무 예고도 없이 그날의 일출 장소가 되었던 망루가 이제는 홍염처럼 타오르고 있었다.

물폭탄 속에서 시작된 진압은 불길 속에서 더 뜨거워졌다. 사실을 은폐하거나 인멸하는 데는 물보다 불이 더 효과적이었다. 일만 가지 일망타진 방법에 그것이 없을 리는, 없었다. 일만 가지라는 말은 무조건이라는 말과 다르지 않았으므로. 우리를 품었던 어미가 수술대에 오르는 순간, 우리 역시 무조건 의료 폐기물로 취급됐듯이.[12]

인용문에서 2009년 1월 20일에 있었던 용산참사의 그것을 떠올리지 않기란 불가능하다. 그런데 인용문들은 눈앞에서 벌어진 현실에 대한 생생한 묘사인가, 아니면 우리 모두가 TV와 각종 미디어를 통해 본 것처럼 카메라를 통해 투시된 장면의 각색인가. 전자라고 단정 짓기엔 지나친 과장 같고, 후자에 가깝다고 보는 것은 매정한 판단 같다. 위의 장면을 현실에 대한 적절한 재현이라고 해야 할지, 현실에 대한 이미지의 재구성에 불과할 뿐이라고 해야 할지, 또 이미지로 재구성된 장면을 여전히 재현이라고 불러야 할 것인지 결정하기란 과연 쉽지 않다. 그럼에도 우리는 인용문이 미디어의 이미지를 따온 것임에도 불구하고 허구로서의 변형이 적절히 수행되었으며, 소설의 중요한 장면으로 충분히 기능한다고 판단하고 싶다. 작가가 '용산참사'를 소재주의적으로 처리하는 데 그치지 않고 모든 것을 쓰레기로 폐기처분해버리는 현실에 대한 외삽의 원천으로 창조적으로 활용했기 때문이다.

한편 여기에는 계급적 관점도 스며 있다. 『러브 차일드』의 주인공인 '수'와 '진'은 망루에서 비참하고도 어이없이 죽어갔던 철거민의 자식들이었던 것이다. 이런 면에서 볼 때, 『러브 차일드』는 노령 인구의 증가, 죽음에 대한 두려움, 가족과 생명에 대한 애착이라는 중산층의 가족로망스와 함께 철거민의 관점에서 현실을 바라보는 계급의식도 있다. 이 부분에 대해서 조금만 더 이야기하자.

아이들: 소망충족의 형식

스릴러 영화 〈우리 동네〉(2007)에는 가난하며 재능이라곤 별로 없는 추리작가인 주인공이 친구에게 자매를 살해하는 한 여자의 꿈을 들려주는 장면이 나온다. 주인공의 설명은 이렇다. 꿈의 무대는 장례식장이며, 거기서 여자는 멋있는 남자를 만났다. 다음에 여자는 자매인 동생을 죽이는 꿈을 꾼다. 왜 그랬을까. 동생이 언니의 경쟁 상대여서? 주인공은 그런 해석은 틀렸다고 말한다. 답은 이렇다. 그 남자를 계속 만나려면, 매번 꿈속의 무대가 장례식장으로 변함이 없어야 한다. 장례식장이 계속 나타나려면, 누군가가 반드시 죽어줘야 하는데, 그 누군가가 바로 동생이었다. 이런 꿈을

---

12   김현영, 『러브 차일드』, 228~229쪽. (강조는 원문)

꾼 자는 사이코패스라고 덧붙이면서.

사실 이 꿈은 사이코패스의 전유물이 아니다. 프로이트가 『꿈의 해석Die Traumdeutung』(1900)에서 분석한 적이 있는 평범한 사람의 꿈으로, 장례식 꿈이란 신경증 환자가 가질 법한 위장된 소망충족의 극단적인 예일 뿐이다. 묵시록의 상당수는, 프로이트의 장례식 꿈에 비춰보면, 소망충족의 전치轉置 또는 위장에 가깝다. 따라서 묵시록은 내용보다도 형식이 작품 자체에 잘 노출되는 장르다. 묵시록의 내용은 비관적이지만, 그 형식은 비관적이지 않을 수 있다. 남자를 만나려는 소망을 어떤 식으로든 유지시키려면, 전치와 위장은 필수적이다. 묵시록은 문학작품에서 내용과 형식이 일치하지 않음을 증명하는 독특한 장르다. 문학의 내용과 형식이 일치한다는 전제가 처음부터 유기체적 환상일 뿐이며, 내용과 형식의 일치 또한 작품의 완성도와는 상관없는 말이다. 아도르노Theodor Adorno가 말한 것처럼, 형식과 내용은 변증법적인 긴장 속에 있다. 형식의 일부는 내용으로 침전되거나 그 반대로 내용이 형식의 일부로 전화轉化된다.

그래서 묵시록의 작중인물 중에서 유일한 생존자이자 증언자witness로 선택되는 아이는 묵시록적 '내용'의 범주에 속하는 작중인물이 아니라, 전치되고 응축된 욕망의 '형식'이 작품의 내용으로 구현되어 주인공의 지위를 획득한 존재로 보아야 옳다. 최근 몇 년간, 묵시록적 상상력이 발휘된 한국소설을 상기해보면, 윤이형의 「큰 늑대 파랑」(2007)과 듀나의 「너네 아빠 어딨니?」(2007) 등의 좀비 묵시록에 등장하는 주인공들, 그리고 글머리에서 언급한 황정은, 김경욱, 김애란 소설의 주인공이 모두 미성년이거나 어린아이라는 것은 적잖이 흥미롭다. 게다가 『러브 차일드』에서 원한에 가득 찬 화자는 '태령'이며, 극적으로 재회한 수와 진은 다음 진술처럼 모두 아이들이 아닌가. "아이의 모습을 한 사람 거죽 안엔 성별 구분조차 불가능한 노인이, 노인의 내면엔 영원히 늙지 않는 아이가, 들어 있었다. 묻고 답하지 않아도 상대방의 삶이 절로 감각, 되었다."[13]

『러브 차일드』의 묵시록적 어조에서 환기되는 소망충족의 내용은 소설의 결말 부분, 곧 폐기처분에서 가까스로 살아남은 사람들이 살고 있는 도심 외곽의 '우리 동네'에서 아이들이 자신을 낳아준 어미와 만나며, 어미가 자신이 낳은 자식과 눈물로 조우한다는 중산층의 가족로망스 스토리에 가까워 보인다. 확실히 작가의 이러한 관점에는 의심스러운 구석이 없지 않다. 작가는 우리 시대는 생명이 쓰레기 취급받는 시대라고 말하고 있는데, 그 언급은 생명은 어떤 이유와 논리 없이 그 자체로도 소중하며, 그에 대한 의심은 용납되지 않는다는 통념을 전제하고 있다. 작가는 이렇게 말하고 있지만, 작품이 꼭 그런 것만은 아니다. 오히려 『러브 차일드』에서 가장 소름끼치면서도 의아했던 부분은 모든 것을 쓰레기로 처분하는 '국가'의 존재에 대해 서술자가 질문하는 대목이다. 간단히 말하면, 이처럼 엄청난 공을 들여가면서 국가가 왜 이런 파괴적인 일을 자행하는가. 그러나 국가의 목적은 쓰레기를 처분하고 생명을 살리는 일이다. 앞서도 말한 적이 있지만, 쓰레기에 대한 관심은 뒤집어 말하면 생명에 대한 관심이다. 어떤 개체, 인격체, 뭐라 불러도 좋을 주체에서 생명을 추출하려면 생명 이외의 것을 쓰레기로 간주하고 처분해야 한다. 냉혹하게 말하면, 생명의 탄생과 쓰레기의 탄생은 같다. 출산부터 생명에 유별난 관심을 갖는 우리 현실은 쓰레기를 대량으로 방출하고 처분하고 소각하는 현실이기도 하다.

　　그런데 『러브 차일드』를 자세히 읽다 보면, 놀라운 사실을 발견하게 된다. 재심사를 통과한 60세 노인의 또 다른 삶에 대한 언급이 소설에는 전혀 없다는 것이다. 처음에 소설을 읽을 때는 이 부분이 좀 이상해 보였지만, 나중에는 깨닫게 되었다. 『러브 차일드』에서 반복해가며 보여주는 것처럼 재활용 심사에서 합격한 노인의 새로운 삶이란 조만간 그 자신이 쓰레기가 될 것을 예고하는 신호일 뿐, 처음부터 존재하지 않았던 것이다! 그것은 재현할 필요조차 없는 것이다. 모두 60세가 되면 사실상 자동적인 폐기처분인 것이다. 국가의 목적이란 오직 노인과 부적격자, 쓰레기로 분류된 인간에 대한 완전히 평등한 폐기처분이었다. 작가의 이러한 묵시默視에

13　　김현영, 『러브 차일드』, 30쪽.

는 중산층 가족로맨스의 판타지가 더 이상 남아 있지 않다. 중산층은 한국에서 사라진 지 오래며, 계급도 아니었다. 다만 자신을 여전히 중산층으로 착각하는 몰락한 계급의 집단적 환상만이 안쓰러울 정도로 끈질기게 남아 있을 뿐. 최근의 묵시록은 아마도 이 비참한 환상을 직시하고 있을 것이다.

묵시록의 쓸모

방금 이야기했지만, 이데올로기적으로 볼 때 묵시록 장르는 소망충족을 대리하는 환상이 무너지는 것을 다른 어떤 계급보다도 악몽으로 자주 경험할 수밖에 없는 계급, 곧 중산층이 자신의 환상이 붕괴되는 사태를 필사적으로 막으려는 심리적 방어기제에 가깝다. 그 누구보다도 묵시록적인 사상가였던 발터 벤야민은 1차 세계대전 이후의 독일인들이 인플레이션을 겪으면서 체험했던 세상의 종말에 대한 비전을 계급 구조의 완전한 붕괴로부터 읽어낸 바 있다. "몰락은 상승보다 결코 덜 안정된 것도, 더 놀라운 것도 아니다. 오로지 몰락에서만 현재 상황에 대한 유일한 분별력이 생긴다는 점을 받아들일 때 비로소 매일 반복되는 일에 대해 놀라지 않는 둔화 상태를 벗어나 다음과 같은 생각에 도달하게 될 것이다. 즉 몰락의 현상들은 전적으로 안정된 것이며 구원은 유일하게 거의 기적과 신비에 가까운 어떤 특별한 일로부터만 기대될 수 있다는 생각이다."[14] 따라서 몰락과 파국의 눈으로 세상을 바라보는 것은 세상의 붕괴에 대한 암울한 환상적 비전으로 그치고 마는 것이 아니라, 빠르게 변화하는 사물과 현실을 맨 정신으로 직시할 수 있는 정신의 탁월한 대처법이 될 수도 있다.

그리하여 이제 묵시록을 좀 더 긍정적으로 평가할 단계가 왔다. 그렇게 보면, 4대강 사업을 추진하는 정치인과 대기업, 건설업자들 또한 우리가 상상해봄직한 파국적 대참사의 희생자 목록에서 절대로 열외일 수 없는 존재들일 것이다. 그들이 자신을 평범한 사람들과는 근본적으로 다른 종種이나 초인으로 간주하더라도 말이다. 앞서 우리는 대참사가 그 재난의 규모만큼이나 그것을 비출 어떤 총체적인 거울 이미지를 염두에 두지 않고서는 결코 상상하기 어려운 측면이 있다고 했다.

　일찌감치 총파업을 통해 프롤레타리아 혁명을 주장한 조르주 소렐
Georges Sorel 또한 "피해 갈 수 없는 철칙鐵則에 의해 묶여 있는 체제를 단 하
나의 덩어리라는 형태로 구성하는 사회적 조건은 오직 전체를 대상으로
하는 대참사를 통해서만 사라질 수 있다"라고 쓴 바 있다.[15] 그런데 방금
인용한 구절을 뒤집어 읽어보면, 파국의 상상력이란 체제를 분열적인 파
편이나 특수가 아닌 하나의 전체로 상상할 수 있도록 견인하고 이끄는 방
법적 장점을 지니고 있는 것으로 얼마든지 해석 가능하다. 대참사를 떠올
리면서 대참사의 규모에 어울리는 현실을 이참에 면밀히 조사하며 재구성
하고 곰곰이 명상해볼 수 있다는 얘기다. 프레드릭 제임슨이 말한 것처럼,
"총체성이라는 개념이 가능해야 비로소 혁명처럼 변혁의 전망과 마찬가
지로 큰 조직적 재앙도 가능해지기 때문이다."[16] 공산주의와 파시즘 사이
를 종종 왔다 갔다 하긴 했지만, 조르주 바타유Georges Bataille는 프랑스혁명
의 계급투쟁적인 의의를 적극적으로 설명하는 가운데 소렐의 총파업 신화
를 연상시키는 대목에서 이렇게 말한 적이 있다. "계급투쟁의 가능한 종착
지는 단 하나인데, '인간성'을 멸망시키려고 노력한 자들의 멸망이다."[17] 최
근의 저술에서 지젝 역시 완전한 파국의 환상 대신에 파국을 정면으로 응

14　발터 벤야민, 「독일의 인플레이션을 가로지르는 여행」, 『일방통행로/사유이미지』,
　　　김영옥·윤미애·최성만 옮김, 도서출판 길, 2007, 84쪽.
15　문강형준, 「늑대의 시간의 도래」, 『자음과모음』 2010년 봄호, 906쪽; 문강형준, 「늑대의
　　　시간의 도래」, 『파국의 지형학』, 자음과모음, 2011, 27쪽에서 인용했다. 조르주 소렐,
　　　『폭력에 대한 성찰』, 이용재 옮김, 나남출판, 2007, 42쪽. 국역본의 해당 구절은 이렇다.
　　　"비관론자는 사회적 조건들을 필연성을 지닌 어떤 철칙으로 연결된 하나의 체계를
　　　형성하는 것으로 간주합니다. 결합체로서 주어져 있으며 전체를 건드리는 어떤 파국에
　　　의해서만 소실되는 그러한 체계 말입니다." 문강형준의 번역이 이 글의 의도에 더 잘
　　　부합한다.
16　프레드릭 제임슨, 「묵시록의 용도」, 『Anyway—방법의 논리』, 현대건축사, 1997, 36쪽.
　　　원제는 "The Uses of Apocalypse"로 제목을 수정했으며, 어색한 문장도 바꿨다.
17　조르주 바타유, 「소모의 개념」, 『저주의 몫』, 조한경 옮김, 문학동네, 2000, 46쪽.

시하는 '종말론적 환상이 없는 묵시록'을 제안한 바 있다.[18] 그런데 여기서 '종말론적 환상이 없는 묵시록'이란 어떠한 환상의 도움도 없이, 환상으로 부터 자유롭게 맨 현실을 직시하자는 따위의 이야기로 환원될 수는 없을 것이다. 여기서 내가 염두에 두고 있는 묵시록은 오히려 현실의 일부분으로 즐길 만한 재난에 대한 환상의 클리셰가 아니라, 바로 현실의 일부분으로 통합되는 것에 저항하는 환상의 과잉, 과잉의 환상과 한 몸이 되는 서사 형식이다. 자신이 신의 자식을 잉태하는 동시에 낡은 세상을 철폐하겠다는 다니엘 파울 슈레버의 고통스럽고도 즐거웠을 묵시록적 환상의 서사는 그러한 환상과의 과잉 동일시를 통해 오히려 낡은 세상, 상징계의 비루한 비밀을 폭로하고 있다.

비록 대중문화의 상상력과 미디어가 대참사와 그것의 숭고한 이미지를 손쉽게 취급하고 대중들이 그것을 용이하게 대량 소비한다고 하더라도 묵시록적 상상력의 어떤 요소들은 우리가 겨우 살아내는 신자유주의 체제와 그것과 결탁한 채 독선과 오만으로 질주하는 이데올로기적 국가의 질주를 정지시킬 방법적 브레이크로 활용될 수 있다. 역사의 종말, 이데올로기의 종말은 억눌린 자들이 상상하고 염원하는 진정한 종말, 즉 해방과 새로운 천년왕국에 대한 급진적 상상력을 봉쇄하는 전략이다. 지금 우리는 종말 없는 종말을 살아가고 있다. 그렇다면 종말 없는 종말을 끝내는 상상력, 종말에 대한 두제곱의 상상력이 그 어느 때보다 절실히 필요한 것은 아닐까. 물론 독일의 시인 한스 마그누스 엔첸스베르거Hans Magnus Enzensberger가 말한 것처럼, 오늘날 세계 종말의 이미지는 어디에서나 존재하지만 그것은 현실이 아니라고 비판할 수도 있겠다. 그러나 한국문학의 묵시록적 상상력은 이제 시작일 뿐이다.

글을 시작하면서 인용한 제사題詞인 「요한계시록」에 등장하는 '흰 말을 탄 기사'는, 파트모스 섬에 있던 요한이 환상 속에서 목격한 것처럼, 정복과 진보에 대한 알레고리다. 그러나 면류관을 쓴 흰 말의 기사라는 이미지가 "이 세상에 평화가 아니라 칼을 주러 왔다"(「마태복음」 10장 34절)는 그리스도를 연상케 하는 측면 때문에 이 구절에 대한 어떤 주석은 흰 말을

탄 기사를 그리스도로, 반대로 그리스도로 위장한 적그리스도로 해석하기
도 한다.

　어떻게 보면 모든 현존하는 것을 상품으로 만들면서 그런 노동을 인
간 본성의 발현으로 여기는 신자유주의는 자신의 작동 체계를 은폐하고
합리화하며 재자연화한다는 점에서 바울의 정치신학에서 '억누르는 자',
'은폐하는 자'라는 뜻을 지닌 '카테콘katechòn'과 비슷하지 않을까. 카테콘은
바울의 편지에서 적그리스도가 오기 전에 등장하는 적그리스도의 분신,
적그리스도의 이미지와 상당히 닮은꼴이다. '카테콘'은 무질서와 권력의
직접적인 구현자가 아니라, 권력에 내재한 폭력의 외설적 비밀을 드러내는
것을 지연시키고 늦추는 자, 자신이 억누르고 있는 그것을 은폐하는 존재
다. 이러한 해석을 참조하면, 묵시록의 네 기사는 「요한계시록」에서 서로
대등한 힘을 지닌 존재지만, 특별히 '흰 말을 탄 기사'는 적그리스도를 예
비하는 카테콘으로도 읽을 수 있지 않을까. 진보와 정복을 통해 구원을 설
파하지만 결국 그런 방식으로 파국을 앞당기고 종말을 완수해나가는 자
본주의적 섭리의 서사는 〈지구를 지켜라!〉의 서사이기도 하며, 강 사장-
안드로메다 외계인은 이 사명에 충실한 지옥의 천사다.

　억누르는 자 카테콘, 그의 존재는 〈지구를 지켜라!〉에서 병구가 기다
리는 외계인이 이상하게도 안드로메다의 왕이 아닌 '왕자'로 불리는 것과
무관하지 않아 보인다. 마치 왕자의 출현 이후에 왕이 나타나기라도 할 것
처럼. 강만식은 지구에서 안드로메다 왕자를 만나게 해주는 연락망이었지
만, 외계 비행선에서는 다른 시종들에게 '왕자'로 불리며, 지구를 멸망시키
는 광선 버튼을 누르는 명령을 내릴 때는 권좌에 앉은 '왕'이 된다. 외계 비
행선에서 지구에 광선을 쏘기 직전에 어린아이였을 적 병구가 갖고 놀던
조그만 종이우산을 빙글빙글 돌리는 CEO 출신의 왕자는 이제 권좌에 앉

18　슬라보예 지젝, 『처음에는 비극으로 다음에는 희극으로』, 김성호 옮김, 창비, 2010,
　　292쪽.

아 왕홀王笏을 쥔 왕, 지구인의 조물주로 자처한 우주 리바이어던으로 그 정체가 드러난다.

2011년 덧붙임: 우리는 파국을 원할까, 두려워할까. 우리는 파국을 즐기기도 하지만 실제로 그런 파국이 눈앞에서 일어나는 것을 원하지 않을 수도 있다. 파국에 대한 반응은 모더니티 체험에 대한 우리의 양가성과도 깊은 관련을 맺고 있다. 모더니티는 모든 것을 끊임없는 변화로 몰고 가는 유동적 · 액체적인liquid 속성, 그리고 이 상황이 앞으로도 변하지 않을 것만 같은 정태적 · 고체적인solid 속성 모두로 우리에게 체험된다. 이것은 파국이라는 격변하는 사태 앞에서 변화를 열망하는 것으로 반대로 옛것을 고수하려는 태도로 나타나기도 한다. 이 글에서는 파국을 즐기면서도 두려워하는 파국에 대한 양가적 반응 중에서 가장 지배적이라고 할 만한 냉소주의를 문제 삼았지만, 그것은 파국에 대해 있을 수 있는 여러 반응 가운데 하나다. 슬라보예 지젝이라면 파국이라는 '실재The Real'의 침입에 대한 네 가지 있을 수 있는 반응을 다음과 같이 가정했을 것이다.[19] 이러한 가정을 참조하면 우리 시대는 어떤 형식으로든 파국에 이미 참여해 있다. 하나하나씩 차례대로 살펴보겠다.

정신병	"재앙이 우리에게 주는 메시지는 그것이 타락한 인간에 대해 하나님이 내린 심판이라는 겁니다. 회개하십시오."
부인否認	"나는 도처에서 재앙이 일어나는 것을 잘 알아. 하지만 그게 뭐 어쨌다는 거지?"
강박증	"만약에 내가 임박한 재앙을 막기 위해 움직이지 않는다면, 재앙은 반드시 일어나고 말 거야."
히스테리	"어째서 하필이면 우리에게 이러한 재앙이 닥친 것입니까? 오, 하나님!"

1. 파국에 대한 정신병의 태도: 파국에 대한 종교적 우파의 반응. 이러한 반응이 최악으로 드러난 근래의 경우는 일본에서 쓰나미와 원전사고가 일어

났을 때 조용기 목사 등이 행했던 발언이었다. 쓰나미와 원전사고는 하나님을 믿지 않고 우상을 숭배하는 일본인들에게 하나님이 내린 심판의 메시지라는 것이다. 이것은 재앙의 원인을 궁극적으로 인간이 아닌 신에게 전가하는 태도로, 파국에 대한 반응 중에서 가장 악마적이다. 정통 기독교에서 악마에 대해 내리는 통렬한 정의는 악마가 신을 제멋대로 참칭僭稱하는 존재라는 것이다.

2. 파국에 대한 부인의 태도: 파국에 대한 냉소주의자들의 반응. 이것은 오늘날 파국에 대해 있을 수 있는 양가적 반응의 분열이라는 딜레마를 냉소주의로 해소하려는 책략이다. 냉소주의자는 파국을 목도하면서도 마치 그것이 존재하지 않는 것인 양 생각하고 행동한다. 세계의 종말을 즐기면서도 그러한 즐김을 가능하게 해주는 체제에 대해서는 좀처럼 숙고하려 들지 않는다. 파국에 대한 심리적인 반응 중에서 오늘날에 이데올로기적으로 가장 징후적이다.

3. 파국에 대한 강박증의 태도: 파국에 대한 행동주의 좌파와 지식인들의 반응. 이것은 다른 셋에 비해 상대적으로 소수로, 어떤 종류의 생태주의 묵시록에서 두드러지게 보이며, 유용한 측면도 없지 않다. 그러나 재앙을 방지하기 위해 광적으로 활동하고 경각심을 유발하려는 이러한 태도에는 만일 재앙이 존재하지 않는다면 자신의 존재 이유가 완전히 사라져버릴지도 모른다는 근심 어린 결핍이 숨어 있다. 이 결핍이 광적인 활동을 하나의 정기행사로 만든다.

4. 파국에 대한 히스테리의 태도: 파국에 대해 있을 수 있는 가장 자연스러운 반응. 그렇지만 이것은 재앙이 우리에게만은 도무지 일어나서는 안 되었으며, 그 재앙이란 우리의 존재와 행동의 의도나 결과와는 아무래도 무관한 일임을 강조하는 '아름다운 영혼'의 허위의식으로 빠지는 경우가 종종 있다. 한편으로 위 세 가지의 유사 해석을 지양할 경우, 파국에 대

---

19   슬라보예 지젝, 『삐딱하게 보기』, 김소연·유재희 옮김, 시각과언어, 1995, 75~79쪽.

한 히스테리의 반응은 '이러한 일은 여기뿐만 아니라 그 어디에서도 일어나서는 안 돼!'라는 진정으로 보편적인 윤리적 인식과 실천적인 행동으로 드물게 향할 수도 있다.

파국에 대한 네 가지의 가능한 반응은 딱 잘라 구별되는 것은 아니며, 한 개인이나 공동체의 (무)의식에 어지럽게 공존할 수 있는 가능성의 모체matrix다. 우리가 할 수 있는 일은 파국을 필연, 불가피한 것으로 가정하고, 그것이 일어나거나 일어나지 않을 수 있을 우연, 가능성을 탐색하는 것이리라.

2 적이 없는 세계의 적: 묵시록의 네 기사 (2)

어린 양이 둘째 봉인을 떼셨을 때에 나는 둘째 생물이 "나오너라" 하고 외치는 음성을 들었습니다. 그러자 다른 말 한 필이 나오는데 이번에는 붉은 말이었습니다. 그리고 그 위에 탄 사람은 세상에서 평화를 없애버리고 사람들로 하여금 서로 죽이게 하는 권한을 받았습니다. 곧 큰 칼을 받은 것입니다. / 「요한계시록」 6장 3~4절

정상과 비정상

⟨지구를 지켜라!⟩의 거의 마지막에 해당하는 시퀀스, 그러니까 마치 예수가 승천하는 것처럼 팔을 벌리고 외계어 '아케루치오 팔라'를 거듭 외치면서, 천둥소리가 울리고 번개가 치는 먹구름의 하늘을 향해 팔을 벌린 강만식 사장이 비행접시에 의해 들려 올라가는 장면에서부터 이야기를 시작해보자. ⟨지구를 지켜라!⟩를 보았던 많은 관객들이 가장 황당해하면서도 당혹스러워한 장면이자, 지금까지 강만식을 납치한 정신병자 병구의 시점을 통해 강만식이 '설마 그래도 외계인은 아니겠지' 하는 의구심으로 영화를 보던 관객들의 예상을 완전히 산산조각 내는 장면 말이다. 유제화학 강만식 사장은 실제로 외계인이었다! 영화의 이러한 충격 효과는 적어도 하나의 진실을 암시한다. 그것은 지금까지 병구의 편집증적 망상과 행동의 '비정상성abnormality'에 애써 거리를 두면서 그것을 희극적으로 즐기던 관객들의 '정상성normality'이 일거에 의문에 부쳐진다는 진실이다. 이 진실과 심각하게 대면하려 하지 않을 수도 있고 또 그것을 그저 황당무계한 것으로 치부해버리고 말면 그만이겠지만, 그렇게 되면 ⟨지구를 지켜라!⟩가 전하는 중요한 진실은 그만큼 반감될 수밖에 없다. 인정하고 싶지 않겠지만 병구의 사고와 행동이 미쳤다고 생각하는 관객이나 일부 작중인물들의 판단에 비해 병구의 저 집요하고도 놀라울 정도의 편집증에 더 많은 진실이 숨겨져 있었던 것이다. 그런데 여기에는 생각보다 해석하기 쉽지 않은 정치

적·이데올로기적 맹점들이 있다.

어떤 비평가들은 강만식이 병구가 믿은 것처럼, 안드로메다 PK45 행성에서 온 외계인으로 정체가 밝혀지고 마지막에 지구를 폭파해버리기까지의 일련의 시퀀스를 두고 다음과 같이 생각한다. '주인과 노예의 생사를 건 밀실 투쟁에서 노예인 병구는 주인인 강만식 사장에게 처절하게 패배한다, 이 시퀀스를 기획한 감독의 세계관조차 병구의 패배에 완전히 감정이입되어 그것을 기정사실로 자인하는 비관론으로 급속하게 기울었다, 그리하여 강만식 사장 – 외계인 왕자가 지구를 폭파시켜버리는 세계 종말의 표상으로 서둘러 영화를 결말지었다'는 것이다. 프레드릭 제임슨이 말한 것처럼, 자본주의라는 체제의 종말보다 세계의 종말을 상상하는 것을 더 속 편하게 생각하는 지배적인 비관론, 비관주의의 이데올로기에 이 명민한 좌파 블록버스터 감독이 사실상 투항해버리고 말았다는 것이다. 또 다른 비평가들은 그럼에도 불구하고, 곧 감독의 표면적인 비관론에도 불구하고 폭파된 지구의 잔해에서 나온 흑백 TV, 그 안에서 병구가 유년과 청년 시절을 비교적 행복하게 보내는 일련의 에피소드가 상영되는 장면을 두고 거기서 오히려 희망의 메시지, 곧 과거의 행복했던 이미지 또는 향수에 구원의 메시지와 가능성이 응축되었다고 읽는다. 이것은 발터 벤야민의 「역사철학테제(역사의 개념에 대하여Über den Begriff der Geschichte)」(1940)에 등장하는 구원론의 장준환식 판본인데, 거기서 병구의 좌절된 꿈과 행복했던 시절의 추억은 궁극적으로 구제의 이미지로 되살아난다는 것이다. 장준환의 비관주의를 지적하는 비평과 장준환의 낙관주의를 옹호하려는 비평 모두 부분적으로 옳은 대목들이 있으며, 그만큼 지금까지 묘사하고 설명한 〈지구를 지켜라!〉 후반부의 시퀀스들은 다의적인 해석의 가능성이 열려 있다. 그러나 바로 그 옳은 이유들 때문에 이 상반되는 비평들은 제각각 조금씩 틀렸다 할 수도 있고 또 맞다 할 수도 있다.

먼저 전자의 해석에는 여전히 강만식이 외계인으로 정체가 드러났다는 명명백백한 진실을 수용하려 하지 않는 비평가의 '정상성'의 흔적이 엿보이며, 그것을 시나리오 작가이자 감독의 비관주의적 세계관으로 다소

급격히 대체해버린다. 강만식이 외계인이 되는 장면 이후는 모두 감독의,
또는 죽어가는 병구의 마지막 환상에 불과하다는 것이다. 방법론적 편집
증과 실제의 편집증을 구분하는 데 실패했다고 감독이나 병구에게 궁극적
인 책임을 물으면서 말이다. 물론 외계인이 지구를 폭파하는 장면에 내재
한 이데올로기적 봉합(세계 종말을 상상하기를 택하는 속 편한 비관주의)
을 지적하는 부분은 적어도 옳지만. 그러나 이 해석은 후자의 해석에서 병
구의 행복했던 시절을 상영하는 흑백 TV의 장면들을 고의로 무시하거나
그 장면들을 설명하지 못한다.

  이에 비해 후자의 해석에는 지구를 구원하겠다고 하면서, 물론 결코
무고하지만은 않더라도 복수의 대상으로 엉뚱하게 설정된 수많은 사람들
을 외계인으로 간주해 살해한 병구를 순수하고도 성스러운 희생자로 면죄
해줄 소지를 다분히 제공한다. 병구가 미치광이가 되고 미치광이의 행동
을 한 것은 강만식의 말처럼 그가 가장 억압받고 가장 많은 고통을 당했
기 때문일 것이다. 그것은 반드시 그의 탓만은 아니다. 우리는 결국 병구를
연민할 수밖에 없다. 그런데 이렇게 읽어버리고 나면, 인간 유전자에 내재
한 증오심, 이른바 '가속성 공격 유전자' 때문에 인간의 역사는 곧 인간 타
락의 역사에 불과하다고 꾸며대는 강만식의 일련의 장황한 설명에 내재한
지배 이데올로기의 서사를 순순히 인정하고 마는 꼴이 되지 않을까. 그렇
다면 병구의 원한도 달리 어쩔 수 없었던 것일까. 이러한 식으로 지배 이데
올로기를 자연화하는 해석에서 결국 병구의 책임은 소거되고, 그는 궁극
적으로 속죄된다. 강만식 또한 고통으로 가득 찬 병구의 일기장을 읽으면
서 속된 말로 '악어의 눈물'을 훔치지 않았던가. 병구가 무죄라면 강만식의
눈물은 속죄와 진정성의 표시인가. 도대체 어디에 착하고 윤리적인 자본
가가 따로 있고 악하고 비윤리적인 자본가가 따로 있나.

  결국 전자의 해석이 병구의 편집증에 과도한 책임을 물리는 것으로
귀결된다면, 후자의 해석은 병구의 편집증의 결과에 아무런 책임도 묻지
않는 것으로 귀결될 소지가 있다. 한쪽 눈을 떴을 때 보이던 사물이 다른
쪽 눈을 뜨고 보면 흐릿해지는 것 같은 이러한 시차視差, parallax의 교란, 이

러한 해석의 양립은 〈지구를 지켜라!〉에 내재한 오늘날의 정치적 현실과
그에 대한 이데올로기적 비판이 가진 교착 상태로 읽히기도 한다. 이 난감
함과 교착 상태에 의문을 품는 것이 이 글의 출발점이다.

Innovation

관객들은 강만식 사장이 실제로 병구가 의심하던 바로 그 외계인이었음
이 밝혀지는 시퀀스 때문에 처음부터 다시 영화를 볼 수밖에 없다. 그렇게
영화를 다시 보게 되면 처음 볼 때 불분명하게 무심코 넘겼던 몇몇 시퀀스
들이 강만식이 외계인이었을지도 모를 해석의 가능성을 품고 있음을 재
확인할 수 있다. 사실 〈지구를 지켜라!〉에서 강만식이 외계인으로 변했다
기보다는, 외계인으로 변하면서 강만식의 정체가 더욱 분명히 드러났다고
해석하는 편이 맞겠다. 이 외계인은 두 신체, 곧 에른스트 칸토로비츠Ernst
Kantorowicz가 『왕의 두 신체The King's Two Bodies』(1957)에서 말한 적이 있는 자
연적이고도 유한한 물질적 신체와 권력이라는 불멸의 영적 신체가 절합한
형태를 가진 존재, 곧 주권자(왕자)로 밝혀진 것이다. 예를 들면 병구가 외
계인들은 150볼트가 넘는 전기 충격에도 살아남는다고 굳게 믿고 강만식
을 전기 고문을 하는데도 불구하고 결국 그가 어금니가 하나 빠지는 정도
로 살아남게 되는 시퀀스, 비록 마취된 상태이긴 하지만 예수의 십자가형
처럼 강만식이 양손에 박힌 못을 빼고도 더 이상 피 흘리지 않고 움직이는
장면 등등. 이것이 강만식=외계인 왕자라는 '왕의 두 신체'에 대한 단적인
사례가 아닐까 싶다. 영화를 처음 볼 때 이 장면들은 강만식이 외계인이라
는 증거로 그리 명확하게 다가오지 않지만, 영화를 다 본 후 돌이켜 생각하
면 강만식=외계인 군주라는 최후의 진실에 선행하는 증거로 재정립된다.
　　앞의 글 「묵시록의 아이러니」의 마지막 대목에서 나는 외계인-주권
자로 변신하기 이전의 CEO 강만식이 적그리스도, 곧 지구의 생명체를 창
조하고 실험하는 바로 그 우주적 질서에 예외, 즉 지구의 종말을 도입하는
자의 실체를 은폐하고 억누르는 '카테콘'이라고 해석해보았다. 이렇게 해

석했던 이유는 〈지구를 지켜라!〉가 경제의 전일적숲─的 지배, 경영oikonomia, management의 식민화 전략이 삶을 '단순한 생명'으로, 삶의 전략을 생존의 테크놀로지로 바꿔버리는 주권권력으로 격상된 우리 시대에 대한 너무도 명백한 알레고리로 읽히기 때문이다.[1] 내가 내세운 이러한 전제는 문장에서 구성에 이르기까지 다소 거칠긴 하더라도 문제적인 인물 설정, 쉽지 않은 신학적인 문제의식을 다루는 주원규의 묵시록적 장편소설 『망루』(2010)에 대한 분석에서 구체화될 것인데, 이 글에서는 우선 유비적인 차원에서 두 텍스트의 결론만을 언급할 예정이다.

먼저 카테콘에 대한 나의 생각은 카테콘에 대한 조르조 아감벤의 바울 해석에서 나왔으며, 아감벤의 해석은 카테콘에 대한 지배적인 해석, 가령 『대지의 노모스Der Nomos der Erde』(1950)에서 카를 슈미트가 카테콘을 전형적으로 해석한 데 대한 반박에서 비롯된 것이다. 문제가 되는 '카테콘'이

---

1   2011년 덧붙임: 이 구절들은 조르조 아감벤의 말을 빌리면, 오늘날 생명정치의
주권권력만큼이나 압도적으로 인간의 삶과 생명을 다르게 포획하는
'장치dispositifs'로서의 경제신학의, 경영 패러다임의 승리로 해석된다. 경제신학은 법과
정치, 국가의 모든 활동이 비정치적인 경영의 용어로 설명되는 사태가 도래한 것에
대한 이름이며, 그것은 최근 한국에서 '경제'라는 어휘가 거의 마술적인 주권의 지위에
오르게 된 일련의 사태와도 연관이 있다. 특히 신자유주의적인 통치 이성의 권력에 의한
주체화 과정을 '삶의 자기 경영화'로 정의하는 뛰어난 계보학적 분석으로는 서동진,
『자유의 의지 자기 계발의 의지―신자유주의 한국 사회에서 자기 계발하는 주체의
탄생』, 돌베개, 2009 참조. 아마도 2005년 즈음에 "권력은 시장으로 넘어갔다"라고 한
고故 노무현 대통령의 말은 경영인이 창조주, 주권자가 되는 〈지구를 지켜라!〉 같은
영화의 불길한 배음背音이 되겠다. 한편으로 지젝은 다음과 같이 썼다. "우리는 이제
일종의 경제적 비상사태가 영구적인 것, 하나의 상수, 하나의 생활양식이 되어가는
시대에 진입하고 있다." 슬라보예 지젝, 「경제의 영구 비상사태」, 『뉴레프트리뷰 3』,
김성호 옮김, 길, 2011, 247쪽. 아감벤의 말을 빌리면, '군림하는' 정치는 전 지구적으로
'통치하는' 묘수이자 비밀인 경제(경영)에 대한 일종의 '카테콘'이 된다. '군림하되
통치하지 않는reigns but does not govern' 정치와 '통치하되 군림하지 않는governs but not
reign' 경제는 단 하나의 권력(정치경제)에 대한 시차적 관점parallax view의 결과다. 바울-
아감벤과는 다른 관점에서 경제의 전 지구적 지배에 대한 신학적인 고찰로는 수전 벅
모스Susan Buck-Morss, 「시각적 제국」, 윤원화 옮김, 『자음과모음』 2010년 겨울호, 특히
1077~1083쪽을 참조할 만하다.

위: 보나벤투라 베를링기에리Bonaventura Berlinghieri, 〈십자가에 못 박힌 예수Cristo Crocifisso〉
(1220~1230년경), 루카 빌라주니지 국립박물관.
아래: 장준환 감독의 〈지구를 지켜라!〉에서 십자가 형틀이 부착된 이발소 의자에서
양손에 박힌 대못을 빼내려 하는 강만식.

라는 단어에 대한 바울의 원문을 인용하면 이렇다. "적그리스도antichristos는 지금 어떤 힘에 붙들려 있습니다ho katechòn. 그러나 제때가 되면 나타나게 될 것입니다. 사실 그 악의 세력은 벌써 은연중에 활동하고 있습니다. 그러나 그 악한 자를 붙들고 있는 자ho katechòn가 없어지면 그때는 그 악한 자가 완연히 나타날 것입니다. 그리고 주 예수께서는 다시 오실 때에 당신의 입김과 그 광채로 그자를 죽여 없애버리실 것입니다. 그 악한 자는 나타나서 사탄의 힘을 빌려 온갖 종류의 거짓된 기적과 표징과 놀라운 일들을 행할 것입니다"(「데살로니가 후서」 2장 6~9절).

슈미트는 『대지의 노모스』에서 적그리스도의 도래를 '저지하는 자Aufhalter'라는 뜻에서, 기독교의 로마제국을 카테콘으로 이해했다. 슈미트의 해석에서 카테콘은 적그리스도를 억제하는 자로, 사실상 적그리스도에 대한 반대 개념이다. 이에 비해 묵시록의 네 기사를 상상한 파트모스의 사도 요한은 적그리스도를 언급하면서 로마제국을 사실상 염두에 두고 있었다고 한다. 아감벤은 바울을 따라 적그리스도와 카테콘을 동일한 하나의 권력이 갖는 두 가지 존재 방식으로 좀 더 섬세하게 구분하고 있다. 문헌학적으로 보건대 카테콘을 적그리스도의 반대자로 긍정적으로 해석할 그 어떤 여지도 없다는 것이다. "'카테콘katechòn'과 '아노모스anomos'—바울은 요한과 다르게 '적그리스도antichristos'라는 말을 결코 언급하지 않는다—는 분리된 두 형상이 아니라, 마지막 계시 전후의 동일한 권력이다. 세속 권력은—그것이 로마제국이든 여타의 권력이든—메시아적 시간의 실질적인 율법 폐기를 은폐하는 허울이다. '비밀'이 풀리면서 그 허울은 제거되며 세속 권력은 아노모스, 절대적 무법의 형상을 취한다."[2]

그러나 나는 여기서 요한의 환상과 바울(에 대한 아감벤)의 해석을

2   조르조 아감벤, 『남겨진 시간—로마인들에게 보낸 편지에 관한 강의』, 강승훈 옮김, 코나투스, 2008, 184쪽. 영어 번역본을 토대로 번역을 수정했다. Giorgio Agamben, *The Time That Remains: A Commentary on the Letter to the Romans*, trans. Patricia Dailey, Stanford University Press, 2005, p. 111.

장준환 감독의 〈지구를 지켜라!〉에 나왔던 부감 쇼트와 반전의 순간.

몽타주하고 싶다. 사실 바울에 대한 아감벤의 해석도 카테콘을 로마제국과 같은 실정적인positive 권력으로 묵인하고 있는 듯하다. 인용한 바울의 문장에서 카테콘은 적그리스도의 예시豫示이며, 시간적 전후 관계에서 볼 때 묵시록의 네 기사처럼 적그리스도의 등장에 앞서 나타나는 존재다.

다시 〈지구를 지켜라!〉의 바로 저 승천 직전의 장면으로 돌아가 보자. 마침내 병구는 '세계의 끝'이라고 할 만한 강릉의 유제화학 제2연구소에서 강만식과의 최후의 일전을 벌인 끝에 죽임을 당하고, 바로 직전에 병구를 따르던 무구한 처녀 순이도 강만식의 간계로 죽고 만다. 영화는 강만식과 이 반장이 지휘하는 경찰 일당에게 병구-순이 커플이 패배해 죽임을 당하는 데서 곧 마무리될 것처럼 보이며, 사실 몇몇 비평가들은 영화가 실제로 끝나는 곳은 바로 옆으로 누운 채 순이를 바라보며 서서히 죽어가는 피투성이 병구의 모습을 촬영한 신scene이라고 보는 것 같다. 병구의 패배를 애도하는 동시에 영화의 종료를 알리는 듯한 엔딩 음악이 흘러나오는 가운데, 강만식은 자신을 구출하러 온 이 반장과 그가 지휘하는 형사들의 인도로 경찰차에 오른다. 순식간에 날아든 광선에 맞아 이 반장의 부하들, 그리고 병구에게서 지구를 지키는 비법이 담긴 공책을 건네받았던 김 형사마저 차례로 절명하기 직전에. 카메라가 공중으로 올라가는 이른바 부감 쇼트를 통해, 이제 우리는 이 영화가 더 이상 병구가 아닌 하늘이라는 저 익명적이고도 불가해한 초월적 시점에서 조망되고 있음을 짐작하게 된다. 그런데 인물 전체를 공중에서 조망하는 부감 쇼트가 시작되는 곳, 곧 강만식이 탄 조그마한 경찰차와 정체불명의 광선을 맞고 쓰러지는 이 반장 일당이 한꺼번에 보이는 바로 밑에 커다란 글씨로 쓰인 영어 단어 하나가 우리의 눈길을 이상하게 끌어당긴다. 'Innovation'. '혁신', '일신', '쇄신' 등의 뜻을 갖고 있는 Innovation이라는 이 경영학 어휘는 〈지구를 지켜라!〉의 마지막 반전에서 매우 다의적인 의미를 품고 다가온다.

'Innovation'의 축자적 의미는 유제화학 공장 기술과 관련된 혁신이나 발전이겠지만, 이 글자가 나타난 이후에 강만식의 진짜 정체가 외계인으로 밝혀진다는 점에서 Innovation은 단순한 축자적인 의미를 넘어선다.

Innovation은 CEO 강만식에서 안드로메다 왕자로의 '혁신', 마치 '왕의 두 신체'처럼 하나의 유한한 신체에서 다른 불멸의 신체로 뒤바뀐다는 의미를 담고 있는 것은 아니었을까. 또한 Innovation은 강만식이 적에서 주권자로 실체 변환하는 분기점을 지칭한다. 〈지구를 지켜라!〉에서 강만식이 지구를 창조한 데미우르고스로 변신하기 이전에 그는 병구의 적enemy이었다. 그런데 지구인들은 안드로메다 행성의 주권자가 창조한 피조물이었으며, 이 주권자는 "저 행성엔 더 이상 희망이 없어" 하고 지구를 절멸시킬 기술적 수단과 정치적 결정권을 집행하는 데미우르고스다. 『대지의 노모스』를 패러디하자면, 그는 '우주의 노모스'를 질서 짓고 경계를 설정할 뿐만 아니라 그것을 중지할 수도 있는 권력을 가진 주권자다. 스탠리 큐브릭의 〈2001 스페이스 오디세이〉를 패러디한 강만식의 연설에서 핵심적인 것은, 인간은 대단히 위험한 존재며 그렇기에 그 사실 자체가 인간 지배의 필연성을 함축할 뿐만 아니라,[3] 나아가 인간이라는 종種의 절멸을 합리화하는 명분이 되기도 한다는 것이다.

여기서 〈지구를 지켜라!〉는 카를 슈미트가 정치적인 것의 본질로 꼽았던 적과 동지의 구분, 그리고 그런 구분을 흐트러뜨리고 모호하게 만드는 주권권력의 등장을 예고하는 영화로 승격된다. 그런데 〈지구를 지켜라!〉에서 적과 동지의 구분은 슈미트가 정식화한 것 이상으로 모호한 구석이 적지 않다.

적이란 무엇인가

그럼 '적그리스도'에서 '적enemy'이란 무엇인가. "우리의 법이 어떠한 한계도 가지지 않도록 만드는 그런 무서운 적을 우리는 어떻게 인식할 수 있는가?"[4] 칸트에게 빌린 이 말은 두 가지 의미를 품고 있다. 적은 어떻게 인식(구성)되는가, 그리고 적과 동지라는 정치적인 구분을 하는 인간이란 도대체 어떠한 피조물인가. 모든 법망을 빠져나가면서도 동시에 법을 자유자재로 이용하는, 경찰청장의 사위로 정경유착의 대표자이며 그를 구하기 위해 상당한 경찰력이 동원되는 강만식과 같은 파렴치하고도 절대군주와 같은 CEO를 병구는 어떻게 적으로 상상하게 되었는가. 도대체 이러한 구분을 하는 병구와 강만식 같은 인간(고립된 미치광이이자 병신 대 약탈자요 지배자의 형상)이 의미하는 바는 무엇인가.

슈미트에게 적과 동지의 실질적인 구분은 기본적으로는 국가(법, 노모스)의 바깥은 없다는, 국가(법, 노모스)의 바깥은 다른 국가(법, 노모스)라는 인식에서 비롯된 것이다. '나는 프랑스를 나의 적으로 명명한다. 왜냐하면 나는 내가 적으로 명명한 프랑스에 의해 위협받고 있기에. 고로 나는 프랑스의 적이다.' 적과 동지의 구분은 역사와 정치를 만들어가는 인간에게 언어처럼 불가피하게 유지되어야만 하는 '허구'다. 그런데 흥미로운 것은 이것이다. '누가' 적과 동지를 구분하도록 위임받았는가. 도대체 '누가' 적과 동지를 구분하고 선포하는가. 방금 인용한 문장에서 프랑스의 적인 '나'는 도대체 누구인가. 바로 프랑스가 아닌, 예를 들면 독일 같은 국가다. 다른 말로 적과 동지를 구분하는 것은 주권자와 다른 주권자를 구분하는 것은 바로 주권자다. 즉 "적이 없이는 주권자도 없다."[5] 기독교 신학에서 적그리스도의 적은 그를 내리치고 심판할 주권자, 메시아의 등장(재림예수)을 예비한다.

그러나 적이 없이는 주권자도 없다는 진실은 아직 육지와 바다를 통해, 막강한 대포와 잠수함을 통해 법과 국가를 구획하고 질서 짓던 시절의 이야기다. 『대지의 노모스』의 마지막 절에서 슈미트는 공중전의 개막과 더불어 육지와 해양마저 잠식하는 공군의 위력과 첨단무기의 발전이 '새로운 노모스'를 가능케 할 것이라고 예고한다. 또한 그보다 앞서 1945년, 2차 세

3   레오 스트라우스Leo Strauss, 「카를 슈미트의 『정치적인 것의 개념』에 대한 주해」, 카를 슈미트, 『정치적인 것의 개념』, 김효전 옮김, 법문사, 1992, 172쪽.

4   카를 슈미트, 『대지의 노모스──유럽 공법의 국제법』, 최재훈 옮김, 민음사, 1995, 193쪽.

5   Petar Bojanić, "The USA has no enemy because it has no form/Gestalt/…", February 2006, p. 2. 출처는 http://www.abdn.ac.uk/modern/node/50.

계대전이 끝나기 직전의 한 강의에서 슈미트는 예언적 어조로 이렇게 말한 적이 있다. 미국은 새로운 시대의 영공 제국領空帝國, Luftimperium이 될 것이라고. 그때 미국에는 적이 없을 거라고. 왜냐하면 적의 형상Gestalt이 더 이상 존재하지 않기 때문에. 아프가니스탄과 이라크 등 주권 국가의 영토를 날아다니면서 인구를 감시하고 (잠재적) 테러리스트를 살상할 수 있는 미군의 무인 항공기나 영화 〈이글 아이Eagle Eye〉(2008)에 등장하는 것 같은, 평범한 시민을 위험한 적으로 간주하고 감시하고 따라다니는 보이지 않는 독수리의 눈(CIA와 같은 정보기관의 파놉티콘)을 떠올려보라. 그런데 미국에는 적이 없다. 왜냐하면 그 실체를 도무지 짐작할 수 없기 때문이다. 다시 말해 모든 주권 국가의 국민은 미국의 잠재적인 적이다. 그들은 명확하고 안정적인 의미의 적인 정규군이 아니라, 알카에다처럼 리좀적인rhizomatic, 도무지 그 실체와 근거지를 파악할 수 없는, 전 지구적으로 잠재적인 파르티잔partisan이다.

적이라는 타자가 사라지고 나면 남는 것은 사라진 타자의 배후를 추적하는 일뿐이다. 적을 상정하는 것이 근본적으로 타자를 상상하고 창조하는 행위라면, 적의 사라짐은 타자의 배후 곧 '타자의 타자'를 상상하고 창조하는 행위를 열어놓는다. 라캉이라면 '타자의 타자'를 상상하는 이러한 행위를 일컬어 편집증적 음모론이라고 불렀을 것이다. 이제 전 지구적인 의미의 주권을 가진 미국이 적을 상상하는 행위는 자동적으로 편집증적인 테크놀로지가 된다. 수전 벅 모스는 이를 '정치적 상상계political imaginary'의 곤경으로 묘사했다. 그리하여 동지와 구분되는 적이 오히려 안전하다면, "적처럼 행동하지 않는 적이 가장 무서운 적"이 된다.[6]

최근에 번역 출간된 『이웃—정치신학에 관한 세 가지 탐구The Neighbor: Three Inquiries in Political Theology』(2005)의 필자 중 한 명인 케네스 레이너드 Kenneth Reinhard 또한 슈미트적인 의미에서 명확하고도 안정적인 적과 동지의 구분이 사라진 이 곤경을 "정신병적인 것"으로 묘사한 바 있다. 적과 동지의 필수적인 구분이 사라져버린, 적어도 적의 의미가 예를 들어 냉전 시대의 소련(악의 제국)과 미국의 상상적 대립과는 달리 더 이상 분명하지 않은 팍스 아메리카적인 질서에서 남은 것은 편집증적 망상과 정신병적 환각의 세계다. 그 세계는 적이 없는 세계며, 세계 그 자체가 적인 세계다.

그러나 적과 동지를 구별하는 슈미트의 설명이 가장 유용한 것은 바로 그것이 우리가 살고 있는 세계에 적절하지 않기 때문이다. 오늘날 우리는 정치적인 것이 이미 사라졌을지도 모르는, 혹은 최소한 다소 기이한 새로운 형상으로 돌연변이한 세계에서 우리 자신을 발견한다. 적이 사라진 결과 세계적인 정신병적 증세가 나타난다. 적과 동지 사이의 거울 관계가 투사적인 동일시와 거절에 기반하고 있음에도 안정성의 형식을 제공하기 때문에, 적의 상실은 라캉이 "상상적 삼항관계"라고 명명한 것을 파괴할 우려가 있다. 상상적 삼항관계는 모종의 것이 그것을 붕괴시켜 본격적인 망상과 환각 그리고 편집증을 결과할 때까지 정신병자를 일종의 사이비 주체성으로 지탱해준다. 그러므로 슈미트에게 적이 없는 세계는 적들에 의해 포위된 세계보다 훨씬 더 위험한 것이다. 현대의 미국은 누가 자신의 적이며 동지인지에 대해 전혀 확신하지 못하고 있다.[7]

인용한 이 문장들은 〈지구를 지켜라!〉에 대한 주석으로도 상당히 유용하다. 〈지구를 지켜라!〉에서 편집증자인 병구에게 적은 안드로메다에서 온 외계인으로 '환각'되며, 병구는 바로 지구를 지키는 수호자이자 주권자로, 스스로를 '사이비' 주체로 정립한다. 당연히 병구와 강만식의 관계는 슈미트가 고전적으로 묘사한 바 있는 적과 동지의 구분에서 비롯된 적대적 관

---

6   수전 벅 모스, 『꿈의 세계와 파국―대중 유토피아의 소멸』, 윤일성 · 김주영 옮김,
         경성대학교출판부, 2008, 31쪽.

7   케네스 레이너드, 「이웃의 정치신학을 위하여」, 슬라보예 지젝 · 에릭 L. 샌트너 · 케네스
         레이너드, 『이웃―정치신학에 관한 세 가지 탐구』, 정혁현 옮김, 도서출판 b, 2010,
         31~32쪽.

계와 비슷하면서도 약간 다르다. 병구가 자신을 괴롭힌 사람들(고등학교 담임선생, 교도관, 유제화학 공장장 등)을 외계인으로 간주해 납치하고, 감금하고 린치하고 살해한 일련의 행위는 이처럼 적과 동지의 구분, 또는 적의 정립이 불가능해진 곤경을 돌파하기 위한 정신병적 행동이다. 그렇기에 이 영화가 왜 그토록 폭력적인 행위의 세목細目을 거의 집착에 가까울 정도로 상세하게 묘사하는지에 대해서도 생각해볼 만하다. 〈지구를 지켜라!〉는 적이 없는 시대의 정치적 투쟁의 곤경과 출구 없음을, 병구와 강만식의 극한 대립을 가히 초실재적hyper-real일 만큼 숱한 육체적 폭행, 감금, 피비린내 나는 린치를 통해 강렬하게 묘사했다. 이러한 묘사는 궁극적으로 적이 없는 세계에서 적을 맞아 싸워야 하는 곤경이 영화의 디제시스적 장에서 물질적 실재로 표출된 것으로 볼 수 있다.

〈지구를 지켜라!〉에서 알레고리적으로 읽을 수 있는 우리 시대의 정치적 곤경은 한편 주원규의 묵시록적 장편소설『망루』에서 열심당원zealot 벤 야살이 재림예수를, 한철련(한국철거민연합회) 회원으로 경찰과 용역 그리고 이들과 결탁한 한국 대형 교회의 전형인 '세명교회'에 맞서 싸우는, 소설에서는 '광신주의자fanatic'로 묘사되는 김윤서가 망루로 함께 올라간 재림예수 한 씨(한경태)를 단도로 살해할 수밖에 없었던 결론에 맞닿아 있다. 최근 한국소설에서 김윤서(벤 야살)처럼 한 이념idea이 육화된 도스토옙스키적인 작중인물은 오랜만에 만나지 않나 싶다. 이제 우리는 지구를 단숨에 폭파시키는, 적그리스도를 예비하는 묵시록의 두 번째 기사가 휘두르는 '큰 칼'보다도 로마제국의 충견들을 암살하기 위해 열심당원이 품속에 지니고 다녔던 날카로운 '단도'에 대해 이야기할 때다. 그런데 단도가 파고든 것은 누구의 살이었는가.

단도sicarii

만일 이 땅에 지구를 멸망시키려는 음모를 꾸미는 안드로메다 외계인의 비행접시 대신 재림예수가 강림한다면 어찌 될 것인가. 재림예수의 강림은 모든 불의의 세력인 적그리스도와 그것을 상징하는 한국교회라는 거대 권력의 제국을 일거에 소멸하는 최후의 불의 심판이 시작됐다는 징표인가. "재림예수의 출현은 세상의 종말, 그 완벽한 위엄과 개벽의 순간과 궤를 같이해야만 한다"[8]라고 믿더라도 『망루』에 나타나는 재림예수는 다소 당혹스러운 존재처럼 보인다. 재림예수 한 씨는 소설의 작중인물인 벤 야살이나 김윤서처럼 늘 적을 찌를 단도를 품고 다니는 열심당원들과 비교하면 비폭력 평화주의자다. 그는 추상적 이념을 위해 목숨을 기꺼이 내버리기를 주저하지 않는 근본주의자와 달리, 대의와 명분을 포기하고서라도 위급한 생명을 구하는 행위가 먼저라고 생각하는 타협주의자다. 또한 이 '재림예수'는 적과 동지의 구분을 통해 적을 섬멸하는 것을 해방으로 간주하는 대신 그것이 또 다른 비극을 잉태한다면서 그들 모두를 아우르고 감싸면서 눈물의 화해와 포용을 내세우는 존재다. 그런데 『망루』에서 재림예수의 이미지는 열심당원의 이미지보다 정말 당혹스러운가. 벤 야살이나 윤서가 재림예수에게 느꼈던 당혹감보다도 독자들이 벤 야살이나 재림예수에게 느꼈을 당혹감이 더 크지 않을까.

오늘날 문학에서 철학, 정치학에 이르기까지 정말 희귀한 별종은 벤 야살이나 윤서처럼 원칙과 신념에 열광하며, 광기와 비타협을 내세우는 인물이나 그들의 사상이나 믿음이지 않을까. 그들은 기껏해야 위험한 타자, 최악의 경우엔 악의 형상일 뿐이다. 문학적으로 볼 때도 그들은 오래전부터 별 매력을 찾을 수 없어 용도 폐기된 단순한 인간형이다. 그에 비해 재림예수는 그 진위의 혼란 속에서 갈등하는 지식인, 헐벗은 민초를 끌어안는 넝마의 사제, 폭력을 숙고하면서도 비폭력을 외치는 평화주의자, 누구도 이의를 제기하기 힘든 지상명령인 '생명에 대한 존중'을 설교하는 사제, 윤리적 고뇌 끝에 흘러나오는 눈물 한 방울로 모든 것을 설명하는 참회자를 적당히 뭉뚱그려놓은 듯한, 우리에게는 그럭저럭 매력적이고 또 익숙해

---

8   주원규, 『망루』, 문학의문학, 2010, 76쪽.

보이는 문학적 인물형이다.

그러나 주원규의 『망루』는 여러모로 매우 '거칠며wild' 그에 대해 별로 개의치 않을 것 같은 소설이다. 문장 단위부터 인물의 형상화, 스토리 전개와 플롯 구성에 이르기까지 전반적으로 그러하며, 주제 의식을 르포르타주 방식으로 전달하려는 욕망이 소설 구성에 대한 고려의 세심함을 앞지르고 있다. 그래서 『망루』는 소설fiction이라기보다는 동시대의 정치적 문제, 이른바 2009년 벽두에 발생했던 '용산참사'로 대표되는 도심 재개발과 철거 및 생존권 문제, 그리고 오늘날 한 개인의 정신적·물질적 구원이나 안녕에서 시작해 대형 교회 장로 출신의 대통령의 행적에 이르기까지 한국 사회에서 매우 예민한 정치적 이슈인 대형 교회의 실상 및 교회와 결탁한 정경政經 권력을 폭로하는 르포르타주에 더 가깝게 읽힌다. 그럼에도 『망루』에는 첨예한 신학적 주제(광신, 구원, 기적, 심판 등)에 대한 알레고리가 있으며, 오늘날에는 거의 고려되지 않거나 사유 금지당한 정치적 개념이나 어휘도 언급되고 있다.

『망루』는 기원후 1세기 말, 억압받던 식민지 유대인들이 고립무원 속에서 로마제국과 전쟁을 벌이다가 패배한 마사다 고원과, 무리한 도시 개발과 철거 과정에서 삶의 터전뿐만 아니라 목숨마저 잃게 되는 참극이 벌어진 2000년대 한국의 한 도심 재개발 지역을 몽타주한다. 한편에는 유대 민족주의 집단인 열심당원 소속의 벤 야살과 그가 고대해온 "혁명가 예수의 이데아"[9]의 현신으로 믿는 재림예수가 있으며, 다른 편에 말세론에 경도된 전력을 가진 신학도 출신의 이른바 '전문 시위꾼' 김윤서와 미래시장에서 쫓겨날 철거민들이 모여든 성문당에서 일어난 기적으로 불리는 재림예수 한 씨가 있다. 작가는 그 두 역사적 장소와 인물들 사이에 가로놓인 엄청난 시간적 격차와 역사적 차이에 대한 있을 법한 고려들을 과감히 무시하고 비약한다. 그러한 비역사적인 무시와 비약, 아나크로니즘anachronism은 그 자체로 이 소설이 갖는 특이한 열정의 소산이다. 그것은 자신이 처해 있는 상황의 특수성과 차이들을 전혀 고려하지 않는다는 점에서 맹목적인데, 소설의 한 표현을 빌리면 이러한 비약에는 오직 "동일시의 간곡

함"[10]만 있을 뿐이다. 「작가의 말」에 언급된 것처럼, 작가가 15년 전에 실제로 경험한 환시幻視, 십자가를 지고 언덕을 오르면서 피와 땀을 흘리는 남자의 초상과 누구 것인지 모를 피에 물든 칼을 쥔 작가의 모습에서는 어떤 광기마저 감지된다. 예수는 왜 골고다 언덕을 올랐을까. 수천 년이 지난 뒤에도 살림터에서 강제로 쫓겨난 이들은 왜 예수를 따라 언덕과도 같은 망루에 오를 수밖에 없었을까. 작가의 고뇌는 작중인물 벤 야살과 김윤서를 사로잡고 있는 고뇌이기도 한데, 그러한 고뇌는 비정하고도 잔인한 현실에 대한 작중인물들의 비타협적 광기와 분노로 작품에서 표출된다.

그러나 벤 야살과 김윤서를 사로잡은 광기는 흔히 생각하듯이 단순히 비이성적이거나 비합리주의적인 의미의 광기나 열정일까. 만일 그렇지 않다면 이 광기와 열정을 도대체 뭐라고 부르면 좋을까. 한 철학자의 가르침을 따라, 그리고 'fanaticism'의 번역이기도 한 이것을 '광신狂信, Schwärmerei'이라고 불러보면 어떨까. 놀랍게도 이러한 광신은 감성도 이성의 타자도 아니며, 오히려 이성의 내부에 있는, 이성의 단단한 중핵이다. 그것은 감성의 한계를 뛰어넘는 미친 비약이며, 조건과 상황을 고려하지 않는 맹목이고, 원칙에 대한 올곧은 충성심이다. "감성의 모든 한계를 뛰어넘어 무엇인가를 보려는, 다시 말해 원칙들에 따라서 꿈꾸고자 하는 망상, 즉 이성을 가지고 미친 듯이 날뛰고자 하는 망상"[11]이라고 칸트가 정의한 광신. 그러나 왜 하필이면 여기서 광신인가. 그것은 봉은사에서 이른바 땅 밟기를 통해 사찰의 제반 시설을 우상으로 비난하는 기독교인들의 광신과는 어떻게 다른가. 또한 『망루』에서 무자비한 재개발과 철거 작업을 하나님의 비전이라고 참칭하면서 온갖 수단을 동원해 불도저처럼 밀어붙이고 윤서의 행위를 "사탄의 역사役事"(『망루』, 45쪽)로 명명하는 세명교회의 목사 정인과

9   주원규, 『망루』, 102쪽.
10   주원규, 『망루』, 156쪽.
11   임마누엘 칸트, 『판단력비판』, 백종현 옮김, 아카넷, 2009, 290쪽.

그를 추종하는 신도들의 그것과는 또 어떻게 다른가. 우리는 합리성의 이름으로, 세속적 지성의 이름으로 광기에 가까운 광신을 거부할 수 있을까. 또한 윤서의 광신과 그에 맞서는 자들의 광신은 얼마나 다른 것인가.

사실 『망루』에서 벤 야살과 김윤서를 통칭할 수 있는 이름인 열심당원을 가리키는 말 'zealot'에서 광신주의자를 가리키는 'fanatic'이 비롯되었다고 한다. 그러니 열심당원이나 광신주의자는 특별히 종교 집단인 것만은 아니다. 『망루』의 서브 텍스트로 언급되는, 유대 역사가인 플라비우스 요세푸스Flavius Josephus가 쓴 『유대 전쟁사Bellum Judaicum』(AD, 75)에도 기록되어 있듯이, 기원후 66년에서 70년에 이르는 1차 유대 전쟁, 곧 유대인들과 로마제국의 전쟁에 참가한 고대 유대의 테러리스트, 극렬 민족주의자이자 신정주의자인 열심당원들의 행적과 팔레스타인을 식민지로 지배하던 로마제국에 맞선 유대인들의 투쟁을 관련짓는다면 광신주의는 종교적일 뿐만 아니라 정치적이기도 하다. 또한 데이비드 흄David Hume이 광신의 사촌 격인 열광enthusiasm을 미신superstition과 대비해 긍정적으로 말한 것처럼, 우리는 윤서의 광신과 세명교회의 광신을 각각 열광과 미신으로 구분해볼 수 있다. "미신이 사제의 압제하에 들리는 신음 소리라면 열광은 모든 성직자의 권력에 대한 파괴다. 말할 것도 없이 대담하고도 용기 있는 성격의 확고함이기도 한 그러한 열광은 자연스럽게 자유의 정신을 수반한다. 이에 비해 미신은 사람들에게 노예에게나 어울릴 법한 순응과 비루함을 제공한다."[12]

그런데 이러한 광신은 〈지구를 지켜라!〉에서 병구가 마음속에 품고 실행에 옮기는 망상적 편집증과도 묘하게도 닮아 있다. 『망루』와 〈지구를 지켜라!〉 모두 정도는 각기 다르지만, 지금 우리가 살고 있는 신자유주의적 체제의 파시스트적 가속화를 종말이라는 근본적 관점에서 다시 비판적으로 숙고하도록 이끄는 작품들이다. 종말론적 비전은 마르크스가 종교에 대해 했던 말을 적절히 인용하자면, 오늘날 신음하는 민초들이 눈물을 흘리고 기대는 환상적인 통곡의 골짜기에 대한 강력한 비판이 될 수 있다. 또한 이러한 종말론적 작품에 등장하는 인물들의 비타협적 광신은, 오늘날

회의주의적이며 세속적인 이성이 종교적이고도 근본주의적인 열광을 간직한 믿음보다 합리적이며 건전하고 우월한 것으로, 이른바 '자유민주주의'의 유일한 최고선으로 받들고 모셔지는 이때, 타협과 대화, 비폭력이 정치적 행동의 유일한 진리로 부상하면서 도리어 탈정치화의 엘리트 정치체인 과두제寡頭制나 참주제를 부추기고 영속화시키는 이때, 급진적이며 대안적인 정치적 사유와 행위의 핵심으로 다시 호명할 필요가 있다. 광신, 그것은 또한 유토피아에 대한 염원과도 상통한다. 에른스트 블로흐Ernst Bloch가 말한 것처럼, "무언가를 계획하려던 많은 사람들은 엄밀히 말하자면 편집광증 환자들이었다". 유토피아주의자는 본질적으로 광신주의자다. 블로흐는 계속 말한다. "모든 유토피아는 편집광증 환자들에 의해서 그려진 캐리커처라고 해도 과언이 아니다. 왜냐하면 환상에 사로잡히고 비현실적인 태도를 취하던 수백 명의 미친 사람들은 한결같이 주어진 현실을 변화시키려던 선구자였기 때문이다."[13]

그러나 블로흐의 염원과는 달리 예이츠William Butler Yeats의 묵시록적인 시 「재림The Second Coming」(1919)에서 탄식하는 것 같은 시대를 지금 우리는 살아가고 있다. "가장 선한 자들은 모든 신념을 잃은 반면, 가장 악한 자들은 강도 높은 격정에 차 있도다." 지배적인 냉소의 시대에 광신의 열광과 유토피아주의, 비타협적 정신은 그 자체로 위험한 신념과 악을 조장하며, 보편적인 관용의 휴머니즘을 배반하고, 나아가 식자층에서 유행하는 차이와 책임, 대화를 강조하는 선한 다원주의적인 윤리학마저 거부하는 격정적 허무주의와 사악한 무도덕주의로 비난받기 십상이다. 게다가 문학 또한 광신주의에 그리 호의적인 편이 아닌 것 같다. 일찌감치 문학평론가 김현이 광신주의를 문화의 적이라고 불렀을 때, 그것은 그때부터 한

---

12   Alberto Toscano, "Introduction", *Fanaticism: On the Uses of an Idea*, London & New York: Verso, 2010, xxiii에서 인용.
13   에른스트 블로흐, 『희망의 원리 1』, 박설호 옮김, 열린책들, 2004, 189~190쪽.

국문학 내부에서 별다른 이의 제기가 필요하지 않았던 모종의 합의 조항이 된 것처럼 보인다.[14] 광신주의는 다른 것들뿐만 아니라 문학의 적이기도 하다!

그런데 이탈리아 출신의 신진 철학자 알베르토 토스카노Alberto Toscano는 헤겔을 따라 '추상에 대한 열정enthusiasm for the abstract'이라고 이름 붙인 이 광신주의가, 순전히 광인의 개별적 난동이나 우상숭배적인 물신物神이나 미신으로 떨어지지 않고 자유와 평등과도 같은 이념과 결합할 경우 급진적인 혁명의 도화선이 될 수 있다고 설득력 있게 주장한다.

종교개혁의 선구자 루터Martin Luther가 루시퍼라고 비난했던 토마스 뮌처와 재세례파의 천년왕국적 농민혁명, 에드먼드 버크Edmund Burke와 같은 합리적 보수주의자에게 고딕소설의 공포와 난동처럼 여겨졌던 자코뱅의 프랑스혁명, 헤겔로 하여금 주인과 노예의 변증법을 세공하도록 만들었고, 프랑스혁명보다도 더 프랑스혁명 같았던, '블랙 자코뱅' 투생 루베르튀르Toussaint Louverture와 아이티 노예들의 반란과 해방의 과정, 미국 남북전쟁 때 무조건적이고도 즉각적인 노예 폐지를 주장했던 백인 존 브라운John Brown과 용감하고 영리했던 흑인 노예들의 반란, 제2인터내셔널이 애국주의적 전쟁으로 인해 완전히 붕괴했을 때 레닌과 소수의 볼셰비키가 일으켰던 러시아혁명의 불길, 개혁적인 실학자들조차 두려워하고 지배 세력과 더불어 탄압하기를 주저하지 않았던 농민전쟁의 정수인 동학 농민 혁명의 봉기와 최제우의 인내천ㅅ꾜ㅈ 사상 모두 추상적인 것, 현실에서는 도저히 요구하기 힘든 것, 미치광이의 불가능한 요구, 가령 사유재산의 완전 철폐, 모든 신분의 자유와 평등의 보장, 농노와 노예의 무조건적 해방이라는 저 '천상의 이데아'를 지상에 급진적으로 실현하려고 했던 정치적·종교적 사건이었다. 그리고 그 핵심에 바로 광신주의가 있었다.

그러나 『망루』의 무겁고도 막막한 결말(그리고 〈지구를 지켜라!〉의 비극적인 결말)은 오늘날 급진적 정치적 사유에서는 거의 사어死語에 가까운 광신주의를 부활의 시험대로 이끈다. 마사다 고원에서 강력한 로마 제10군단에게 완전히 포위당한 벤 야살과 그의 추종자 및 가족들이 서서히

지쳐가다가 투쟁의 동력이 완전히 소진되기에 이르렀을 때, 그리고 윤서
가 성문당에서 치유의 기적을 일으키는 재림예수 한 씨를 목격했음에도
불구하고 그가 세명교회로 상징되는 적그리스도의 제국을 일거에 소멸시
킬 바로 그 심판의 신이 아니었음을 깨닫고 끝내 절망에 이르렀을 때, 그
들은 자신이 품고 있던 단도로 재림예수를 찌르고 결국엔 자결하기에 이
른다. 토스카노는 광신과 정치적 연대의 결합 가능성을 이야기한다. "특히
정치적 폭력을 정당화하는 이름으로 인식되는 광신주의는, 종종 고통당하
고 억압받는 자들이 자신을 열정적으로 동질화하는 형식을 취하는데, 그
때 이러한 공감은 존재론으로 전환한다. 즉 적대가 정치적 주체 및 그들과
연대를 수용하는 자들이 있음에 대한 증거로 기록되는 바로 그 존재론으
로 말이다."[15] 그렇지만 우리가 읽고 있는 텍스트의 주인공들은 안타깝게

---

14   물론 김현이 말한 광신주의에는 나름의 정의가 들어 있다. 김현이 "왜 사는가……
         따위의 문제를 실존적 문제로 제기하는 것은 삶의 의미가 단일하고 영원하다는
         광신주의에서 벗어나는 가장 중요한 길 중의 하나"라고 말했을 때, 그는 특별히
         움베르토 에코Umberto Eco의 『장미의 이름Il nome della rosa』(1980)을 염두에 뒀다.
         김현, "1986년 4월 28일 일기", 「행복한 책읽기」, 『행복한 책읽기/문학 단평 모음』김현
         문학 전집 15, 문학과지성사, 25쪽. 김현이 어떤 종류의 광신주의에 대해 말했을지는
         짐작하기 쉽지 않지만(김현의 일기를 읽어보면, 그가 염두에 둔 광신주의는 동시대의
         격렬한 학생운동에서 보이는 것 같은 강한 신념주의가 아닐까 싶다), 적어도 김현의
         문장에는 문화에 대립되는 의미의, 광신주의 자체에 대한 타자화의 흔적이 있다.
         흥미롭게도 김현이 독후감을 쓴 『장미의 이름』의 대립적 토포스인 '웃음에 대한 찬양'과
         '웃음 없는 광신주의'에 대해 슬라보예 지젝은 『이데올로기의 숭고한 대상The Sublime
         Object of Ideology』(1989)에서 전자가 모든 이상적 기획과 그 실패에 대한 지배적인
         냉소주의로 향할 수도 있고, 후자의 경우는 오히려 소수의 위치를 점하면서 전자에
         의해 타자화, 악마화되며, 나아가 이러한 구도가 이른바 '역사의 종말' 이후의 지배
         이데올로기가 되었다고 진단한다. 이렇게 생각해보면 열정은 좌절을 거쳐 환멸로,
         환멸에서 다시 냉소로 변한다는 상투적 서사의 공식을 근거로 광신주의가 냉소주의의
         다른 이름이라거나 광신주의 이후에 냉소주의가 온다는 식으로 비판하는 흔한
         태도야말로 냉소주의의 진짜 얼굴인 셈이다. 슬라보예 지젝, 『이데올로기의 숭고한
         대상』, 이수련 옮김, 인간사랑, 2002, 57~59쪽.

15   Alberto Toscano, "Figures of Extremism", *Fanaticism: On the Uses of an Idea*, London
         & New York: Verso, 2010, p. 11.

도 무관심과 냉소, 적의와 위협의 사방에서 거의 고립무원의 처지에 있다. 게다가 이 소설『망루』는 그리 '문학적'이지도 않다.

그럼 죽기 직전까지 벤 야살과 윤서를 휘감은 열광과 고뇌, 절망은 무엇이었을까. 재림예수의 엄연한 현존에도 불구하고, 피눈물 흘리는 헐벗은 유대인 가족들, 성문당의 철거민 노인들과 아이들의 고통이 엄연히 존재하고 있음에도, 분노로 내리치는 정의의 심판은 왜 끝내 도래하지 않았던 것일까. 신은 이토록 무기력한 존재인 것일까. 신은 자신이 창조한 세상을 더 이상 돌아보지 않고 끝내 버리기로 작정했던 걸까. 발터 벤야민이 「폭력비판을 위하여」에서 말했던, 법의 이름으로 행해지는 모든 폭력을 일거에 소멸시킬 '신의 폭력Göttlische Gewalt', 사막에서 방황하던 유대인들의 고통을 덜기 위해 모세와 아론에게 대항했던 고라의 무리를 땅속으로 사라지게 만든 저 메시아적 폭력은 끊임없는 속죄와 유혈의 악무한을 만드는 '신화적 폭력Mythische Gewalt'의 다른 이름에 불과했던 것인가. 신의 폭력은 눌린 자들의 불가능한 꿈에 지나지 않는 것일까.『망루』의 재림예수는 단지 사기꾼에 불과했던 것일까. 신은 정녕 존재하는가. 그리고 그때 로마 군대로 향하다가 마사다 고원으로 다시 불어닥쳤던 불의 바람과 성문당 망루를 완전히 감싸버린 화염은 어떤 신 또는 맘몬Mammon의 계시였을까. 로마 병사들은 왜 그 바람에 환호성을 질렀으며, 망루의 화염은 대다수 미디어가 보도하듯이 도심 테러리스트가 저지른 과격 행동의 결과에 불과했을까. 화해와 상생과 눈물을 요구했던 재림예수는 그럼에도 왜 마사다 고원과 성문당 망루까지 올라갔을까. 그리고 왜 그는 순순히 열심당원의 칼을 자신의 품 깊숙이 받아들였던 것일까. 벤 야살과 김윤서 그리고 병구, 그들 모두에게는 명백한 적이 있었음에도 말이다. 벤 야살에게는 로마제국이, 김윤서에게는 세명교회가, 그리고 병구에게는 강만식이 명명백백한 적이었지만, 벤 야살과 김윤서는 왜 재림예수를 찌르는 동시에 자결할 수밖에 없었으며, 병구는 외계인이 아니었음에도 불구하고 수많은 사람들을 계속 죽이고 또 그 자신도 결국 죽임을 당할 수밖에 없었던 것일까. 이들의 최후가 의미하는 바는 무엇일까. 그것은 적이 없는 세계에서 적을 설정

해 싸울 수밖에 없는, 우리 시대의 막다른 정치적 곤경에 대한 비극적인 알
레고리였던 것일까.

2011년 덧붙임: 카를 슈미트의 말처럼 현대 국가나 정치의 수많은 개념들
이 신학의 세속화된 잔여물이라면,[16] 『묵시록의 네 기사』의 맥락에서 '카테
콘'의 세속화된 신학의 잔재는 '배트맨 시리즈'를 포함해 대중문화에서 갈
수록 증가하는 '자경단 서사vigilant narrative'의 히어로들에게 착종된 형태로
전치되었다고 말할 수 있겠다. 우리는 직감적으로 국가의 무능한 법과 행
정에 치안을 맡기기 어렵다는 느낌을 점점 광범위하게 공유하고 있다. 그
래서 국가와 법 대신 자발적으로 치안을 담당하지만 국가와 법에 의해서
는 불법으로 규정되는 자경단의 정의로운 이야기가 우리에게 강렬한 매혹
을 선사하는 것이다(이것은 다른 맥락에서는 치안 담당자를 갈수록 '전문
보안 업체'로 아웃 소싱하는 요즘 경영전략의 한 방식이기도 할 것이다).
앨런 무어Alan Moore · 데이비드 기본스David Gibbons의 묵시록적인 그래픽노
블 『왓치맨Watchmen』(1986~1987)[17]에 등장하는 슈퍼히어로들은 국가의 필
요에 의해 만들어진 존재들로 매카시즘에서 베트남전에 이르기까지 중요
하고도 광범위한 활약을 해왔지만, 시대가 달라지자 퇴물 취급을 받기에
이른다. 그러나 슈퍼히어로들 중에서 야망이 강한 오지맨디아스Ozymandias
는 핵전쟁의 위협으로 점증하는 무질서에서 국가를 구하고 세계 평화를
지킨다는 명목으로 당국 몰래 수백만의 자국민을 죽이는 가공할 테러를
감행한다(아이러니하게도 그 결과는 세계 평화였다!). 그는 슈퍼히어로의
명맥을 유지했을 뿐만 아니라, 최고 권력의 야망마저 품는다. 절대 권력을
쥔 파라오를 연상하게 하는 이름, '왕 중의 왕'인 오지맨디아스는 아마겟돈
의 핵전쟁을 억제하는 '카테콘'을 자임한 것이다. 억제자이면서 아노미인

16   카를 슈미트, 『정치신학』, 김항 옮김, 그린비, 2010, 54쪽.
17   앨런 무어 · 데이비드 기본스, 『왓치맨』, 정지욱 옮김, 시공사, 2008.

형상, 하나의 권력의 두 가지 작동 방식. 퍼시 셸리Percy Shelley의 유명한 '무
질서의 왕The King of Anarchy'에서 『왓치맨』의 오지맨디아스까지 그들은 모두
'카테콘'의 세속화된 잔여물이라고 간주할 수도 있겠다. 그럼 세계 평화를
위해서라면 핵이라도 쓸 저 무법anomia의 존재들에 대한 의문이 생겨난다.
이 '감시자들은 누가 감시할 것인가?Who watches Watchmen?' 카테콘의 역설은
바로 이것이다.

3 저울에 대하여: 묵시록의 네 기사 (3)

어린 양이 셋째 봉인을 떼셨을 때에 나는 셋째 생물이 "나오너라" 하고 외치는 음성을 들었습니다. 그러고 보니 검은 말 한 필이 있고 그 위에 탄 사람은 손에 저울을 들고 있었습니다. 그러자 "하루 품삯으로 고작 밀 한 되, 아니면 보리 석 되를 살 뿐이다. 올리브기름이나 포도주는 아예 생각하지도 마라" 하는 소리가 들려왔습니다. 그것은 네 생물 한가운데서 들려오는 듯했습니다. / 「요한계시록」 6장 3~4절

교환의 저울

······밀 한 되와 보리 석 되가 겨우 교환될 수 있을 뿐이다. 올리브기름이나 포도주와 같은 값비싼 것은 꿈도 꾸지 말아야 한다. 묵시록의 세 번째 기사의 이야기는 종말의 또 다른 징조인 기근에 대해 이야기하고 있다는 것이 통상적 해석이다. 확실히 그렇다. 그런데 우리는 '저울'로 초점을 살짝 이동하고자 한다. 두 개의 저울이면서 하나인 저울에 대해, 한쪽이 가벼워지면 다른 한쪽은 무거워지는 저울에 대해, 그리고 교환하면서 잃고 얻는 것에 대해. 첫째는 발터 벤야민이 "불행과 죄만 통용되는 또 다른 영역, 지복과 무죄가 너무 가볍게 여겨져 위로 떠도는" "법Recht의 저울"이라고 불렀던 것이다.[1] 이 저울에 매달린 삶의 무게는 무겁다. 둘째는 법이라는 공평함과 관련이 있는 것으로, 똑같이 무게를 다는 저울의 공평함이라는 가상, 평등함의 외관 속에 있는 불평등(의 귀환)에 대한 것이다. 목숨뿐인 삶을 위해 지불한 삶의 나머지, 삶을 담보로 이자놀이로 얻어진 잉여가치, 목숨을 위해 쓰레기 취급한 것들. 이 저울에 매달린 삶의 무게는 가볍다.

그렇게 '법의 저울'은 '교환의 저울'에 대해, 그런 삶에 묻게 만든다.

1 　발터 벤야민, 「운명과 성격」, 『역사의 개념에 대하여 외』, 최성만 옮김, 길, 2008, 70쪽.

우리는 두 번째 저울에 대해 먼저 이야기할 것이다. 하나를 다른 하나와 교환하는 삶, 그리고 교환에 대해. 우리의 삶은 무엇과 교환되고 있는 것일까. '잘 살기' 위해 우리가 우리의 삶과 맞바꾸는 것들은 무엇일까. 우리는 교환한다고 말하지만, 사실 우리는 갚고 또 갚더라도 결코 줄어들지 않는 빚을 지고 있는지 모르겠다. 그러나 억누르고 포기했던 것들은 언젠가 초자아로 되돌아와 갚아야 할 빚더미로 삶을 무겁게 짓누를 것이다. 만일 우리가 교환하는 것이 많아지면 질수록 우리 삶은 삶다워지고 있는 것일까. 반대로 우리 삶이 그 무엇과 교환하면 할수록 줄어들고 왜소해진다면? 그렇게 해서 우리의 삶이 순전히 우리가 얻은 그것을 보존하기 위한 삶이 된다면. 삶이 우리가 얻은 것을, 얻고자 하는 것을 위해 존재하는 것이라면. 삶을 다른 것과 교환함으로써 우리가 얻는 것이 더 나은 삶이 아닌 한낱 목숨뿐이라면. 니체가 말한 '최후의 인간', 조촐한 쾌락과 건강, 안온한 죽음을 위해 삶의 불균형한 과잉을 독소로 여기고 제거하는 인간 동물의 목숨뿐인 삶이라면. 이렇게 아리스토텔레스의 '중용'은 스토아학파의 관조하는 삶을 거쳐 이제 자본주의라는 천년왕국에 이르러 우리가 말한 '가벼운 인간', 최후의 인간의 도덕률이 된다. 그리고 이러한 새천년왕국에 어울리는 도덕의 이름은 물론 웰빙이며, 그 짝패인 안락사일 것이다.

그럼 이러한 '최후의 인간'이 놓인 저울 반대편에는 무엇이 있을까. 우리 시대에 부활한 쇼펜하우어Arthur Schopenhauer, 존 그레이John Gray 식의 수동적 니힐리즘nihilism의 태도로, 순한 눈을 껌벅이는 무구한 동물이 그러하듯이 인간은 그저 세상을 지혜롭게 관조하기만 하면 되는 것일까.[2] 그레이에게겐 그럴 만한 이유가 있었다. 대처리즘Thatcherism이라는 신자유주의의 열심당원 베드로였다가 새벽닭이 세 번 울고 난 후에 격하게 참회한 전력이 있는 그레이에게 자본주의와 공산주의는 똑같이 미래를 위해 현재의 엄청난 고통을 감수하자는 천년왕국운동 또는 계몽주의의 변종에 불과했다. 재화와 자원 등의 필요의 영역을 확보하기 위해 벌인 수많은 투쟁은 자유가 아닌 구속을 낳았을 뿐이며, 혁명과 전쟁은 공산주의의 도래도, 자본주의의 승리를 낳은 것도 아니다. 자연과 벌인 인간의 투쟁은 돌이킬 수 없는 환경 재앙을, 인간들 사이에서는 끝없는 경제적 불평등과 삶의 덕목의 파괴를, 두 차례의 세계대전과 독재에 의한 대량 학살 등 엄청난 비극만을 낳았을 뿐이다. 인간성을 되찾기 위한 투쟁은 거꾸로 인간성을 몰락시키고 말았다. 그레이에 따르면, 계몽주의의 휴머니즘이란 완전히 사기술이며, 인간이라는 종은 그저 동물에 대한 과장된 캐리커처일 뿐이다.

헤겔이 처음 밑그림을 그리고 마르크스가 구상했으며, 코제브Alexandre Kojève가 예견했듯이 역사는 주군으로부터 인정받기 위한 노예 전사의 '혁명적 투쟁'에, 자원이나 재화와 같은 필요의 영역을 확보하기 위한 노예 노동자의 '필요의 투쟁'이 결합한 산물이다. 이 둘은 구별되지 않는다. '노동자–전사'(레오 스트라우스)는 더 많은 빵을 달라고만 한 것이 아니며, 바로 그런 방식으로 자유를 원했다. 마르크스가 말했던 '자유의 왕국'이란 이 투쟁을 통해 성취한, 이른바 역사의 종말이다. 그런데 레이거노믹스 시대의 미국 국무성의 한 관료가 1989년에 바로 그 '역사의 종말'을 외치면서 마침내 보편적으로 만족하는 세계에 다다랐다고 선언하기에 이른다. 베를린 장벽이 무너졌는데, 공산주의가 승리하기라도 했던가. 당연히 아니다. 미국으로 대표되는, 자유민주주의적 자본주의의 영원한 성공을 축하하고 기리는 『역사의 종말과 최후의 인간The End of History and The Last Man』(1991)의 저자 프랜시스 후쿠야마는 공산주의와 독제 체제가 몰락하고 자유민주주의를 근간으로 한 자본주의의 전 지구적 승리를 일컬어 '자유의 왕국', 탈역사 세계의 개시로 보았다. 그런데 후쿠야마의 이러한 진단은 필요의 영역에 대한 투쟁을 통해 자유의 왕국을 구축하는 것이 역사의 목표라고 했던 마르크스의 테제를 아이러니하게 뒤집은 것이다. 후쿠야마는 열심당원 출신이었던 존 그레이와는 다르게 적당히 냉소적이며, 더 현실적인 인물이다. 그는 '최후의 인간'의 도래를 묵묵히 받아들일 줄 알았다. 환멸 따위는 들어설 여지가 없는 관료다.

2   존 그레이, 『하찮은 인간, 호모 라피엔스』, 김승진 옮김, 이후, 2010, 252쪽.

후쿠야마가 개시한 새로운 '자유의 왕국'은 "쾌적한 자기 보존에의 욕망이 순수한 위신을 위한 목숨을 건 싸움보다 고귀한 것으로 대우받고 보편적이고도 합리적인 인지가 지배를 바라는 투쟁과 교체되어버린 세계"다.[3] 미국이 그런 나라며, 이제 세계는 미국을 모델로 점진적이고도 섬세한 성형수술을 실시하기만 하면 된다. 정도 이상의 자유를 위한 전쟁도 재화를 위한 투쟁도 필요 없게 되었으니, 인류의 평화와 그들의 행복, 안전을 구가하는 자유의 왕국이라는 '멋진 신세계'는 이미 도달한 것이나 진배없다. 물론 연방 해체에 따른 민족 간의 갈등, 사회적 불평등과 고용 문제, 환경 재앙 등이 있긴 하지만 미국을 중심으로 자유와 이성을 갖춘 선진 국가들이 나서서 잘(?) 조절하면 해결된다. 그런데 이것은 점진적인 영구혁명론이 아닌가. 다만 트로츠키Leon Trotsky가 아닌 자유민주주의의 외피를 두른 시장지상주의자들의 영구혁명이지만.

후쿠야마가 참조하는 철학자 알렉상드르 코제브가 헤겔 철학에 대한 독해에서 '보편적이고도 동질적인 국가'라고 불렀던 이러한 '세계의 끝'은 역사의 동력이었던 헤겔의 인정투쟁이 완성 단계에 도달한 시공간이다. 그러나 우리는 후쿠야마의 유토피아가 끔찍한 디스토피아에 불과하다는 것을 진저리치도록 체감하는 시대에 살고 있다. 물론 사람들은 여전히 안전과 물질적 풍요를 요구할 뿐이며, 따라서 그것을 보장할 수 있는 참주僭 主, Tyranny의 독재에 대한 매력은 줄어들지 않는다. '최후의 인간'의 자기 보존적 삶과 독재에의 열망은 한 짝이 된다. 코제브와 논쟁을 주고받기도 했으며 후쿠야마 등을 비롯한 네오콘의 스승이기도 했던 레오 스트라우스는 이러한 사태를 정작 코제브-후쿠야마와는 다르게 바라봤다.

스트라우스에 따르면, 이러한 보편적이고 동질적인 국가, 전쟁과 혁명이 더 이상 불가능한 국가, 즉 "인간이 적절히 만족하게 된다고 일컬어지는 국가란 인간성의 기초가 시들어버리거나 인간이 인간성을 잃게 되는 국가다. 그것이 니체가 말한 '최후의 인간'의 국가다. 만약 보편적이고 동질적인 국가가 역사의 목적이라면 역사는 절대적으로 '비극'이다. 여러 세기 동안 인간들은 끝없는 노동과 투쟁, 그리고 고통을 통해 나아가면서도 계속 희망을 가지고 보편적이고 동질적인 국가를 향하여 무의식적으로 나아가는 것 이외에는 아무것도 해온 바가 없으며, 인간이 그들 여정의 끝에 도착하자마자 그들은 거기에 도착하는 사이에 자신의 인간성을 파괴해왔고 이에 따라 순환 고리처럼 인간 이전의 역사라는 시초로 되돌아갔다는 것을 깨닫는다. 허황된 허영. 인정받은 인정".[4]

그렇다면 노동자—전사가 헛된 인정투쟁으로 잃어버린 인간성의 마지막 보루가 있다면 그것은 무엇일까. 스트라우스는 그레이와 비슷한 부분을 공유한다. 즉 현자의 지혜, 관조적인 삶, 그저 바라보기. 스트라우스는 말한다. "인간성을 구성하는 것은 아마 전쟁도 노동도 아니고 오직 사유일 것이다. 인간의 목적은 남으로부터의 인정이 아니라 지혜일 것이다. 모든 잡사로부터 인간은 마침내 자유롭고 인간은 가장 고귀하고 가장 신적인 행위, 즉 불변의 진리를 향한 관조를 위해서 자유롭다는 것이다. 그러나 만약 최후의 국가가 인간 영혼 속의 가장 깊은 갈망을 만족시켜야 한다면, 모든 인간은 지혜로울 수 있어야만 한다."[5] 여기까지 읽으면 스트라우스의 '불변의 진리를 향한 관조'와 그레이의 '그저 바라보기'의 지혜는 실제로는 별로 다를 바가 없어 보인다.

지금까지의 이야기가 너무 거대한 것이라고 할 수 있을지도 모르지만, 한국문학 또한 이러한 거대 서사great narrative에 대한 감각이 없는 것은 아니다. 한국문학에서 거대 서사를 통과해 지혜의 길로 가는 방법을 터득한 작가가 있다면, 그는 김연수다. 1991년의 분신 정국의 끝을 그린 『네가 누구든 얼마나 외롭든』(2007)과 1930년대 만주의 청년 공산주의자들이 벌였던 혁명 투쟁의 비극적 종말을 재현한 『밤은 노래한다』(2008)를 통해 김

3   프랜시스 후쿠야마, 『역사의 종말』, 이상훈 옮김, 한마음사, 1992, 419쪽.
4   레오 스트라우스, 「크세노폰의 『히에론』에 대한 재진술」, 『정치철학이란 무엇인가』,
     양승태 옮김, 아카넷, 2002, 183~184쪽.
5   레오 스트라우스, 「크세노폰의 『히에론』에 대한 재진술」, 『정치철학이란 무엇인가』,
     185쪽.

연수는 바로 이 길, 피비린내 나는 인정투쟁의 끝에서 그것을 회고적으로 전망할 수 있는 현자의 지혜를 체득하고 더 이상 폭력과 죽음의 방식이 아닌, 사랑을 통한 상호 인정의 섬세한 일상으로 나아가고 있지 않은가.[6] 김연수 소설에서 비평가들이 그토록 읽어내려고 애쓰는 '사랑'은 바로 스트라우스와 그레이가 말한 지혜의 한 방식이며, 사랑≒지혜는 인간성의 끝에서, 세계의 끝에서 여전히 인간성을 세련되게 보존하는 한 방법이다. 김연수의 최근 소설집 제목이 『세계의 끝 여자친구』, 즉 사랑인 이유도 아마 그때문일 것이다. 이것이 여전히 문학을 하기 위한 하나의 이유라면, 인간성의 잔여마저 떨치고 괴물-되기를 적극적으로 취하는 문학적 사례도 있겠다. 저울의 한쪽에 사랑=지혜의 관조적인 삶이 펼쳐지는 가벼운 '세계의 끝'이 있다면, 다른 쪽에는 정념의 폭발이 막다른 행동으로 분출되는 무거운 '세계의 끝'이 얹혀 있다.

확실히 우리가 말했던 '최후의 인간'이라는 저울의 접시 반대편 접시에도 무엇인가가 여전히 쌓여 넘쳐난다. 그것은 지혜로운 인간이라고 하기에는 여전히 미숙하며, 동물이라고 하기에는 지나치게 의식과 정념의 과잉 상태다. 혹시 그것은 그저 보존하는 목숨을 위해 포기하게 된 욕망의 억압된 찌꺼기가 아닐까. 그러나 이 욕망의 찌꺼기들은 초자아적인 분노와 복수로 되돌아오지 않을까. 소수만이 '자유의 왕국' 속에서, 그들만의 사회주의 속에서 행복하게 살고 다수가 여전히 소수를 위해 노동을 해야 하는 이 부조리한 '보편적이고도 동질적인 국가'에서 투쟁은, 그렇다면 여전히 유효하다. 마르크스·엥겔스('만국의 노동자여 단결하라')를 패러디한 스트라우스를 인용하면 이렇다. "'자유의 왕국'이 도래하는 것을 막기 위하여 아직 시간이 남아 있을 때 만국의 전사와 노동자들이여 단결하라. 필요하다면 '필요의 왕국'을 힘과 세력으로 방어하라."[7] 그런데 어떻게, 무엇으로?

그런데 우리가 영화 〈지구를 지켜라!〉나 박민규의 단편소설 「루디」에서 읽을 수 있는 '필요의 방어Defense of Necessity'는 아이러니하게도 스트라우스가 말한 '암살'과 같은 '궁정 혁명'의 전망과 끔찍하게 닮아 있다. 여전히 인간성을 확인하는 방편으로 이루어지는 분노와 폭력의 실행이 '최후의 인간'의 가벼움 맞은편에 무겁게 자리하고 있다. 이 피비린내 나는 궁정이 '세계의 끝'이며, 거기서 아마겟돈을 벌이는 주인과 노예는 처음이자 마지막으로 한 번은 '평등'해진다.[8]

박민규의 「루디」를 읽어보자. 〈지구를 지켜라!〉에서도 그랬듯이, 우리 시대에 사장과 직원, 고용주와 피고용자, 자본가와 노동자, 주인과 노예가 평등하게 만날 방법은 잘 보이지 않는다. 그들은 한쪽의 일방적인 납치와 감금, 스트라우스가 말한 '궁정 암살'을 통해서야 비로소 '평등'하게 만날 수 있다. 예일대학 출신으로 월스트리트에 금융 회사를 갖고 있는 사업가인 주인공 '나'(미하엘 보그먼)는 박민규 소설에서 '세계의 끝'의 공간적 표상이라고 할 만한 알래스카에서 되돌아오다가 자신에게 총을 쏘아대는 낯선 사내와 그렇게 마주쳤다. '나'와 마주치는 사람들에게 무자비한 폭력과 죽음을 선사하는 악마적 살인자인 루디, 그리고 '나'는 각각 저울의 양 접시에 얹혀 있다. 거래와 내기가 이루어진다. '나'는 목숨만을 살려달라며 '루디'에게 돈을 주겠다고 말한다. "얼마든지 드리겠습니다" 하고 주인공이 말하자 "돈? 하고 놈이 물었다." "예, 돈! / 돈 많아? / 뉴욕서 작은 금융회사를 운영하고 있습니다. 이래봬도 부사장입니다. / 필요 없는데. / 필요 없어도 드리겠습니다. / 살려만 주신다면."[9] 그러자 '놈'(루디)은 이렇게

6   복도훈, 「화염과 재—김연수 소설이 말하면서 말하지 않은 것」, 『눈먼 자의 초상』, 문학동네, 2010 참조.

7   레오 스트라우스, 「크세노폰의 『히에론』에 대한 재진술」, 『정치철학이란 무엇인가』, 185쪽.

8   Peter Y. Paik, "The Defense of Necessity: On Jang Joon-Hwan's Save the Green Planet", *From Utopia to Apocalypse: Science Fiction and the Politics of Catastrophe*, University of Minnesota Press, 2010, pp. 90~91. 이 책에 실린 「필요의 방어The Defense of Necessity」는 〈지구를 지켜라!〉에 대한 매우 흥미롭고도 계발적인 독해로, 내 글은 피터 백의 발상에 많이 의존했다.

9   박민규, 「루디」, 『더블』 Side B, 창비, 2010, 57쪽.

말한다. "너 이 새끼… 날 상대로 이자놀이 하려는 거지."[10] 돈과 목숨을 바꾸자고 했는데, 루디가 뭔가 눈치챘던 것이다. 비슷하게 이러한 거래와 거래의 실패는 〈지구를 지켜라!〉에서도 나타난다. 강만식이 병구에게 묻는다. "원하는 게 뭐야. 돈 때문에 그래? 돈이라면 얼마든지 줄 수 있어." 그런데 돌아오는 병구의 답변은 루디와 비슷하다. "돈? 돈. 돈! 내가 돈 때문에 이러는 것 같애? 내가 그깟 돈 때문에 이러는 줄 아냐구, 이 더러운 외계인 놈아!" 루디와 병구는 돈 때문에 그러는 것이 아니다. 이자놀이 하려고 이 위험한 게임에 동승한 것이 아니며, 돈 때문에 납치한 것도 아니다. 강만식이나 보그먼은 돈만 있다면 자신의 목숨이 돈과 충분히 교환할 수 있는 가치가 있다고 믿는다. 그들은 자본주의의 주구走狗이며, 그렇게 믿으며 살아왔고 앞으로도 그렇게 살아갈 자들이다.

그렇다면 루디의 냉정하리만치 차가운 분노와 병구의 광신적인 원한은 도대체, 왜, 어떻게 생겨난 것일까. 「루디」의 '나'는 말한다. "나는 청소부를 괴롭힌 적도 없고… 청소부와 마주칠 직위도 아니었다. 게다가 나는… 심장에 총을 맞아도 죽지 않는 청소부를 고용한 적이 없다." '나'는 반문한다. "내가 어떤 잘못을 했나?" 그러자 루디가 대답한다. "잘못을 했다기보다는" "월급을 줬지."[11] 잘못한 것이 없다. 루디의 대답대로라면 월급을 줬을 뿐인데, 월급을 준 게 잘못이 아니라면 "이유가 뭔가? 정말이지 이유가 뭐냐고."[12] 강만식도 병구에게 따진다. "너 지금 왜 이러는 거야. 네 어머니 때문에 그래? 그때 다 보상해줬잖아, 충분히 보상했단 말이야. 근데 지금 와서 왜 이러는 거야. 나한테 더 이상 뭘 어쩌라는 거야!" 노동의 대가로 월급을 받았으며, 유제화학에서 일하다가 얻은 어머니의 병에 대한 보상도 충분히 해줬다. 제대로 교환했다! 저울의 양쪽 무게는 공평하다! 그런데 더 무엇을 원하는 것인가? 다시 루디의 결정적인 한마디가 있다. "너희를 평등하게 미워할 뿐이야. 너도 평등하게 우릴 괴롭혀왔으니까."[13] 루디가 하는 이 말, '평등'이 바로 핵심이다. 그리고 이 '평등'에는 합리적 교환 뒤의 깔끔한 느낌보다도 뒷맛이 개운치 않은 잉여surplus가 남아 있다. 슬라보예 지젝을 빌려 말하면, 이 텍스트들의 '주관적 폭력'의 잔혹한 분출은 텍스트에 구조적으로 각인된 '객관적 폭력'을 되묻게 만든다. 우리는 루디의 '평등한' 분노와 병구의 원한의 표출을, 후쿠야마를 빌려, '티모스thymos'의 귀환이라고 부를 것이다.

후쿠야마의 『역사의 종말』에서 신중히 읽을 만한 부분이 있다면, 바로 이성이라는 합리적 동기와 욕망이라는 동력만으로는 설명되지 않는 역사의 추진력에 대한 보충으로 헤겔의 '인정투쟁Anerkennungskampf'을 끌어오는 부분이다. 후쿠야마에 따르면, 인정투쟁은 자신의 욕망을 통해 재산과 부를 축적하는 이기적인 '동물의 왕국'인 시민사회의 자기만족을 넘어서는 곳, 그리고 부의 평등한 분배로부터 시작되는 평등에의 욕망 사이에 중요하게 위치해 있다. 그는 플라톤Platon의 『국가Politeia』 2권에 나오는 단어인 thymos로 이것을 설명한다. thymos는 번역하기 어렵지만, 헤겔의 인정욕망에 상응하는 정념이다. 소크라테스가 두 명의 청년 귀족과 이야기하면서 외적外敵을 막기 위한 도시의 수호자들, 그가 '고귀한 개'라고 부른 전사 계급에게 필요한 것으로 말한 것이 용기와 분노, 기개를 지칭하는 thymos였다.[14] "thymos는 정의감과 같은 선천적으로 인간다운 감각을 재흥시키고, 동시에 그 자체가 무사無私, 이상주의, 도덕성, 자기희생, 용기, 명예 등등 모든 미덕의 정신적 지주가 되고 있다."[15]

두 개의 thymos가 있다. 자신의 우월성을 인식시키려는 '우월욕망

[10]   박민규, 「루디」, 『더블』 Side B, 57쪽.
[11]   박민규, 「루디」, 『더블』 Side B, 79쪽.
[12]   박민규, 「루디」, 『더블』 Side B, 81쪽.
[13]   박민규, 「루디」, 『더블』 Side B, 81쪽.
[14]   플라톤, 『국가·정체政體』, 박종현 역주, 서광사, 2005, 160쪽. 375a~b. 다음은
        소크라테스가 하는 말이다. "그런데 말이든 개든 또는 그 밖의 어떤 동물이든
        맹렬하지(격정적이지: thymoeides) 못한 것이 용맹스러워지겠는가? 혹시 자넨
        격정(기개: thymos)이란 것이 얼마나 당해낼 수 없고 극복할 수 없는 것인지를, 그리고
        또 그것이 일게 되었을 때의 마음이 한결같이 모든 것에 대해서 겁이 없고 꺾이지
        않는다는 것을 알아차리지 못했는가?"
[15]   프랜시스 후쿠야마, 『역사의 종말』, 264쪽.

megalothymia'과 타인과 평등하게 인정받고 싶다는 '평등욕망isothymia'. 후쿠야마의 근심은 인류가 만족할 만한 '보편적이고도 균질한 국가'로 도달했지만, 문제는 남아 있다는 것이다. "공동체 생활이 쇠퇴함에 따라 미래의 우리들은 사적인 위안을 구하는 것만으로 보다 높은 목표에 대한 패기 넘치는 노력을 망각하고 걱정 없이 자신의 일에만 열중하는 최후의 인간이 되어버릴 우려가 있다."[16] 후쿠야마의 물음은 이익의 욕망과 thymos를 어떻게 조화시킬 수 있는가다. 그런데 후쿠야마에 따르면 "우월욕망은 정기적이고 건설적인 돌파구를 없애버리면 점차 과격하고 병적인 형태를 취하여 다시 타오르기 때문에"[17] 스포츠, 경제 활동, 때로는 전쟁을 통해 어떻게든 조절이 가능하다. 오히려 "더 큰 위협이 되는 것은 최종적으로는 평등욕망"이다.[18] 평등욕망은 우월욕망이 실현되면서 생겨난 사회질서 내의 자연발생적 위계를 평등이라는 추상적인 열정의 이름으로 다시 없애려고 하니까. 다행히도 평등욕망에 의해 추진되었던 공산주의 국가는 붕괴되고 사라졌다. 결국 공산주의는 평등욕망이 인간 본성에 부합하지 않음을 증명한 체제였다! 그러나 후쿠야마가 몰랐던 것이 하나 있었다. 그것은 바로 "평등욕망은 우위에 대한 우월욕망의 야망과 항상 함께 생겨난다"[19]는 것이다. 우월욕망을 수시로 관리하는 일은 평등욕망을 지속적으로 억압하는 일이기도 하다. 그래서 평등욕망은 출구를 찾지 못하고 우월욕망에 복수하러 기괴한 정념으로 현실로 되돌아온다. '루디'가 보그먼에게 말하고 행한 '평등'이란 교환의 외관에 눌려 있다 귀환한 평등욕망의 좌절되고 왜곡된 형태다. 외관상 평등한 거래와 그것을 그르치는 thymos는 '루디'의 말을 빌리면, 자본주의의 영원한 "러닝메이트"[20]다.

억압된 thymos는 「루디」나 〈지구를 지켜라!〉에서 희생자로 선택된 무고한 사람들에 대한 무자비한 몰살로 표출되지만, 그런 경우 현실의 표면만 건드리는 해프닝으로 끝나기 일쑤다. 한국문학의 젊은 세대의 한 작가에게 이것은 골칫거리다. 이 작가의 소설을 빌리면, "모든 빛을 투과시키는 얇은 셀로판지"처럼 '나'라는 존재는 얇고 가볍다. 그 존재는 "뭔가다. 셀로판지가 되기엔 너무 두껍고 또 인간이 되기엔 너무 얇은 뭔가다." 그리고 "그 뭔가가 날 화나게 한다." 그런데 "도대체 이 모든 분노는 어디에서 오는 걸까."[21] 계속 물어보자. '셀로판지가 되기엔 너무 두껍고 또 인간이 되기엔 너무 얇은 뭔가'는 무엇일까. 그는 사람일까 기분일까. 내 생각에 김사과의 '셀로판지'적 존재, "얇은 인간"[22]의 분노는 우선 평준화, 차이 없음에 대한 분노다. 또한 그것은 "타인의 욕망을 대리"해온 자신의 타율적 삶, 삶을 그렇게 만들고 동참하게 한 평준화된 자신과 타인 모두를 향한 분노이기도 하다. 이것은 보통 '나는 분노한다'가 아니라 '분노가 나를 사로잡는다'의 형식을 취한다. '나'는 분노의 주체가 아니라, 그것의 저장고다.

우리의 논의를 참조하면 이 분노, thymos는 평준화에 대한 우월욕망에 가깝다. 분노의 벡터 한쪽에 우월욕망, 곧 자기 과시가 있다면, 다른 한쪽에는 평등욕망, 곧 차이의 소거도 있다. 그런데 이 작가에게는 평준화에 대한 분노만큼이나 타인의 우월감, 차이에 대한 분노도 있다. 차이에 대한 '셀로판지적 존재'의 분노는 차이와 우월함마저 평준화될 것에 대한 앞당겨진 분노다. 그리하여 김사과 소설 속의 도발적인 테러는 평준화될 미래와 차이 날 미래 모두를 지연하기 위해 서둘러 저질러지는 어떤 것이다. 결국, 그게 그거이지만 그게 그거이어서는 결코 안 된다! '셀로판지'적 존재, 김사과의 '얇은 인간'은 이렇게 외친다. '나는 너와 똑같은데 나와 다르다고 하는 너를 견딜 수 없다. 마찬가지로 나는 너와 다른데 나와 똑같다고 말하는 너를 견딜 수 없다.' 그리하여 '셀로판지적 존재', '얇은 인간'에게 분노의 앞당긴 표출, 테러는 결국엔 평등욕망이 아니라 자신의 우월욕망

---

16   프랜시스 후쿠야마, 『역사의 종말』, 478쪽.

17   프랜시스 후쿠야마, 『역사의 종말』, 478쪽.

18   프랜시스 후쿠야마, 『역사의 종말』, 460쪽.

19   Alberto Toscano, "Figures of Extremism", *Fanaticism: On the Uses of an Idea*, p. 40.

20   박민규, 「루디」, 『더블』 Side B, 창비, 2010, 82쪽.

21   김사과, 「움직이면 움직일수록 이상한 일이 벌어지는 오늘은 참으로 신기한 날이다」, 『02』, 창비, 2010, 191쪽. (강조는 원문)

22   이현우, 「도대체 이 분노는 어디에서 오는 걸까」, 『자음과모음』 2011년 봄호, 686쪽.

을 '영원'으로 체감하는 드문 '순간'이 된다. '너에게 나는 견딜 수 없이 가볍고, 나에게 너는 견딜 수 없이 무거우니까.' 이렇게 무거움(두꺼움)과 가벼움(얇음)의 비대칭의 틈새에서 '뭔가'가 귀환한다. 그러나 주인공의 억눌린 분노는 김사과 소설에서 무고한 국밥집 할머니와 소년에 대한 살해로 귀결될 뿐이다. 분노가 폭발했는데, 아무것도 바뀐 건 없다. 이것을 몰랐다면 작가는 순진하며, 이것을 알았다면 작가는 교활하다. 그리고 우리는 세상도 누구도 아무도 변하지 않았음을 확인하기 위해 정념의 폭발을 유도하는 정신의 심급기관이 있다는 것을 알고 있다. 바로 초자아다.

법의 저울

이러한 '셀로판지'적 존재의 분노는 왜 '적'을 찾지 못하고 헤맸던 것일까. 아니 적을 겨눴으면서도 화살은 다른 곳으로 날아가고 마는 걸까. 그리고 결국 그 끝에서 만날 수밖에 없는 무거운 무기력의 정체는 무엇일까.

이제 '법의 저울'에 대해 말해보자. '법의 저울'은 저울에 의해 재어진 삶의 무거움, 그리고 삶을 불행과 죄의 굴레, 운명의 법칙 아래 복속시키는 초자아와 관련되어 있다. 한없이 무거워지는 것은 초자아의 법이 아니라, 초자아를 어깨와 등허리에 짊어진 채 이따금씩 방향 모를 분노를 터뜨리는 삶이다. 그럼 법에 의해 결박된 무거운 삶과 단절할 수 있는 폭력을 더 상상할 수는 없을까. 벤야민은 그것을 '신의 폭력'이라고 불렀다.[23] 이쯤에서 내가 앞의 글 「적이 없는 세계의 적」에서 던졌던 마지막 질문들로 되돌아가고자 한다.

주원규의 장편소설 『망루』의 주인공인 '열심당원' 벤 야살은, 그리고 '한철연'의 과격 투사 윤서는 절망적인 상황에서 왜 각각 그들의 재림예수를 찌를 수밖에 없었던 것일까. 이 열심당원들의 '시카리', 즉 단도가 겨눠져야 할 대상은 재림예수가 아니었다. 재림예수는 벤 야살과 윤서의 적이 아니었다. 그들의 적은 명명백백했다. 유대 민족 투사인 벤 야살의 적은 로마제국의 '개들'이었으며, 윤서의 적은 도심 재개발에 따른 각종 이권을 얼

으면서 윤서 등을 사탄이라고 몰아붙이며 하나님을 참칭하는 '세명교회'였
다. 그런데 그들은 왜 거의 자살적인 행동으로 재림예수를 찌르고 말았던
것일까. 그리고 재림예수는 눈물을 흘리면서 이들의 칼을 제지하지 않고
왜 순순히 받아들였던 것일까. 『망루』가 이러한 중대한 질문을 던졌다는
것만으로도 이 소설의 주제적 가치는 여전히 소중해 보인다.

　『망루』에서 재림예수는 사람들이 만들어놓은 허구가 아니었다. 소설
에서 그는 실제로 존재한다. 주인공 민우가 윤서의 요청으로 만난 성문당
의 한 씨가 재림예수였다. 그는 예수처럼 병자들을 치유한다.[24] 그러나 벤
야살과 윤서의 기대는 달랐다. "재림예수가 나타났다면 그땐 세상의 종말
과 영원한 평화, 그것도 아님 맹렬한 심판이 나타나야 하는 것"[25]이 아닌가.
그런데 아무 일도, 아무런 불의 심판도 일어나지 않았다. 그래서 병구와 벤
야살, 윤서의 행동은 종말을 앞당기는 천년왕국운동의 전형이다. 메시아
가 불의 심판을 하러 오리라는 "예언을 지극히 폭발적인 성격을 지닌 혁명
적 선전 선동으로 바꾸기 위해서는 심판의 날을 앞당기는 것, 다시 말해서

23　덧붙이면, 우리가 여기서 지난 글에 이어 폭력에 대해 계속 이야기하는 것은 우리가
　　선택한 텍스트가 묵시록적 성향을 띠는 작품인 것과 무관하지 않다. "이전 것은
　　지나갔으니 보라! 새것이 되었도다"(「고린도후서」 5장 17절)는 바울의 말은 폭력적
　　행위를 수행함으로써 이전 세계와 급진적으로 단절하려는 제스처의 절박감, 막연히
　　파국을 기다리는 것이 아니라 그것을 앞당기고 실행해 기존의 부패하고도 낡은 세계와
　　단절하려는 혁명적 의지의 표현이다.
24　주원규, 『망루』, 문학의문학, 2010, 148쪽. "살이 썩어 들어간다는 원색적인 표현이
　　적합할 정도로 작업복 바지를 걷어올리자 피고름부터 쏟아내는 할아버지의 무릎이
　　참혹한 환부를 드러냈다. 바로 그때, 할아버지의 환부에 손을 갖다 대는 그 순간부터
　　한 씨는 더 이상 민우가 알고 있던 잡일을 하던 일용직 노동자가 아니었다. 한 씨가
　　한 손에는 환부에 손을 올리고 다른 한 손은 할아버지의 얼굴을 매만지는 그 순간
　　할아버지의 오른 무릎 전체를 지배하고 있던 환부의 피고름이 서서히 소멸되는 현상이
　　벌어진 것이다. (……) 할아버지의 검붉은 환부에서 싱싱한 채 살이 돋아 오르는 기적의
　　한순간을 고스란히 목격할 수밖에 없었다. 그러한 기적 사건의 도래는 불과 1분도 안
　　되는 순간에 벌어졌다."
25　주원규, 『망루』, 155쪽.

심판을 무한히 먼 미래에 일어날 사건이 아닌 이미 가까이 임박해 있는 사건으로 보여주는 것이 필요했다."²⁶ 그러나 오직 있는 것은 로마군을 향하다가 거꾸로 벤 야살의 저항군과 인민들이 농성하던 마사다 언덕을 덮친 화염일 뿐이었다. 그리고 철거민들이 올라간 성문당 옥상 망루에 닥친 거센 화염뿐이었다. 병구의 아마겟돈은 참혹한 실패로 끝났으며, 루디의 무자비한 폭력 또한 '영원한 러닝메이트'로 계속될 뿐이다.

그렇다면 도대체 삶이 끝없는 속죄의 굴레 속에 갇혀진 '법의 힘'으로부터 벗어날 길은 없는 것일까. 발터 벤야민이 신화적 폭력, 법의 힘으로부터 단절을 이야기하는 '신의 폭력'이란 도대체 무엇인가. 벤야민이 「폭력비판을 위하여」(1921)에서 '신화적 폭력', 즉 법을 제정하고 보존하기 위해 치러지는 폭력, 곧 '법 정립적 폭력die rechtsetzende Gewalt'과 '법 보존적 폭력die rechtserhaltende Gewalt'이라는 뫼비우스 띠 같은 폭력에 대한 대타항으로 설정한 '신의 폭력'은 이후에 현대 비평에서 불가능한 X, 만일 그에 대한 해석을 시도하려면 조만간 모든 의미가 빛을 잃고 빨려드는 블랙홀이거나 전혀 엉뚱한 방식으로 해석되는 이상한 기호가 아닐 수 없다. 누군가에게 신의 폭력은 프란츠 카프카의 장편掌篇 「신임변호사Der neue Advokat」(1920)에서 입안자도 집행자도 여전히 있지만 더 이상 효력이 정지되어 마치 장난감처럼 신임변호사의 흥미로운 연구 대상이 되는 법으로 해석되는가 하면, 다른 누군가에게 신의 폭력은 아우슈비츠의 대학살에 대한 무시무시한 사례가 되고 만다. 아이들 장난감과 수용소 가스실의 차이란 실로 까마득해 보인다. 신의 폭력에 대한 이러한 해석의 양 극단에 조르조 아감벤과 자크 데리다Jacques Derrida의 것이 각각 자리 잡고 있다는 사실은 신의 폭력이 갖는 해석의 난해함과 애매함을 가중시키기에 흥미롭다.

먼저 아감벤의 말을 들어보자. "벤야민은 신의 폭력을 판단할 수 있는 어떤 실증적인 기준도 명시하지 않을 뿐만 아니라, 그것을 판단할 수 있는 어떤 구체적인 사례가 존재할 가능성마저 부정한다. 유일하게 확실한 점은 신의 폭력이 법을 제정하지도 보존하지도 않으며, 다만 법을 '탈정립entsetzt'한다는 사실뿐이다."²⁷ 언뜻 신의 폭력은 메시아처럼 도래할, 그러나 그 도착이 무한히 연기되는 일종의 불가능한 꿈처럼 보인다. 그리고 아감벤의 진술을 뒷받침하는 것처럼 벤야민은 신의 폭력을 "신의 집행 수단"과 구별 지으며, 오로지 식별 가능한 것은 신화적 폭력뿐이라고 말한다. 신의 폭력은 신이 하늘에서 불벼락을 내리는 식으로 '집행'되지 않는다. 벤 야살과 윤서는 마사다의 화염과 성문당 망루에 치솟은 불을 처음에 '신의 집행 수단'으로 해석했지만, 그 해석은 보기 좋게 엇나갔다. 그런데 신의 폭력이 신의 집행과 무관하다면, 마사다와 성문당 망루의 화염은 실제로 '신의 집행 수단'이었다! 왜냐하면 마사다의 유대인들에게 승리를 거둔 로마군들은 마사다를 모조리 태워버린 그 불길을 자신들이 모시던 '신의 집행 수단', 즉 자신들의 신이 존재하는 증거로 해석했기 때문이다. 오히려 마사다와 성문당 망루를 뒤덮던 불길은 신의 침묵, 신의 죽음에 대한 신호에 가깝지 않았을까.

신의 집행이 실제로는 신의 폭력과는 전혀 무관한 것이라는 게 벤야민의 폭력비판론의 첫째 요점이다. 또한 신의 폭력을 판단할 수 있는 기준의 부재는·어떤 폭력이 신의 폭력인지 아닌지 판별할 수 있는 해석의 준거점(대타자)의 부재이기도 하다는 것이 둘째 요점이다.[28] 그리고 그러한 타자의 부재, 즉 대타자인 신의 부재는 다시 신의 폭력과 연결된다. 신의 폭력은 그 어감과는 다르게 어쩌면 신의 부재, 신의 무능력, 아무것도 할 수 없는, 벤 야살과 윤서를 분노하고 절망하게 만든 재림예수가 끝없이 흘리는 눈물과 더 닮아 있을지도 모른다.

그런데 문헌학적으로 꼼꼼하기에 이를 데 없는 아감벤이 '신의 폭력을 판단할 수 있는', '실증적인 기준'을 벤야민이 제시하지 않았다고 한 말

---

26   노만 콘, 『천년왕국운동사』, 김승환 옮김, 한국신학연구소, 1993, 276쪽.

27   조르조 아감벤, 『호모 사케르—주권 권력과 벌거벗은 생명』, 박진우 옮김, 새물결, 2008, 146쪽.

28   슬라보예 지젝, 『폭력이란 무엇인가』, 이현우·김희진·정일권 옮김, 난장이, 2010, 275쪽.

은 듣기에 따라서는 좀 이상하다. 신의 폭력에 대한 기준점으로 삼을 법한 실증적 사례가 벤야민의 텍스트에 없지 않기에. 벤야민은 신화적 폭력의 사례로 니오베의 전설을, 신의 폭력의 사례로 고라의 사례(「민수기」 16장)를 들고 있지 않은가. 이런 명명백백한 증거에 대한 아감벤의 무시는 고의적인 것일까 아니면 해석적 통찰 때문에 불가피하게 생겨난 맹목일까. 자신의 자식들을 자랑하던 니오베의 오만함에 대해 아폴로와 아르테미스는 그녀의 자식들을 모조리 죽이되 니오베를 살려둠으로써 '운명'과도 같은 형벌을 감수하게 한다. 이것은 인간에게 내리는 신들의 본보기적 처벌, 법 정립적 폭력의 사례였다. 그 법은 아마도 인간과 신들 사이를 분할하는 노모스nomos, 대지의 경계에 비석으로 새겨졌을 것이다.

그 맞은편에 고라의 사례가 있다. 「폭력비판을 위하여」에서는 고라의 무리에 대해 언급한 부분이 니오베의 경우보다 지나치게 짧고 압축적이어서 해석하기가 쉽지 않다. "신은 특권을 누리던 레위족 사람들을 경고도 위협도 하지 않은 채 내리치고 주저 없이 말살했다. 하지만 그는 이러한 말살을 통해 동시에 면죄시키는데, 이 폭력의 비유혈적 성격과 면죄적 성격 사이의 깊은 연관성이 오인될 수는 없을 것이다."²⁹ 고작해야 이 두 문장이 전부다. 물론 방금 인용한 두 문장의 앞뒤로 벤야민은 신의 폭력과 신화적 폭력을 명료하게 구분한다. 신의 폭력은 피를 흘리지 않고 법을 파괴하며 희생자를 사면한다. 신화적 폭력은 피를 흘리고 법을 세우며 희생자를 속죄케 한다.

흥미로운 것은 사면과 속죄의 차이다. 신의 폭력은 희생자의 희생을 떠맡는 데 비해, 신화적 폭력은 희생자의 희생을 요구한다. 그리고 이것이야말로 신의 폭력과 신화적 폭력을 구분하는 사면과 속죄의 차이다. 그래도 뭔가 명쾌하지 않다. 도대체 희생자의 희생을 떠맡는 것과 희생자의 희생을 요구하는 것의 차이, 곧 사면과 속죄의 차이는 무엇인가. 사면의 주체는 누구이며, 속죄의 주체는 누구인가. 누가 무엇을 위해 사면하며, 누가 무엇을 위해 속죄하는가. 일단, 이렇게 말할 수 있을 것이다. 사면은 신이 희생자에게 행하는 것이며, 희생자는 신 안에 있되 방면된다고. 이에 비해,

속죄는 희생자가 신에게 행하는 것이며, 희생자는 신 바깥에 있되 구속된
다고. 그런데 고라의 사례까지 언급하면, 속죄와 사면의 차이는 해석의 짙
은 안개 속으로 숨어버리는 것 같다. 여기서 바로 신의 폭력에 대한 데리다
의 유명한, 그러나 무시하기 결코 쉽지 않은 오독이 나온다.

　데리다는 『법의 힘Force de Loi』에서 벤야민의 신의 폭력의 비유혈적이
고도 면죄적인 성격을 나치의 '최종 해결책Endlösung'과 관련시킨다. "가스실
과 화장용 가마를 생각한다면, 비유혈적이기 때문에 면죄적인 어떤 말살
에 대한 이러한 암시를 깨닫고 어떻게 몸서리치지 않을 수 있겠는가? 대학
살을 하나의 면죄로, 정의롭고 폭력적인 신의 분노의 판독할 수 없는 서명
으로 만드는 해석의 발상은 끔찍한 것이다."[30] 그런데 신의 폭력에 대한 데
리다의 해석을 그대로 적용하면, 그것은 놀랍게도 〈지구를 지켜라!〉에서
안드로메다의 왕자가 지구를 일격에 파괴하는 폭력의 바로 그 사례가 되
어버린다. "저 행성엔 더 이상 희망이 없어"라는 마지막 대사를 끝으로 강
만식 사장-안드로메다 왕자는 '푸른 행성'을 끝장내기로 결정한다. 그가
타고 있는 우주선에서 발사된 광선이 지구를 관통할 때, 〈지구를 지켜라!〉
는 그때까지 영화에 등장했던 주요 인물과 엑스트라, 순박하게 생긴 할머
니와 아리따운 손녀, 웃고 있는 다방 레지와 남자 손님, 순이의 아버지, 강
만식의 유괴범으로 오해받아 조사받던 병구의 동창생과 그를 다그치던 형
사, 병구가 기르던 개[치] '지구'를 차례차례 보여준다. 한마디로 이들은 병
구와 강만식의 싸움과는 직접적인 관련이 없는, 무고한 희생자들이다. 그
들은 피를 흘리지 않고 전멸한다. 영화에서 피를 흘리는 건 병구이며, 그에
게 살해당한 추 형사뿐이었다. 심지어 안드로메다 왕자로 변하기 전의 강
만식마저 파괴와 부활의 시바Siva 신처럼 나무에 못 박혀 있는 자신의 양손

29　발터 벤야민, 「폭력비판을 위하여」, 자크 데리다, 『법의 힘』, 진태원 옮김, 문학과지성사,
　　　 2004, 164쪽.

30　자크 데리다, 『법의 힘』, 135쪽.

을 엄청난 의지로 빼내면서도 피를 흘리지 않았다. 그러면 마지막 절멸의 장면은 비유혈적이기에 면죄적인 말살, 또는 데리다가 해석한 메시아적 폭력(최종 해결책)의 사례로 취급할 수 있을까. 마치 그런 것처럼 보이지만, 직감으로도 오독이라 판정하기 어렵지 않다.

이쯤 되면 데리다의 해석은 오히려 그 스스로가 해석해야 할 대상이 된다. 그 해석의 대상은 언뜻 신의 폭력보다는 신화적 폭력의 사례처럼 읽히는 「민수기」 16장을 읽어도 잘 풀리지 않는 건 마찬가지다. 모세와 아론에 대항한, 신의 특권을 받은 레위족인 고라 무리의 반역과 최후를 기록한 「민수기」 16장은 이렇게 적고 있다. "우리를 젖과 꿀이 흐르는 땅에서 데려내다가 이 광야에서 죽이는 것만으로도 부족해서 이젠 우리 위에 군림하여 호령까지 하려 드시오? 당신은 우리를 젖과 꿀이 흐르는 땅으로 데려가지도 못했고 우리가 차지할 밭이나 포도원을 나누어주지도 못하였소. 이 백성들을 장님으로 만들 셈이오? 우리는 못 가오"(「민수기」 16장 13~14절). 고라 무리의 불만은 이러했다. 제사를 맡는 계급으로 고라가 속해 있는 레위족이 보기에 모세와 아론은 도가 지나친 자들이다. 이집트를 탈출해 사막을 방황하며 고생하는 유대인들 모두 평등하게 거룩한 자들이며 야훼도 그들 중에 평등하게 속해 있는데, 유독 모세와 아론만 자신들을 드높이는 일을 하고 있다는 것이다. 고라의 사례에서도 모종의 우월욕망과 평등욕망이 대립된다. 고라의 무리들이 모세와 아론에게 가하는 비난의 상세한 내용까지 짐작할 수는 없지만, 중요한 것은 고라의 무리들이 결국 야훼의 즉결 심판을 받아 '피 흘리지 않고' 땅속으로 꺼져버린다는 것이다. "땅은 입을 벌려 그들과 집안 식구들을 삼켜버렸다. 고라에게 딸린 사람과 재산을 모조리 삼켜버렸다. 그들이 식구들과 함께 산 채로 지옥에 떨어진 다음에야 땅은 입을 다물었다. 이렇게 그들은 이스라엘 회중 가운데서 사라져버렸다"(「민수기」 16장 32~33절). 이후에도 야훼는 심판을 그치지 않아 이백오십 명의 고라 무리를 불에 타 죽게 할 뿐만 아니라, 야훼의 무자비한 심판에 대해 모세와 아론을 비난하는 유대 족속에게 전염병마저 내린다. 그렇게 죽은 이가 만 사천 명을 넘었으니, 이만한 '최종 해결책'도

달리 없다. 그렇다면 이것은 유대공동체를 정립하고 유지하기 위한 신화적 폭력, 법 보존적 폭력의 극명한 사례가 아닐까. 고라의 사례에서 어떻게 벤야민처럼 신의 폭력을 읽어낼 수 있다는 말일까. 난감함은 가중된다.

그럼에도 고라 무리에 대한 야훼의 심판을 벤야민이 인색하게 예를 든 신의 폭력의 사례로 가정해본다면, 외관상 식별 불가능해 보이는 신의 폭력과 신화적 폭력 사이의 미세하고도 가느다란 차이를, 고라 무리에 대한 심판으로부터 신의 폭력의 단서를 힘겹게 읽어내야 한다. 이에 대해서는 다음과 같은 해석이 하나의 참조점이 될 만하다. "실패한 반항 또는 실패한 반역 그리고 신화적 폭력이나 전쟁 없이는 혁명, 즉 신의 폭력 또한 없다. 고라의 반역은 혁명적이지 않았다. 그의 반항이 의심할 여지없이 새로운, 미래적 정의의 요소를 구성하고 있다는 사실에도 불구하고, 그리고 메시아적 연기演技를 모두 충족시킨 조건이라는 사실에도 불구하고 말이다. 고라 자신은 원原 공모자, 곧 탈출한 유대 공동체를 '해체하는 자', 그 공동체의 파괴자였을 뿐이다."[31] 말하자면, 제사를 수행하는 특권계층인 레위 족속으로 자신들의 지위나 토대를 전혀 문제 삼지 않은 상태에서 행한 모세와 아론의 세력에 대한 격렬한 반항과 위반은 실제로는 신의 폭력의 외관을 띤 법 보존적 폭력에 불과했으며, 오히려 야훼의 신의 폭력은 이러한 법 보존적 폭력을 끝낸 폭력이라는 것이다. 그리고 이러한 반항의 실패 속에서, 패배와 좌절 속에서 신의 폭력의 흔적들을 재구성해야 한다는

Petar Bojanić, "God the Revolutionist. On Radical Violence against the First Ultraleftist", *Filozofski vestnik*, Institut ZRC SAZU Ljubljana, 2008, p. 205. 이 글의 제목에서도 암시되듯이 모세의 집권세력에 대해 야당野黨인 고라 무리의 초좌파적 반항마저 내리치는 야훼 신의 폭력은『구약성서』거의 모든 곳에 출현하는 무시무시한 '신의 폭력'이 갖고 있는 수수께끼를 한층 복잡하게 만든다. 메시아적 폭력에 대한 벤야민의 좌파적 전유에 맞서는 데리다의 강력한 오독에 내재한 당혹스러움은 이와 관련이 없지 않아 보인다. 그리고 여기서 나는 분노와 질투, 악마적 이미지마저 갖고 있는 야훼의『구약성서』와 사랑을 강조하는 예수의『신약성서』는 전혀 무관한 별개의 성서라는 야콥 타우베스의 말을 잠시 떠올려본다.

것이다.

그러고 보니 신의 폭력에 대한 데리다의 해석과 고라의 사례에 대한 우리의 해석, 즉 이것은 신의 폭력이 아니라 신화적 폭력이 아닌가라는 계속된 질문이 (무)의식적으로 집착했던 것이 하나 있었다. 그것은 벤야민이 말했던 "단순한 생명das bloße Leben", 목숨뿐인 삶, 벌거벗은 생명이다. 방금 우리는 우리 자신도 알게 모르게 고라의 사례 속에서 속죄의 기회도 없이 목숨을 잃은 자들만을 문제 삼았으며, 그만큼 속죄를 통해 연장된 니오베의 '단순한 생명', 목숨뿐인 삶에 집착했던 것이다. 어쩌면 이것이야말로 우리가 깊숙이 처해 있는 생명정치적biopolitical 현실의 실상일지도 모른다.

벤야민에 따르면, 생명이 그 무엇보다도 고귀하고도 삶이라는 가치의 영도零度에 있다는 것은 고대로부터 지금까지 자연스럽게 내려온 것이 아닌, 계보학적으로 의심해볼 만한 근대의 신화다. 신의 폭력이 벤야민의 말처럼 "약동하는 삶을 위해 모든 생명으로 향하는 폭력"[32]이라면, 그것은 삶을 한낱 생명으로 환원하는 법과 법의 지배에 가하는 폭력이며, 자신을 법 앞에서 끊임없는 속죄의 희생물로 바치는 악무한적인 굴종에 대한 단절의 폭력, 폭력적 단절의 몸짓이다. 그것이 아감벤이 말하는 '법의 탈정립'이 뜻하는 바다.

살인하지 말라는 뜻은 생명을 해하지 말라는 뜻이 아니며, 살인했다는 것은 생명을 해했다는 것이 아니다. 인간은 아무리 끔찍한 처지에 처하더라도 한낱 생명으로 환원되지 않으며, 오히려 그에 대한 온갖 저항의 증언testimony일 것이다. 이것은 휴머니즘이 아니다. 오히려 휴머니즘이 인간에서 동물에 이르는 생명 존중에 더 깊숙이, 자연스럽게 개입해 있다. 따라서 신의 폭력은 반反휴머니즘적이다. 묵시록적 어조가 실린 최근 책에서 지젝이 말한 것처럼, 생존을 위해 삶을 희생하면 할수록 우리가 얻는 것은 생존이겠지만, 우리가 잃어버리는 것은 삶 그 자체다.[33]

이렇게 읽게 되면 우리가 다소 길게 끌어올 수밖에 없었던 난제가 의외로 쉽게 풀릴 수도 있다. 벤야민의 '폭력비판론'에 대한 아감벤의 해석을 염두에 두면, 신의 폭력에 대한 데리다의 무모해 보이는 해석에도 어떤 통

찰이 있다. 희생을 요구하는 신화적 폭력과 달리 신의 폭력의 경우에 희생
은 최종적으로 무효화된다. 신의 폭력에서 사면되는 존재는 희생물로 바
쳐지지 않고도 죽일 수 있는 존재라는 뜻일 텐데, 그런 존재는 아감벤이
이미 정식화한 바가 있지 않나. '호모 사케르Homo Sacer'. 아감벤이 나치 강
제수용소의 '무젤만Muselmann'의 고대적 형상이라고 부른 존재, 희생물로 바
쳐지지 않고도 또 누구든 처벌받지 않고서도 마음대로 살릴 수도 죽일 수
도 있는 존재.

　　'호모 사케르'라는 뫼비우스 띠를 통해 데리다와 아감벤의 해석은 아
주 멀리 떨어져 있으면서도 가까이서 만난다. 확실히 데리다의 해석과 비
슷하게 신의 폭력은 목숨뿐인 삶의 개념에 근접한다(신의 폭력과 수용소
의 무젤만에 대한 대학살은 점근선처럼 가까워진다). 그러나 바로 그 방식
으로 데리다의 해석과는 다르게 신의 폭력은 면죄와 사면 덕분에 목숨뿐
인 삶과 멀리 떨어진다(그럼 수용소의 대학살에 대한 무젤만의, 무젤만이
라는 존재 자체의 말없는 증언으로부터 한낱 목숨만은 아닌 삶이 비로소
시작된다고 말할 수 있는 것일까. 아마 가까스로, 그럴지도 모른다고 대답
할 수 있을 뿐이다).

32　나는 이 대목에서 김항의 번역을 따랐다. "약동하는 삶에 대한 법의 지배는 단순한
　　생명과 함께 사라진다. 신화적 폭력은 폭력 자체를 위해 단순한 생명으로 향하는 피의
　　폭력이며, 신의 순수한 폭력은 약동하는 삶을 위해 모든 생명으로 향하는 폭력이다."
　　다음은 앞의 문장의 독일어 원문이다. "mit dem bloßen Leben hört die Herrschaft
　　des Rechtes über Lebendigen auf. Die Mythische Gewalt ist Blugewalt über das
　　bloe Leben um ihrer selbst, die göttliche reine über alles Leben um des Lebendigen
　　willen." Walter Benjamin, "Zur Kritik der Gewalt", *Gesammelte Schriften*, Suhrkamp,
　　1989, II-1, s. 200. 김항, 「신의 폭력과 지상의 행복」, 『안과밖 제29호—2010년 하반기』,
　　영미문학연구회 엮음, 창비, 2010, 116쪽에서 인용. 김항의 글은 「폭력비판을 위하여」에
　　대한 기왕의 한국어 번역으로는 의미가 잘 살아나지 않는 벤야민의 "약동하는 삶"과
　　"단순한 생명" 사이의 관계를 카를 슈미트의 법사상과 비교해 상세히 해석한다.

33　Slavoj Žižek, "Introduction", *Living in the End Times*, London & New York: Verso,
　　2010, New Edition, 2011, p. xv.

따라서 아감벤이 데리다를 비판한 내용은 데리다의 해석만큼이나 이 상하다. 아감벤은 신의 폭력에 대한 데리다의 해석은 "극히 위험한 오해를 유발할 수도 있다"고 말한다. 데리다는 벤야민의 폭력비판론을 "해석하면 서 정말 독특하다고 할 수밖에 없는 오해에 따라 그러한 신의 폭력을 '최 종 해결'과 비슷하다고 생각하면서 아주 조심스럽게 그것을 경계"했다는 것이다.[34] 그러나 아감벤은 데리다가 고라에 대한 심판이라는 '구체적 사례' 에서 최종 해결책을 이끌어내는 것에 지나치게 신경 쓴 나머지 데리다의 해석이 아감벤 그 자신의 호모 사케르의 개념에 가깝게 다가갔던 것을 눈 치채지 못한 것 같다. 마찬가지로 데리다는 신의 폭력에 대한 자신의 해석 이 아감벤의 호모 사케르 개념에 근접했음을 알지 못한 것 같다. 슬라보예 지젝은 이 양자를 종합해 신의 폭력에 대한 잠정적인 답변을 마련한다. 벤 야민의 말처럼, 신의 폭력은 '징표이자 봉인Insignium und Siegel'이다. 어떤 징 표이자 봉인? 그것은 우리가 읽는 텍스트에서 '신의 폭력은 이것이다!'라고 직접 제시해 보여주기보다는 차라리 그것이 존재하지 않는, 존재할 수 없 는 세상의 불의와 신의 침묵에 대한 징표이자 봉인이다.[35]

다소 멀리 돌아온 듯하지만, 이 부근에서 다시 『망루』를 접어들면, 우리는 앞서 해왔던 이론적 곡예의 결론과 달리 이 소설이 처한 안타까운 상황과 마주하게 된다. 재림예수가 마사다 고원에서 고립된 어린아이들과 부녀자들을 풀어주고 로마에 투항하자고 벤 야살을 설득하는 이유를 우 선 들어보자. "젖 먹는 어린아이와 그런 아이들을 키워내야 할 여인들, 그 리고 자연의 섭리에 의해 기력을 상실당한 노인들에게 주어져야 할 최선의 존엄은 소중한 생명을 보호받는 길뿐이오."[36] 그러나 소중한 생명을 보호 받아야 한다는 재림예수의 말은 별로 설득력이 없다. 게다가 그의 말은 생 명정치적으로 들리기조차 한다. 그래서 벤 야살의 반문은 이유가 없지 않 다. "과연 저 로마의 개들이 이렇게 항복을 외치며 자신들 앞에 무릎을 꿇 는다고 당신이 말하는 그 알량한 생명을 보호하고 존중해줄 것으로 생각 하는 거요? 순진하고 어설픈 낙관주의에 물든 착각, 이제는 거두시오. 거 듭 말하지만 저들은 인간이 아니오. 야만의 질서와 충동적인 폭력에만 길

들여진 늑대요, 승냥이 떼일 뿐이고, 맘몬에만 눈이 먼 제국에 불과하오."[37]
그가 옳다. 그러자 다시 재림예수가 응수한다. "비록 그러할지라도 할 수
만 있다면 단 한 명의 생명이라도 보존할 수 있는 방향으로 나아가야만 할
것이오. 그것이 바로 야훼 하나님의 뜻이오."[38] 우리는『망루』에서 이렇게
'생명' 뿐인 삶을 구원의 메시지로 가지고 온 재림예수와 만나게 된다. 그
리고 그 맞은편에서 우리는 또다시 〈지구를 지켜라!〉의 생명정치적 주권자
와 조우한다. 구원자와 구원자의 외관을 쓰고 온 파괴자가 모두 생명을 주
관하고 강조하는 메시아라니!

여기에 두 '리바이어던'이 있다. 〈지구를 지켜라!〉의 강만식 사장 – 안
드로메다 왕자 주위로 인간종의 갱신을 위해 병구나 병구 어머니같이 '가
장 고통 받는 자들' 중에서 선택된 실험 표본이 떠돌고 있다. 비슷하게『리
바이어던』의 표지를 장식하는 절대군주의 몸체는 인민들의 신체로 합성
되어 있다. 서로 다른 두 리바이어던의 이미지를 몽타주하면, 우리는 생명
정치적 주권자와 그를 구성하는 신체들인 호모 사케르를 동시에 얻는다.
『리바이어던』의 표지에 "지상의 권력에는 이것과 겨룰 자가 없나니Non est
potestas super terram quae comparatur ei"라는「욥기」41장 24절의 라틴어 문구와
함께 그려져 있는 홉스의 군주Prince와 〈지구를 지켜라!〉의 강만식 – 안드로
메다 외계인 왕자Prince는 섬뜩하게도 닮았다. 그렇게 우리는 셸리가 무시
무시하게 묘사한 저 유명한 '무질서의 왕'을 얻게 된다.

---

34 조르조 아감벤,『호모 사케르—주권 권력과 벌거벗은 생명』, 146쪽.
35 "단지 세상의 불의를 보여주는, 세상이 윤리적으로 '뒤죽박죽' 돼버렸다는 징표일
　　　뿐이다. 하지만 이것은 신적 정의가 어떤 의미를 갖고 있다는 뜻을 함축하지는 않는다.
　　　그것은 차라리 의미 없는 징표이고, 그 징표에 뭔가 '심오한' 의미를 부여하려는 유혹에
　　　대해선 참고 이겨내야 한다." 슬라보예 지젝,『폭력이란 무엇인가』, 275쪽.
36 주원규,『망루』, 254쪽.
37 주원규,『망루』, 254쪽.
38 주원규,『망루』, 254쪽.

위: 장준환 감독의 〈지구를 지켜라!〉(2003)의 강만식 사장-안드로메다 외계인 왕자.
아래: 토머스 홉스Thomas Hobbes의 『리바이어던Leviathan』(1651) 표지에 있는
절대군주(아브라함 보스Abraham Bosse의 그림).

더 많은 파괴를 자행했네
이 무서운 가면을 쓰고
모두 감추었지, 눈으로 보기에도
주교, 변호사, 귀족, 아니면 스파이처럼

마지막으로 무질서가 왔네. 그가 탄 것은
백마, 피가 튀었다네
입술까지 창백했지
계시록의 죽음처럼

그는 왕관을 썼네
손에 든 홀이 빛나고 있었네
그의 이마에서 나는 보았네
"나는 신이자, 왕이자, 법이니라."
/ 퍼시 셸리, 「무질서의 가면The Mask of Anarchy」(1819)에서

이렇게 '최후의 인간'의 신체로 구성된 '보편적이고도 동질적인 국가'를 다
스리는 참주는 생명정치적 리바이어던이었다. 그것은 한편으로는 모든 휴
머니티와 그 결과에 대해 환멸의 고별사를 보낸 후 '그저 바라보기'로 세상
을 살아갈 것을 권유하는 존 그레이식의 인간의 리바이어던이기도 했다.
여기서 그레이와 스트라우스가 결정적으로 갈라진다. 스트라우스가 경고
했듯이 참주는 자신이 다스리는 국가에 이의를 제기하는 소수의 현자를
색출해 파괴하는 작업을 늦추지 않는다. 최후의 인간을 체현하는 신학적
이콘icon인 참주에게 현자들이 이의를 제기한다는 것은 자신을 구성하는
인민인 '최후의 인간'에게 이의를 제기하는 것이기에. 또한 '무질서의 왕'은
세상에 대해 인간 동물, 셀로판지의 존재가 품고 있는 무지막지한 분노와
원한의 감정경제를 적절하게 풀어놓고 유통시키면서도 자신은 한 발 물러
나 그것을 관조하는 데 능숙하다.

마침내 우주적 참주, 리바이어던, 신이자 왕이자 법인 이 무질서의 왕으로부터는 그 누구도 안전하게 숨을 수도, 또 멀리 도망갈 수도 없다. 그렇게 우리는 묵시록의 네 번째 기사인 "죽음"으로 다가간다. 살게 하거나 죽게 하는 권력이 아니라, 더 이상 살게도 죽게도 하지 않는, 그저 '생존하게 하는to survive' 권력으로.

4 "내 최고의 희망으로부터 태어날……": 묵시록의 네 기사 (4)

어린 양이 넷째 봉인을 떼셨을 때에 나는 넷째 생물이 "나오너라" 하고 외치는 음성을 들었습니다. 그러고 보니 푸르스름한 말 한 필이 있고 그 위에 탄 사람은 죽음이라는 이름을 가진 사람이었습니다. 그리고 그 뒤에는 지옥이 따르고 있었습니다. 그들에게는 땅의 사분의 일을 지배하는 권한, 곧 칼과 기근과 죽음, 그리고 땅의 짐승들을 가지고 사람을 죽이는 권한이 주어졌습니다. /「요한계시록」6장 7~8절

우주 파르티잔, 병구여 안녕!

결국 〈지구를 지켜라!〉에서 유제화학 강만식 사장이 자신의 피조물인 지구인의 생살여탈生殺與奪을 관장하면서 피조물의 생명 연장을 실험하다가 중단한 '우주 리바이어던'으로 정체가 드러난다면, 병구 그리고 병구의 망상에 동참하다가 병구와 함께 비참한 최후를 맞이했던 가련한 순이는 외계인에 맞서 지구라는 대지를 수호하는 '우주 파르티잔'이 된다. 옴진리교 신도들이나 머리에 썼을 법한, 외계인의 전파를 차단하기 위한 브리콜라주 스타일의 헤드기어를 쓰고 자살 폭탄을 장착한 채 소형 우주선 호버탱크 대신에 1.5톤 트럭으로 도로를 질주하는 우주 파르티잔 병구. 물론 여기서 '우주 파르티잔'은 내가 만든 말이 아니라, 카를 슈미트의 것이다. "지구의 대지를 지배하는 자만이 새로운 공간이라는 들판을 취득하고 또 이용하게 될 것이다. 따라서 이 무한한 영역도 잠재적인 투쟁 공간 외의 아무 것도 아니며, 그것도 이 지구상에서의 지배권을 위한 투쟁에서의 잠재적인 투쟁 공간이다. 그렇게 된다면 지금까지는 매스미디어와 신문과 라디오와 텔레비전의 선전의 대스타로서만 생각되었던 유명한 우주 비행사들은 우주 해적이나 아마도 우주 파르티잔으로 변모할 기회를 가질 것이다."[1]

슈미트는 자신이 정치적인 것의 핵심으로 정의한 적과 동지의 구분

이 다시 정규군과 비정규군인 파르티잔 사이에 격렬하게 벌어지는 전 지구적 내전 상황으로 연장하면서 우주적 상상력을 발휘했다. 흥미롭게도 인용문에서 언급되는 것처럼, 『파르티잔*Theorie des Partisanen*』(1963)이 출간될 무렵으로 전 지구적 내전이 개시되던 1960년대 초반은 한편으로는 미국과 소련이 대치하는 냉전 상황에서 '우주의 노모스'라고 부를 법한 것을 놓고 상상의, 실제의 각축을 벌이던 시기이기도 했다. 슈미트의 인용문은 40년 후에 나온 〈지구를 지켜라!〉와 같은 과대망상증적인 21세기의 SF 영화에도 여전히 잘 어울리는 것 같다. 사실 미국과 소련이 벌인 우주 전쟁의 서막도 어떻게 보면 두 강대국이 보유한 과대망상의 충돌이기도 했으니까. 그러나 후자가 냉전에 의해 비교적 균형 잡힌 과대망상이라면, 전자는 냉전이라는 정치적 상상계의 구도가 무너져버린 후의, 적과 동지의 구분이 무효화되어 적을 상상하는 일이 거의 정신병이 된 시대의 과대망상이다. 따라서 후자는 전자의 패러디며, 비극의 반복인 희극이다.

그런데 슈미트는 전 지구적인 내전 속에서 파르티잔이 아감벤이 말한 '호모 사케르'의 지위를 획득할 것임을 알아차렸다. 슈미트에 따르면, 파르티잔은 고도화된 기동성과 정치적 격렬함을 갖고 정규군에 맞서 대지를 방어하는 비정규군이다. 그러나 파르티잔은 한낱 목숨뿐인 삶이다. 그는 정규군이 아니므로 포로로 대우받을 수 없으며, 법 바깥에 놓여 있기에 재판 없이도 처형될 수 있다. 그리하여 파르티잔 투쟁은 만일 기술의 힘을 빌릴 경우, 고도로 격화되는데 이것은 파르티잔을 색출해 격퇴하려는 상대방도 마찬가지다. 그리고 나아가 슈미트는 양쪽 모두에게 절멸을 가져다줄 핵 사용 가능성이 있는 전 지구적 내전 상황 속에서 적과 동지의 투쟁은 이전과는 비교할 수 없을 정도로 격화되고 절대적이 될 것이며, 그 때문에 적과 동지의 구분은 궁극적으로는 무효화될 가능성도 크다. 핵전쟁으로 인한 절멸에의 상상은 이제 구체가 아닌 추상을, 상대가 아닌 절대를, 적이 아닌 전체를 향하게 된다. "이 적대 관계는 너무나 무서운 것으로 되어서 아마도 사람들은 이제는 한 번도 적이나 적대 관계에 대해 이야기할 수 없게 될 것이다. 절멸시킨다는 것은 완전히 추상적으로 되고 완전히 절대적으로 된다. 그것은 이제 더 이상 적에게 향한 것이 아니다. 실제의 적대 관계를 부정함으로써 비로소 절대적인 적대 관계를 절멸시키기 위한 자유로운 길이 열린다."[2]

사실 이 문장은 냉전 시대에 거대한 버섯구름의 이미지로 대중을 강렬하게 사로잡은 '핵 숭고nuclear sublime'에 대한 사후논평처럼 읽힌다. 우리는 슈미트의 인용문을 지렛대 삼아 〈지구를 지켜라!〉에서 왜 그토록 한 사람의 원한에서 시작된 인정투쟁이 계급투쟁을 점프해 우주적 투쟁으로 비약하는지, 세포 단위에서도 감지할 수 있는, 자극과 반자극의 격렬한 이디오진크라지의 폭력으로 이러한 투쟁이 형상화될 수밖에 없었는지를 가늠해봐야 한다.

지금 우리가 마주하고 있는 생명정치적 영화는 사실 슈미트가 말한 고전적인 정치학, 곧 적과 동지의 구분이 무효화된 시대에 대한 철 지난 패러디이며, 그리하여 적과 동지의 구분이 무효화되었기 때문에 적과 동지를 상상하는 것이 그 어떤 매개도 없이 단숨에 병적인 망상으로 격상된 우리 시대에 대한 기괴하고도 우스꽝스러운 풍자물이다. 결국 지구의 절멸을 주도하는 안드로메다 외계인 강만식에 대해 지구를 수호하는 파르티잔을 자처하는 병구가 느끼는 추상적이고도 절대적인 공포는 거꾸로 강만식-안드로메다 외계인에 맞서는 그의 투쟁을 만인으로 향하게 하는 테러로 만들고, 테러가 특정 대상에 몰입할 때 저토록 피비린내 나게 만드는 요인이기도 하다. 적이 타자를 상상하는 방법이라면, 정신병자에게 적은 타자의 타자, 외계인이다. 그러니 아무리 납치하고 린치하고 결국 죽이더라도 타자의 배후, 타자의 타자는 없다. 즉 외계인은 없다. 그래서 〈지구를 지켜라!〉는 한편으로는 전 지구적 내전에 상응하는 무차별적인 테러의 전 지구적 편집증에 대한 풍자의 미니어처로도 보인다. 강만식이 병구를 비꼰다.

---

1   카를 슈미트, 『파르티잔』, 김효전 옮김, 문학과지성사, 1998, 133쪽.
2   카를 슈미트, 『파르티잔』, 153~154쪽.

"지구를 지킨다고? 누굴 위해서, 뭘 위해서? 너 괴롭힌 놈들 다 잡아다 죽이면, 그럼 지구가 지켜지는 거야? 그래? 네가 여기서 죽인 사람들, 그중에 외계인이 몇이나 있었어? 말해봐. 진짜 안드로메다인이 몇이나 있었느냐 말이야?" 그리고 외계인에 대한 실패한 실험 결과 보고서를 나열한 쇼트들이 재빨리 지나간다. "둘밖에 없었잖아, 둘! 나머진 네 복수 상대였잖아."

그런데 이 '둘'은 누구일까. 이 '둘'은 영화에서 어떤 모습도 드러내지 않는다. 그럼 '둘'은 병구의 과대망상이 한낱 망상임을 지시하는 텅 빈 기표일 뿐일까. 흥미로운 것은 이때부터 영화가 강만식이 안드로메다에서 온 외계인임을, 병구의 망상이 서서히 진실임을 드러내준다는 것이다(이어지는 장면에서 강만식의 저 '둘'에 병구가 별다른 이의 제기를 하지 않는 것은 흥미롭다).

어떻게 보면 '병구'라는 이름 자체가 우주 파르티잔의 투쟁에 대한 알레고리적 명명이다. 우리는 '강만식'이 생살여탈을 관장하는 주권자에 대한 탁월한 고유명임을 잘 알고 있다. 여기서 잠시 말놀이를 해보자.[3] 만식은 자신의 주변에 공권력을 심어놓고[萬植], 모든 것을 갉아 먹어치우는[萬蝕, 萬食] 힘세고 거만한 자본가[强慢食], 나아가 인류사의 모든 것을 꿰뚫고[萬識] 결국 지구를 절멸시키려는 '더럽고 교활한 외계인[蠻識]'이자 우주의 데미우르고스다. 이에 비해 병구는 지구를 멸망시키려는 안드로메다로부터 병든 지구[病球]를 구출한다는 과대망상증을 앓는 병적으로 집요하고도 치밀한 외계인 연구자[病究]이지만, 원래 강만식의 임노동 노예였다[病狗]. 그렇지만 망상의 구축[病構]이 도리어 회복의 신호라고 말한 프로이트를 따른다면, 병구의 과대망상은 궁극적으로 회복에의 소망[病救]이며, 그렇게 병구는 우주의 노모스를 관장하는 주권자에 거의 홀로 맞서 지구를 지키려는 고독한 우주 파르티잔[兵球]이 된 것이다. 병구 자신이 안드로메다 왕자의 피조물이자 간택된 생체 실험 대상이기도 한. 그러니 호모 사케르야말로 우리 시대의 진정한 정치적 주인공이자 영웅hero이 될 수밖에 없다. 그런데 지구가 파괴된 다음에 등장하는, 우주 공간을 떠도는 흑백 TV에서 병구의 행복했던 시절이 흘러나오는 영화의 엔딩 크레디트는 끝이 진정으로 끝나지 않았음을, 끝, 절멸 이후에도 계속될 삶을 암시한다. 참으로 많은 것들이 죽음을 향해 움직이는 엔트로피의 고립계에 갇힌 우리에게 끝 이후에도 계속될 삶이란 도대체 어떤 형태일까. 그러니 죽음으로부터 남은 이야기를 해보자.

엔트로피 내러티브

오래전 절대군주에게 죽은 몸으로 선고받은 후 죽음 이후의 삶을 연명하는 봉건적 '신민'이 있었으며, 살도록 보호해주는 한편으로 사망 선고를 내릴 수 있는 국가 권력 앞에 놓인 근대적 '주체'가 있었다. 그리고 살게도 죽게도 내버려두지 않는, 그래서 살아 있는 것도 죽어 있는 것도 아니게 된, 살아남는 것이 유일한 명령이 되는 포스트모던한 '생명'이 있다.[4] 동물도, 인간도 아닌 인간 동물의 삶과 죽음을 관장하는 생명정치의 주권권력 앞에 우리 삶과 죽음의 벡터가 놓여 있다. 〈지구를 지켜라!〉에서도 배울 수 있는 우리 시대의 삶과 죽음에 대한 기호학적·이데올로기적 사각형을 여기서 앞서 제시해본다(110쪽 그림 참조).

삶과 죽음이라는 강한 대립항과 삶과 비-삶 그리고 죽음과 비-죽음이라는 단순 대립항은 이해하기 별로 어렵지 않다. 문제는 삶, 죽음, 비-죽음, 비-삶이라는 각각의 의미소seme가 결합된 기호학적 사각형에서 특히 모순이 발생하는 항, 곧 삶과 비-죽음, 죽음과 비-삶의 애매한 관계다.

먼저 웰빙부터 말해보자. 기호학적 사각형 안에서 웰빙은 삶과 비-죽음의 모순 안에서 발생하는 삶의 양태다. 웰빙은 죽음을 회피하는 삶, 그

---

3   나는 여기서 다음 글에서 행한 말놀이의 일부를 참조했다. 문강형준, 「늑대의 시간의 도래」, 『파국의 지형학』, 자음과모음, 2011, 30쪽.

4   Giorgio Agamben, "The Archive and Testimony", *Remnants of Auschwitz: The Witness and the Archive*, trans. Daniel Heller-Roazen, Zone Books, 1999, pp. 155~156.

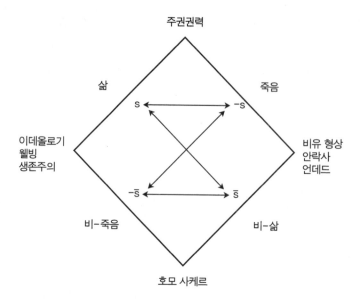

안에서 삶에 치명적인 요소들을 삭제하는 삶이다. 건강 때문에 커피에서 카페인을 빼는 웰빙은 비-죽음을 포함한 삶, 곧 삶이 죽음을 피할 수 없다는 관념을 모른 척 부인하는 삶이다. 그러나 그러한 죽음의 부인 속에서는 언제 죽을지 모르니 먹고 마시자라는 체념적 쾌락주의와 죽음을 인위적으로 미룰 수 있다고 믿고 자기 테크놀로지에 몰두하는 열광적 금욕주의가 공존한다.

그런데 웰빙은 궁극적으로 안락사를 대립물의 일치, 상관항으로 갖는다. 안락사는 죽음이되 죽음이 절대적 타자성으로 경험되지 않도록, 최소한 삶인 것처럼(비-삶), 죽음이 죽음이 아닌 것인 양 가장하는 죽음이다. 안락사는 삶으로 위장한 죽음이다. 안락사는 죽음의 타자성과 타율성에 대한 삶의 주권 선언의 형태로 일찌감치 알베르 카뮈Albert Camus가 정식화한 자살과 닮아 있지만, 안락사를 행하는 자는 정작 자신이 아닌 타자인 의사醫師다. 안락사의 당사자는 궁극적으로는 자신의 죽음을 결정하는 것이 아니라 대리한다.

웰빙과 안락사는 오늘날 세계에 대한 자기 결정권이 있는 부와 권력의 소유자들 그리고 그들의 추종자들과 모방자들이 갖는 삶과 죽음에 대한 태도로 요약 가능하다. 잘 죽는 것이야말로 제일 잘 사는 방법이며, 잘 사는 방법으로 마지막으로 선택할 수 있는 것이 바로 잘 죽는 것이다. 공식화하면 이렇다.

웰빙 = 삶 ∋ 비-죽음, 안락사 = 죽음 ∋ 비-삶

이에 비해 생존주의는 삶이 비-죽음에 포함된 형태로, 웰빙의 짝패다. 생존주의는 간단히 말해 삶이 비-죽음에 종속된 삶, 목숨의 연명, 죽지 않기가 최고선이 된 형태다. 생존주의는 세상에서 살아남는 것을 삶의 제1원칙으로 선언한다. 그러나 그것은 삶이 살아남음을 포함하는 형태가 아니다. 오히려 생존주의에서는 살아남음이 삶을 포함하며, 생명·목숨을 최고선으로 격상시키기 위해 필요하다면 삶의 나머지를 제거하는 데 주저하지 않는다. 생존주의는 인간이 자신을 둘러싼 환경에서 진화를 거듭하며 살아가는 동물임을 자각하고 거기에 필사적으로 적응하기 위해 머리를 굴리는 인간 동물의 이데올로기다. 이러한 이데올로기의 세계는 '정신적 동물의 왕국'(헤겔)이며, 속물snob은 그 왕국의 신민이다. 그러니 생존주의는 궁극적으로 자본과 같은 수단을 통해 웰빙을 꿈꾸고 추종한다. 생존주의는 목숨을 삶의 위치로 끌어올린다. 생존주의는 웰빙의 거울에 자신을 비추자마자 일그러지는 거울 이미지다.

　　그럼 생존주의에 대한 대립물의 일치로 살아 있지도 죽어 있지도 않다고 하는 언데드undead, 생중사로 설정한 이유는 무엇일까. 언데드의 대표적인 대중문화 형상인 좀비를 상상해보면 분명해진다. '그것'은 이미 죽었지만 어떻게든 부활한 존재다. 부활했지만 살아 있지는 않다. 좀비는 이미 죽었지만, 죽었다고 규정하기 어려운 존재(비-삶)다. 그러나 좀비는 자신의 유일한 이데올로기라고 할 만한 삶 본능만이 끈질기고도 필사적으로 존속하고 있는 산송장으로, 안락사의 대상과 무척이나 잘 어울린다. 그런데 이데올로기 수준에서 보면 생존주의와 언데드는 극極에서도 통한다. 수많은 좀비 영화는 이를 잘 구현하지 않는가. 좀비 영화에서 '삶'은 좀비가 아직은-아닌-자의 '생존'으로 나타난다. 마찬가지로 '좀비'는 이미-죽은-자의 '생존'이라는 역설을 육화한 존재다.

물론 자율적이고 의지주의적인 생존주의에 비해 언데드는 좀비를 상상해보더라도 타율적이며 비의지적으로 보인다. 그러나 좀비 영화가 그렇듯 '생존'이라는 본능의 명령 속에서 움직인다는 데서 결국 생존자와 좀비 모두는 같은 존재다. 생존주의와 언데드 모두 자본과 스펙 쌓기의 여력이 있든 없든 '무조건 살아남기'라는 지상명령에 응한다는 데서 타율적이다. 언데드는 가면을 쓰고 치열하게 살 수밖에 없는 생존주의가 마비된, 물화된 얼굴이다. 공식화하면 다음과 같다.

생존주의 = 삶 $\in$ 비-죽음, 언데드 = 죽음 $\in$ 비-삶

삶과 죽음, 비-삶과 비-죽음이라는 네 가지의 대립과 모순의 의미소를 통해 오늘날 삶과 죽음을 둘러싼 이데올로기적 의미소를 최종적으로 정리해보자.

웰빙=삶$\ni$비-죽음	안락사=죽음$\ni$비-삶
생존주의=삶$\in$비-죽음	언데드=죽음$\in$비-삶

그리하여 삶과 죽음을 관장하는 주권권력은 '호모 사케르'라는, 살아 있는 것도 죽어 있는 것도 아닌, 주체에 대한 독특한 위상학적 개념이자 형상을 호명해낸다. 〈지구를 지켜라!〉에는 강만식과 병구의 관계가 호명하는 권력과 호명되는 신민/주체subject임을 보여주는 매우 상징적인 장면이 등장한다. 영화 초반에서 강만식은 병구를 기억해내고 묻는다. "네가 누군지 알아. 내가 너 같은 놈들 잊어버릴 것 같아? 너 그때 나한테 계란 던진 그 놈이지? 이름이 이병구였던가? 강릉 공장에서 일했었고. 맞지?" 강만식의

'물음'은 답을 기다리는 물음이 아니다. 그것은 먹잇감이 된 노예, 자기 자신을 접시에 담아 들고 오라는 주인의 명령이다. 강만식의 마지막 말("맞지?")에 병구는 등에 비수가 꽂힌 양 온몸이 얼어붙어 옴짝달싹 못한다. 강만식이 결박된 처지인데도 불구하고. 그런데 이것이야말로 호명이론에서 주체를 주체로 정립하는 권력의 성공적인 수행효과이지 않은가. 카메라의 초점은 병구가 호명되는 순간에 강만식(호명하는 자)에서 병구(호명되는 자)로 옮겨가면서 주인/노예, 권력/주체, 비가시성/가시성, 맹점/시선의 위상을 효과적으로 대비對比하고 있다.

호명하는 주권권력과 호명되는 호모 사케르라는 권력/주체의 위상학 덕분에 우리는 우리 시대의 삶과 죽음이 위치하는 이데올로기적 좌표를 다소나마 조망할 수 있게 되었다. 그런데 이러한 이데올로기적 좌표는 혹시 엔트로피의 고립계를 숨 막히도록 강화하는 역할을 조장하는 것이 아닐까. 이러한 도식은 어떤 식으로든 주체가 도무지 거기에 희망적으로 개입할 수 없음을 처음부터 용인하고 마는, 사방이 벽돌로 꽉 들어찬 구조의 감옥은 아닐까.

아마도 지금까지 우리는 모든 사물이 필연적이고도 절망적으로 몰락을 향해 가고 있다는 엔트로피의 서사와 담론에 매혹되어왔는지도 모르겠나. 물론 점증하고 있는 재난의 싱상력은 문학비평의 담론과 서사의 영역에서 유통되고 있는 것만은 아니다. 이전부터 미디어와 영화와 같은 대중문화 영역은 재난의 상상력을 문화 상품으로 취급해왔으며, 따라서 재난의 상상력은 본래 문화 산업 특유의 전매특허라고 할 만했다. 엔첸스베르거의 시집『타이타닉의 침몰Der Untergang der Titanic』(1978)은 바로 이렇게 유행하는 재난의 상상력을 한껏 풍자한다.

세계의 종말을 그리려면
어떻게 시작해야 되지?
솟구치는 불길,
도망쳐버린 섬들, 번갯불, 기이하게

〈지구를 지켜라!〉에서 '호명하는 권력' 강만식과 '호명되는 신민' 병구.

서서히 무너져 내리는 성벽들, 흉벽들, 첨탑들.
그것은 기술적인 문제다, 구성상의 문제다.
온 세계를 다 파멸시키는 일은 엄청난 작업이다.[5]

한 젊은 화가가 세계의 종말을 그려달라는 수도원의 주문을 받고 온갖 상상력을 짜낸다. 화가는 모든 것을 파괴하기로 맘먹는다. 물론 파괴는 화가의 세계관의 문제가 아니라 테크닉의 문제. 이어서 그림의 색깔은 그림자들로 채워지며, 자주색과 회색 등 묵시록의 네 기사와 그들이 탄 말의 색깔 비슷한 것이 선택되고, 그렇게 악마와 기사, 학살과 죽음으로 캔버스가 가득 채워진다. "모든 것이/말하자면 갈기갈기 찢고, 찢겨져야 한다./단지 캔버스만 제외하고."[6] 이 구절은 묵시록에서 환기되는 키치Kitsch가 된 숭고에 대한 비판처럼 읽힌다. 엔첸스베르거가 계속 읊고 있는 것처럼, 묵시록이 증가하더라도 그것 때문에 "아무도 피 흘리지 않고, 아무도 살이 갈기갈기 찢기지 않는다./그것은 점점 더 많아져 가는 것일 뿐"이다.[7]

얼마 전에도 그러했던 것처럼 하늘에서 떨어져 죽는 수백 마리의 새와 강과 호수에서 떼로 죽어간 물고기들에 대해 기사화하면서 「요한계시록」을 인용하는 미디어들의 보도는 실제로는 이전부터 늘 있어왔던 것이며, 또 갈수록 점증하는 것이기도 하다.[8] 그런데 '재난의 상상력'이나 묵시록적 분위기에 대한 엔첸스베르거식의 풍자를 십분 인정한다고 하더라도 최근에 이러한 엔트로피 서사와 담론이 문화 산업을 넘어 종교와 문화 같

5 한스 마그누스 엔첸스베르거, 「묵시록. 옴브리아풍, 1490년경」, 『타이타닉의 침몰』, 두행숙 옮김, 나남, 2007, 23쪽.

6 한스 마그누스 엔첸스베르거, 「묵시록. 옴브리아풍, 1490년경」, 『타이타닉의 침몰』, 23쪽.

7 한스 마그누스 엔첸스베르거, 「그것은 대량학살 같지는 않다」, 『타이타닉의 침몰』, 106쪽.

8 대표적으로는 「요한계시록 '지구 종말'의 현실화?」, 『한겨레』, 2011년 1월 5일; 「동물 떼죽음」, 『한국일보』, 2011년 1월 9일.

은 이데올로기적 상부구조를 형성할 정도로 부쩍 급성장했다는 생각이 들 때가 종종 있다.

재난의 상상력의 파급은 국내외적으로 동시 다발적인데, 이것은 마치 월스트리트발發 금융 위기가 세계 곳곳에 끼친 여파와 구조적으로 상동이라는 데서 특별히 주목을 요한다. 서브프라임 모기지 사태로 드러나게 된 2007~2008년도의 전 세계적인 금융 위기를 통해 많은 사람들은 신자유주의를 근간으로 하는 자본주의적 천년왕국의 유토피아가 악몽의 디스토피아로 바뀌는 위기와 전도의 순간을 목도했다. 그리고 저금리의 신용담보 대출을 통해 내 집 마련의 꿈을 키워왔던 중산층의 행복에 대한 수많은 사람의 백일몽은 완전히 산산조각 나기에 이르렀다. 곧이어 자본주의를 옹호하든 반대하든 간에 '자본주의의 종말'에 대한 담론들도 우후죽순 격으로 나타났지만, 이내 사태는 정상으로 회복된 것처럼 호도되고 있는 분위기이며, 위기에 대한 감각은 다시 사태의 재정상화에 따른 마취와 무감각으로 뒤바뀌고 있는 중이다. 그럼에도 임박한 파국에 대한 느낌은 좀처럼 가시지 않고 있으며, 자본주의의 위기와 그 구조에 민감한 일부 급진적 지식인들은 '신자유주의적 자본주의' 이후에 대한 대안적 사유를 모색하고 있는데, 흥미로운 것은 그러한 사유의 담론이나 서사의 지배적 정조 또한 대단히 묵시록적이라는 것이다.

재난의 상상력은 문화적 상부구조 중에서 대중문화와 하위문화의 서사적 전유물이었으나 최근에는 철학자들의 고급 담론에도 출몰하고 있을 정도다. 그 중요한 예로『종말을 살아가기Living in the End Times』(2010)라는 제목의 슬라보예 지젝의 최근 저작은 갈수록 고조되는 환경 위기의 징후들, 유전자혁명의 결과들, 지적 재산권과 식량이나 음식과 같은 원자재를 둘러싼 투쟁들, 사회적 분할과 배제의 폭발적인 증가들 등 '묵시록의 네 기사four riders of the apocalypse'라는 증상들을 통해 이제 "전 지구적 자본주의가 묵시록의 영도零度에 접근하고" 있음을 진단하기에 이른다.[9]『종말을 살아가기』에서 흥미로운 점은 지젝의 묵시록 담론조차도 특정한 서사의 형태와 공식을 암묵적으로 충실히 따르고 있다는 것이다.

우리는 도래하는 묵시록을 취급하는 사회적 의식의 시도들이 추구
하는 다섯 가지 형태를 식별할 수 있다. 최초의 반응은 이데올로기적
부인이다. 어떠한 근본적인 혼란도 없다. 두 번째는 새로운 세계 질
서에 내재한 부정의에 대한 분노의 폭발로 예시된다. 세 번째는 흥정
하려는 시도들을 포함한다("만일 우리가 여기저기서 사태를 변화시
킨다면, 삶은 이전처럼 굴러갈 수 있으리라"). 흥정이 실패할 때, 우
울과 철회가 들어앉는다. 끝으로, 이 영점을 통과한 후에 주체는 더
이상 상황을 위협이 아닌 새로운 시작의 기회로 지각한다. 또는 마오
쩌둥을 인용하면, "천하가 큰 혼란에 있으니 상황이 더할 나위 없이
좋도다."[10]

'세계의 끝'에 대한 최초의 지각은 '이럴 리는 없다'는 부인denial의 형태로 나
타나지만 이후로는 분노angry → 흥정bargaining → 우울depression → 시작begin-
ning의 서사 공식을 차례로 뒤따르는 것이다. 그런데 이러한 프로세스는 늘
예상치 못한 방법으로 위기와 파국을 재작동과 회복으로 뒤바꾸는, 상상
하기조차 힘든 복잡한 줄거리와 플롯을 추정해볼 수 있을 자본주의의 현
란한 서사에 대응하기엔 다소 단순화된 서사적 도식은 아닐까.
　　그와는 다르게 자본주의의 구조적 문제에서 파생하는 각양각색의
묵시록적 담론이라면 지젝의 그것에 비해 결코 뒤지지 않을 마르크스주
의 역사학자 마이크 데이비스Mike Davis는 『조류독감The Monster at Our Door: The
Global Threat of Avian Flu』(2005)에서 1997년도에 홍콩에서 처음으로 발생한
조류인플루엔자H5N1의 전염 속도와 그 유전적 변이가 예측할 수 없을 정
도로 변화무쌍하여 "마치 포스트모던 소설처럼 단일한 이야기 구조를 갖
지 않고 오히려 전혀 다른 줄거리들이 중첩되어 잔혹한 결론이 도출"된다

9　　Slavoj Žižek, "Introduction", *Living in the End Times*, p. xv.
10　　Slavoj Žižek, "Introduction", *Living in the End Times*, pp. xi‑xii.

고 말한다.[11] 유전자 변이와 전염을 소설의 플롯에 비유하는 대목이 흥미롭다. 데이비스에 따르면, 국지적인 영역에서 일어난 조류독감이 예측할 수 없는 불가사의한 경로를 통해 전 세계로 퍼져나가는 사태는 확실히 전 지구적 자본주의가 가져다준 세계화의 증상이다.

데이비스의 묵시록 담론 또는 서사에서 흥미로운 것은 자본주의적 착취와 고공행진을 통해 조류 인플루엔자와 같은 전염병의 유전적 돌연변이와 대변이가 불가피하다는 결론뿐 아니라, 그것이 너무도 극단적이기 때문에 조류인플루엔자가 RNA 유전의 결과가 아닌 "외계에서 온 존재"[12]라고 불가피하게 가정하기에 이르는 일종의 '통속적인' 과학소설의 발상법이다. 이미 서사의 플롯에 기대어 조류인플루엔자의 극단적 감염과 변이를 아날로지로 설명할 뿐만 아니라, 『조류독감』이라는 책 전체가 어떤 서사적 플롯을 상정하고 있다.

그리 적극적으로 수용하는 편은 아니지만, 데이비스는 "인플루엔자가 혜성의 꼬리에 산재한 우주 먼지 입자에 편승해 간헐적으로 지구에 도달한다는"[13] 일부 인플루엔자 연구학자들의 견해를 예로 들 뿐만 아니라, 책의 결론에 이르러서는 이렇게까지 말하기도 하는데, 이쯤 되면 이것을 과학소설, 묵시록 서사라고 말하지 않기란 꽤 힘들다. "우리는 H5N1의 피할 수 없는 도래를 기다리고 있는 상황이다. 연못에서 헤엄치는 오리와 이웃집 고양이를 불안하게 바라보면서 말이다. 따라서 사라져가는 습지와 공장에서 생산되는 닭과 심각한 빈곤이 우리가 소중히 여기는 존재의 안전과 얼마나 깊이 연관되어 있는지 깊이 생각해볼 필요가 있다. 대프니 듀 모리에Daphne Du Maurier는 고전 공포 소설 『새The Birds』(1952)에서 전면전과 핵의 공포로 혼란스러웠던 세계를 새들의 묵시록으로 형상화했다. H5N1은 지구라는 행성의 상태에 대해 우리에게 무슨 말을 하려는 것일까?"[14] 마지막 문장에는 안에 있으면서도 바깥을 취하는 역설적인 외계의 시점이 도입되어 있으며, 이제 이야기의 바통은 인간에서 H5N1 쪽으로 넘겨주는 것처럼 보인다.

여기서 『조류독감』은 끝을 맺지만, 우리는 H5N1이라는 사물이 스

스로 말하기 시작하는 것 같은, 메리 셸리Mary Shelley의 『프랑켄슈타인Fran-
kenstein: Or, The Modern Prometheus』(1818)에서 직접 발화자가 된 괴물의 섬뜩한
고백이나 소설『새』를 영화화한 히치콕Alfred Hitchcock의 영화 〈새〉의 유명한
한 장면처럼 하늘에서 지상의 불길을 내려다보는 새들의 불길하고도 사악
한 응시를 상상할 수 있겠다(120쪽 그림 참조). 게다가 데이비스는 슬럼의
확산이나 지구 온난화에 대한 글들에서도 종종 그렇게 하듯이, 통계수학
의 외삽법을 적극 이용해 도래할 사태에 대한 수치를 연산해내는데, 외삽
이야말로 유추analogy와 함께 현재에서 가까운 미래를 상상적, 논리적으로
연역하거나 귀납하는 과학소설 특유의 가정법as if이다.

우리가 마이크 데이비스나 슬라보예 지젝의 묵시록 담론[15]에 내재한
서사적 양태를 문제 삼으면서 이 지식인들이 있지도 않고 일어날 법하지
도 않은 재난을 지나치게 호도하고 호들갑 떤다는 식으로 냉소 섞어 말하
는 것은 아니다. 그렇지만 정말 그들이 사회학적 과학소설이나 철학의 묵
시록을 쓰면서 현실의 재난을 지나치게 상상적으로 확대하거나 축소하려
는 것은 아닐까. 어떤 견디기 힘든 내적인 결여가 그들로 하여금 외부 상
황을 파국으로 몰아가도록 이끄는 것일까.[16] 대재난이나 파국 등의 예측할
수 없는 카오스를 어떤 식으로든 문명화하고 길들이는 서사적 양식으로

11   마이크 데이비스, 『조류독감―전염병의 사회적 생산』, 정병선 옮김, 돌베개, 2008,
     80쪽. 지나가는 김에 언급하면, 편혜영의 소설집『아오이가든』, 문학과지성사, 2005에
     실린 표제작 '아오이가든'은 홍콩의 한 아파트 이름인 '아모이가든'에서 유래했다.
     '아모이가든'은 이른바 1997년에 시작된 홍콩 조류독감의 진원지였다.
12   마이크 데이비스, 『조류독감―전염병의 사회적 생산』, 24쪽.
13   마이크 데이비스, 『조류독감―전염병의 사회적 생산』, 24쪽.
14   마이크 데이비스, 『조류독감―전염병의 사회적 생산』, 220쪽.
15   여기에 '유동하는 모더니티liquid modernity'의 여러 양상에 대한 암울한 통찰을 담고
     있는 지그문트 바우만Zygmunt Bauman, 민주주의의 전체주의화 프로젝트를 부정신학의
     계보학으로 조명하는 조르조 아감벤, 그리고 최근에 '부활한 쇼펜하우어'로 모더니티의
     유토피아 기획이 가져온 파국을 폭로하는 존 그레이 등의 사회학자, 철학자,
     지성사학자를 포함시킬 수 있을 것이다.

도시의 재난을 응시하는 새들. 알프레드 히치콕 감독의 〈새The Birds〉(1963)의 한 장면.

묵시록이나 재난 서사의 발상은 불가피하다는 것을 역설하는 것일까.

묵시록은 "끊임없이 약화되지만 결코 그 권위를 잃지 않은 예언 모델, 그러니까 끊임없이 연기되는 종말의 모델을 제공한다."[17] 간단히 말해 묵시록은 핵전쟁이나 핼리 혜성의 충돌처럼 일격—擊으로 존재하는 것이 아니라, 지금까지 늘 있어왔던 것이다. 노스럽 프라이의 『비평의 해부 *Anatomy of Criticism*』(1957)를 참조하면, 묵시록은 사물의 조락凋落을 재현하는 가을의 뮈토스, 아이러니와 풍자에 가깝다. 이 아이러니를 조금 더 들여다 보자.

임마누엘 칸트식으로 말해보면, 묵시록은 실제적 파국, 즉 모든 시간의 끝인 종말이라는 예지계noumenon와 그에 대한 전조로서의 파국의 감성계phenomenon라는 불가능한, 역설적인 서사의 결합물이다. 이미 칸트가 오래전에 「만물의 종말*Das Ende aller Dinge*」(1794)에서 말한 것처럼, 감성계와 감성계 끝나는 곳에서 존재하는 예지계가 동일한 시간 계열 속에 존재하는 것은 자기모순이다. 이렇게 볼 때 종말은 늘 유예되며, 바로 그런 방식으로 종말은 표상들 속에서 재현된다. 그리하여 "임박한 종말은 이제 내재하는 종말이 된 것이다. 그때부터 묵시록은 그 비유적 표현 수단들의 핵심을 말세—공포 · 퇴폐 · 혁신의 시기—로 이동시킴으로써 위기의 신화가 된다."[18] 여기서 '신화'라는 것은 레비스트로스 또는 칸트적인 의미에서 묵시

---

16 앞에서 언급한 철학적 묵시록(『종말을 살아가기*Living in the End Times*』, 2010)을 쓴 지젝 자신이 이러한 독해를 내놓은 바가 있다는 것은 흥미롭다. 슬라보예 지젝, 『죽은 신을 위하여』, 김정아 옮김, 길, 2007, 248~251쪽. "20세기의 지식인들은 실제 상황이 어떻든 간에 반드시 모든 상황을 '파국적'이라고 비판해야 했다." "나는 이러한 [하이데거에서 아감벤에 이르는 급진적 지식인들이 모든 상황을 파국으로 몰아가는, 이른바 존재론적 파국 담론에 참여하는—인용자] 신드롬에 대한 급진적인 독해를 제안하려 한다. 즉 이들 불행한 지식인은 자기가 기본적으로 행복하고 안전하고 안락한 삶을 살고 있다는 사실을 견딜 수 없었으며, 자신의 고차원적 사명을 정당화하기 위해서는 근본적 파국의 시나리오를 구상하지 않을 수 없었다."

17 폴 리쾨르, 『시간과 이야기 2—허구 이야기에서의 형상화』, 김한식 · 이경래 옮김, 문학과지성사, 2000, 55쪽.

록의 역사성이 아니라 그러한 묵시록 자체가 역사를 통해 출몰하며 반복
되어오고 재생되는 구조, 즉 통시성diachronicity에 덧씌워진 공시성synchronicity
을 뜻한다.

칸트는 '왜 사람들은 도대체 세계의 끝을 기대하는가?'라는 물음에
두 가지 유효한 근거를 제시한다. 첫째는 역사의 합목적성과 같은 일종의
합리성의 모델에 따른 것이며, 둘째는 도덕적 견해에 근거한 것이다. 먼저
세계는 그 존재의 궁극적 목적에 부합해야 하는 것으로, 창조된 세계가 아
무런 근거와 합리적 목적 없이 마치 "연극"과도 같이 공연되고 만다면, 그
세계의 궁극적 의의란 없다는 것이다. 그리고 둘째는 인류의 부패한 본성
에 대한 관념에서 유래하는 것으로, 종말, 특히 무시무시한 종말을 고대하
고 준비한다는 것은 실제로는 "최고의 지혜와 정의"에 알맞은 유일한 방책
이라는 것이다.[19]

칸트의 말을 현대 서사 이론의 형식과 그 안에 내포된 이데올로기적
내용에 맞게 다시 써본다면, 서사는 엔트로피의 혼돈으로 접어드는 역사
에 일정한 질서, 즉 내러티브를 부여하는 작업이 된다. 그리고 묵시록 서사
의 시공간적 표상인 '세계의 끝'은 세계의 끝에 대한 무시무시한 표상뿐만
아니라, 그러한 표상과 완전히 단절하는 유토피아적 시작을 마련하는 전
조가 된다. 흥미롭게도 칸트는 감성계와 예지계의 이원론으로 논의를 시
작하지만, 그것이 드물게 합쳐지는 특이한 순간에 대해서 부지불식간에
말한다. 칸트는 종말, 즉 모든 시간이 정지되는 순간은 상상력에 반하는
것, 즉 상상할 수도 없는 예지계에 들어선 것이라고 말하지만, 그 예지계에
대한 불가능한 표상(재현)을 이렇게 유사-엔트로피의 상태로 제시하기도
한다. "그때는 물론 자연 전체가 딱딱하게 되고 화석화될 것이다. 그때 최
후의 생각과 마지막 감정은 사유하는 주관 안에 정지하여 변화 없이 항상
동일한 상태로 머물게 될 것이다."[20] 참으로 묵시록적이지 않은가. 아마도
이것이야말로 칸트 자신의 철학에서 종종 환기되는 것보다 더 암울한 세
계의 종말이었을지도 모른다.

우울한 철학적 명상이 이쯤에 이르게 되면 우리가 할 수 있는 일이란

집 밖으로 나가지 않고 침대에 누워 꼼짝없이 종말을 기다리는 것 이외엔 달리 없어 보인다. 그도 아니면 박민규의 우주판타지 『핑퐁』(2006)의 왕따 주인공인 '못'과 '모아이'처럼 우주 탁구를 치는 동안 핼리 혜성 님이 오셔서 어서 지구와 충돌하기를 기도하고 하염없이 기다리는 것이리라. "넌 왜 핼리를 기다리냐?" "그래도 최소한 학교 같은 건 없어지지 않을까요?"[21] 학교를 없애려고 핼리 혜성을 기다린다고?!

핼리 혜성을 기다리며

그런데 정말 핼리 혜성을 기다리는 모임이 있고, 그 모임 안에 인간에 대한 지독한 염오와 환멸 끝에 자신을 화성인이라고 믿고 있는 인간도 있다. 진화의 우연한 산물에 불과한 인간은 자신이 만든 세계와 함께 오래지 않아 절멸할 것이지만, 그것은 가이아Gaia의 관점에서는 생태계의 자기조절에 지나지 않으니 특별히 절망할 것 없다고 위로하는 인간이 있다. 수많은 재앙을 만들어낸 종교적 미신을 박멸한 근대의 계몽주의는 이번에는 그 자신이 미신이 되어 전보다 끔찍한 대재난과 파국을 가져왔다고 낙망해하는 인간이 있다. 계몽주의의 일환인 유토피아의 집단적 기획과 실천은 좌파나 우파를 막론하고 다른 인간들과 다른 종에게 지구적인 수준의 비참함만 가중시켰을 뿐이라고 탄식하는 인간이 있다. 급기야 인간종이란 아마도 지구 최후의 주인이 될 박테리아와 같은 미생물만도 못하다고 자조하는 인간이 있다. 『도덕경』의 한 구절이 냉정히 말하는 것처럼, 인간은 그저 소용이 다해지면 천지에 의해 '지푸라기 개[芻狗]'처럼 버려지는 존재일 뿐이

---

18   폴 리쾨르, 『시간과 이야기 2—허구 이야기에서의 형상화』, 56쪽.
19   임마누엘 칸트, 「만물의 종말」, 『칸트의 역사철학』, 이한구 옮김, 서광사, 1992, 101쪽.
20   폴 리쾨르, 『시간과 이야기 2—허구 이야기에서의 형상화』, 105쪽.
21   박민규, 『핑퐁』, 창비, 2006, 159쪽.

라는 것이다天地不仁 以萬物爲芻狗. 그리하여 인간종이란 그 어떤 의미나 목표를 추구함 없이 그저 세상을 관조하듯이 살아갈 수 있을 뿐, 다른 대안 같은 건 없다고, 그런 건 꿈꾸지도 말라고 주문하는 인간이 있다. 인간이란 마녀들의 장난기 어린 예언에 신들린 맥베스 장군처럼 자신의 두뇌에서 발생한 그릇된 신념이 만들어낸 악성 종양으로 구원을 추구하다가 파멸하는 종족일 뿐이라고 말하는 인간이 있다. 그리하여 진정한 구원은 구원을 필요로 하지 않는 것이라고 잘라 말하는 인간, 아무런 희망도 의미도 목적도 신념도 행동도 추구하지 말라고, 인간은 인간의 캐리커처에 불과하니 인간이라는 가면을 벗어던지라고 말하는 그런 인간이 있다면, 그런 인간이란 외계인이 아니라면 도대체 어떤 '인간human'일까?

『하찮은 인간, 호모 라피엔스』(2010) 그리고 『추악한 동맹―종교적 신념이 빚어낸 현대 정치의 비극』(2011)[22]처럼 땅이 꺼질 것 같은 긴 한숨을 절로 새어나오게 하는 데다가 『하찮은 인간, 호모 라피엔스』에 대해 서평을 썼던 테리 이글턴Terry Eagleton의 이죽거림을 빌리면 "침대 밖으로는 한 걸음도 나가지 않는 게 상책"[23]이라고 허무하게 속삭이는 것 같은 존 그레이의 책을 읽다 보면 한 가지 의문이 절로 생겨나는데, 이때 나는 심술궂은 말장난이라도 하고 싶어진다. 좋아요, 반휴머니즘·반인간종주의를 주장하는 존 그레이 씨, "당신은 인간이 아니라면 어떤 시점으로 말하고 있는 거요?" 도대체 이 남자 존John의 발화 지대zone는 어디일까? 그레이Gray 씨는 왜 이리도 쥐색 빛의 우울한 회의주의자gray가 되었던가? 그리하여 이름 그대로 회색 지대gray zone에 서 있는 존 그레이John Gray는 마치 자신이 더 이상 인간이 아닌 것처럼, 마치 아서 클라크의 『유년기의 끝Childhood's end』(1953)에 등장하는, 고도의 문명을 이룩한 외계 종족 '오버로드'처럼 모종의 선의를 품고 푸른 행성으로 불리는 아름다운 지구에 도착했다가 인간들이 벌이는 구제 불능의 어리석은 짓을 보고 고뇌에 빠진 외계인인 것처럼 말한다. 아마 평균 수명이 한 일만 년쯤 되는 외계인의 관점에서 본다면, 푸른 행성에서 탁월한 지능을 가졌지만 수명이 고작해야 백 년도 안 되는 인간종이 만들고 이번에는 자신들이 그 속으로 익사해버린 소용돌이 역사란 몰락의 끝없는 엔트로피 과정에 지나지 않을 것이다. 그러니 이 외계인은 처음부터 우리 인간 및 역사의 여명부터 줄곧 함께 있었던 것 같다. 이번 에는 마치 H. G. 웰스Herbert George Wells의 과학소설인 『우주전쟁The War of the Worlds』(1898)에서 호모 라피엔스homo rapiens, 약탈하는 인간인 인간종이 생겨 나기 수만 년 전부터 지구의 맨틀에 잠복해 있다가 더 이상은 이들을 두고 볼 수 없다며 어느 날, 갑자기 벌떡 일어난 화성의 삼발이 생명체처럼 말이 다. 혹시 그레이 님, 알라딘에서 검색해봤는데, 당신이 그 유명한 '화성에서 온 남자……'가 맞으십니까? 아, 동명이인이시라고요.

이력을 돌이켜보면 이 외계인 또는 화성인은 초반에 영국 대처 정부 의 싱크탱크 일원으로 신자유주의의 복음을 전파하던 광신적인 열심당원 이었다. 그러다가 그는 대처 정부의 신자유주의적 유토피아가 비로소 만 개하던 어느 절망의 새벽, 닭이 울자마자 땅을 치며 참회하는 한편으로 그 유토피아를 종내 배반했을 뿐만 아니라, 이제 모든 형태의 유토피아를 비 난해오는 역할로 그럭저럭 십여 년 이상 서구 지성계의 한 귀퉁이를 차지 해 밥 먹고 살게 된다. 자유 시장 유토피아, 나아가 공산주의를 포함하는 유토피아와 시장경제와 계획경제, 공산주의에서 자유민주주의, 민족주의 에 이르는 천년왕국운동 전반에 대한 존 그레이의 추종과 배반, 참회의 처 절한 기록은 이미 국내에 번역되었지만 주목받지 못한 채 잊히고 만 탁월 한 책으로, 원제목이 '거짓된 새벽'인 『전 지구적 자본주의의 환상False Dawn: The Delusions of Global Capitalism』(1998) 그리고 『자유주의Liberalism』(2005)[24]에도 어느 정도 나타나 있다. 그런데 이 외계인의 위치는 자신의 스승을 배신한

22   존 그레이, 『하찮은 인간, 호모 라피엔스』, 김승진 옮김, 이후, 2010. *Straw Dogs: Thoughts on Humans and Other Animals*, London, UK: Granta Books, 2002; 『추악한 동맹—종교적 신념이 빚어낸 현대 정치의 비극』, 추선영 옮김, 이후, 2011. *Black Mass: Apocalyptic Religion and the Death of Utopia*, New York: Farrar, Straus and Giroux, 2007.

23   Terry Eagleton, "Humanity and other animals", *The Guardian*, Saturday 7 September 2002.

유다와 참회를 한 베드로의 중간쯤에 있었던 것 같다. 존 그레이가 유다 및 베드로와 다른 점이 있다면 스승을 배반한 대가로 은 삼십 냥을 받지 않았으며, 자신을 참회하게 만든 반면교사를 더 이상 따르지 않았다는 것 뿐이다.

사상사적으로 존 그레이의 사유는 주로 영국의 정치·문화적 전통과 관련이 깊어 보인다. 우선 『추악한 동맹』에 언급된 사람들에 한해 말하면, 그레이는 철학적으로는 흄의 회의주의와 쇼펜하우어의 염세주의, 정치적으로는 프랑스혁명에 반대한 에드먼드 버크의 보수적 반反광신주의 더하기 카를 슈미트, 에릭 푀겔린Eric Voegelin, 레오 스트라우스로 이어지는 반자유주의, 과학적으로는 다윈의 진화론에서 제임스 러브록James Lovelock의 가이아 가설, 문학적으로는 토머스 하디Thomas Hardy의 자연주의 문학에서 제임스 G. 발라드James Graham Ballard의 반유토피아적 묵시록을 지적 자양분으로 취한다. 『추악한 동맹』은 사실 이 책을 시작하는 첫 구절 하나로도 논쟁을 자아내기에 충분하다. "근대 정치는 종교사의 한 장일 뿐이다. 지난 두 세기의 역사 대부분을 형성했던 거대한 혁명적 격변은 신념의 역사 속 사건이었다. 그 시기에 기독교가 장기간에 걸쳐 해체되면서 근대 정치 종교가 등장했다. 새천년을 시작하는 바로 지금, 우리가 살고 있는 세계에도 유토피아 기획의 잔해가 어지럽게 널려 있다. 종교의 진리를 부정하는 세속의 용어가 유토피아 기획의 뼈대를 이루고 있지만 사실 유토피아 기획은 종교적 신화를 실어 나르는 도구였다."[25] 그리고 이어지는 얘기는 일종의 유사-무한판단('정신은 뼈다')으로, 우파와 좌파, 나치즘과 스탈린주의, 트로츠키의 영구혁명론과 과거 트로츠키주의자였던 신보수주의자들의 민주주의 수출, 조지 W. 부시George Walker Bush의 기독교 근본주의와 알카에다의 이슬람 원리주의가 근본적으로 신념에 입각한 정치경제적 프로젝트라는 점에서는 조금도 다를 바 없으며, 세계는 그들의 '검은 미사Black Mass'로 인해 비참하게 몰락하고 있다는 것이다. 어느 부분에서는 무릎을 치게 만들며, 또 설득력이 있을 뿐만 아니라 예언적이기도 하다(그레이는 거의 십여 년 전인 1990년대 말에 파생금융상품의 남발에 의해 월스트리트를

중심으로 하는 가상의 신용경제가 무너질 것을 예측했다). 게다가 기독교
장로 출신의 CEO 대통령이 있는, 4대강 유토피아를 건설하려는 동북아
시아의 조그만 분단국가인 남한에도, 마찬가지로 주체사상이라는 정치종
교의 방식으로 통치되는 북한[26]에도 너무 잘 들어맞는 얘기다. 그러나 책
장을 다 덮으면 절로 나오는 한숨 때문에 그레이가 내세우는 대안, 인류의
결함을 겸손하게 시인하자는 '현실주의'에도 결국 고개를 가로저을 수밖에
없게 된다. 그만큼 『추악한 동맹』의 허무주의적 파토스는 전염력이 매우
강하다. 이 정도라면 정말 핼리 혜성이라도 와주어서 지구, 아니 최소한 인
간만이라도 멸절시키지 않으면 안 될 것 같다.

　　아무튼 인간들이 자신이 만들어놓은 것을 통제 못해 자신과 세계를
엉망진창으로 만들어놓았다면, 다시 그것을 제자리로 되돌려놓거나 통제

24　존 그레이, 『전 지구적 자본주의의 환상』, 김영진 옮김, 도서출판 창, 1999; 『자유주의』,
　　손철성 옮김, 이후, 2007; 『자유주의』, 김용직·서명구 옮김, 성신여자대학교출판부,
　　2007.

25　존 그레이, 『추악한 동맹─종교적 신념이 빚어낸 현대 정치의 비극』, 10쪽.

26　좀 다른 이야기이지만, 묵시록에서 북한은 어떤 방식으로 표상될까. 먼저 듀나의
　　「브로콜리 평원의 혈투」에서는 전 세계에서 고립무원의 처지인 북한이 지구에 침공한
　　외계인이 퍼뜨린 바이러스 전염의 엉뚱한 원인으로 지목된다. 사실상 북한은 바로
　　그 바이러스의 진원지인 셈이다. 이 소설은 '빨갱이 바이러스'라는 이데올로기적
　　전염병을 아이러니하게 비튼다. 듀나, 「브로콜리 평원의 혈투」, 『브로콜리 평원의
　　혈투』, 자음과모음, 2011. 한편 맥스 브룩스Max Brooks의 베스트셀러 좀비 묵시록인
　　『세계대전 Z World War Z』(2006)에서 '북한'이라는 기표는 듀나의 방식과 같은 어떠한
　　비틀기 없이 남한의 국가정보원에 의해 이데올로기적으로 발화될 뿐이다. 이 소설에서
　　남한 측 화자인 국가정보원 최형철은 북한 독재체제가 좀비의 창궐이라는 비상사태를
　　이용해 체제를 더욱 공고히 할 기회를 잡았거나 정반대로 좀비를 피해 땅굴에 숨어든
　　2300만의 북한 인민 전체가 좀비가 되었을지도 모른다고 말하지만, 그것은 어디까지나
　　그의 말일 뿐이다. 그의 말처럼 북한에서 무슨 일이 있었는지는 정말 아무도 모른다.
　　그러나 좀비의 습격이라는 예외상태에서도 예외인 북한에 대한 재현은 이 소설에
　　묘하게 불안한 그림자를 드리운다. 그럼 남한은 어떻게 되었을까. 물론 좀비의 습격을
　　받아 거의 대부분 파괴되었다. 다만 최형철과 같은 국가정보원이 살아남아 남한의
　　'대표격'으로 이런 말을 전해줄 뿐이다. 남한은 북한만큼 관심의 대상이 아니다. 맥스
　　브룩스, 『세계대전 Z』, 박산호 옮김, 황금가지, 2008, 317~324쪽.

하려는 생각도 위험천만이긴 마찬가지다. 인간종이 할 수 있는 것은 이제, 아무것도 없다. 그저 인류를 언인스톨uninstall할 메시아를 기다릴 수 있을 뿐. 다시 박민규의 우주판타지 『핑퐁』의 작중인물들이 고층빌딩 옥상에서 핼리 혜성을 기다리는 장면을 떠올려본다. 엉망이면 엉망인 채로 그대로 놔두고 어서 이 지구가 끝장나길 바라면서 핼리 혜성 님을 영접하자. 그러자 9볼트 건전지의 양극을 혀끝에 대고 짜릿하게 즐기는 '애애애에' 형님께서 '못'과 '모아이'에게 한 말씀 올리신다. "220볼트를 밥 먹듯 쓰면서 인류가 어쩌니 세계가 어쩌니…… 저러고 앉아서 핼리가 와서 다 쓸어야 된다는 둥 뻘짓을 해대니 난들 미치겠지요."²⁷ 이 말을 '화성에서 온 남자'인 존 그레이 님에게 잠시 되돌려드리면 어떨까 싶다.

"내 최고의 희망으로부터 태어날……"

그렇지만 여전히 우리에게는 우주 속에 흩어진 잔해 속에서 출현하는 〈지구를 지켜라!〉의 TV 한 대는 갖고 있다. 지젝도 우울의 끝에서 새로운 시작을 이야기한다. '애애애에' 형님도 사실은 도대체 살이 조금도 빠지지 않아 건전지 놀이를 하다가 체념하고 핼리 혜성을 기다리는 모임에 나타났던 것이다. 마이크 데이비스 또한 슬럼의 한복판에서 자라나는 묵시록적인 오순절과 교회의 말세론이 유랑의 삶을 살아가고 있는 제3세계 도시빈민에 대한 유일한 '눈물의 골짜기' 역할을 담당하고 있음을 놓치지 않고 있다. 그런데 이러한 시작, '마지막 다음 날'은 보통 묵시록 서사에서 예고된 것이지만, 그러한 시작을 상상하기란 쉽지 않다. 왜냐하면 예고된 '다음 날', 즉 주어진 시작을 다시 한 번 전복해야 하기 때문이다. 시작은 시작의 시작이며, 시작의 반복이고, 마침내 시작의 전복이다.

나는 이 전복의 문학적 사례로 몇 년 사이에 가장 감명 깊게 읽었던 과학소설에 대한 간략한 언급으로 글을 맺겠다. 마지 피어시의 『시간의 경계에 선 여자』(1976)는 발표된 이후 지금까지 걸작으로 평가되는 미국의 페미니즘 과학소설이다. 주인공 코니는 서른일곱 살의 멕시코계 이주 혼

혈인으로 남편과 사별하고 아이마저 빼앗긴 데다가 돈도 변변한 직장도 없는 불행한 여자다. 그녀는 오빠와 조카딸 그리고 그녀의 기둥서방의 계략으로 정신병원에 입원했으며, 의사와 간호사로부터 무자비한 실험용 생체 인간 취급을 받으며 병동에서 살아간다. 말할 것도 없이 코니는 정신병동에서 온갖 약물 투여의 실험 대상인 이른바 '호모 사케르' 취급을 당한다. 온갖 약물 투여로 감각이 마비되고 혼몽한 의식 속에서 코니는 어느 날부턴가 누군가가 자신에게 보내던 정체불명의 신호를 더욱 강하게 느낀다. 그리고 단순히 환각과 환청만은 아니었던 신호의 정체가 2137년이라는 먼 미래로부터 온 것임을 알게 된다. 이때부터 『시간의 경계에 선 여자』는 과학소설의 면모를 띠게 된다. 미래의 한 도시 '매터포이세트'에서 고도의 통신수단으로 코니에게 '접속'하며 접근한 사람은 루시엔테라는 미래인이었다. 양성인간인 루시엔테의 인도로 코니는 미래를 방문해 루시엔테와 동료들이 사는 매터포이세트가 평등한 유토피아임을 알게 된다.

그런데 루시엔테와 동료들은 하필이면 코니, 그 누구도 돌보지 않을, 세상이 완전히 등을 돌려버린 코니에게 접속을 시도했을까? 코니가 본 매터포이세트는 미래의 한쪽 면이었다. 미래의 다른 면에는 노골적인 착취와 계급 차별이 횡횡하는 전체주의 사회가 있었던 것이고, 이 둘은 전쟁 중이었다. 만일 코니가 있는 현재에서 코니를 포함해 가장 억압받고 착취당하는 사람들이 힘을 모아 부당한 권력과 투쟁하지 않는다면, 매터포이세트의 미래는 완전히 사라져버리고 마는 것이다. 매터포이세트는 저절로 올 미래가 아니라, 코니처럼 억압받는 약자들이 함께 싸워서 쟁취하지 않으면 안 되었던 미래였던 것이다. 소설에 따르면 루시엔테와 그녀의 동료들은 코니가 생전에는 한 번도 만나지 못했을, 다섯 세대 후의 후손으로 설정되어 있다. 지금 당장 일어나는 착취와 권력의 횡포와 맞서 싸우지 않고 그저 한탄하거나 체념하거나 냉소한다면, 이 끔찍하게 아름다운 소설은 다

---

27   박민규, 『핑퐁』, 163~164쪽.

가올 미래가 매터포이세트가 아닌, 그 미래를 위협하는 전체주의 사회임을 정말 심오하게 경고하고 있다.

"당신들은 정말로 위험에 처해 있나요?"
"그래요. 당신이 우릴 저버릴지도 몰라요."
"내가요? 어떻게요?"
"당신 시대의 당신 말이에요. 한 개인으로서 당신이 우릴 이해하는 데 실패할 수도 있고, 당신 자신의 인생과 시간 속에서 투쟁하는 데 실패할 수도 있겠죠. 당신 시대의 당신이 우리와 함께 투쟁하는 데 실패할지도 몰라요. 존재하기 위해서, 존재 속에 계속 남기 위해서 우리는 싸워야 하고 장차 다가올 미래를 얻어야 합니다. 우리가 당신과 접속한 이유도 그 때문이에요."[28]

이 구절은 발터 벤야민이 생애 마지막에 남긴 글의 한 대목을 연상시킨다. 또한 벤야민이 말한 과거를 미래로 바꿔 쓰면 위 인용문과 일치한다. '역사철학테제'는 이제 '미래철학테제'가 된다.

우리에게서 부러움을 일깨울 수 있을 행복은 우리가 숨 쉬었던 공기 속에 존재하고, 우리가 말을 걸 수 있었을 사람들, 우리 품에 안길 수 있었을 여인들과 함께 존재한다. 달리 말해 행복의 관념 속에는 구원의 관념이 포기할 수 없게 함께 공명하고 있다. 역사가 대상으로 삼는 과거라는 관념도 사정이 이와 마찬가지다. 과거는 그것을 구원으로 지시하는 어떤 은밀한 지침指針을 지니고 있다. 우리 스스로에게 예전 사람들을 맴돌던 바람 한 줄기가 스치고 있지 않은가? 우리가 귀를 기울여 듣는 목소리들 속에는 이제는 침묵해버린 목소리들의 메아리가 울리고 있지 않은가? 우리가 구애하는 여인들에게는 그들이 더는 알지 못했던 자매들이 있지 않을까? 만약 그렇다면 과거 세대의 사람들과 우리 사이에는 은밀한 약속이 있는 셈이다. 그렇다

면 우리는 이 지상에서 기다려졌던 사람들이다. 그렇다면 우리에게
는 우리 이전에 존재했던 모든 세대와 희미한 메시아적 힘이 함께 주
어져 있는 것이고, 과거는 이 힘을 요구하고 있는 것이다."[29]

마찬가지로 미래의 후손과 현재의 우리 사이에도 은밀한 언약이 있지 않
을까. 그리하여 과거의 사람들과 미래의 후손은 현재의 우리를 기다리는
자들이 되며, 우리는 그들과 무언의 약속을 한 자들이 된다. 이렇게 미래는
앞으로 올 시간인 동시에, 싸워서 쟁취해야 하는 현재가 되며, 또 구제해야
할 과거가 된다. 만일의 경우 실패하더라도 최선을 다해 싸운다면 우리들
이 가졌던 용기, 인내심, 서로를 위했던 마음은 우리 후손의 심장과 뇌, 손
과 발에 본능과 감각으로 전해질 것이다. 그러나 이렇게 소극적으로만 말
할 수는 없을 것이다.

　우리는 이겨야 한다. 그만큼 절박하기 때문이다. 그래야 우리의 후손
을 존재하도록 할 수 있을 테니까. 『시간의 경계에 선 여자』는 미래의 후손
이 존재하기 위해, 그 후손이 우리를 찾아올 수고를 덜도록 지금 여기서,
싸움을 시작해야 한다고 아름답게 역설하는 작품이다.

　그렇다면 이제 '묵시록 이후의 아침'을 어떻게 살까. 나는 이 글을 쓰
면서 인색할 정도로 인용을 미뤘던 소중한 문학의 사례 몇몇을 간단히 언
급하고 글을 끝낼 예정이다. 불과 토우土雨, 지진과 쓰나미 등 모든 형태의
재난이 등장하는 조하형의 『조립식 보리수나무』(2008)에는, 재난 속에서
도 끊임없이 산불과 지진과 토우를 피해 삶을 이어나가는 난민 집단인 워
킹 시티walking city가 있다. 이 가상의 도시는 "재난 속에서도 계속되는 삶,
시공간을 둘러싼 전쟁 중에도 지속되는 일상"[30]의 존엄을 표상한다. 여성

28　마지 피어시, 『시간의 경계에 선 여자 2』, 변용란 옮김, 민음사, 2010, 16쪽.

29　발터 벤야민, 「역사의 개념에 대하여」, 『역사의 개념에 대하여 외』, 최성만 옮김, 길,
　　　2008, 330~331쪽. (강조는 원문)

주인공이자 산불과 맞서는 여전사 김희영에게 산불이 지나간 자리에 묻은 고구마니까 더 맛있다고 이야기하는 검댕이투성이의 워킹 시티의 아이들은 파국 속에서도 삶을 이어나간다. 소설은 아이들이 웃는 그 찰나의 장면을 이렇게 기록한다. "산불이 지나갈 때 땅에 묻었다가 꺼낸 거라서 맛이 달라요…… 그 해맑은 웃음이 주변 공기를 잠시 환하게 만들었고, 그녀는 아주 많은 것을 떠올렸다. 연민이나 동정을 느낀 것도 아니고, 감상이나 향수에 빠진 것도 아니다. 자신에게 결여된 것, 그래서 얻고자 하는 것이, 아이의 웃음 형태로 잠깐, 출현했다가 다시, 황사와 산불 연기의 대기 속으로 사라져갔다."³¹ 마치 화염이 지나가 모든 것이 재가 되어버린 풍경 속에서 만나는 한 모금 생수와도 같은 문장들. 그리고『타이타닉의 침몰』에서 화산 폭발의 장면을 구경하려고 기웃거리는 미디어 구경꾼들을 뒤로 한 채 정원용 호스를 들고 묵묵히 화산 용암을 끄러 나가는 침착한 노인, 주원규의『망루』에서 성문당 망루에서 불에 타죽은 열심당원 윤서 대신 새로운 열심당원이 되기로 마음먹고 홀어머니가 있는 집과 세명교회를 떠나기로 결단하는 주인공 민우는 재난 속에서도 형언하기 어려운 삶의 지속성과 존엄성을 일깨우는 존재들이다.

　　『시간의 경계에 선 여자』의 마지막 부분은 희망이 얼마나 무시무시한 것인지를 침착하게 서술한다. 코니는 자신을 생체실험 대상으로 삼던 의사와 간호사 등 여섯 명에게 살충제가 든 커피로 독살하려 하며, 소설은 그중 적어도 네 명이 죽는 것으로 그려져 있다. '호모 사케르' 병구가 실패하는 곳에서 또 다른 '호모 사케르' 코니는 성공한다. 우리는 발터 벤야민의 '신의 폭력'을 신의 부재와 세상의 불의를 보여주는 징표로 해석할 수도 있지만, 코니의 저 미친 결단과 광기의 실행 또한 신의 폭력이 아니라면 신의 폭력이란 도대체 무엇일까. "나는 그들을 살해했어. 그건 그들이 폭력 성향을 갖고 있기 때문이야. 돈과 권력은 그들의 것이었고, 정신을 흐리게 하고 마음을 무디게 하는 독약도 그들의 것이었어. 삶과 죽음을 좌우하는 힘은 그들의 것이었어. 나는 그들을 죽였어. 전쟁이기 때문이야."³² 그런데 코니는 이런 식으로 자신의 삶을 끝장내버리고 마는 것일까. 이것은 결국

자폭이 아닐까. "이젠 나도 죽은 여자야. 그건 나도 알아. 하지만 나는 그들과 싸웠어. 나는 부끄럽지 않아. 나는 노력했어."[33]

그러나 우리는 '죽은 여자' 코니가 다시 태어났음을, 이전과는 다른 무엇을 시작했음을 감지했다. 그러니 우리가 해야 할 마지막 말은 후손인 우리를 존재하게 한 코니의 것으로 끝내야 마땅하지 않을까. "내 최고의 희망으로부터 태어날 당신들을 위해서, 나는 내가 벌인 전쟁을 당신들에게 바칠게요."[34]

30   조하형, 『조립식 보리수나무』, 문학과지성사, 2008, 136쪽.

31   조하형, 『조립식 보리수나무』, 136쪽.

32   마지 피어시, 『시간의 경계에 선 여자 2』, 310쪽. 강조는 원문.

33   마지 피어시, 『시간의 경계에 선 여자 2』, 310쪽.

34   마지 피어시, 『시간의 경계에 선 여자 2』, 311쪽.

묵시록의 네 기사

2부

1 사람을 먹지 않은 아이를 구할 수 있을까
듀나와 윤이형의 좀비 소설로 읽은
묵시록과 유토피아 **137**

• 1~20 137

2 세계의 끝, 끝의 서사
2000년대 한국소설에 나타난 재난의
상상력과 그 불만 **167**

• 묵시록이라는 우세종,
파국의 정서 구조 167

• '세계의 끝'의 양가성 169

• 유토피아 앞에서의 불안 176

• 재난의 자연화 180

• 숭고erhabene에서 기괴ungeheuer로 188

• 세계의 끝인가, 자본주의의 끝인가 193

• 세계의 끝에서 끝의 서사로 198

3 대지와 파국
카를 슈미트와 마르틴 하이데거를 통해
다시 읽는 문학의/과 정치 **203**

• "예, 나는 파국을 좋아합니다":
1933년 제3제국, 시인과 총통 203

• 대지와 그의 적들, 정치에 대한
슈미트와 하이데거의 탐색 206

• 카를 슈미트:
영원한 수다에서 결단의 정치로 210

• 마르틴 하이데거:
세인의 잡담에서 고독한 들음으로 214

• 자유주의와 민주주의를 절합하기 217

• 대지를 둘러싼 거인족의 전쟁 221

• 대지를 방어하는 법학과
철학의 '파르티잔' 228

• 깨어진 대지, 슈미트와 하이데거 비판:
증언testimony의 문학적 가능성 236

• 파국의 관점에서 243

4 미래에서 오는 문학
최인석 장편 소설
『나의 아름다운 귀신』과 임철규 비평집
『왜 유토피아인가』에 대하여 **253**

• 반시대적 고찰 253

• '그리운 미망'을 위한 '장송곡' 258

• '플래닛 X'에서 온 '파란 꽃' 262
  최인석의 경우
  임철규의 경우

• 유토피아가 존재한다는 증거 275

• 단절, 또는 전복의 미래 285

• 미래에서 오는 문학 291

후기 295
발표지면 300

1 사람을 먹지 않은 아이를 구할 수 있을까

— 듀나와 윤이형의 좀비 소설로 읽은 묵시록과 유토피아

'재난을 몸처럼 귀하게 여겨라貴大患若身'
/ 노자, 『도덕경』[1]

1.

"언제나 찾아올 것 같기만 하고 정작 오지는 않던 세상의 끝"[2]이 정말로 시작되는 것은 아닌가 하는 감각이 시작부터 이 글을 사로잡고 있다. 그래서 잠시, 거대 서사의 하나가 부활하고 있는 것은 아닐까 하고 또 생각해보게 된다. 그 거대 서사의 이름은 묵시록이다. 어쩌면 저럴까 싶을 정도로 파멸의 묵시록에 대한 최상의 꿈의 재료들을 그때그때마다 제공해주는 이명박 정권 아래서 산다는 일이 한편으로 삶을 기술하는 다양한 서사들에 대해 자꾸 관심을 갖도록 만든다. 광우병쇠고기 반대 촛불시위를 둘러싸고 일어났던 무수한 괴담들, 광우병의 습격이라는 호러와 테러, 그리고 공공재의 거의 모든 영역을 신자유주의적 자본의 관리감독하에 식민화하는 대규모 선진화 프로젝트를 둘러싸고 떠도는 음모론, 만일 이 모든 일들이 이대로 계속된다면 세상이 끝장날 것만 같은 파국적 묵시록 등등. 국가는 이 모든 픽션들의 진원지다. 따지고 보면, 늘 위기라는 픽션의 살포기였던 국가 역시 픽션이다. 그런데 촛불시위는 그에 참여한 시민들에게 이른바 국가가 '보인' 사건이었다. '국가'는 삶을 벌거벗게 만드는 정치경제적 폭력의

---

1   이 구절은 조하형의 장편소설 『조립식 보리수나무』, 문학과지성사, 2008 여기저기에 인용되어 있다.
2   윤이형, 「큰 늑대 파랑」, 『창작과비평』 2007년 겨울호, 320쪽. 이 단편은 윤이형 소설집 『큰 늑대 파랑』, 창비, 2011에 수록되어 있다.

집행자였던 것. 주권권력과 일반의지라는 관점에서 촛불시위는 국가가 인민의 삶과 소망을 일반의지의 형식으로 대표=재현=표상하는represent 필연적 실체라기보다는, 그런 대표=표상=재현이 우연적 허구에 지나지 않을지도 모른다는 깨달음을 준 사건이었을 것이다. 기표와 기의의 필연적 결합이라는 재현체계가 깨어지고 뒤틀어진 형태의 환상적인 기담괴담, 공포물, 묵시록적 서사의 속화된 판본이 현 정권에서 등장하는 것은 흥미로운 일이다. 이처럼 국가는 문학이라는 또 다른 픽션의 원천이다. 그러나 픽션은 허위도, 추상도, 거짓도 아니다. 픽션은 비록 존재하지 않더라도 작동한다는 데서 현실이지만, 그 현실이 우연적임을 일깨운다는 점에서 이미 금이 간 것이다. 그러나 사태의 이면은 훨씬 심각하다. 국가는 픽션이되, 단자單子의 삶을 완벽하게 질식시킬 정도에 이르는 총체적 음모의 프로젝트를 진행한다는 점에서 부재하는 총체성을 상상하도록 만드는 픽션이다. 국가는 그것을 픽션으로 인식하는 삶의 공동체를 바깥으로 내팽개치는 방식으로 포획하는 픽션이다. 또한 그 픽션은 언제 잘릴지 모르는 직장으로 출근하고 위태로운 밥상에서 밥을 먹으며 임대 주택에서 잠을 자야만 하는 비정규적인 삶에게 불안과 악몽의 꿈 재료를 제공하는 무의식이기도 하다. 국가가 무의식이라니! 매일매일 사랑하는 사람보다 '그분'이 머릿속에 미칠 듯 떠오른다면, 그건 분명 재앙이다. 삶은 총체적 관리하에 놓이게 된다. 시장 국가라는 전도사가 휘두르는 선진화라는 수사학, 조삼모사의 언어로 살아 있는 모든 것을 질식시키는 신자유주의적 천년왕국의 플롯 짜기는 앞으로도 계속될 것이다. 유효한 묵시록은 이런 직선적 플롯에 신성 모독의 테러를 감행하는 대항 서사의 형식을 갖춰야 할 것이다.

2.

반드시 문학이 아니더라도 인간과 세계의 종말을 이야기하는 묵시록의 서사와 담론이 그 어느 때보다 이토록 유혹적이었던 적이 과연 있을까 싶을 정도다. 만일 이대로 사태가 계속 진행된다면 조만간에 파국이 닥쳐올 것이라는 위기감이 박탈당한 삶의 안팎에서 증폭되고 있으며, 또 생존이 유일한 정언명령이 된 사람들을 불쾌하도록 매혹적으로 사로잡고 있다. 그러면서도 묵시록적 상상의 상당수 판본에는 정말 이러한 일련의 파국의 시나리오들이 실제로 일어나지 않을 것이라는 냉소주의도 엄연히 내재해 있다. 이 시대에 급부상하는 삶의 에토스로 한 젊은 사회학자가 진단한 스노비즘snobbism, 또는 페터 슬로터다이크Peter Sloterdijk가 '냉소적 이성zynischen vernunft'이라고 부른 탈계몽적 감수성의 구조[3]에는 오직 숨 가쁘게 달리는 현재의 영원한 연장만이 있을 뿐이며, 미래에 대한 상상력은 결정적으로 마비되어 있다. 선택해보라. 자본주의의 파멸을 상상하는 것이 쉬운지, 세계의 종말을 상상하는 것이 쉬운지를. 후자를 기꺼이 선택하는 것이 훨씬 안전하다. 종말론을 소비하고 난 후의 기묘한 안도감이, 분명, 있다. 여기서 두 종류의 파국이 있을 수 있겠다. 돌발적인 핵전쟁처럼 가까운 미래조차 상상할 수 없을 정도로 급작스럽게 모든 게 끝나버리는 단절로서의 파국과 끝없이 하늘로 쌓아올려지는 바벨탑처럼 도무지 그 끝이 보이지 않을 정도의 항구적 비상사태라는 파국. 그러나 어떤 것의 종말을 상상할 때, 종말은 희한하게도 추상화되며, 또 이미지화된다. 구체적인 현실의 목록들이 하나씩 제거되는 과정의 종말보다 단번에 세계의 종말이라고 부르는 것이 선호되며, 불타고 있는 도시와 완전히 무너져버린 건물의 잿더미로 세계의 몰락을 단조롭게 이미지화하기 일쑤다. 여기서 세계라는 기표에서 환기되는 추상성과 몰락 이미지의 반복되는 클리셰는 사실상 묵시록적 서사에서는 동궤다. 그렇다면 또 다른 픽션인 소설은 이러한 판에 박힌 세계 종말의 추상과 이미지에 대한 두제곱의 상상력을 필요로 하지 않을까.

3   김홍중,「삶의 동물/속물화와 참을 수 없는 존재의 귀여움」,『사회비평』2007년 여름호;
「스노비즘과 윤리」,『사회비평』2008년 봄호. 이 글들은 김홍중,『마음의 사회학』,
문학동네, 2010에 수록되었다. 그리고 심보선·김홍중,「87년 이후 스노비즘의 계보학」,
『문학동네』2008년 봄호도 참조할 것.

3.

한동안 역사소설인가 싶더니 최근에는 과학소설 등 장르 소설이 우세종으로 떠오르는 추세다. 과거를 새롭게 다시 쓰는 성싶더니, 이제 젊은 작가들을 중심으로 미래를 다시 쓰고 있는 것이다. 물론 그 미래는 결코 밝지 않다. 박민규, 윤이형, 듀나와 같은 각기 개성이 상이한 작가들의 과학소설과 판타지에서 엿보이는 가까운 미래의 디스토피아적 세계, 조하형의 주목할 만한 묵시록인 최근작 『조립식 보리수나무』에서처럼 거대한 산불과 토우土雨로 폐허가 된 한반도의 시뮬레이션 등이 함의하는 바는 무엇일까. 지금 왜 하필이면 미래이어야만 할까. 그 미래는 한국문학이 탐색해야 할 가능성으로 충만한 미개척의 영역으로 간주해도 괜찮은 것일까. 그런데 그 미래는 열려 있는 것일까, 닫혀 있는 것일까. 이명박 정권의 이른바 선진화 정책을 잠시 생각해보자. 그것은 미래에 대한 투기자본 성격의 주식 투자이며, 거기서 실패한 경력을 지닌 대통령 자신이 그런 미래를 적극적으로 호도한 자다. 신자유주의가 그렇듯 선진화 정책은 미래를 예측 가능한 것으로 식민화하는 자본주의 이데올로기다. 그러나 그것은 어디까지나 안정된 미래가 담보된 사람들에게만 투자와 거래가 가능한 미래이며, 그것이 불가능한 대다수 사람들에게는 지평선의 소실점처럼 무한정 멀어지는, 신기루의, 닫힌 미래다. 부동산 투기와 금융 자본의 상품 형식은 미래 노동에 대한 기대 이윤에 의존한다. 그러나 이러한 미래는 무자비한 진보주의와 기술적 진화로 인해 역사성이 소거된 미래, 전 지구화의 미래에 불과하다.[4] 그리하여 아직 태어나지 않은 사물들은 이윤을 위한 사냥감이 되고 갓난아이의 첫 울음소리는 임노동 체제에 포획되었음을 알리는 서곡이 된다. 발터 벤야민은 파시즘 아래에서는 억울하게 죽어 묻힌 사람들의 과거조차 안전하지 못하다고 말했지만, 어떻게 보면 미래에 대해서도 같은 말을 할 수 있다. 앞으로 닥칠 미래가 암담한 현재의 직선적 연장, 시장과 국가의 수사학적 전략에 의해 식민화될 미래에 지나지 않는다면 어쩔 것인가. 짐작건대, 아무래도 이러한 미래에 대한 작가들의 형상화란 전망 부재의 삶에 대한 토르소일 수도 있겠다. 그래서 젊은 작가들이 형상화하고 있는 미래가 얼마만큼 전복적인가가 앞으로의 관건일 것이다.

4.

낙진落塵의 재가 눈으로 내리고 도처에 해독을 기다리는 조락凋落의 사물과 상형문자의 언어로 가득 찬, 이 시대의 뛰어난 묵시록인 코맥 매카시의 『로드』[5]를 읽어본다. 아버지와 아들이 끝없이 이어지는 도로의 소실점으로 향하는 거리는 핵전쟁과 같은 대재앙으로 파멸당한 초원과 사막을 둘러싼 상상 속의 미국의 서부 지역일 것이다. 그러나 어떤 대목에서 그것들은 그에 상응하는 재난의 물질적 등가물인 이라크의 한 도시를 연상하게도 만든다. 왜 그럴까. 상상력은 아무리 극단적이고 미래지향적이더라도 현재의 생산양식에 종속되어 있다. 호메로스Homeros의 서사시와 소포클레스Sophocles의 비극 등에서 볼 수 있듯이, 그리스인들이 상상했던 최고의 재앙은 신분과 계급, 남녀노소를 가리지 않고 습격하여 감염시키는 역병이었다. 그리스 시대의 노예제적 생산양식에 대한 최대의 타격이었을 역병의 상상력은 그럼에도 당대의 생산양식에 엄연히 종속되어 있다. 그래서 『로드』에서 정작 가장 흥미로운 사물을 하나 꼽으라면, 그것은 코카콜라다. 소설 초반부에서 아버지와 아들이 번갈아 마시는 전 지구적 상품인 코카콜라는 반대로 이 묵시록의 세계가 글로벌한 공간에 대한 암울한 알레고리임을 암시하는 생산양식의 물질적 증거 중 하나로 읽힌다. 낙관적이든 파멸적인 것이든 상상 가능한 미래가 반드시 현재의 직선적 연장은 아니겠지만, 현재와 미래를 포괄하는 생산양식으로부터 미래가 독립해 있는 것은 아니다. 코맥 매카시의 묵시록을 포함하여 문학이 미래에 대한 예언

---

4   Fredric Jameson, "The Future as Disruption", *Archaeologies of the Future: The Desire Called Utopia and Other Science Fictions*, London & New York: Verso, 2005, p. 228.

5   코맥 매카시, 『로드』, 정영목 옮김, 문학동네, 2008.

이 아닌 이유는 그 때문이다. 이 소설에서 코카콜라는 주인공들이 다시는 마실 수 없는 선물처럼 묘사되어 있다. 잿더미에서 끄집어낸 코카콜라 캔을 한 시대의 생산양식의 종말에 대한 최후의 물질적 증거로 읽을 수는 없을까. 『로드』를 영원히 계속될 것 같았던 자본주의적 생산양식이 종말을 고하는 소망충족의 서사로 읽을 수는 없는 것일까. 다시 쓰는 창세기의 하늘, 바벨탑의 몰락과 대홍수 이후에 새롭게 열린 궁창穹蒼을 위한 서사로.

5.

우리는 다만 현재, 그것도 파국이 되어버린 현재의 연장 또는 가까운 미래를 여행하려고 한다. 최근 한국소설에서 거의 최초로 좀비들이 대거 등장하는 윤이형과 듀나의 좀비 소설이 그런 파국의 현재를 다루고 있다. 한국소설에서 좀비가 등장하는 사건에 특별한 의미를 둘 필요는 없을지도 모른다. 끝없이 중얼거리며 죽어가는 정영문 소설의 사색적 좀비, 자신이 죽었는지 살았는지 모르는 편혜영 소설의 시체들이 있었다. 이미 윤이형의 「피의일요일」(『셋을 위한 왈츠』, 2007)에서 마리오네트처럼 타인의 조종에 의해 사육당하는 삶을 살아온 게임 속 마법사 '언데드', 듀나의 과학소설 『대리전』(2006)에서 고도로 문명화된 외계인에게 정신을 강탈당하는 하층계급의 '숙주'처럼 탈주체화된 인물들도 좀비에 가까운 형상들이다. 그럼에도 왜 좀비 소설인가, 라고 묻지 않을 수 없다. 먼저, 좀비가 부활하는 시간이 그 비밀이자 해답이 될 것이다. 좀비 소설에서 시간은 현재—시간을 파열시켜 과거—현재—미래의 연속성을 절단한 시간의 틈새, 틈새의 시간에 가깝다. 좀비 소설에서 시간은 비상사태, 파국의 순간이 이미 시간 속으로 들어와 안감이 된, 그리하여 산 자가 죽은 자와 구별되지 않고 동거하는 림보limbo의 시간이다. 파국은 너무 이르게 다가와 사람들에게 애도할 시간조차 주지 않으며, 무엇을 어찌해볼 수조차 없는 마비 상태가 이 파멸의 세계를 감도는 분위기이자 지배적인 감각이 된다. 좀비들은 이런 림보의 시간에 알맞은 최상의 거주자다. 폴 리쾨르는 서구 묵시록의 전통을 고

찰하면서 시작과 끝에 대한 확신의 감각 안에 있는, 이러한 기다림의 시간
에 내재한 영원성의 특성을 천사의 시간, 에붐Aevum이라고 불렀다.[6] 여기서
중세의 천사를 탈근대의 좀비로 바꾸기만 하면 된다. 좀비는 아마겟돈 이
후의 천년왕국, 영원한 축복의 현재에 부활한 하나님의 자식들에 대한 악
마적 상관물이다. 그렇다면, 끝없이 계속되고 얼어붙는 현재를 위한 천년
왕국의 시나리오를 마련하는 자본주의 사회에서 영원히 잠들지 않는, 부
활한 육신, 불멸하는 영혼의 물질적 형상에 맞춤인 좀비를 선택하는 것은
어떨까. 아마도 고대 그리스 시대의 역병에 대응하는 후기자본주의 생산
양식의 대중문화적 산물이 좀비이지 않을까. 좀비의 출현으로 인해 인간
은 자연계에서 우연적인 존재가 되며, 파국의 관점에서 모든 사태와 원인
은 보다 분명해진다. 좀비의 출현이라는 파국적 상황은 비상사태 그 자체
에 대한 현상이라기보다는 사태의 구조적 인과성, '왜'라는 질문을 묻게 만
든다는 점에서 방법론적인 것이다.

6.

"삶의 산죽음화undeadning란 인간 삶이 무법lawlessness이 아닌, 법의 초법적
차원에 만성적으로 노출되었다는 의미다."[7] 여기서 말하는 산죽음화, 마비
상태가 바로 좀비인 것은 아니다. 오히려 그것들은 오늘날 주권권력 앞에
서 벌거벗은 삶의 한계 형상이자 최저 조건이다. 좀비는 산죽음화나 마비
상태에서 이러한 사태를 인식하거나 감각하지 않으려는 방식으로 주체화
된 형상이다. 냉소주의도 그런 마비 증상의 하나다. 그럼, 촛불시위의 주체

6 폴 리쾨르, 『시간과 이야기 2—허구 이야기에서의 형상화』, 김한식·이경래 옮김,
      문학과지성사, 2000, 56쪽; 프랭크 커머드, 『종말 의식과 인간적 시간』, 조초희 옮김,
      문학과지성사, 1993, 3장 참조.
7 Eric L. Santner, *On the Psychotheology of Everyday Life: Reflections on Freud and
      Rosenzweig*, Chicago: University of Chicago Press, 2001, p. 42.

"그들의 메시아는 언제 강림하는가"
위: 러셀 멀케이Russell Mulcahy 감독의 〈레지던트 이블 3—인류의 멸망Resident Evil—Extinction〉
(2007)의 좀비들.
아래: 1992년 10월 28일, 휴거 직전의 '다미선교회' 교인들.

들을 좀비 떼라고 야유하는 냉소주의자들은 어떤 위치에서 그런 말을 하고 있을까. 비웃으며 모든 것을 관망할 수 있다고 자만하면서 현재를 바꾸려는 어떠한 기획도 불가능하다는, 그래서 현재를 그대로 두어야 한다는 얼어붙고도 마비된 생각이 오히려 좀비의 그것이 아닌가. 오늘날 법 뒤에 숨어, 법을 구실로 야만적인 행위를 저지르는 국가는 바로 이러한 법의 초법적 차원에 위치한 주권권력이며, 주권권력의 바코드는 인민을 벌거벗은 생명으로 등록한다. 일련의 파국적인 사태에 대해서 메타 차원에 있다고 믿는 냉소주의자들과 주권권력의 집행자들은 스킬라와 카리브디스처럼 떨어져 있어도 본디 한 쌍이다. 물론 이 모든 사태를 관조적으로 응시하는 방식으로 법에 활력을 불어넣는 냉소주의자들의 킬킬거리는 입가에는 곧 그들을 경악하게 만들 피와 살점들이 고스란히 묻어날 것이다.

7.

파국의 시나리오에 앞서 뒤집혀진 방식으로 전체, 부재하는 총체성의 윤곽을 그리는 방법이 있어왔다. 음모론conspiracy theory이 그것. 음모론은 보통 자본과 국가와 같은 총체적 체제에 필사적으로 대항하려는 약자의 상상적 시나리오로 정의된다.[8] 음모 서사 기법을 활용한 듀나의 탁월한 단편인 「죽음과 세금」에서처럼,[9] 가까운 미래에 지구의 대다수 인구인 노인들을 적당한 수명에서 죽게 만드는 바이러스 개발에 세금의 상당수가 투자되고 있는 국가나 기업의 구조와도 같은 프로젝트로 밝혀지는 순간, 사건의 비밀을 풀어왔던 주인공은 죽음을 맞이한다. 그러나 음모론을 단지 체제에 대한 타락한 표현으로만 혐의를 둘 필요가 있는 것일까. 음모론은 IMF나

---

8   프레드릭 제임슨, 「인식의 지도 그리기」, 이명호 옮김, 『문예중앙』 1992년 겨울호, 301쪽.
9   듀나, 「죽음과 세금」, 『문학과사회』 2005년 봄호. 이 단편은 듀나, 『브로콜리 평원의 혈투』, 자음과모음, 2011에 수록되었다.

세계은행, 대기업과 재계, 정부의 각종 프로젝트처럼 비공개적이고도 비밀스럽게 진행되다가 어느새 그 가공할 만한 재앙의 결과를 사람들이 훨씬 나중에 깨닫게 만드는 방법이라는 점에서 엄연히 현실을 지휘하는 픽션이다. 실제로 오늘날 한국의 현실에서 일어나는 최악의 시나리오는 청와대 등 정계에서 행해지는 일련의 비공개적, 음모론적인 밀실 정책의 결과가 아니라면 무엇이란 말인가. 오히려 레닌이 그랬듯이, 지배 권력의 음모에 맞서 싸우기 위한 반#공개적이고도 은밀한, 배후의 조직이 절실히 필요한 때가 아닐까. 비밀경찰만큼이나 비밀혁명가가 늘어나야 하지 않을까. 비평가들은 종종 음모론을 현실을 낯설게 하기로서의 방법론적 의심과 모든 것을 편집증적으로 설명하는 사이비 이론으로 나누고 그 둘을 혼동하지 말아야 한다고 주문한다. 의심하되, 의심을 확신하지는 말라고. 이성적인 충고다. 그러나 실제로 그 둘은, 음모론을 확신하는 현상학적 묘사와 그것을 의심하는 구조적 방법론은 종종 겹쳐진다. 아마도 편집증적 음모론과 묵시록의 영역에서 그 누구도 따를 수 없는 대가大家로 일찍이 프로이트와 벤야민이 주목한 바 있던 『한 신경병자의 회상록』의 저자 슈레버 판사회의 의장에게 음모론적 우주론과 세계 파멸의 단계에 대한 일급의 묵시록적 분석은 그것을 즐기는 증상과 분리되기 결코 쉽지 않다. 슈레버에게 신은 평소에 자신의 신경다발과 연결되어 있는 대大신경계다. 그러나 문명이 주는 감당할 수 없는 위력으로 인해 감각, 슈레버 그 자신의 표현을 빌리면 '관능voluptuousness'이 강렬해지면 질수록, 신은 자신이 거꾸로 위협받는 것을 느끼게 된다. 신은 사악한 초자아가 되며, 파국은 그렇게 다가온다. "신과 내가 더 이상 분리될 수 없게 연결된 결과로, 주기적인 어둠의 환상이던 세계의 파멸이라는 개념이 아주 일찍부터 맹위를 떨치게 되었다. 도처에서 재앙의 소식이 들려왔다. 이런저런 별, 또는 이런저런 성좌가 '포기되어야 했으며', 심지어는 금성이 '범람하기조차 했다'. 태양계 전체가 당장 '분리'되어야만 하고, 성좌 전체인 카시오페이아는 단 하나의 태양으로 끌려들어가야만 하다니. 오직 플레이아데스 성좌만이 구원을 받을 수 있으리라."[10] 나아가 슈레버의 묵시록적 환상에서 지구는 모두 멸망한 텅 빈 행성이며, 그는 그 멸망을 지켜보는 단 한 명의 관찰자다. 이처럼 슈레버는 자신의 증상을 즐기는 병자이지만, 한편으로는 우주의 몰락에 대한 서사시적 분석가다. 그래서 세계를 절멸시키는 묵시록적 상상력은 음모론만큼이나 이율배반적이다. 묵시록은 묵시록적 상상의 주체를 제외한 세계의 전멸을 요구한다. 세계의 전멸에서 그 자신은 빠져 있어야만 묵시록은 성립한다. 묵시록은 묵시록적 상상의 주관자가 세계에 투사한 환상 구조물이다. 그러면서도 슈레버의 묵시록적 상상력이 특이한 점은 자신을 포함한 세계, 법, 아버지, 신 등 상징계의 몰락과 초자아의 부상에 구조적으로 관여한다는 데 있다. 묵시록적 상상력은 주체의 분석이자 증상이며, 분석이 곧 증상이다. 그 둘은 결코 분리 불가능하다. "재난을 몸처럼 귀하게 여겨라貴大患若身"라는 『도덕경』의 금언은 이 뜻 이외에 그 어떤 것도 아니다. 세계의 실체가 복잡해지고 갈수록 불확실해질 때 그에 대한 대항 서사로 음모 서사가 출현하며, 세계가 총체적 위협으로 육박해올 때 그에 대응하는 종말의 상상력이 작동한다. 그래서 음모론과 묵시록의 쓸모란 부재하는 총체에 대해 많은 것을 생각하도록 만든다는 데 있다. 누구보다도 이러한 상상력에서 월등한 작가인 박민규의 단편 「코리언 스탠더즈」(『카스테라』, 2005)의 황폐한 농촌에서 내장이 터진 채 가축을 죽게 하고 곡식을 병들게 만드는 것이 카메라에 찍히지도 않는, 재현 불가능한 UFO 때문임은 분명하다. 이것이 혹시 황폐한 '한국의 표준형korean standards' 농촌까지 침투해 들어간 가공할 만한 신자유주의의 자본, 총체적이고도 전지전능한 그 '외계'의 힘은 아니었을까.

10 Daniel Paul Schreber, *Memories of My Nervous Illness*, trans. Ida Macalpine & Richard A. Hunter, New York Review Books, 2000, p. 75. 다니엘 파울 슈레버, 『한 신경병자의 회상록』, 김남시 옮김, 자음과모음, 2010, 82쪽.

8.

한 남자가 꿈속에서 장례식장에 서 있다. 그 남자는 가까운 친지들의 장례식에 참석해 있다. 남자의 시선은 장례식보다도 장례식에 참석한 한 젊은 여성 쪽으로 향하고 있다. 어디선가 보았지만, 꿈을 꿀 때도 깨어나서도 도무지 기억이 나지 않는 여성이었다. 다음 날도, 그다음 날도 그는 이 꿈을 비슷하게 반복해서 꾼다. 남자는 가까운 친척들의 장례식장에서 눈물과 경건한 몸가짐으로 애도를 하는 대신, 홀린 듯 그 젊은 여성에만 눈길을 팔고 있었다는 죄책감에 사로잡히기에 이른다. 꿈속 장례식에서 죽은 친지들은 현실에서는 여전히 건강하게 살아 있었던 것이다. 프로이트의 『꿈의 해석』에 등장하는 한 남자의 장례식 꿈이다. 이 꿈과 비슷한 다른 판본에서 이번에는 남자 자신이 장례식장의 주인공이며, 앞서의 여자가 등장하고 있다. 죽은 자신을 자신이 지켜보고 있는 가운데 여자가 장례식장에 참석한 것이다. 일련의 꿈들에서 남자는 오래전에 헤어진 아름다운 첫사랑과 재회했던 것이다. 프로이트가 독해한 것처럼 여러 번 변주되는 장례식 꿈에서 중요한 것은 남자가 꿈속에서 친척들을 죽음으로 몰고 갔다는 데에 있지 않으며, 또 자신을 죽이는 데도 있지 않다. 그랬더라면 이 꿈은 한낱 사도마조히즘의 분출에 지나지 않았을 것이다. 남자는 친척들의 죽음 또는 자신의 죽음을 통해 여자를 만났던 것이다. 프로이트가 분석한 이 꿈의 진정한 핵심은 바로 남자가 장례식장이라는 무대를 빌려 오래전에 헤어진 첫사랑과의 재회라는 소망을 충족시키려는 데에 있었다.

9.

그런데 이 꿈은 곧 읽을 듀나의 「너네 아빠 어딨니?」 뿐만 아니라, 그와 아이디어나 구조 면에서 유사한, 좀비가 등장하는 묵시록을 구성하는 공식의 매트릭스이기도 하다. 장례식장, 또는 좀비들의 등장이라는 서사적 전치, 위장, '낯설게 하기'를 통해 작품은 소망충족의 형상을 드러낸다. 묵시록이 반드시 디스토피아의 세계를 그리는 것만은 아니라는 뜻이다. 그런데 "이 꿈 텍스트에서 작동하고 있는 전치의 메커니즘은 가까운 미래에 이상한 바이러스가 캘리포니아 인구 대부분을 순식간에 죽음으로 몰고 가는 이야기를 그린 영화와 유사하지 않은가. 주인공들이 모든 상품이 고스란히 남아 있는 텅 빈 쇼핑몰을 배회할 때, 이렇게 소외적인 시장 원리에 구애받지 않고 마음대로 물건을 갖게 된다는 리비도적 만족이야말로 바이러스로 인한 재난이라는 공식적인 초점에 의해 전치된 영화의 숨은 요점이 아닌가?"[11] 대니 보일 등의 좀비 영화에서 살아남은 주인공들이 가장 행복해하는 때는 바깥에서 안으로 들어오지 못하는 좀비들이 둘러싼 텅 빈 쇼핑몰 안에서 무수한 상품들을 무르익은 과일을 수확하듯 카트에 집어넣고 축제를 벌이는 순간이다. 물론 이러한 소망충족, 리비도적 만족을 얻기 위해서는 친척들의 죽음, 자신의 죽음, 더 나아가 인류의 절멸 등의 '소외'라는 대가를 지불해야 한다. 여기서 종말론적 서사는 진짜 파국에 대한 이야기라기보다는 세계 몰락 프로젝트라는 장막을 통해 위장된 소망을 충족시키려는 게임일 수도 있다. 그렇다면 세계의 종말을 상상하는 행위는 그 대립물, 신자유주의적 자본주의나 미국과 같은 제국주의적 국가 형태가 쉽사리 종말을 맞지 않을 것이라는 비관주의와 냉소주의의 편안한 결합이 전치된 결과는 아닌가 하고 생각해볼 수도 있다.

10.

과학소설뿐만 아니라 호러와 판타지를 자유자재로 넘나드는 장르 작가 듀나의 코믹한 좀비 묵시록인 「너네 아빠 어딨니?」는 서울시 인구 대부분이 좀비로 변해버린 세상에서 살아남고자 하는 자매인 두 소녀의 생존 기록이다. 독서에 대한 독자들의 기대 지평을 자유자재로 이끌고 나가는 서

11   슬라보예 지젝, 『그들은 자기가 하는 일을 모르나이다—정치적 요인으로서의 향락』, 박정수 옮김, 인간사랑, 2004, 119쪽.

술자의 활력 있는 입담이 재미를 더해주는 이 묵시록은 묵시록 특유의 암울한 파토스가 말끔하게 가셔서 자못 통쾌하게까지 느껴지는 작품이다. 과식으로 배가 부른 아빠 좀비의 둔한 동작, 눈에 은장도가 박힌 노인 좀비가 자신의 영원한 잠을 깨웠다고 소녀들을 엄하게 다그치는 대목, 신앙심 깊은 전도사가 좀비가 되고 그의 애인으로 집 나갔다가 돌아온 엄마가 좀비가 되어 쇠사슬에 묶인 채 소녀들이 던져주는 음식을 먹는 장면, 황토팩을 발라 살아남고 인간인 척하는 진화된 좀비의 형상 등은 이 작품을 더할 나위 없는 코믹물로 만드는 데 일조하고 있다. 답답하기만 한 현실원칙 위를 마음껏 비행하는 공상적 리비도는 이 소설의 활달하고 막힘없는 문체 그 자체로 흐르고 있다. 그럼 「너네 아빠 어딨니?」에서 죽은 아빠는 왜 좀비로 부활할까. 그것은 듀나의 이 좀비 소설이 무엇보다 백일몽의 판타지임을 간접적으로 설명해준다. 이 작품에서 중요한 부분은 동생 새봄이를 강간하려다가 언니 새별이에게 죽임을 당한 아빠가 좀비로 뒤바뀌는 시점이다. 곧 달동네에서 아빠의 상습적인 폭력과 만성적인 가난이라는 현실의 과부하를 순전히 연기演技로 감당해야만 하는 소녀의 곤경과 그때까지 은폐되어 있던 백일몽의 소망이 부상하여 최고조의 갈등을 빚는 때가 언제인가가 이 소설에서 가장 중요하다. 그리하여 아빠가 새봄이를 강간하려 할 때, 이를 목격한 새별이를 대변하는 서술자의 다음과 같은 진술은 현실원칙과 소망 사이에 '단락短絡, short curcuit'이 생기는 순간으로 읽을 수 있다. "뭔가 탁 하고 끊어지는 기분이었어. 지금까지 새별이를 지탱해왔던 방법론과 세계관은 순식간에 박살났어."[12] 「너네 아빠 어딨니?」는 이 대목을 전후로 현실원칙의 억압적 언어가 퇴거하고 소망충족의 리비도적 언어가 비약한다. 정확히는 소망충족의 리비도가 현실원칙에 대해 승리를 거둔다고 말할 수 있다. 소설에서 종종 그렇게 묘사되듯, 소녀들에게 쓸데없는 호기심은 많지만 정작 눈곱만치의 관심과 배려도 없는 동네 사람들이 죽은 아빠의 행방을 제발 알아채지 않았으면 하는 소녀의, 그리고 서술자의 무언의 바람이 아빠를 부활하는 시체인 좀비로 만들었다고도 할 수 있다. 그래서 「너네 아빠 어딨니?」와 같은 작품을 읽을 때, 좀비란 어떤 존재

인가라고 묻는 것보다는 좀비가 출현할 때 실제로 무슨 일이 일어나는가
를 놓치지 않는 것이 더 중요하다.

11.

비천한 인간적 속성들의 응축, 은유로서의 좀비의 형상보다는 이어질 사
건들의 연쇄적 촉발을 위해 동원된 환유로서의 좀비들의 출현이 「너네 아
빠 어딨니?」에서는 핵심적이다. 물론 사건의 연쇄인 환유의 물줄기로 합쳐
지기 전까지, 은유는 떨어지는 물방울이었다. 은유는 이내 환유에 합류하
더라도 그 환유에는 은유의 흔적이 남기 마련이다. '위험하고 쓸모없는 인
간'인 아빠에 대한 소녀의 복수가 물질화된 결과가 바로 아빠의 좀비 되기
였을 것이다. 은유적으로 볼 때, 좀비는 파렴치하며 생각 없고 배가 고플
때 동료들을 물어뜯는 이기적인 어른들, 또는 윤진 엄마처럼 허영에 가까
운 교양과 이기적 동정심을 가진 속물적인 어른들에 대한 비유형상일 수
도 있겠다. 소설이 진행될수록 어른들의 세계 전부를 "좀비 천하"[13]로 만드
는 작가의 공상은 동심원처럼 확대된다. 그렇지만 「너네 아빠 어딨니?」에
서 소망충족의 공상은 아빠와 같은 비루한 어른들에 대한 복수의 시나리
오에 머물지 않고 이를 로도스 삼아 도약을 감행한다. 공상은 상품을 마음
대로 구매할 수 있는 화폐의 힘에 대한 찬양에서 출발하지만, 마지막에는
화폐를 무력화시키는 교환시스템 그 자체에 대한 제거에 이른다. 아빠를
찾아왔다가 좀비가 된 불쌍한 남자 이장원의 미니밴을 털어 "구천삼백만
원에 이르는 돈가방"을 발견한 소녀들은 평소에는 꿈도 꾸지 못했던 "소
비의 쾌락"에 한껏 빠져든다.[14] 화폐가 가져다준 감동은 "물건들을 구매할

---

12   듀나, 「너네 아빠 어딨니?」, 『용의 이』, 북스피어, 2007, 16쪽.
13   듀나, 「너네 아빠 어딨니?」, 『용의 이』, 61쪽.
14   듀나, 「너네 아빠 어딨니?」, 『용의 이』, 35쪽.

힘"이었던 것이다.[15] 엄마가 떠난 뒤로 할인매장이나 백화점에 한 번도 가보지 못했던 소녀들에게 이보다 더 큰 쾌락도 달리 없을 것이다. 소설의 후반부 대목에 묘사된, 좀비들의 점령으로 인해 대부분의 교환시스템이 완전히 정지해버린 도심의 텅 빈 쇼핑센터를 상상해보자. 소녀들이 유일한 거주자인 쇼핑센터는 교환시스템이 완전히 중지해버린 상품과 자본의 상징물이다. 새별이는 거기서 "건물 내부를 탐사하고 설계도와 해설서를 읽고 기계 작동법을 익히고 주유소들이 어디 있는지 알아내"는 등 삶을 이어나가는 방편을 스스로 찾아낸다.[16] 꽤 근사한 생존 전술이 아닌가.

12.

그런데 서술자/소녀들의 이러한 공상은 한편으로는 화폐 교환이라는 저 주의 마술에서 궁극적으로 해방되는 순간에 상품은 풍요로운 자연의 은총으로 변환할 것이라는 '공상적 사회주의자' 샤를 푸리에Charles Fourier의 오래된 약속과도 닮아 있지 않은가. 그리하여 좀비들이 활개를 치는 황혼의 도시 한가운데에 둘러싸인 작은 성과도 같은 쇼핑센터를 유토피아의 임시 숙소로도 읽을 수 있겠다. 다음은 「너네 아빠 어딨니」의 마지막 대목이다. "발끝에 걸린 페르시아 고양이를 한 마리 주워 들고 서남향으로 창문이 나 있는 복도로 나간 새별이는 스트라빈스키의 〈풀치넬라〉 서곡을 흥얼거리면서 창틀 위에 놓인 상추 화분들과, 슬슬 아가씨 티가 나기 시작하는 그 애의 작고 파리한 얼굴이 비치는 창문과, 깨진 창문들이 하나둘씩 늘어가는 맞은편 건물들과, 몇 달 전 좀비들에게 뜯어 먹힌 특공대원들이 길게 남긴 핏자국이 아직도 아스팔트 위에 선명한 텅 빈 차도와, 슬슬 밖으로 기어나와 적당히 잡아먹을 수 있을 정도로 쇠약해진 동료들을 고르는 좀비들과, 한동안 동네 전체를 붉게 물들이다 서서히 꺼져가는 저녁노을을 바라봤어./'예뻐라'라고 그 애는 생각했어."[17] 그것도 아니라면, 이 작품에서 현실원칙을 하나씩 점령해가며 세계의 몰락을 무심히 응시하는 공상의 언어가 유토피아적 충동을 품고 있는 것은 아닐까.

13.

그러나 「너네 아빠 어딨니?」는 그저 소녀들의 이기적인 소망충족을 위해 못된 아빠에서 가난한 동네 사람들, 나아가 서울 시민 다수를 좀비로 만드는 교활한 마술을 부린 소설이 아닐까? 소녀들의 상상과 세계 몰락이라는 극단적 실재만 있을 뿐, 학교, 가족 등의 상징적 단위의 현실을 완전히 무시해버린 이 소설은 허방 짚는 공상의 산물이 아닐까. 그래서 도라지 도사가 준 부적을 몸에 지녔기 때문에 좀비들이 소녀들을 알아보지 못한다는 설정은 이른바 '기계 장치의 신deus ex machina'이 아닐까. 있을 수 있는 이런 반박에 대해 즉각 답변해보도록 하자. 먼저, 백일몽의 역할이 소망충족을 부각시키는 것보다는 그것을 좌절케 만드는 현실원칙을 폭로하는 데 있다는 관점에서 소설을 다시 읽어보도록 하자. 「너네 아빠 어딨니?」는 가난한 자들과 부자들을 가르는 도시의 경계선에 대한 이야기로 시작하는 소설이다. 새별이가 다니는 삼× 초등학교를 중심으로 고급 아파트 단지와 백화점이 북쪽에 있고 폐품 처리장, 주공 아파트 단지, 섬유 공장 등이 남쪽에 있으니, "삼× 초등학교는 남쪽의 지저분한 풍경을 가려주고 길까지 차단해주는 완벽한 병풍",[18] 곧 계급 분할의 상징인 셈이다. 새별이 자매는 재개발 건축 예정지로 늘 시끄럽기만 한 남쪽의 달동네에서 "냄새 나고 불쾌하고 종종 굉장히 위험한 자연 현상"[19]인 아빠와 살면서 일찍부터 생존법을 터득한 소녀들이다. 게다가 전형적인 교양 속물로 음악에 대해 제법 잘 아는 새별을 영리한 원숭이 취급하는 윤진 엄마 등 이 소설에서 소녀들을 둘러싼 현실은 소녀들을 감싸주고 보살피는 등의 역할을 스스로 포기했다. 좀비의 등장이라는 공상은 이 모든 계급적 분할선, 지독한 가난과 아빠의

15　　듀나, 「너네 아빠 어딨니?」, 『용의 이』, 35쪽.
16　　듀나, 「너네 아빠 어딨니?」, 『용의 이』, 61~62쪽.
17　　듀나, 「너네 아빠 어딨니?」, 『용의 이』, 63쪽.
18　　듀나, 「너네 아빠 어딨니?」, 『용의 이』, 9쪽.
19　　듀나, 「너네 아빠 어딨니?」, 『용의 이』, 12쪽.

폭력, 이기적인 부모들, 교환 원리에 갇힌 상품 시장을 공중에 들어 올렸다가 내리쳐버리는 데 있다. 소녀들을 지켜주는 부적은 세상으로부터 소녀들을 지켜줄 수 있는 것이 거의 없다시피 한 이 소설의 엄혹한 현실원칙에 비추어보면 당연한 설정이지 않을까 싶다.

14.

진정한 파국은 시작의 끝이 아니라, 끝의 시작이다. 진정한 종말은 종말의 종말이며, 종말의 시간은 소설에서 서사의 종결로 일단락되더라도 서사 밖 어디선가에서 계속 진행되는 듯한 개운치 않은 느낌의 지속이다. 밝으면서도 어둡고 끝도 시작도 아닌 이 이상한 현재는 윤이형의 「큰 늑대 파랑」의 한 구절을 다시 반복하면, '언제나 찾아올 것 같기만 하고 정작 오지는 않던 세상의 끝'이 개시된 시간이다. "땅과 하늘 모두가 천천히 죽음에 먹히"는[20] 파멸의 순간이 실제로 일어나고, 그리하여 파국은 마치 언젠가부터 예고된 일처럼 보인다. 그러나 '왜 이런 일들이 일어나고 만 것일까'라는 의구심 속에서 과거는 더 이상 완료형이 아니라, 가능성의 자유와 결정론이라는 시계추를 왕복 운동한다. 끝이 시작되었다는 의미는 어찌해볼 수 없이 모든 것을 돌이킬 수 없도록 만든 절망적인 파국이 시작됐다는 뜻일 뿐만 아니라, 아니 오히려 그보다도, 닫힌 과거를 가능성의 상태로 열어젖힌 채 점검하고 해부할 수 있는 기회의 시간을 맞이했다는 의미이기도 하다. 좀비의 출현이라는 돌발 상황으로 인해 지금의 파국은 언제든 가능했던 것, 그럴 수도 있었던 현실이 되기 시작한다. 「큰 늑대 파랑」에서 과거로 묘사되는 1996년 3월의 어느 날에 벌어진 시위, 경찰의 과잉 진압이 원인이었던 한 대학생(노수석)의 죽음, 네 젊은이들의 결심과 다짐 등 일련의 사건들은 십 년 후에 벌어질 파국의 미래에 대한 소급적 원인이 아니라, 파국의 미래가 될 수도, 그렇지 않을 수도 있었던 여러 가능태 중 하나다. 좀비들이 출현하는 이 이상한 시간에 구원은 저주와 함께 등장하며, 과거는 완료 시제가 아니라, 미래로 열린 가능성이 된다.

15.
___

윤이형의 「큰 늑대 파랑」은 표면적으로 보면 대니 보일의 좀비 영화 〈28일 후〉에서처럼 가까운 미래에 바이러스에 감염된 좀비들이 마구 뛰어다니고 생존자들을 물어뜯어 좀비로 변신시키는 좀비 영화의 최신 스타일과 이제 막 삼십대가 된 한 세대 젊은이들의 이상과 현실의 어긋남이라는 내용, 가상 현실과 실제 현실이라는 위계의 전도顚倒가 습합되어 창조적으로 변주된 브리콜라주라고 할 수 있다. 이미 독자들과 평론가들이 지적한 것처럼, 현재 삼십대 초반이 된 1990년대 중후반 학번 세대 그리고 소설에서 연상되듯 공안당국의 탄압과 여론의 획책에 의해 한국 학생운동의 종말을 고한 1996년 연세대 사태의 자장에 속한 젊은 세대의 꿈과 좌절, 회한과 자기기만 등도 이 소설에 잘 용해되어 있다. 일개 독자의 입장에서 「큰 늑대 파랑」은 중편이나 장편 정도의 이야깃감이 될 만한 서사적 디테일들을 적지 않게 포함하고 있어서 좀 더 완만하고도 복합적인 서사적 진행을 욕심낼 수도 있었던 작품이라고 생각된다. 그러나 한편으로는 빠른 템포의 진행으로 일상과 파국, 재난과 구원의 숨 가쁜 순간들을 모자이크했기 때문에 「큰 늑대 파랑」은 그 나름의 소설적 성취를 일궜다고도 할 수 있다. 10년 전, 시위에서 같은 학교 학생이 사망한 다음 날, 저마다의 라이프스타일을 지닌 네 명의 아이들이 방에 모여 앞으로의 삶에 대한 소중한 맹세를 한다. 사라, 재혁, 정희, 아영은 그 전날, 시위 대열에 합류했다가 이탈하고 피로 흥건한 쿠엔틴 타란티노Quentin Tarantino의 영화 〈저수지의 개들 Reservoir Dogs〉(1992)을 보러 갔으며, 같은 학교 남학생이 경찰의 과잉 진압이 원인이 되어 사망했을 거라는 뉴스를 들었던 것이다. 그들은 컴퓨터에 늑대 '파랑波狼'을 그리면서 "언젠가 우리가 우리를 잃고 세상에 휩쓸려 더러워지면, 파랑이 달려와 우리를 구해줄 것이다"[21]라는 자기 암시적인 주

___

20   윤이형, 「큰 늑대 파랑」, 『창작과비평』, 320쪽.
21   윤이형, 「큰 늑대 파랑」, 『창작과비평』, 323쪽.

문을 한다. 죽은 남학생에 대한 나름의 애도일 수도 있겠고, 그냥 진지하게 보이는 장난일 수도 있겠다. 그렇게 그들은 파랑의 아빠 엄마들, 곧 어른들이 되기로 결심한다. 파랑이 태어난 자리에 "짙은 피내음"[22]이 나는 줄도 모르고. 그 후, 어른이 된 아이들은 세상 속으로 각자 흩어져 살아간다. 십 년이 지난 어느 날, 서로 다른 장소에서 그들은 대낮의 거리에 갑자기 출몰하여 닥치는 대로 사람을 물어뜯는 빨간 눈의 좀비들에게 당하며, 단한 사람을 제외하곤 모두 좀비가 된다. 좀비가 되기 직전, 그들 앞에는 핏물 섞인 눈물, 사람의 얼굴과 그림자, 한숨이 아른거리다가, 곧, 사라진다. 그리고 그때, 늦게 도착한 파랑이 막 좀비가 된 아빠 엄마들의 숨통에 최후의 일격을 가한다. 그것은 구원일까, 파멸일까. 파멸 속의 구원일까.

16.

「큰 늑대 파랑」은 여러모로 착잡한 질문을 던지게 만드는 소설이다. 늘 선택한 뒤에 후회가 많으며, '내가 잘못한 걸까, 누가 잘못한 걸까'라는 질문을 혼자 그리고 친구인 아영에게 자주 되새김질하는 정희처럼 이렇게 되물을 수도 있겠다. "우리가 뭘 잘못한 걸까? 그 사람들처럼 거리로 나가 싸워야 했던 걸까? 그때 그러지 않아서 지금 이렇게 되어버린 걸까? 난, 무언가를 진심으로 좋아하면 그걸로 세상을 바꿀 수 있을 줄 알았어. 사람들이 싸우는 것과는 조금 다른 방식으로 싸울 수 있다고 생각했어. 재미있는 것들이 우리를 구원해줄 거라고 생각했어. 그런데 이게 뭐야? 창피하게 이게 뭐냐고? 이렇게 살다가 그냥 죽어버리라는 거야?"[23] 만일 십 년 전 학내에서 집회가 열리던 그날, 아이들이 영화를 보러 가는 대신 남학생이 경찰의 과잉 진압 때문에 죽어간 가투 현장에 남아 있었더라면 어떻게 되었을까. 그 남학생은 죽지 않을 수 있었을까. 비록 죽었더라도 죄책감이 덜했을까. 그들이 '언젠가 우리가 더러워지면, 파랑이 달려와 우리를 구해줄 것이다'라는 믿음을 유지한 채로 사회적 초자아의 명령과 타협하지 않고 살았더라면 어떻게 되었을까. 정말 그렇게 살 수는 있었던 것일까. 그럼 좀비가 출현했더라도 물리거나 죽지 않을 수 있었을까. 그런데 이런 질문들은 '만일 ~했더라면 ~했을 텐데'와 같은 후회 막급한 질문에 지나지 않는 것은 아닐까. 왜 아영만 살아남았던 것일까. 소설이 언급한 것처럼, 다른 세 친구들과는 달리 아영이 파랑을 잊지 않고 기억해왔기 때문일까. 또는 아영이 이데올로기적 호명에 그저 순응하는 자아였기 때문에 역설적으로 구원이 그녀와 가까이 있었던 것일까. 아영은 그저 우연찮게, 좀비들이 그녀를 못 보고 지나쳤기 때문에, 어쩌면 존재감조차 없었던 그녀였기에, 파랑이 때마침 도착했기 때문에, 손에 용케 도끼를 쥐고 있었기 때문에 살아남았던 것은 아닐까. 우연히 제시간에 때마침 도착할 수 있었기 때문에 파랑이 그녀를 지켜줄 수 있었던 것이 아닐까. 그런데 구원이 반드시 살아남기에만 있는 것일까. 어떻게 보면, 저주받은 채 죽지 않는 육괴肉塊의 처지가 된 파랑의 아빠 엄마들에게 가하는 파랑의 마지막 일격이야말로 그네들에게는 역설적인 구원이기도 하지 않을까. '언젠가 우리가 더러워지면, 파랑이 달려와 우리를 구해줄 것이다'라는 말은 결국 역설적으로 실현된 것이 아닐까. 구원은 그런 역설일까.

17.

그래서 「큰 늑대 파랑」에서 좀비의 출현을 네 명의 주인공들이 과거부터 지금까지 행했던 수많은 행위들의 인과적 결과로 읽어서는 곤란하다. 소설은 현재 시점에서 과거의 사건과 현재의 파국을 각각 네 명의 인물들과 파랑의 관점에서 교차 편집하는 방식으로 구성되어 있다. 네 명의 주인공들의 현재와 과거, 그것을 바라보는 파랑의 과거와 현재를 교차 편집하는 효과는 소설에서 과거와 현재의 단절을 부각시키기 위한 장치로 보아야

---

22   윤이형, 「큰 늑대 파랑」, 『창작과비평』, 291쪽.
23   윤이형, 「큰 늑대 파랑」, 『창작과비평』, 321쪽.

한다. 과거와 현재를 당구장의 큐대와 당구공처럼 인과관계로 파악해서는 곤란하다. 만일 그렇게만 읽는다면, 이 소설은 죄와 그에 상응하는 처벌이라는 도덕적 단죄의 소설이 될 것이며, 과거는 현재를 설명하는 인과적 도구의 역할에만 그치고 말 것이다. 물론 이 소설에 대한 도덕적 층위의 해석이 불가능한 것만은 아니다. 재혁은 남에게 좋게 보이는 삶을 연기하면서 정작 자신은 그들과 다르다는 자기기만에 빠져 있으며, 정희는 선택한 뒤에도 늘 후회만 하고, 사라는 순전히 생존을 위해서 레디메이드 원고를 써가는 식으로 다들 살아왔지 않는가. 그것은 그들이 약속했던 삶에 대한 배반이거나 자위일 것이다. 김영하의 장편소설『빛의 제국』(2006)[24]에서처럼, 생각한 대로 살지 않고 사는 대로 생각하게 될 때, 그 사람은 개새끼이기에. 그렇다고 그 개새끼들을 심판받아 마땅한 좀비로 볼 수 있을까. 신을 제외한 누가 심판할 자격을 갖고 있는가. 물론 작중인물들은 자신이 처해있는 상황의 규칙을 따른다는 점에서 도덕적이지만, 그것을 거스르거나 애써 불화할 정도로 이른바 윤리적이지는 않다. 재혁은 회사의 임원들과 다르다고 여기지만 경쟁 속에서 살아남아야 하는 회사의 도덕률을 매우 잘 따르고 있으며, 그 점에서 볼 때 부모가 시키는 대로, "반半고형 화학 물질 같던"[25] 비非존재의 삶을 살아왔던 아영도 예외는 아니다. 이 소설에서 파국에서 제외되는 사람은 아무도 없다. 얼핏 보면 좀비의 출현이라는 비상사태에서 아영만이 구원을 받는 예외적인 존재처럼 그려지지만, 그것은 아영이 파랑을 잊지 않았다는 등 아영이 가진 내적 자질 때문이 결코 아니다. 그렇게 해석하게 되면 파국과 구원은 마치 덕행에 상응한 보답의 결과라는 도덕적 인과율에 지나지 않게 된다. 아영은 정말 우연히 살아남았을 뿐이며, 그 우연이야말로 구원의 신비스러운 역설을 설명한다.

18.
___

이렇게 읽어보자. 네 명의 아이들이 자신들이 소망했던 것만큼 열심히 살았더라면 설령 파국이 닥쳤더라도 그들에게 다른 방식으로 닥쳤을 것이다. 소설은 파국의 관점에 서서 파국이 되어버린 현재가 그렇게 되지 않았을 수도 있었던 가능성의 목록을 작성하도록 요청한다. 네 명의 작중인물은 어쩌면 한 명의 인물이었을지도 모른다. 그들은 삶의 네 가지 가능성이었으며, 그중 셋이 완료된 형태가 좀비 되기였을 것이다. 다행히도 좀비가 되지 않았던, 그래서 소중한 사람을 구하러 갈 기회가 있었던 아영은 그 가능성의 목록 중 첫째 항목에 불과하다. 이른바 '개새끼'가 되어버린 삶에도 그런 가능성들이 여전히 남아 있지 않을까. 여기서 구원을 유토피아로 바꿔 불러도 좋다. 유토피아는 아무 데도 없는 장소가 아니라, 가능성의, 비어 있는[u-] 장소[topia]이기에. 그렇다면 「큰 늑대 파랑」에서 좀비의 출현이라는 비상사태는 작중인물들이 처해왔던 사회심리적인 위치 어디에선가 죄책감과 비겁함, 후회, 자기기만 등 윤리적 행위의 마비를 불러오는 사악한 초자아를 강렬하게 부각시키는 기능으로 읽을 필요도 있겠다. 이 소설의 재혁처럼 후회하면서도 후회를 즐기는 방식으로 자기를 자기기만적인 존재로 만드는 초자아가 묘사되는 것은 아니다. 그러나 그들의 실존, 그들의 좀비 되기는 이 소설 어딘가에 초자아가 존재하고 있다는 강력한 증거다. 작가의 다른 소설 「피의일요일」에서 마법사 '언데드'는 자신을 각성시키려는 게임 속 또 다른 캐릭터인 '마지막마린'의 목소리, 소크라테스적 다이몬daimon과 닮은, 이 진정성의 목소리가 사라지자마자 살기 위해 다른 생명체를 뜯어먹고 피를 들이키는 좀비로 되돌아간다. 좀비 영화에서 그렇듯, 좀비 되기는 무차별적이다. 좀비는 선인과 악인을, 남자와 여자를, 친구와 적을 도무지 가리지 않는다. 벤야민이 어디선가 "믿음직스런 친구와 치명적인 적이 도무지 구별되지 않는 감각과 인식능력의 마비"라고 불렀던 것[26]에 상응하는 미래의 비유 형상이 바로 좀비다. 좀비는 초자아의 육

---

24   김영하, 『빛의 제국』, 문학동네, 2006.

25   윤이형, 「큰 늑대 파랑」, 『창작과비평』, 322쪽.

26   수잔 벅-모스, 『꿈의 세계와 파국—대중 유토피아의 소멸』, 윤일성 · 김주영 옮김, 경성대학교출판부, 2008, 136쪽에서 일부를 수정해 인용했다.

화肉化이자, 그것의 자발적 노예다. 어떻게 보면, 이 글에서 읽은 두 편의 좀비 소설 모두 삶을 마비시키는 초자아와의 한판 승부를 재현하고 있었다. 초자아여, 안녕! 듀나와 윤이형 소설의 핵심은 혹시 이것이 아니었을까.

19.

'언제나 찾아올 것 같기만 하고 정작 오지는 않던 세상의 끝'이 시작되는 것은 아닌가 하는 강렬한 감각, 그러면서도 '설마 그렇지는 않겠지'라는 냉소적 안도감이 공존하다가 급기야 서로를 갉아먹기 시작하는 마비 상태, 여기서 이 글은 출발했다. 좀비의 등장으로 말미암아 작중인물들이 처해 있는 심리사회적 현실과 모순들은 선명한 색깔로 부각되며, 뼈와 살의 파편, 피가 난무하는 세계의 몰락 속에서 예기치 못했던 조난자가 발견되며 구원의 심상이 낚인다. 불타는 도시와 세계의 어느 한구석에는 반드시 생존자가 있게 마련이다. 암흑도시에서 단 한 사람의 생존자를 찾기 위한 촛불들이 이리저리 흔들거릴지도 모른다. 듀나와 윤이형의 좀비 소설은 좀비의 등장이라는 낯설게 하기defamiliarization · 소격 효과Verfremdungseffekt로 소망을 충족시키거나 현실원칙을 강렬하게 폭로한다. 슈레비의 경우가 그러하듯 그의 묵시록적 환상은 편집증적 리비도의 투사(프로이트)가 아니라, 슈레버의 심적 현실을 망가뜨린 상징계(법, 아버지, 신) 전체에 대한 의문이었다. 묵시록은 파국의 관점에서, 끝이 주는 강렬하고도 파멸적인 감각의 고양을 통해 현실을 구성하는 현실원칙을 해체한다. 물론 이러한 파국의 시나리오가 한편으로는 냉소적 이성의 자기 위안, 곧 파국에 대한 온갖 최악의 상상을 통해 자신이 처해 있는 현실의 안전함을 재확인하는 에고의 방어 메커니즘이 아닌가 하는 의심도 들 법하다. 여기에 종말론적 서사의 아포리아가 있을 수 있겠다. 그런데 희한하게도『로드』에서 아버지와 아들, 「너네 아빠 어딨니?」에서 새별과 새봄 자매, 「큰 늑대 파랑」에서 파랑과 아영 등, 이 세 편의 묵시록에는 언제나 한 쌍의 작중인물이 등장한다. 이것은 또한 묵시록이 작가와 서술자의 에고이즘의 산물만은 아니라는

증거다. 오히려 재난 상황의 설정은 생각지도 못했던 연대, 우정, 사랑, 책
임 등을 재확인하고 실천할 기회이기도 하다. 그렇기 때문에 총체적 파국
을 그리는 묵시록과 같은 재난 서사가 반드시 현재의 암담한 상황의 연장
으로 가까운 미래를 상상하는 반反유토피아 서사 또는 디스토피아 서사인
것은 아니다. 오히려 총체적 파국만큼이나 고유의 소망충족의 심상을 강
렬하게 위장하고 있다는 점에서 묵시록은 유토피아 서사, 곧 반유토피아
나 디스토피아를 두제곱한 '반-반-유토피아주의anti-anti-utopianism' 서사에 가
깝다.[27] 그런데 한국문학에서 복거일과 같은 과학소설 작가가 핵전쟁이라
는 극약 처방으로 독재정권뿐만 아니라 이른바 자유민주주의 공화국마저
종식시키고,[28] 인류의 몰락 이후에 잔존한 로봇들이 새로운 유토피아 공화
국을 건설한다는 내용을 먼저 재현해왔다는 사실은 한국문학의 앞날을 위
해서는 꽤 안타까운 일이다.

27 '반-반-유토피아주의'라는 표현은 Fredric Jameson, "Introduction: Utopia Now",
     Archaeologies of the Future, xvi에서 가져왔다. 제임슨의 '반-반-유토피아주의'는
     오늘날 근대성의 유토피아적 프로젝트(동구권과 소련 등의 공산주의 국가)에 대한
     대다수의 알레르기적 반응(가령, 어떤 좌파에서조차 공산주의 사회라는 '교조적'
     표현보다 코뮌이라는 '시크한' 어휘를 선호하는 것과 같은), 그리고 이에 따른
     반유토피아, 디스토피아의 지배적 분위기에 대한 묵시적 거부를 담고 있다.

28 과학소설보다는 잠언의 우화에 가까운 『목성잠언집』(2002), 『그라운드제로』(2007)에서
     엿보이는 복거일의 파국적인 상황 설정은 독재정권이 지구상에 단 한 곳이라도
     남아 있는 한, 독재정권에 의한 핵전쟁과 같은 총체적 파국은 언제든 일어날 수
     있다는 신新냉전 이데올로기의 구태의연한 형식화에 불과하다. 과학과 이데올로기의
     관계에 대한 알튀세르의 설명을 빌려 말하면, 복거일의 과학소설에 등장하는
     로봇의 인식론이나 최신 유전자공학에 대한 '과학'적 설명은 그의 신냉전적 사고나
     신자유주의의 시장수사학의 '이데올로기'를 보충하기 위해 동원되는 것에 불과하다.
     이에 대해서는 복도훈, 「한국의 SF, 장르의 발생과 정치적 무의식—복거일과 듀나의
     작품을 중심으로」, 『창작과비평』 2008년 여름호 참조.

20.

지금까지 말한 묵시록의 상상력은 미적 차원에서 볼 때 칸트가 말한 숭고, 그중에서도 역학적 숭고에 가까웠다. "기발하게 높이 솟아 마치 위협하는 것 같은 암석, 번개와 천둥소리와 함께 몰려오는 하늘 높이 솟아오른 먹구름, 온통 파괴력을 보이는 화산, 폐허를 남기고 가는 태풍, 파도가 치솟은 끝없는 대양, 힘차게 흘러내리는 높은 폭포와 같은 것들은 우리의 저항하는 능력을 그것들의 위력과 비교할 때 보잘것없이 작은 것으로 만들고 만다. 그러나 우리가 안전한 곳에 있기만 하다면, 그런 것들의 광경은 두려우면 두려울수록 더욱더 우리 마음을 끌 뿐이다."[29] 산업화 초기에 살았던 칸트의 묵시록에서 격노하는 자연은 이 글에서는 부서지고 깨어지고 몰락하는 제2의 자연, (포스트)모더니티 종말의 징후로 변한다. 그러나 칸트가 말한 또 다른 숭고, 수학적 숭고가 있다. 상상력으로는 포괄할 수 없는 큰 것. 흥미롭게도 칸트가 예를 든 수학적 숭고의 객관적 상관물은 자연이 아니라 인공 건축물인 피라미드였다. "사바리는 이집트에 대한 그의 보고서에서, 피라미드의 크기에서 전적인 감동을 얻기 위해서는 피라미드에 너무 가까이 가서도, 그로부터 너무 멀리 떨어져서도 안 된다고 적고 있는 것도 이로부터 설명될 수 있다. 무릇 후자의 경우에는 포착된 부분들이 단지 희미하게만 표상되어, 그 표상이 주관의 미감적 판단에 아무런 영향도 미치지 못한다. 그러나 전자의 경우에는 눈이 지면에서 피라미드의 정상까지 포착을 완성하는 데는 약간의 시간이 필요해서, 이 포착에서는 언제나 상상력이 마지막 부분들을 받아들이기 전에 처음 부분들은 그 일부가 소실되어, 총괄은 결코 완벽하지 못하다."[30] 칸트가 암암리에 느꼈듯이 도무지 적당한 시점에서 조망이 불가능한 피라미드의 이미지는 현기증을 나게 만든다. 『판단력비판』의 피라미드는 무한히 치솟아오르는, 언제 끝날지 모르는 이미지의 한계, 한계의 이미지다. 어쩌면 진정한 재난, 상상할 수 없는 재난은 지칠 줄 모르고 건설되는 메갈로폴리스의 초고층 빌딩과 슬럼, 무한히 올라가는 아찔한 바벨탑과 같은 것이 아닐까. 이러한 파국은 상상력의 한계를 뛰어넘을 뿐만 아니라, 상상력의 한계를 재차 시험하기도 한다. 구원이 있다면, 그것은 지칠 줄 모르는 바벨탑의 건설에 급브레이크를 거는 '신의 폭력'(벤야민)뿐일 것이다. 문학은 상상력의 한계, 한계의 상상력을 절감하면서 그것들을 실험할 수 있다. 그래서 문학은, 적어도 당분간 이 시대의 문학은 미래를 설계하는 청사진보다는, 미래라는 가상의 폐허에 쌓이는 낙진을 인화하는 뢴트겐 사진을 더 닮아야 할지도 모른다.

2011년 덧붙임 1: 일본의 건축가 이소자키 아라타磯崎新는 건축은 폐허의 이미지와 결부된다고 말한 적이 있다. 묵시록에서 도시는 늘 불타는, 불타면서 끝없이 무너져 내리는 운동 이미지의 클리셰로 상상된다. 그러나 그 상상이 현실로 구체화된 것은 이 글을 쓰고 난 후 몇 달 후에 일어난 용산 참사(2009년 1월 20일 새벽)였다. 설마 하고 막연했던 상상이 현실로 정말 실현되는 것 같았다. 그러나 이 현실은 클리셰가 아니었다! 진짜 클리셰는, 상상이 현실로 실현되지는 않을 것이라는 은밀한 안도감과 함께 숨 쉬고 있었던 나의 상상이었다. 나의 상상은 이제는 도무지 떨칠 수 없는 악몽으로 바뀌었으며, 이 악몽의 현실로부터 꿈을 깨는 일은 더 이상 가능할 것 같지 않았다. 오히려 도무지 떨쳐낼 수 없는 이러한 악몽과 동일시하는 일 이외에 다른 것은 가능하지 않았다. 그런 방식으로 나는 이제 폐허와 건축의 브리콜라주로 도시를 체험하게 되었다. 반쯤은 현실에 대한 습관적인 지각과 또 반쯤은 되풀이되는 악몽의 환영으로 겹쳐서 체험되는 도시. 완전히 무너져 내린 건물들 그리고 그 건물들을 무표정으로 응시하는 고층 타워. 그러나 건축 속에 이미 폐허가 있었다.

2011년 덧붙임 2: 오랫동안 은밀하게 꿈으로만 기다려왔던 이 장면을 실제로 보면서 나는 좀비가 마비된 인지와 신체에 대한 그로테스크한 비유

29   임마누엘 칸트, 『판단력비판』, 백종현 옮김, 아카넷, 2009, 270~271쪽.
30   임마누엘 칸트, 『판단력비판』, 258~259쪽.

왼쪽 : 용산참사 현장 남일당: 사진은 폐허다. 사진 속의 남일당도 이미 사라져버렸다. 다른 건물들이 언젠가 들어설 것이다. 사진은 어떤 유령을 인화한 것인가.(사진 제공— 문학평론가 조형래)

오른쪽 : 월스트리트의 〈Occupy Wall Street!〉 좀비 시위대.

형상이 아니라, 저항의 영도零度로서 급진적 주체가 될 수도 있다는 생각을 하게 되었다. 1%의 인간만을 위한 자본, 99%를 인간에서 '죽은 노동'의 살아 있는 화석인 좀비로 만들어버린 자본. 그러나 이제 '죽은 노동'으로 이루어진 집단적인 신체, 이미 죽었기에 죽여도 더 이상 죽지 않는 신체, 자본과 주권권력에 맞서는 '인민의 두 신체The People's two Bodies'가 부활한다. "전 세계의 좀비들이여, 단결하라!" 리처드 매드슨Richard Matheson의 묵시록 『나는 전설이다*I am legend*』(1954)와 동명의 영화(〈나는 전설이다〉, 2007)에서 보여주는 것처럼 종種으로서의 인간은, 이제 멸종의 문턱에 와 있다. 진화의 바통은 인간에서 좀비로 넘어갔다. 그러니 이제 누군가 우리더러 좀비라고 부르면 이런 식으로 되받아쳐야 할 때가 아닐까. '그래, 인간이라는 종이여, 우리들은 좀비다. 그래서 어쨌다는 거지?'

2 세계의 끝, 끝의 서사

— 2000년대 한국소설에 나타난 재난의 상상력과 그 불만[1]

그러자 최후의 심판이 시작되고 모든 이는 상상의 눈으로 저마다 처한 상황에
따라 그 비전을 보니라. / 윌리엄 블레이크, 「최후 심판의 비전」

묵시록이라는 우세종, 파국의 정서 구조

'세계의 끝'은 그것이 하나의 어휘로 표현될 수 있는 한 여전히 세계일 것
이다. 그렇지만 '세계의 끝'은 그 지시 대상이 텅 빈 시공간에 대한 명명이
기도 하다. 그래서 묵시록적인 '세계의 끝'은 고립된 섬의 표상으로 실제로
세계의 끝에 위치하는 '유토피아'와 닮아 있으며, 또 유토피아의 흔적이다.
세계의 끝과 유토피아의 절합. 이러한 절합은 역설적인데, 이 역설이 우리

1 이 글에서 언급하는 작품들은 다음과 같다. 박민규, 『핑퐁』, 창비, 2006; 「축구도
잘해요」, 「깊」, 「끝까지 이럴래?」, 「양을 만든 그분께서 당신을 만드셨을까?」, 「굿모닝
존 웨인」, 『더블』 Side A, 창비, 2010; 「루디」, 「슬膝」, 『더블』 Side B, 창비, 2010;
윤이형, 「아이반」, 『내일을 여는 작가』 2007년 여름호, 「큰 늑대 파랑」, 「로즈 가든
라이팅 머신」, 『큰 늑대 파랑』, 창비, 2011; 김사과, 『매장』, 『02』, 창비, 2010, 「더 나쁜
쪽으로」, 『작가세계』 2011년 봄호; 김애란, 「물속 골리앗」, 『2011 제2회 젊은작가상
수상작품집』, 문학동네, 2011; 『자음과모음』 2010년 여름호; 「두 개의 물소리」,
『2011 제2회 젊은작가상 수상작품집』; 김성중, 「개발 선인장」, 『문학과사회』 2010년
여름호; 「허공의 아이들」, 『2011 제2회 젊은작가상 수상작품집』, 이 단편들은 김성중,
『개발 선인장』, 문학과지성사, 2011에 수록되어 있다; 김경욱, 「소년은 늙지 않는다」,
『한국문학』 2010년 여름호; 황정은, 「옹기전」, 『현대문학』 2010년 6월호, 「묘씨생猫氏生─
걱정하는 고양이」, 『문예중앙』 2010년 가을호. 이 단편들은 황정은, 『파씨의 입문』, 창비,
2012에 수록되어 있다; 조하형, 『조립식 보리수나무』, 문학과지성사, 2008; 편혜영,
『재와 빨강』, 창비, 2010; 「저녁의 구애」, 『저녁의 구애』, 문학과지성사, 2011.
*이 글을 처음 발표할 때 논평을 맡아주었던 문학평론가 김형중, 이장욱 선생님 그리고
박민규 소설에 대해 흥미로운 의견을 주셨던 문학평론가 이소연 님께 감사드린다.

에게는 흥미롭다.

우리는 최근 한국소설에 점증하는 재난의 상상력을 최근 작가들이 '세계의 끝'이라고 부른 역설의 기표를 통해 되짚으려고 한다. 최근 2~3년 동안 한국소설에서 재난의 상상력을 표방하는 각종 재난 소설, 묵시록, 과학소설 등은 유례없이 증가하는 추세여서 이제 재난 소설이나 묵시록 등은 한국소설의 우세종으로 불러도 큰 무리는 아니다. 게다가 파국, 쇠락, 종말, 끝이라는 일련의 기표에서 환기되는 '정서 구조structure of feeling'(레이먼드 윌리엄스Raymond Williams)도 정치, 경제, 문화 도처에서 고조되고 있는 듯하다. 그런데 '세계의 끝'은 그에 부합하는 현실에 대한 격렬한 징후일까 아니면 현실을 고스란히 놔둔 채 꾸는 한낱 백일몽일 뿐일까.

참으로 흥미로운 문제는 이것이다. 예를 들어 '자본주의의 종말'이라는 정치경제적 하부구조에 상응하는 것으로 미디어, 문학, 영화 등이 재현하는 문화의 상부구조는 '세계의 끝'으로 표상될 법도 한데, 사실 이 둘은 결코 같지 않다는 것이다. '자본주의의 종말'과 '세계의 끝'에는 특정한 단락短絡이 있으며, '세계의 끝'에 대한 서사 또는 담론은 종종 이러한 단락을 개폐開閉하는 이데올로기적 증상을 내포하고 있다는 것이 우리의 쟁점이다. 프레드릭 제임슨이 말하는 것처럼, 우리는 구조적으로 '자본주의의 끝'을 천천히 사유하기보다는 일격으로 '세계의 끝'을 재빠르게 상상하는 편을 따르며, 이것은 우리 시대의 이데올로기적 · 서사적 증상의 중요한 일부다. 그래서 우리는 '세계의 끝'이라는 일종의 불가사의하고도 기괴한 판타지를 통해 인간과 다른 생명체 모두가 멸망한 상태로 또는 지구조차 완전히 파괴된 상태로 고독하게 자신의 생명을 영원히 작동시켜나가는 자본주의라는 공장과 기계를 묵묵히 응시하고 있는 것이다.[2]

그러나 '세계의 끝'이라는 발상은 반드시 이데올로기적이기만 한 것일까. 일본의 비평가이자 소설가인 아즈마 히로키東浩紀는 언젠가 이렇게 말한 적이 있다. "그리고 현재의 특징 중 하나는 '세계의 종말'로 향하는 그런 사고가 현실적으로 존재하는 이 세계에 대한 지식이나 관심에서 분리되는 것, 보다 정확히 말하자면 분리되는 형태로밖에 전개될 수밖에 없다

는 것입니다. 그들은 '세계의 종말'에 대해 사고하고 있지만 '세계'에 대해서
는 사고하지 않고 있습니다. 왜냐하면 '세계'에 대한 적절한 사실을 보증해
야 할 상징계가 그들에게는 더 이상 기능하고 있지 않기 때문입니다."[3] 일
본의 애니메이션이나 오타쿠 문화에 대한 진단이지만 이러한 언급은 최근
한국문학의 묵시록 서사와 관련해서도 하나의 비평적 바로미터로 참조할
수 있다. 확실히 어떤 비평적 단견이 그러한 것처럼, 최근 묵시록 서사는
영화에서 애니메이션에 이르는 기존에 유행하는 묵시록 서사의 관습화된
양식을 차용한 것에 불과할 수도 있다. 그러나 이렇게 말하는 것은 결국
아무런 판단도 하지 않는 것에 진배없다. 그렇다고 1990년대 문학 이후에
는 드물었던, 사회적 현실의 모순에 대한 작가들의 참여와 관심의 증가가
세계의 전멸 쪽으로 문학의 상상력을 이동시켰다고 무조건 인정할 수만도
없다. 단순 모방과 현실 인식의 첨예화라는 두 극점이 그리는 벡터 속에서
이 글은 묵시록적 경향의 최근 한국소설에서 표상되는 '세계의 끝'이라는
'비표상의 표상' 또는 '비공간의 공간'에 함축된 이데올로기와 유토피아의
원소를 추출하고 재조합할 것이다.

'세계의 끝'의 양가성

글 가운데에도 인용하겠지만 '세계의 끝'을 자신의 소설에서 직접 언급하
는 박민규, 윤이형, 김사과, 김애란 이외에도 재난과 파국을 서사화하는 작
품을 쓴 작가들의 목록은 아마 더 늘어날 수 있을 것이다. 최수철, 김경욱,
김현영, 강영숙, 황정은, 배명훈, 김성중 등은 각각 집단 자살, 아파트 철

---

2   Slavoj Žižek, "Apocalypse at the Gates", *Living in the End Times*, London & New
        York: Verso, 2010, New Edition, 2011, p. 334.

3   아즈마 히로키, 「우편적 불안들」, 김영심 옮김, 『동서문학』 2001년 겨울호, 434쪽.
        한편으로 일본 애니메이션에 나타난 '세상의 종말'에 대해서는 수잔 J. 네피어, 『아니메』,
        임경희·김진용 옮김, 루비박스, 2005, 309~346쪽 참조.

거, 동물 살처분, 매장, 동물 유기遺棄, 전쟁, 테러, 휴거 등 각양각색의 재난
을 서사화하는 작품들을 최근에 장편과 단편의 형태로 썼다. 그리고 인간
과 사물의 점진적인 쇠퇴와 소멸, 종말에 대한 엔트로피의 감각을 형상화
하는 소설집『간과 쓸개』[4] 등의 작가 김숨도 넓은 의미에서 재난을 중요한
문학의 소재와 주제로 취급하는 소설가라고 할 수 있겠다. 게다가 최근에
는 황석영도『낯익은 세상』[5]에서 문명의 배설물인 쓰레기를 취급하며 살아
가는 1980년대 '꽃섬' 사람들의 이야기를 형상화함으로써 재난을 형상화
하는 작가들의 대열에 합류한 것처럼 보인다. 물론『낯익은 세상』은 쓰레
기 더미 속에서도 여전히 피어나는 삶의 가능성에 대한 찬가, 문명의 덧없
음에 대한 애가로 앞의 소설들이 지닌 어두운 분위기는 거의 없는 소설이
지만. 아무튼 황석영 소설의 표제처럼, 재난의 상상력은 이제 한국문학에
서는 '낯익다'고 할 만한 지경에 이르렀다고 할 수 있겠다. 황석영도『낯익
은 세상』의「작가의 말」에서 파국의 징조에도 불구하고 그것을 붙잡고 끊
임없이 달려야 하는 자본주의에 대해 언급하고 있다.

　　물론 이전의, 보다 가깝게는 1990년대 한국문학에서 파국, 종말, 통
틀어 '세계의 끝'이라고 부를 만한 소재와 주제를 형상화한 사례가 없는 것
은 아니었지만(박상우, 백민석, 김영하 등) 그러한 문학의 사례에서 환기
되는 분위기는 한 세기가 저물 때 엿보이는 세기말의 퇴폐와 우수, 조락의
감각에 보다 근사했다고 잠정적으로 말할 수 있다. 그래서 그것은 '세계의
끝'이라기보다는 '세기의 끝fin de siècle'에 가깝다고 할 수 있겠다.

　　그런데 2000년대 한국소설에서 보이는 재난의 서사화 양식과 주제
는 그 이전의 문학과는 그 양상이 꽤 상이하게 나타나는 것 같다. 국내에
서는 도심 재개발을 명분으로 기업과 국가가 파괴적으로 공모한 결과인
용산참사와 같은 현실적 재앙, 덧붙여 구제역과 가축의 살처분, 서브프라
임 모기지 사태의 파급과 여파, 계급 격차의 심화와 갈등, 그리고 국외적으
로는 자연재해와 인재가 더 이상 구분이 불가능했던 사건으로 2011년 3월
일본에서 발생한 지진과 쓰나미, 후쿠시마 원전 사고나 한 해 전의 아이티
지진 등 자연적·역사적 재난들이 최근에 부상하고 있는 묵시록이나 재난

소설에서 보이는 재난의 상상력 또는 재난의 서사화 양상에 있어 핵심인 자일 것이다. 자기가 살아가는 시대가 '세계의 끝'에 방불하다는 감각은 별로 새로운 것은 아닐지도 모른다. 그러나 그것이 기표의 형태로 자주 출몰하는 것에 대해서는 한번 곰곰이 생각해볼 일이다. 왜 '세계의 끝The End of the World'이라는 기표가 최근 한국소설에서 자주 그리고 직접적으로 출현하는 것일까. 그리고 그것이 앞서 언급했던 작가들의 작품에서 어떻게 표현되는가. 일단, 박민규 소설이라는 나침반이 가리키는 '세계의 끝'부터 한번 읽어보도록 하자.

> 내겐 도움이, 약이, 필요한 걸까? 전 미국이 돌아서서 웃고 있었다. 죽는다는 사실을, 나는 이미 알고 있었다. 도망치고 싶었다. 이들이 찾지 못할 곳으로, 이 세계의 끝으로 나는 도망치고 싶었다. 살려주세요. 그래서 눈앞에

> 한국이 떠올랐다.

> 다시 태어날 수 있다면, 저 세계의 끝에서 태어나고 싶었다. 흙 묻은 달팽이처럼, 그래서 아무도 날 찾을 수 없게, 내 입에 약을 못 넣게. 깊고, 크고, 어두운 강의 밑바닥 같은 곳을 그래서 나는 건너야 했다. 갑자기 눈이 부셨다.[6]

먼저 박민규의 자전소설 「축구도 잘해요」에서 뽑은 인용문의 '세계의 끝'은 전생前生을 마릴린 먼로라고 믿고 있는 주인공 '나'가 도피하는 '한국'이다. 여기서 '세계의 끝'은 축자적으로는 작가가 현재 살고 글을 쓰는 물질

4   김숨, 『간과 쓸개』, 문학과지성사, 2011.
5   황석영, 『낯익은 세상』, 문학동네, 2011.
6   박민규, 「축구도 잘해요」, 『더블』 Side A, 246쪽. (밑줄은 인용자)

적·심리적 공간으로 제시되지만, 박민규 소설 전체를 놓고 비유적으로 보면 바로 이 한국이야말로 『평퐁』식으로 말해 '인스톨을 유지할 것인가, 언인스톨할 것인가'를 결정토록 하는 막다른 '세계의 끝'이며, 동시에 그러한 '세계의 끝'을 다채롭게 상상할 수 있는 시공간인 것이다. 이 '세계의 끝'에 대한 박민규 소설의 표상은 사실 「축구도 잘해요」보다는 『더블』에 실린 「루디」, 「슬膝」, 「깊」, 「끝까지 이럴래?」와 같은 여러 묵시록 단편들에서 희극적이면서도 음울한 파토스를 부여받는다. 예를 들면, 「루디」에서 월스트리트의 사업가인 주인공 보그먼이 언젠가 자신이 고용했지만 한 번도 마주친 적은 없었던, 그러나 악마적인 살인자로 다시 나타나 자신에게 총을 쏘는 청소부 루디와 조우한 장소는 오로라의 "푸르스름한… 초록의 거대한 섬광이"[7] 비치는 극지極地 '알래스카'였다. 「루디」에서 '알래스카'는 죽으려고 해도 죽을 수 없고 서로 떨어지려고 해도 결코 뗄 수 없는 영원한 '러닝메이트'가 되는 주인과 노예, 자본가와 노동자가 마지막 아마겟돈을 벌이지만 결코 끝장나기 힘든 싸움을 하는 '세계의 끝'이다.

특히 BC 17000년이라는 먼 과거와 AD 2487년이라는 먼 미래를 무대로 한 이야기인 「슬」과 「깊」은 좀 더 양의적인 의미의 '세계의 끝'을 함축하고 있는 단편들이다. 「슬」에서 식량을 구하기 위해 주인공 '우'는 극한의 추위와 눈을 감당하면서 사냥을 떠나지만, 아내인 '누'와 새끼가 있는 보금자리를 옮길 수가 없다. 이 소설에서 먹을거리가 떨어진 '세계의 끝'은 먼저 '우'의 보금자리가 있는 곳이다. "늙고 현명한" 족장인 추의 말처럼 먹을거리는 더 이상 "여긴 없"는 것이다.[8] 그런데 족장인 '추'가 마을 사람들을 데리고 먹을거리를 찾아 떠나는 저기 "불 뿜는 산"[9] 또한 '우'의 눈에는 '세계의 끝'일 수도 있다. 그곳은 미지의 새로운 세상처럼 보이지만, '불 뿜는 산'의 불길한 이미지가 암시하듯이 더 큰 파국을 앞당기는 곳인지도 모른다. 그렇게 볼 때, '우'가 늙은 코끼리와의 결투 속에서 부상을 당하고, 결국 자신의 무릎 아래의 다리를 잘라 식량으로 들고 돌아올 보금자리는 '세계의 끝'인 동시에 거기서 삶을 다시 시작하고자 하는 '끝의 세계'라고 할 수 있겠다. 박민규의 냉정한 현실 감각이 엿보이는 부분이다. 한편, 시뮬레이션

훈련을 통과하고 살아난 세 명의 디퍼들이 들어가 모든 통신이 차단되는 과학소설인 「깊」의 유터러스 해연의 틈새 역시 '세계의 끝'이다. 디퍼들이 탄 잠수정이 '데브리'가 된 후에 깨어나 다시 죽은 동료들을 '느끼고' 지구를 바깥에서 바라보는 「깊」의 불가사의한 마지막 장면은 읽기에 당혹스럽다. 하지만 "새로운 눈 같은 것이 다시금 열리는 기분이었다"[10]라는 구절을 통해서도 짐작할 수 있듯이, 박민규 소설의 '세계의 끝'은 그저 시공간의 종말이 아니라, 아직은 그 의미에 상응하는 물질적 언어를 부여받지는 못했지만 어떤 시작의 기미幾微를 잠시나마 환기하고 있는 텅 빈 시니피앙이라고 볼 수 있다. 그 기미란, 『핑퐁』이나 「양을 만든 그분께서 당신을 만드셨을까?」, 「굿모닝 존 웨인」과 같은 묵시록이나 과학소설에서 환기되는 것 같은 인간종種의 실체 변환으로 짐작된다.[11]

　　박민규 소설을 통해 환기된 '세계의 끝'을 포함해서 인용된 소설에서 언표된 '세계의 끝'은, 프레드릭 제임슨의 말을 빌리면, "구체적 공간이 스스로를 하나의 의미 있는 언어로서 구성하기 위해 필요로 하는 절대적 비공간"에 가깝다 할 수 있다.[12] '세계의 끝'은 의미가 생성되기를 기다리는

7　　박민규, 「루디」, 『더블』 Side B, 81쪽.

8　　박민규, 「슬」, 『더블』 Side B, 278쪽.

9　　박민규, 「슬」, 『더블』 Side B, 280쪽.

10　박민규, 「깊」, 『더블』 Side A, 140쪽.

11　『핑퐁』에서는 이미 '인류의 인스톨' 여부를 놓고 주인공 '못'과 '모아이'는 자신들과 한판 승부를 벌이는 '인류의 대표'인 말콤 X 그리고 메스너와 다음과 같은 대화를 나눈다. "만약 인류를 제거한다면 말이다… 그다음에 대해선 아는 바가 있니? 메스너가 물었다. 새로운 종, 새로운 생태계를 설치한다고 들었어요. 오, 회! 하고 손을 치켜들며 말콤이 소리쳤다"(『핑퐁』, 228쪽). 한편, 탁구 스승 '세끄라탱'은 '언인스톨' 이후의 인류에 대해 '못'과 다음과 같은 대화를 주고받기도 한다. "그럼… 제거된 인류는 어떻게 되는 건가요? // 어디론가 // 이동될 거야. 어떤 정보의 형태가 되어 (중략) 물론 육체는 이곳에 남아 분해될 거야"(『핑퐁』, 246쪽).

12　프레드릭 제임슨, 「〈북북서로 진로를 돌려라〉의 공간 체계들」, 『항상 라캉에 대해 알고 싶었지만 감히 히치콕에게 물어보지 못한 모든 것』, 슬라보예 지젝 엮음, 김소연 옮김, 새물결, 2001, 93쪽.

텅 빈 기표와 비슷한 것이다. 그런데 제임슨은 '세계의 끝'이라는 표상이 함축하는 바에 대해 다음과 같이 적극적인 의미를 부여한다.

> 만일 자본주의의 끝보다 세계의 끝을 상상하는 것이 훨씬 쉽다면, 우리는 아마도 새로운 예루살렘에 대한 유토피아적 비전보다 더 그럴듯해 보이는 총체적 파괴와 지구 생명체의 절멸에 대한 점증하는 대중적 비전들뿐만 아니라, 비판적 디스토피아에서 예시된 바 있는 다양한 파국들(1950년대 식의 낡아빠진, 핵 폐기에 대한 불안들을 포함하여)과는 다소 다른 대중적 비전들을 특징화해야 할 또 다른 용어를 필요로 해야 한다. 묵시록이라는 용어는 반유토피아의 이러한 내러티브 장르를 차이화하는 데에 도움을 줄 수 있을지도 모르는데, 왜냐하면 오웰이 물리치려고 했던, 정치에 대한 환멸에 빠진 데다가 묵시록 서사에 대한 그 어떤 지식이 없는 독자들은 자신을 교정해줄 그 어떠한 책무에 대한 감각도 없기 때문이다. 그러나 묵시록이라는 이 새로운 용어는 특이하게도 우리를 출발점으로 다시 데려가준다. 왜냐하면 파국과 소망충족을 포함하고 있는 만큼이나 본래의 묵시록이라는 것은 세계의 끝과 지구상에 그리스도 왕국의 개시, 유토피아와 인간종족의 절멸을 모두 함께 포함하기 때문이다. 만일 묵시록이 역사적이거나 이데올로기적 용어로 판독할 때 변증법도 (유토피아적 "반대항"을 포함한다는 의미에서) 심리 투사도 아니게 되면, 그때 묵시록은 아마도 형이상학적이거나 종교적인 것으로 파악할 수 있을 것이다. 그런 경우에 묵시록의 은밀한 유토피아 여행은 그 주위에 새로운 독자와 신봉자들이라는 커뮤니티 연합체를 구성한다.[13]

그렇다면 '세계의 끝'에 대한 탐닉을 단지 '자본주의나 억압체계의 끝'에 대해 상상하거나 골몰하지 못하는 무능력의 소산으로만 봐야 할까. 아즈마 히로키가 말한 것처럼, 정말 '세계의 끝'을 상상하면서 정작 '세계'를 상상하지 못하고 있는 것일까. 생각보다는 애매하게 보인다. 확실히 『핑퐁』의 대단원을 보면 언인스톨 이후의 세계는 그다지 변한 것이 없어 보이며, 주인공 '못'은 여전히 학교에 간다. 그러나 다르게 생각해볼 수도 있다.

우선 비평은 '세계의 끝'에 대한 작가들의 구체적인 형상화를 이제 작가들이 조금씩 미래를 상상하는 능력을 회복하는 신호로 받아들이고 이를 좀 더 적극적으로 사유해야 할 필요가 있다. 아울러 '세계의 끝'을 응시하는 통찰 속에서 '세계'에 대한 감각의 맹목도 면밀히 지켜봐야 할 것이다. 인용문에서 제임슨이 말하는 것처럼, 묵시록은 그 안에 '파국과 소망충족', '세계의 끝과 그리스도 왕국', '유토피아와 절멸' 모두를 동시에 포함하는 양가성이 있다. 묵시록의 벡터에는 이렇게 다양한 이데올로기적 형식과 내용의 요소들이 긴장을 유지하고 있으며, 이 벡터 안의 기호학적 요소들이 맞물리고 충돌할 때의 유연성과 경화硬化의 움직임을 함께 포착하는 것이 비평의 관건이어야 한다.

재난 서사나 묵시록은 보통 백일몽이나 악몽의 형태로 나타난다. 프로이트가 다니엘 파울 슈레버의 묵시록 자서전『한 신경병자의 회상록』을 분석하면서 언급한 것처럼, 세계를 파국과 종말로 몰아가는 재난의 상상은 사도·마조히즘으로 보이지만, 그만큼 세계의 재건과 회복에의 염원을 담고 있다. 사태를 파국으로 몰아가면서도 파국으로만 끝내지 않고 궁극적으로는 회복을 꿈꾼다는 것이다. 다시 말해 상당수의 묵시록이나 재난 서사도 파괴를 통한 정화, 파멸을 통한 구원이라는 메시지를 하나의 형식으로 내포하고 있다. 그래서 많은 묵시록이나 재난 소설에서 주인공은 그 파국의 세계에 대해, 그 원인에 대해 무지한 어린아이거나 어린아이와 같은 처지에 있는 사람인 경우가 많으며, 그/그녀는 동시에 파국과 절멸 이후의 신생新生의 주인공으로 약속받는 존재가 된다. 김경욱의「소년은 늙지 않는다」, 김성중의「허공의 아이들」, 김애란의「물속 골리앗」의 주인공

13   Fredric Jameson, "Journey into Fear", *Archaeologies of the Future: The Desire Called Utopia and Other Science Fiction*, London & New York: Verso, 2005, p. 199.

은 흥미롭게도 모두 미성년이다. 그런데 이러한 미성년의 존재는 묵시록이
나 재난 서사가 파멸 그리고 그와 상반되는 희망의 내용을 적당히 어설프
게 타협 형성한 서사로 의심할 만한 이유에 대한 형식적 증거로 읽을 수도
있다.

유토피아 앞에서의 불안

그렇다면 그 어떤 희망의 낌새도 없는 세계의 완전한 종말이란 재난 서사
(재난+서사)라는 어휘의 불가능한 조합이 그러하듯이, 전혀 상상할 수 없
을지도 모른다. 반대로 완전한 유토피아란 완전한 파국만큼이나 총체적
혁명을 필요로 한다면, 그 유토피아가 실현되기 두려운 사람들에게 유토
피아란 파국이나 재앙 그 자체이기도 할 것이다.

　　그런데 김성중의 「허공의 아이들」의 경우, 전반적으로 묵시록의 어
조에도 불구하고 소설에 표상된 '세계의 끝'은 그와는 정반대로 읽을 수
있다. 사실 「허공의 아이들」은 같은 작가의 「게발 선인장」과 같은 종교적
광신과 구원, 몰락의 이야기를 상기해보면, 휴거携擧, rapture에 대한 패러디
로도 읽을 수 있다. 다카하시 신高橋しん의 만화 『최종병기 그녀最終兵器彼女』
(2001)에서 소년 소녀가 손을 맞잡고 파국의 세상을 응시하는 마지막 장
면을 연상시키기도 하는 이 소설은 또한 파국과 몰락의 파토스를 지닌 묵
시록에 대한 기묘한 비틀기이기도 하다.

　　「허공의 아이들」은 땅이 서서히 무너지고 땅위에 있던 것들이 공중
으로 뜨는 '휴거의 나날들'에 마지막으로 남겨진 소년 소녀가 소멸되기 직
전에 하릴없이 소멸을 기다리는 이야기다. 그런데 이 소설에서 가장 핵심
이 되는 질문은 이것이다. "우린 선택된 걸까, 아님 누락된 걸까?"[14] 만일
이 상황이 재앙이라면 그들은 재앙으로부터 선택된 존재들이며, 이 상황
이 구원이라면 그들은 구원에서 누락된 불행한 존재들이다. 이 소년 소녀
가 견딜 수 없는 것은 소멸과 소멸에 대한 공포라기보다는 그들이 여전히
성장통을 겪고 있으며, 이제 막 자라나기 시작한 기억과 이루지 못한 소망,

성sex과 같은 육체적 변이를 여전히 체험하고 있다는 바로 그 사실이다. 그러나 "사라지는 세계에서 성장한다는 것은 무슨 의미가 있을까?"[15]

「허공의 아이들」은 반성장의 묵시록이지만, 성장을 불가능하게 만드는 세계의 완전한 소멸을 선택함으로써 소멸해갈 수밖에 없는 아이들이라는 현존재를 도리어 역설力說한다. 잔인한 농담처럼 들리지만, 이 아이들이 기억과 육체와 희망과 더불어 완전히 소멸되는 것은 차라리 몰락해가는 이 세계에서는 '선택된' 것일지도 모른다. '누락된' 것은 이 세계지, 세계가 누락한 이 아이들이 아니다.

그래서 반대로 완전한 유토피아는 완전한 묵시록이나 재난 소설처럼 그에 대한 이미지나 서사를 거의 제시할 수 없다는 점에서 비서사적일 수 있다. 그래서 서사적 반전을 갖고 있는 묵시록이나 디스토피아 소설은 내러티브의 측면에서 꽤 흥미롭지만, 그러한 것이 거의 없는 유토피아 문학은 꽤 지루하며, 그 세계는 대단히 권태로울 수 있다. 그런데 이것이야말로 유토피아의 특징은 아닐까.[16] 그러나 우리에게는 아직 완전한 파국만큼이나 완전한 유토피아를 상상하는 작품이 없다. 다만 우리는 약간의 유토피아적 흔적과 상당량의 파국적 제스처를 내재한 디스토피아 서사나 묵시록을 취급할 수 있을 뿐이다. 실제로 최근 들어 읽게 되는 한국형 디스토피아 소설이나 묵시록은 대부분 현재의 재난과 파국의 징조와 기미의 요소들을 가상의 미래의 시공간으로 유추하거나 외삽한 근미래 소설이며, 이것이 최근 묵시록적인 한국소설의 일반적인 경향이기도 하다. 내 생각은 이것이다. 우리 시대의 소설과 영화를 통해 수많은 판본을 낳고 있는 묵시

---

14   김성중, 「허공의 아이들」, 『2011 제2회 젊은작가상 수상작품집』, 204쪽.
15   김성중, 「허공의 아이들」, 『2011 제2회 젊은작가상 수상작품집』, 209쪽
16   프레드릭 제임슨, 「유토피아의 정치학」, 『뉴레프트리뷰 2』, 황정아 옮김, 길, 2010, 358~359쪽. 나는 문윤성의 과학소설 『완전사회』(1967)에 대한 글에서 이 문제를 자세히 다뤘다. 복도훈, 「단 한 명의 남자와 모든 여자: 아마겟돈 이후의 유토피아와 섹슈얼리티—문윤성 과학소설, 『완전사회』에 대하여」, 『한국근대문학연구』 제24집, 2011년 하반기, 월인, 2011, 360~362쪽.

록 및 재난 서사는 일정한 코드와 패턴을 반복하거나 답습하고 있으며, 따라서 어떤 작가가 재난 서사나 묵시록을 쓸 경우 이러한 패턴과 코드를 관습적으로 모방할 수 있다는 것이다. 특히 묵시록의 결말ending, 프랭크 커머드가 묵시록 특유의 '반전peripeteia'이라고 불렀던 것은 '세계의 끝'이라는 비어 있는 기표에 이데올로기적 의미를 투사하는 작업과 관련 있어 보인다. 커머드에 따르면, 아이러니한 반전의 수사는 결말을 신뢰하는 심리 때문에 가장 조야한 스토리에도 존재하며, 묵시록과 관련해 '반전'은 종말에 대한 기대를 재조정하는, 종말을 시작으로 바꾸는 기능을 행한다.[17]

　　그와 관련하여 읽어볼 윤이형의 두 번째 소설집인 『큰 늑대 파랑』에 실린 이야기들은 근미래를 형상화한 디스토피아 소설이 대부분인데, 특히 「큰 늑대 파랑」은 대니 보일 감독의 〈28일 후〉와 같은 좀비 묵시록이나 애니메이션의 양식을 활용한 수작秀作이다. 윤이형의 소설이야말로 과학소설, 판타지, 묵시록 등의 준準문학, 하위 서사를 적극적으로 전유하는 실험의식에서는 가히 첨단을 선보인다. 하지만 여러 평자가 이미 지적한 것처럼, 소설의 결말을 맺을 때는 이상하게도 소박한 휴머니즘으로 회귀하는 양상을 보인다. 『큰 늑대 파랑』에는 실리지 않은 과학소설 단편인 「아이반」에서 '인간에 대한 경멸'만이 유일한 감정으로 남은, 초자아와 이드가 없고 모든 것, 심지어 책 읽기조차 로봇이 대신해주는 미래 사회에서 '꿈꾸기'에 대한 인간적 믿음을 피력하는 결말이나 「로즈 가든 라이팅 머신」에서 예술이 사라진 근미래의 하이테크 유토피아의 시대에 여전히 글쓰기에 대한 염원을 표출하는 마지막 대목을 통해 공통으로 환기되는 휴머니즘은 이 소설들의 형식적 실험과의 낙차가 지나치게 크게 느껴지는 내용이다.

　　그러나 정서나 꿈, 나아가 '예술의 종말'이 실현된 미래란, 뒤집어 생각해보면 예술과 그 근간이 되는 상상력과 정서를 억압하는 디스토피아가 아니라, 그 자체가 심미적으로 프로그램화된, 세계 그 자체가 이미 예술인 유토피아일 수도 있다. 사실 두 소설의 미래는 그 미래에 대해 서술하는 어조에도 불구하고 디스토피아의 요소가 그리 많지 않으며, 또 다르게 읽으면 유토피아이기도 하다. 물론 예술 없는 사회가 아무리 유토피아더라

도 실제로는 디스토피아에 불과하다는 작가의 근심은 충분히 근거가 있으
며, 또 공감이 가지 않는 것은 아니다. 그러나 어떻게 보면 유토피아는 예
술을 별도로 필요로 하지 않는, 그 자체가 심미화된 사회, 아름다움이 만
개한 공화국은 아닐까. 「로즈 가든 라이팅 머신」, 「아이반」은 겉보기와는
다르게 디스토피아에 대한 불안을 그린 과학소설이 아니라, 유토피아 앞
에서 '예술의 종말'이 두려워 뒷걸음질치는 구식 휴머니즘 소설로 읽을 수
도 있다. 따라서 윤이형 소설의 휴머니즘식 결말은 여러 평자가 지적하는
것과 달리 어색한 끼워 넣기, 내용과 형식의 불일치가 아닌 구조적 필연일
수 있다. 이러한 '예술의 종말'은 윤이형의 다른 소설에서 나오는 '세계의
끝'에 상응한다.

　　아영은 있는 힘을 다해 주차장 쪽으로 뛰었다. 시동이 걸리자마자 집
　　쪽으로 차를 몰았다. 거리를 가득 메운 시체들이 과속 방지턱처럼 타
　　이어에 턱턱 걸렸다. 사람들은 새빨간 눈을 하고 팔을 공중으로 치
　　켜든 채 제각기 다른 방향으로 걷고 있었다. 아영은 욕설을 뱉어내며
　　액셀레이터를 밟았다. 이해할 수는 없었지만, 언제나 찾아올 것 같기
　　만 하고 정작 오지는 않던 세상의 끝이 어딘가에서 이미 시작된 듯했
　　다. 땅과 하늘 모두가 천천히 죽음에 먹히고 있었다. 그동안 모든 일
　　이 그러했던 것처럼 그 일도 아영의 의사와는 상관없이 진행되고 있
　　었다.[18]

그런데 "세상을 가득 채운 죽은 사람들"[19] 사이에서 최후의 생존자인 아영
이 몸집이 커진 '파랑'의 등을 타고 또 다른 누군가를 찾아 떠난다는 「큰

17　　프랭크 커머드, 『종말 의식과 인간적 시간』, 조초희 옮김, 문학과지성사, 1993, 31쪽.
18　　윤이형, 「큰 늑대 파랑」, 『큰 늑대 파랑』, 137쪽. (밑줄은 인용자)
19　　윤이형, 「큰 늑대 파랑」, 『큰 늑대 파랑』, 144쪽.

늑대 파랑」의 결말도 휴머니즘을 크게 벗어나지는 못한다. 소설은 '땅과 하늘 모두가 천천히 죽음에 먹히고 있'는 '세상의 종말'에서 파랑의 네 부모 중 유독 아영이 선택된 것, 이러한 서사의 반전에 지나치게 의미 부여를 하는 듯하다. 작가도 그런 것 같고, 비평가들은 더욱 그러하다. 예를 들면, 좀비들이 아영을 보지 못하고 지나치는 것은, 그리하여 아영이 살아남을 수 있었던 것은 소설에 의거하면 아영이 그동안 살아왔던 수동적인 삶이 갖고 있는 비非존재감 때문이라는 식이다. 그러나 어떠한 좀비 묵시록에서도 어떤 존재가 특별히 선하거나 악하다는 이유만으로 살아남지는 않는다. 살아남는 것에는 원인도 이유도 없다. 문제는 휴머니즘이 아니라, 어떤 휴머니즘이냐는 것일 터이다. 공정을 기하자면, 이 소설에서 부모의 요구로부터 시작되는 온갖 이데올로기적 호명에 순순하게 순응하면서 살아왔던 아영은 '세상의 끝'에서 자신을 공격하는 좀비가 된 부모를 처음으로 살해한다. 비록 방어적인 행동이라 할지라도 아영은 난생처음으로 반오이디푸스적인 행위를 감행했던 것이다.

재난의 자연화

최근 한국소설의 묵시록적 상상력에서는 여전히 휴머니즘에 대한 염원이 간절한데, 그것을 무조건 이데올로기로 기각할 필요는 없겠다. 그러나 적어도 묵시록 코드를 담은 할리우드 재난 영화의 이데올로기적 결말, 예를 들면 스티븐 스필버그Steven Spielberg의 영화 〈우주전쟁War of the Worlds〉(2005)에서의 가족의 재통합과 같은 내용이 지닌 상투성에 식상함을 느끼는 독자라면, 한국소설의 묵시록적 경향에서 엿보이는 '결말의 휴머니즘화'에 내포된 이데올로기적 봉합에 대해서도 똑같이 유의할 필요가 있다. 우리의 논의는 다소 우회로를 거쳐 묵시록 소설에서 보이는 휴머니즘에 대한 열망에 대한 짝패이자 상관항인 '재난의 자연화' 양상을 먼저 점검한 다음, 그것을 가능하게 만드는 휴머니즘을 문제 삼을 것이다.

'재난의 자연화'란 인위적인 개입으로 빚어지는 역사의 파국을 그것이 저절로 그렇게 될 수밖에 없었던 것처럼 자연화, 신화화해서 정태적인 것, 변혁 불가능한 것, 영원한 것으로 뒤바꿔놓는 체제의 이데올로기 메커니즘이라고 간략히 정의할 수 있다. 그렇다면 필요한 것은 재난이 자연화되는 양상에 대한 예민한 감각일 것이며, 이러한 자연(화) 자체를 역사로 감지하는 소중한 능력일 것이다. 누군가가 아도르노의 자연사自然史, Naturge-schichte 개념에 빗대어 말한 것처럼, "오늘날의 담론 속에서 자연이 사실은 역사적 변화를 자기 안에 감추고 있다는 점이 간파되는 경우는 드문 형편인데, 이렇게 간파된 변화조차 현재의 체제가 가지는 의사擬似 자연적 지위를 문제 삼는 데 사용되기보다는 이 체제의 '자연적 존재' 안으로 통합되어버리고" 마는 것이 오늘날의 이데올로기적 현실이다.[20] 그러나 담론뿐만 아니라 서사에서도 이러한 역사의 자연화 양상은 현저히 나타난다. 왜냐하면 다른 대안이란 존재하지 않는다고 말하는 자본주의야말로 그 어떤 소설보다도 특유의 감각을 발휘하여 자신을 자연에 위치시키고 인간 본성에 부합하는 체제로 스스로를 정당화해온 발전의 거대 서사이기 때문이다. 특히 어떠한 묵시록 서사나 담론의 엔트로피 경향은 "전 우주가 소진되어 모든 것을 포괄하는 획일적인 동일성으로 변형"[21]된다는 관념을 통해 결정화된 역사 허무주의에 저항하기보다는 역사를 자연으로 치환하는 데에 우주론적으로 복무하려고 한다. 역사를 자연으로 치환하면서 실종되는 것은 정치경제적인 적대를 윤리의 이름으로 해소할 때 실종되는 것과 비슷하다.

그 죽은 박물관의 또 다른 이름은 서울시 서남부 제2차 재개발 지역이었다. 박물관 입구에는 붉은 두 개의 깃발이 걸려 있었다. 첫 번째 깃발에는 살고 싶다, 두 번째 깃발에는 반대한다, 라고 씌어 있었다. 시야에 들어온 모든 건물들이 천천히 무너져 내리고 있었고, 반복해

---

20   스벤 뤼티겐, 「비자연적 역사?」, 『뉴레프트리뷰 3』, 정대훈 옮김, 길, 2011, 92쪽.
21   스벤 뤼티겐, 「비자연적 역사?」, 『뉴레프트리뷰 3』, 107쪽.

서, 포클레인은 길게 목을 빼고 울부짖었다. 부서진 시멘트 아래 드러난 철골 구조물은 붉게 녹이 슬어 모두 피를 흘리는 것 같았다. 비명 소리는 텅 빈 건물의 곳곳에서 흘러나왔고, 이따금, 바람이 아주 세게 불었다. 나는 부서진 플라스틱 바구니, 물에 젖은 달력, 흙이 묻은 잠옷을 따라 걸었다. 찢어진 플라스틱 저금통, 녹이 슨 에프킬라, 중국산 유아용 장난감들을 따라 걸었다. 열다섯 살인 나는 그곳이 세계의 끝이라고 생각했다. 다섯 살 때도 그랬다. 스물다섯 살인 나는 이제 끝이 아닌 세계를 어디에서도 발견할 수가 없다.[22]

예를 들면, 김사과의 「매장」에는 '역사의 자연화' 양상을 간파하는 감각과 지각 능력이 드물게 엿보이지만, 어떤 한계가 없지 않다. 이 소설에서 '세계의 끝'에 해당하는 물질적 은유는 '죽은 박물관'으로 명명된다. 이 '죽은 박물관'은 소설의 에세이적 서술자에 따르면 서울 서남부의 재개발 지역이기도 '뉴욕'이기도 '평양'이기도 하고 '폭격을 당한 드레스덴'이거나 '달의 표면'이기도 하며, 그곳으로 향하는 길은 남쪽이어도 북쪽이어도 아무 곳이어도 특별히 상관없다. 그 '세계의 끝'은 모든 문명의 잡동사니 쓰레기와 폐기물이 모인 자연사 박물관처럼 전시되어 있다. 거기에는 '부서진 플라스틱 바구니, 물에 젖은 달력, 흙이 묻은 잠옷, 플라스틱 저금통, 녹이 슨 에프킬라, 중국산 유아용 장난감들'이 여기저기 흩어져 있으며, 도처에 "사라진 사람들, 바람, 부서진 건물의 잔해, 비명 소리, 바람"[23]이 어지러이 널려 있다. 인공물은 자연의 이미지로 은유된다. '반복해서, 포클레인은 길게 목을 빼고 울부짖었다. 부서진 시멘트 아래 드러난 철골 구조물은 붉게 녹이 슬어 모두 피를 흘리는 것 같았다.'

역사가 자연과 합치되는 순간 그것은 폐허로 드러나는데, 이에 대한 김사과 나름의 감각은 꽤 칭찬할 만하다. 그러나 소설은 차분히 그 폐허를 전력해 응시하기보다는 이내 다른 곳으로 점핑하며, 그때 소설은 묘사와 서술을 끈질기게 밀고 나가는 대신 김사과 소설에서 종종 보이는 고질적인 단점이기도 한 설명과 담론으로만 귀착된다. "결국 세계를 바꿀 수 없었으므로 (그리고 앞으로도 계속해서) 우리는 이제 그만 세계를 끝내려고 한다. 그 방법은 더 이상의 번식을 중단하고 집단 학살과 자살을 병행하여 인류 전체가 멸종에 이르는 것이다."[24] 그런데 어떻게, 무엇으로? 이것은 결국 하나 마나 한 얘기는 아닐까. 진짜 질긴 실감이란 "여전히 우리는 세계를 끝장낼 방법을 알 수 없었고 상관없이 이 세계는 끝 너머로 이어지고 있"을 뿐이라는 게 아닐까.[25] 단 한 순간의 일격으로 종말이 오지 않는다면, 우리는 그 이후의 시간을, '세계의 끝' 이후를 그저 묵묵히 견디며 살아갈 수 있을 뿐일까.

그럴지도 모른다. 그러나 이렇게 물어볼 수는 있다. 도대체 작가가 말하는 '세계의 끝'의 '세계'란 무엇일까. 김사과 소설에는 결국 그가 문제시하는 세계는 없고 세계에 대한 기분, 분노만 있는 것은 아닐까. 그것이 '세계의 끝'으로 서둘러 표현된 것은 아닐까. 김사과 소설은 확실히 구태의연한 휴머니즘과는 결별한다. 그러나 이러한 제스처는 세계에 대한 방향 없는 분노의 분출과 무기력한 응시의 악순환에 꼼짝없이 결박되어 있다.

김사과 소설에서 참으로 안쓰럽게 읽어내고 싶어 하는 속류의 '메시아주의'란 인간 없는 메시아의 재림일 뿐이다. 이러한 메시아주의란 공허한 기다림을 참지 못하다가 결국 한순간의 대참사나 재난을 앞당기기 위해 무차별 테러를 실행하는 것으로 귀결될 뿐이다. 김사과 소설의 인물들은 천년왕국의 묵시록적 사도만큼이나 종말을 앞당기지만, 그것은 해프닝으로 끝나고 만다. 혁명도 뭣도 아닌, 혁명의 일인—ㅅ 퍼포먼스, 코스프레 costume play에 불과한 것으로. 그렇다면 배설로서의 분노 터뜨리기가 아니라, 김애란의 「물속 골리앗」에서 주인공의 죽어가는 어머니가 물 봉지를 칼로 찌르는 섬뜩한 장면에서처럼, 텍스트 안으로 기입하는 방식으로 분

22   김사과, 「매장」, 『02』, 233~234쪽. (밑줄은 인용자)
23   김사과, 「매장」, 『02』, 234쪽.
24   김사과, 「매장」, 『02』, 235쪽.
25   김사과, 「매장」, 『02』, 239쪽.

노를 표출해보는 것은 어떨까도 싶다. 작가도 그것을 모르고 있는 것 같지는 않다. 최근에 발표된 「더 나쁜 쪽으로」와 같은 단편을 읽어보면 '분노의 세대'라고 불릴 만한 '우리'에 대한 공통감과 연대의식 같은 것이 이전 소설과는 다르게 엿보여서 주목된다. 이 작가의 '더 나쁜 쪽으로'는 아직은 현재진행형이다.

마지막으로 근래에 발표된 작품 중 가장 인상적인 김애란 소설을 읽는다.

> 나는 그 자리에 털썩 주저앉았다. 그러고는 다시 훌쩍훌쩍 울었다. 그가 사라졌다는 사실보다 다시 혼자 남겨졌다는 게 무섭고 서러웠다. 주위는 어느새 어두워져 있었다. 이제 어떻게 해야 하는지, 어디로 가야 되는지, 아무것도 알 수 없었다. 어쩌면 이곳이 내가 갈 수 있는 세계의 끝인지도 몰랐다. 여기구나. 여기까지구나. 쓰러지듯 철판 위에 몸을 던졌다. 그동안의 피로가 순식간에 밀려오며 온몸이 진흙처럼 흐물흐물 녹아내렸다.[26]

그런데 김애란의 「물속 골리앗」과 같은 압도적인 백미의 작품에서도 어떤 한계가 엿보이는 것도 이러한 '현실(역사)의 자연화' 양상과 결코 무관하지 않다. 이 소설에서 장마와 홍수로 표상되는 자연은 인간과 그것이 세운 모든 것들을 아랑곳하지 않고 모두 쓸어버린다. "세계는 비 닿는 소리로 꽉 차갔다. 빗방울은 저마다의 성질에 맞는 낙하의 완급과 리듬을 갖고 있었다. 하지만 그것도 오래 듣다 보니 하나의 소음처럼 느껴졌다. 자연은 지척에서 흐르고, 꺾이고, 번지고, 넘치며 짐승처럼 울어댔다. 단순하고 압도적인 소리였다. 자연은 망설임이 없었다. 자연은 회의懷疑가 없고, 자연은 반성이 없었다. 마치 어떤 책임도 물을 수 없는 거대한 금치산자 같았다."[27] 그래서 자연은 인간을 전혀 닮아 있지 않으면서도 어떤 표정과 암시와 징후를 인간에게 보여준다. 아마도 「물속 골리앗」과 더불어 한국소설에서 '자연'에 대한 어떤 기호론적 전도顚倒가 일어났다고도 감히 판정해볼 수 있올 것이다. 김애란 소설 특유의 감각적인 일격—擊의 문장에 따르면, "자연 은 자연스럽지 않게 자연이고자 했다"[28]라는 것이다. 「물속 골리앗」에 와 서 이제 자연은 인간이라는 종이 그 안에 완전히 포함된 생태계의 일부가 되며, 그것은 소설에서 주인공인 사춘기 소년의 놀라운 '생존과 적응'으로 표출된다. 삶은 적응과 생존 자체가 된다.

그런데 이 소설에서 자연은 인간적인 표정을 짓는 만큼이나 이데올 로기적으로 작동한다. 「물속 골리앗」에서 대홍수로 표상된 자연은 모든 것을 덮어버리고 쓸어버린다. 그런데 소설에서 서술된 바와 같은 '상중喪 中'인 현실, 곧 부모님이 주택담보 대출을 갚을 무렵 철거 명령이 떨어지고 나온 보상금은 터무니없이 적고 아버지가 타워 크레인에서 의문사를 당한 현실에 대한 그 이상의 있을 법한 질문마저 파국의 자연, 대홍수가 함께 쓸어가버리는 것은 혹시 아닐까. 그래서 소설의 후반부로 갈수록 주인공 이 환영과 망상 속에서 아버지를 그리워하고 추억하는 방식으로 어물어물 이야기가 전개되다 "누군가 올 거야"[29]로 소설이 끝나는 대목은 확실히 징 후적으로 읽힌다. 이 부분을 다시 자세하게 읽어본다.

원래 「물속 골리앗」이 처음 발표되었을 당시에는 따옴표가 없이 "누 군가, 올 것이다"[30]라는 독백으로 소설이 끝났으며, 개작하기 전에는 '세계 의 끝'이라는 표현도 없었다. 그런데 작가가 개작한 대목에서 따옴표가 있 는 독백체로 바뀐 "누군가 올 거야"라는 문장 다음에는 마지막 문장이 더 있다. "칼바람이 불자 골리앗 크레인이 휘청휘청 흔들렸다."[31] 이 마지막 구 절 때문에 이 소설은 확실히 김애란이 이전에 써온 것과 비슷한 소설이 된

---

26 김애란, 「물속 골리앗」, 『2011 제2회 젊은작가상 수상작품집』, 43~44쪽. (밑줄은 인용자)

27 김애란, 「물속 골리앗」, 『2011 제2회 젊은작가상 수상작품집』, 18쪽.

28 김애란, 「물속 골리앗」, 『2011 제2회 젊은작가상 수상작품집』, 23쪽.

29 김애란, 「물속 골리앗」, 『2011 제2회 젊은작가상 수상작품집』, 47쪽.

30 김애란, 「물속 골리앗」, 『자음과모음』, 75쪽.

31 김애란, 「물속 골리앗」, 『2011 제2회 젊은작가상 수상작품집』, 47쪽.

다. 김애란 소설에서 사물들이 사람에게 감응하는, 가령 가로등이 주인공에게 윙크하는 다른 소설의 한 대목을 연상하게 하는 결말을 한번 상기해보자.[32]

「물속 골리앗」에서 '누군가 올 거야'라는 자기 암시에 감응할 때 골리앗 크레인이라는 인공적 이미지는 거기서 실족사한 아버지보다도 추억 속 아버지와 더욱더 결부되면서 거대하게 팔을 뻗치는 나무마냥 '자연화된다 naturalize'. '누군가 올 거야'는 확실히 이 소설의 서술자이자 주인공으로 아직은 아버지가 필요한 소년과 잘 어울리는 염원의 표현이겠지만, 동시에 이러한 재난이 왜 일어났는지에 대한 질문을 중지시키고 아버지에 대한 그리움과 추억의 애도로 봉합되고 마는, 몽매蒙昧의 주문呪文은 아닐까. 이러한 판단의 근거를 김애란의 다른 글에서도 한둘 찾아볼 수 있어 내친김에 마저 이야기해보고자 한다.

김애란은 「물속 골리앗」에 대한 '작가 노트'인 「두 개의 물소리」라는 글을 소설을 쓴 다음에 썼다. 이 글에서 작가는 일본 후쿠시마 쓰나미와 원전 사고와 구조 장면을 지켜보면서 우리에게 필요하거나 부족한 것은 "공포에 대한 상상력이 아니라 선善에 대한 상상력"[33]이라고 말한다. 확실히 작가다운 휴머니티의 발현이며, 이러한 윤리 감각에 돌출한 흠집이라곤 별로 없다. 작가도 '노트'에서 완전한 공포란 상상할 수 없다고 말한다. 그러나 이렇게 질문해볼 수는 있다. 만일 할리우드 재난 영화의 결말에서 가족 통합이나 형제애의 회복과 같은 휴머니즘이 발현되는 것과 김애란의 「물속 골리앗」에서 주인공이 대홍수라는 '세계의 끝'에서 '누군가 올 거야'라고 희망을 염원하는 것에 차이가 있는지, 있다면 어떤 차이가 있으며 또 그것이 무엇인지를 물어야 한다. 그런데 그 둘의 차이는 우리가 생각하는 것보다 별로 없을지도 모른다.

왜 수많은 재난 영화나 묵시록은 비인간적이고도 무시무시한 재난을 실컷 상상하고 난 다음 마지막에는 고루하고 식상한 휴머니즘을 내세울까. 휴머니즘을 강조하기 위해 재난을 끌어오는 방식은 서사적으로 자명하거나 불가피한 것일까. 「물속 골리앗」은 그러한 휴머니즘에서 진정 예외

라고 할 수 있을까. 우리는 우리가 읽는 묵시록 텍스트가 리얼리즘 소설이

32 처음 발표된 소설과 개작된 소설의 차이를 지나치게 파고드는 것 같은 느낌이 없지
않지만, 여기서 한번 「물속 골리앗」의 마지막 대목을 각각 인용하고 풀이해본다. "나는
다시 기다려야 했다. 큰 바람이 불자 골리앗 크레인이 휘청휘청 흔들렸다. 나는 빗물에
젖은 속눈썹을 깜빡이며 달무리 진 밤하늘을 오랫동안 바라봤다. 그러곤 파랗게
질린 입술을 덜덜 떨며 조그맣게 중얼댔다. // ― 누군가, 올 것이다."(『자음과모음』,
75쪽. 밑줄은 인용자) 그리고 개작본은 이렇다. "나는 다시 기다려야 했다. 비에
젖어 축축해진 속눈썹을 깜빡이며 달무리 진 밤하늘을 오랫동안 바라봤다. 그러곤
파랗게 질린 입술을 덜덜 떨며, 조그맣게 중얼댔다. // "누군가 올 거야." // 칼바람이
불자 골리앗 크레인이 휘청휘청 흔들렸다."(『2011 제2회 젊은작가상 수상작품집』,
47쪽. 밑줄은 인용자)『자음과모음』판의 결말에서는 무시무시하고도 무심한 자연과
거대한 인공물 앞에 무방비로 놓인 상태에서 실낱같은 희망을 바라는 주인공의 극한
상황과 생존이 강조된다. 이에 비해 개작에서 '누군가 올 거야'라는 독백은 따옴표로
묶이면서 보다 확실하고도 능동적인 소망의 발화로 변한다. 그리고 그 발화에 골리앗
크레인이 감응한다고나 할까. 마치 아들의 부름에 멀리서 아버지가 응답하는 것처럼.
물론 골리앗 크레인이 크게 흔들리는 것은 단순한 자연 현상으로, 칼바람이 불었기
때문일 것이다. 물론 '누군가 올 거야' 다음에는 한 차례의 휴지부(//)를 두고 절이
바뀌어 칼바람이 등장하기 때문에 주인공의 마지막 독백이자 염원이 바로 흔들리는
골리앗 크레인의 흔들림과 이어지고 결부되는 것은 아니리라. 그러나 두 소설 모두에서
골리앗 크레인은 복합적인 의미를 품고 있는 사물이라는 점에 다시 주목해보면
이야기가 달라진다. 골리앗 크레인은 아버지가 실족사한 무시무시한 사물이었다가
점차로 아버지에 대한 주인공의 환영과 겹쳐지면서 추억 속 아버지의 이미지와 이미
오버랩이 되어 친숙하게 의미가 변화하는 사물이기도 한 것이다. 개작 전 소설에서
큰 바람에 흔들리는 골리앗 크레인이 여전히 남근적 사물이라는 느낌을 준다면, 개작
소설에서 칼바람에 흔들리는 골리앗 크레인의 이미지는 주인공의 부름에 멀리서
응답하는 것 같은 추억 속 아버지와 좀 더 가깝게 결부된다. 그런 식으로 개작의
의도와 결과를 읽어낼 수 있지 않을까. 어쩌면 「물속 골리앗」의 진짜 위력이 여기에
있을 수도 있겠다. 곧 무시무시한 사물, 타자마저도 감응과 교감이 가능한 인간적인
대상으로 축소해 만드는 작가 고유의 역량 말이다. 「물속 골리앗」은 '대홍수'의
숭고한 묵시록으로 시작해서 '달무리 진 밤하늘'의 아름다운 동화로 끝나는 소설이다.
'누군가, 올 것이다' 또는 '누군가 올 거야'라는 소망은 여전히 간절하고도 필연적으로
보이지만, 그 소망 속에는 이미 불가항력적인 현실에 대한 체념이자 판단이 자리 잡고
있어 보인다. '누군가 올 거야'는 달리 어쩔할 도리가 없을 때 내뱉는 '하나님, 제발'과
비슷한 문장이리라. 그럼에도 대홍수라는 불가항력의 현실에서 우리가 할 수 있는
것은 소설에서 암시된 바 그저 손 내미는 구원에의 막연한 기다림과 기다림대로 될 수
있으리라는 거듭된 자기 주문 이외에는 달리 정말, 다른 게 없는 것일까.

아니라 잠재적인 '꿈 사고Traumgedanken'가 명시적인 '꿈 내용Trauminhalt'으로 응축·전치되는 형식화의 과정임을, 즉 이러한 '꿈 작업Traumarbeit'은 하나의 소망이 서사적 공정을 통해 어떻게 왜곡되어 충족되는가를 은폐하는 일임을 염두에 두어야 한다. 반복해 말하지만, 프로이트의 장례식 꿈에서 남자가 가까운 친척들의 장례식을 계속 꿈꾸는 이유, 즉 이러한 '꿈 내용'에 담긴 진실은 그 친척들이 죽기를 바라는 소망이 실현된 것이 아니라, 장례식장을 빌려 장례식에 참석하는 옛 여자친구를 계속 만나기 위해서다('꿈 사고'). 즉 '꿈 내용'이 아닌 '꿈 작업'의 응축(여자친구)과 전치(장례식장)의 형식화에 주의해야 한다. 그래서 김애란의 「물속 골리앗」과 '작가 노트'를 나란히 두면, 대홍수의 재난과 가족의 몰락 후에 희망을 바라는 「물속 골리앗」은 마치 인류의 '선함'을 강조하는 '작가 노트'를 위해 뒤늦게 쓴 것처럼 읽히기도 한다.

숭고erhabene에서 기괴ungeheuer로

아마도 우리가 언급하는 문학텍스트를 통해 대면하고 있는 재난은 그 재난을 바라보는 안전한 거리와 관찰자가 확보된 숭고한 풍경만은 아닐지도 모른다. 전형적인 묵시록과 재난 소설은 미학적으로 말하면 '숭고erhabene'와 관련이 있었다. 칸트는 어떤 압도적인 대상으로부터 주체가 숭고를 체험하기 위한 조건으로 '안전한 거리'를 요청한다. 그런데 김애란이 말한 '선에 대한 상상력'은 칸트가 말한 숭고의 다른 이면을 윤리로 재차 확인한 것이다. 쓰나미가 눈앞에 닥쳐왔지만 끝까지 대피 방송을 하고 자신은 물살에 휩쓸려 간 동사무소 여자 공무원의 최후, 그에 대한 김애란의 언급은 윤리적으로 숭고하다. 우리는 여기서 감명을 받지 않을 수 없으며, 그것이 참으로 소중한 것임을 여전히 배워야 할 필요가 있다. 그러나 그러한 윤리적 깨달음이 숭고처럼 '안전한 거리'를 가정하지 않고서는 발생하기 어려운 것 또한 난감한 진실이다.

　　2001년 9·11테러라는 대참사를 TV로 지켜보면서 마치 악몽 같은

할리우드 재난 영화의 한 장면을 보는 것 같다가도 '아니지, 이것은 상상
이 아니라 현실이야!' 하면서 우리의 지각과 감수성을 재차 수정해야 하는
이중의 작업이 우리가 '리얼리티'라고 부르는 것에 걸려 있는 중요한 문제
일 것이다. 그런데 김애란이 언급한 후쿠시마 원전 사고와 쓰나미는 거기
서 우리가 선의 법칙을 재차 확인하게 되는 숭고한 풍경만은 아닐 수 있
다. 자연재해와 인재가 결합된 이번 후쿠시마 사태에서 중요한 것은 그러
한 재난으로부터 우리는 더 이상 안전한 거리를 확보할 수 없다는 진실이
아닐까. 수잔 나이만Susan Neiman은 모더니티의 상징적 참사의 두 현장인 '리
스본'과 '아우슈비츠'에 대해 다음과 같이 명징하게 요약했다. "리스본은 세
계가 인간과 얼마나 멀리 떨어져 있는지 보여주었다. 아우슈비츠는 인간
이 다른 인간과 얼마나 멀리 떨어져 있는지 보여주었다. 자연을 인간과 분
리하는 것이 근대화 프로젝트의 일부였다면, 리스본과 아우슈비츠 사이의
거리는 그것을 얼마나 떨어뜨려두기 어려운지를 보여준다."[34] 그러면 우리
는 '후쿠시마'에 대해 무슨 말을 할 수 있을까. 세계와 인간의, 인간과 다른
인간 사이에 놓인 무한한 거리만큼이나 이제 무서운 것은 세계와 인간의,
인간과 다른 인간 사이의 숨 막힐 정도의 가까움이지 않을까.

후쿠시마 원전에서 방출된 핵의 방사능 물질은 냉전 시대의 핵병기
에 대한 상상의 공포와는 질적으로 다르다. 핵 방사능 물질은 여전히 후쿠
시마라고 하는 특정한 지역에서 발생하는 것이겠지만, 그것은 어느새 우
리의 대기에 침투하여 생물학적 삶에 상당한 영향을 미칠 것이다. 뿐만 아
니라 우리는 그 재난에 대한 어떠한 지식과 대비책조차 갖지 못한 채 무지
속에서 압도적인 공포를 품을 수밖에 없다. 그것은 멀리 있는가 하면 대단
히 가까이에 있다. 그것은 미처 인지하기도 전에 신체에 침입해 있을지도

33   김애란, 「두 개의 물소리」, 『2011 제2회 젊은작가상 수상작품집』, 51쪽.
34   Susan Neiman, *Evil in Modern Thought: An Alternative History of Philosophy*,
         Princeton University Press, 2002, p. 240. 이 문장은 지그문트 바우만, 『유동하는 공포』,
         함규진 옮김, 산책자, 2009, 103쪽에서 인용했다.

모른다. 그것은 '이미'와 '아직'이라는 시간의 뒤틀림을 낳는다. 그 뒤틀린 시간을, 세계의 끝을 지금 우리가 살고 있다.

우리는 여기서 지금 그리고 앞으로도 생겨날 법한 재난의 상상력을 미적으로 규명하는 하나의 (비)개념을 제안하고자 한다. 칸트 미학에는 미와 숭고의 범주에는 묶이지 않는, 오히려 그 범주를 파괴하는 비미학적인 표현이 하나 더 있다. 일상의 독일어로 '운게호이에르ungeheuer'인 그것은 한국어로는 괴물, 기형奇形, 기괴奇怪로 번역될 수 있으며, 칸트 미학에서는 보통 피라미드처럼 엄청나게 큰 것에 대한 '수학적 숭고'의 별칭으로 해석된다. 그러나 운게호이에르는 애매한 데가 적지 않다. 간단히 말하면 숭고 앞에서 나는 여전히 안전할 수 있다. 하지만 "괴물, 즉 여기-있음의 저 무시무시한 시험 앞에서 나는 안전하지 못하다."[35] 게다가 운게호이에르, 기괴한 대상은 너무 압도적이라서 도무지 제시=재현이 불가능하다. 다시 말하자면, 핵은 '숭고'하다. 그렇지만 핵 방사능 물질은 '기괴'하다. 어디에 있는지 도무지 모르는 그 기체氣體는 정체가 불분명하니 재현으로 포착되지 않으며, 그래서 '기괴'는 "미메시스의 곡예가 실현되는 장소"가 된다.[36] 재난은 이제 우리 삶에 자리한 대단히 이질적이면서도 견고한 중핵이 되며, 그에 대해 방어하는 면역체계를 면역체계가 스스로 파괴하는, 그리하여 자기와 타자(적과 동지)를 도무지 구별하지 못하는 '자가면역질환autoimmune disease'을 닮게 된다.[37] 편혜영의 장편소설 『재와 빨강』의 한 대목이 잘 말해주듯이, "높은 감염률과 높아져가는 사망률과 확보되지 않은 백신 소식에도 불구하고" 사람들은 제시간이 되면 밥을 먹으러 나가고 무엇을 먹으면 좋을지에 대해 하릴없는 수다를 떤다. 『재와 빨강』의 표현을 빌리면 "일상의 면역력은 견고했다". 하지만 일상은 동시에 "목을 가눌 수 없는 갓난아기"이기도 하다.[38] 이 소설에서 말하는 '일상의 면역력'이란 재난에 적응하는 삶의 끈질긴 복원 능력이 아니라, 재난에 대한 감각과 상상을 잃어버리는 만큼 증가하는 무감각과 기억 상실에 가깝다. 인간이야말로 파국의 진정한 근원인 것이다.

마르틴 하이데거는 '파국katastrophe'을 둘로 구분했다. 히로시마와 나

가사키에 투하된 핵폭탄과 같은 문명이나 지진, 쓰나미, 화산 폭발과 같
은 자연재해로부터 비롯된 '존재적 파국'과 지속 가능한 성장이라는 구호
를 통해 핵을 인간의 행복을 위해 안전하게 관리할 수 있다는 인간의 신념
과 의지 그 자체에서 비롯되는 '존재론적 파국'이 바로 그것들이다. 하이데
거의 입장은 존재적 파국보다 존재론적 파국이 본질적이며, 그것이 진정한
파국이라는 것이다. "존재자 내부에서 인간은 유일한 재앙이다."[39]

　이쯤에서 우리는 대홍수와 같은 자연재해와 혜성의 충돌 등 '존재적
파국'을 전경화하면서 인간 자체가 재앙의 근원일 수 있음을 이야기하는
두 작가의 소설과 만나게 된다. 박민규의 「끝까지 이럴래?」에서는 심판관
이라는 뜻을 지닌 '리퍼리Rippere'라는 혜성이 지구와 충돌하기 하루 전날,
"간간이 폭음이 들려오는 인류의 마지막"[40] 전날이라는 존재적 파국을 묘
사한다. 이러한 파국의 전경을 뒤로하고 아파트에 남은 최후의 두 남자인
애덤스Adams와 창創, 또한 최초의 남자이기도 할 이들이 벌이는 미묘한 신
경전을 잠시 들여다보자. 이 소설을 '숭고'와 '기괴'의 대립으로 분석해보면,
애덤스와 창이 원인 모를 '층간소음'을 두고 예의바른 척 신경전을 벌이는

35　엘리안 에스쿠바, 「칸트 혹은 숭고의 단순성」, 장 - 뤽 낭시 외, 『숭고에 대하여—경계의
　　　미학, 미학의 경계』, 김예령 옮김, 문학과지성사, 2005, 126쪽.

36　엘리안 에스쿠바, 「칸트 혹은 숭고의 단순성」, 『숭고에 대하여—경계의 미학, 미학의
　　　경계』, 107쪽.

37　죽음(자살)에 대한 최수철의 묵시록적 장편소설 『페스트』, 문학과지성사, 2005의
　　　'자살'의 양태 또한 자가면역질환과 닮아 있다. '죽음에 이르는 병'인 멜랑콜리를 스스로
　　　앓는 게 아니라 그로부터 면역되어 있는 상태가 오히려 더 큰 재앙을 초래할 수 있다는
　　　한 작중인물(명인)의 경고는 자살의 자가면역질환의 성격을 잘 드러낸다. 이에 대해서는
　　　복도훈, 「죽음에 이르는 병—최수철의 『페스트』를 중심으로」, 『눈먼 자의 초상』,
　　　문학동네, 2010 참조.

38　편혜영, 『재와 빨강』, 179쪽.

39　마르틴 하이데거, 『횔덜린의 송가 〈이스터〉』, 최상욱 옮김, 동문선, 2005, 121쪽. 존재적
　　　파국과 존재론적 파국의 차이와 아포리아에 대해서는 이 책 2부에 실린 「대지와
　　　파국—카를 슈미트와 마르틴 하이데거를 통해 다시 읽는 문학의/과 정치」를 참조할 것.

40　박민규, 「끝까지 이럴래?」, 『더블』 side A, 167쪽.

가운데 드러나는, 두 이웃의 우스꽝스러우면서도 그로테스크함과 삶의 음산한 속내, 서로에게 느끼는 끈적끈적한 친근함과 불쾌함 등 요컨대 '기괴'의 감각적 구체具體가 지구 종말이라는 '숭고한' 사실보다 어쩌면 견디기가 더 어려울지도 모른다. 「끝까지 이럴래?」에서 애덤스와 창의 집도 아닌 그 소음의 진원지가 결코 밝혀지지 않는 층간소음은 적당히 멀리 떨어져 있기에 숭고한 것이 아닌, 너무 가까이 있기 때문에 도무지 견딜 수 없이 불쾌한 '이웃Nebenmensch'이라는 사물이 발산하는, 소름 끼치도록 신경을 곤두서게 만드는 잡음일 것이다.

운게호이에르, 기괴와 관련해서 이 장에서 마지막으로 언급해야 할 작가의 소설이 한둘 더 있다. 최근의 엄청난 구제역 사태와 가축 살처분, 집단 매장과 관련해 인간과 함께 살고 있는 동물들은 인간에게 정말 할 말이 많을 것이다. 그러나 만일 사자가 말을 해도 인간은 사자의 말을 조금도 알아들을 수 없을 것이라고 비트겐슈타인Ludwig Wittgenstein은 말했다. 우리에게는 사자의 목소리를 들을 귀가 없다. 황정은의 단편 「묘씨생—걱정하는 고양이」에서 섬뜩한 것은 제아무리 말을 해도 사람들이 조금도 알아들을 수 없는, 다섯 번 죽고 다섯 번 태어난 고양이의 묵시록적 저주인데, 그 저주의 기운은 매우 독하게 사방으로 퍼져나간다.

최근의 황정은 소설은 「옹기전」처럼 '서쪽에 다섯 개가 있어'라는 말 이외에 다른 말은 할 줄 모르는 항아리와 같은 사물로 하여금 말하게 하는 우화를 택한다. 모든 것을 땅에 묻고 그렇게 잊어도 사람들은 "세상은 멀쩡하다"라고, "당장 어떻게 되는 일 없다"[41]라고 말하지만, 이 소설은 대량으로 묻어버리고 망각해버린 것이 조만간 천하에 드러나게 될 "거대한 동공"[42]을 증언한다. 「옹기전」에서 '서쪽', 항아리가 내는 소리를 듣고 찾아간 "여기가 거기"[43]인 서쪽이란 '세계의 끝'이다. 한편 「묘씨생」에서 "등이나 가슴 부근의 느낌이 짜증스러워 혀로 핥으면 죽은 털이 목을 메울 듯 가득 묻어"나오는 "뼈가 뒤틀리고 머리의 형태도 울퉁불퉁"한 "깡마르고 험악한 몰골"[44]을 한 고양이 화자의 형상은 일전에 내가 세계의 직접적인 압박으로 찌그러지고 뒤틀려버린, 그 세계의 상징 질서로부터 배제되는 바로 그런 방식으로 거기에 분명히 존재하는 '기괴한 피조물들'로 불렸던 것의 하나다.[45] 이 기괴한 피조물들의 말 없는 말은 무언의 증언testimony, 말할 수 없는 것들로 하여금 말하게 하는, 인간의 말이 기억이 아니라 망각에 봉사하는 한, 인간적 말의 질서를 중단시킨다. 아마도 말 없는 절규 속에서 살처분당한 동물들과 「묘씨생」의 저주받을 고양이의 육신에게 그러하듯이, 노상의 고양이들을 잡아다가 강제 불임수술을 시키고 유기하는 업종의 인간들에게 붙잡혀 처분될 동물들의 분노는 인간 '세계의 완파'를 절실하게 원할 것이다. "도무지 이 몸이란 짐승 역시 먹고사는 것을 제일로 여기는 처지, 먹고사는 일로 따지자면 어느 짐승의 먹고사는 일이 가장 중요한지는 누구도 간단히 말할 수는 없는데도, 자기들만 살아갈 가치가 있다는 듯 아무 데나 눈을 흘기는 인간들이 승하는 세계란 단지 시끄럽고 거칠 뿐이니 완파되는 편이 좋을 것이다."[46]

그러나 황정은 소설의 피조물의 어법을 흉내 내어 말해보자면, 이 동물들의 말없는 분노의 외침을 들을 귀 있는 인간이란, 아아, 도대체 있기나 한 것인지, 있다면 얼마나 있을지는 도무지 모를 일이로다. 이처럼 황정은의 소설에서 '세계의 끝'은 동물의 편에서는 모든 참사와 재난의 최종심급인 인간종의 남김 없는 완파일 것이다.

세계의 끝인가, 자본주의의 끝인가
재난은 그 외관과 달리 결코 만인에게 공평하게 다가오지 않는다. 장준환

41   황정은, 「옹기전」, 『현대문학』, 90쪽.
42   황정은, 「옹기전」, 『현대문학』, 90쪽.
43   황정은, 「옹기전」, 『현대문학』, 91쪽.
44   황정은, 「묘씨생—걱정하는 고양이」, 『문예중앙』, 268쪽.
45   복도훈, 「인형과 꼽추난쟁이—소설가 황정은과 나눈 말들의 풍경」, 『문예중앙』 2010년 겨울호 참조.
46   황정은, 「묘씨생—걱정하는 고양이」, 『문예중앙』, 258~259쪽.

감독의 SF 블록버스터 〈지구를 지켜라!〉의 마지막 장면이 그러하듯이 '지구의 폭파'를 통해 평등한 종말을 꿈꾸는 이유는 어쩌면 그만큼 평등한 세계를 원해서일지도 모른다. 그러나 우리가 마주하는 실상은 「루디」에서 그렇듯이 자본가들이 평등하게 괴롭혀온 것에 대한 노동자들, 곧 배제된 자들의 '평등한' 복수일 뿐이다.

　　지금까지 살펴본 우주론적 묵시록에서 재앙은 서구 최초의 철학적 금언이라고 부르는 아낙시만드로스Anaximandros의 말처럼 만물이 소멸을 향해 가는 평등한 엔트로피 상태다. 그러나 그렇게 상상한 '세계의 끝'에는 이데올로기의 증상과 계급 차별이 엄연히 내포되어 있다. 글머리에서도 언급했지만, '세계의 끝' 이후에도, 지구의 종말 이후에도 우리는 여전히 불가사의한 응시 속에서 자본주의의 공장과 기계가 자신만의 서사 법칙에 따라 잘 굴러가는 모습을 지켜본다. 그것은 이 글에서 다룬 묵시록이라는 장르가, 편혜영의 「저녁의 구애」의 마지막에 나오는, 자신의 트럭과 비슷한 불타버린 트럭을 바라보는 주인공의 묵시적인 응시처럼, 마치 자신의 죽음을 자신이 지켜보고 있는 것 같은 꿈 텍스트라는 형식에서 연유하는 것이기도 하다.

　　"바람이 세차게 불고 하늘은 잔뜩 찌푸린 어느 봄날, 런던 시는 바닷물이 말라버린 옛 북해를 가로질러 작은 광산 타운을 추격하고 있었다."[47] 이 놀라운 문장으로 시작하는 필립 리브Philip Reeve의 견인 도시 연대기 4부작 가운데 첫 번째 과학소설인 『모털 엔진Mortal Engines』(2001)을 거의 다 읽을 즈음에서야 나는 이 소설 제목을 그동안 immortal engine으로 상상하고 읽었다는 것을 문득, 깨달았다. '모털 엔진'은 물론 소설 속에서 다른 도시들을 집어삼키면서 움직이는 '런던' 길드처럼, 약육강식이나 적자생존과 같은 도시 진화론의 법칙에 충실한 자본주의에 대한 알레고리적 명명일 것이다. 그런데 나는 왜 자본주의를 필멸의 엔진이 아닌, 불멸의 엔진으로 생각하고 있었던 것일까. 혹시 자본주의의 끝을 상상할 수 있는 능력이 내겐 없음을 자인하고 있었던 것은 아니었을까. 프레드릭 제임슨과 슬라보예 지젝이 종종 말하는 것처럼, 우리는 세계의 끝을 열심히 상상하는 만큼 자

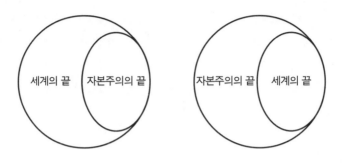

본주의의 끝을 상상하려 하지는 않는다. 그런데 『모텔 엔진』은 60분간의 핵전쟁, 즉 일격에 닥친 '세계의 끝' 이후에도 끈질기게 살아남는 자본주의에 대한 우화가 아닌가.

'세계의 끝'에 대한 우주론적 이데올로기와 그에 대한 정치경제적 비판의 도식을 위와 같이 그려보도록 하자. 묵시록이나 과학소설에서 재현되는 재앙은 흔히 자연적이거나 우주론적이다. 그러나 이 우주론적 비전은 인간의 개입과 같은 작위보다는 천재지변과도 같은 자연으로 형상화되는 경우가 더욱 많다. 그런데 주의해야 한다. 어떤 인간적인 개입과 그 결과를 자연화하는 능력은 자본주의의 가장 탁월한 이데올로기일 수 있다는 것을. 여기서 문제는 한층 복잡해진다. 물론 묵시록 서사에서 재난과 파국이 우주적, 자연적, 생태적 이미지로 표상된다고 해서 그러한 표상을 무조건 기각할 필요는 없겠다. 무엇보다도 그것을 하나의 증상으로, 두제곱으로 읽는 것이 중요하다. 이러한 재현의 층위에서 제기되는 문제와 함께 그리고 그것과 뒤얽혀 중요하게 다뤄야 할 현실적인 문제는 전 지구적 차원의 생태적 재난을 어떻게 취급할 것인가라는 질문이다. 그것은 분명 자본주의의 부산물이지만, 생태적 재난이라는 이 부산물은 이제 자본주의가

---

47   필립 리브, 『모텔 엔진』, 김희정 옮김, 부키, 2010, 11쪽.

196

도무지 어찌할 수 없을 정도로 지구와 인간종 한복판을 가로지르는 보편
성을 획득했다는 것이다. 생태적 재난이라는 '보편적 적대'(종의 전멸)는 자
본주의에서 비롯되는 '특수한 적대'(계급투쟁)보다 더욱 보편적인가 그렇
지 않은가. 전 지구적인 차원의 환경 파괴에 따른 재난이 긴급한 것인가 자
본주의의 항구적 운동이라는 재난이 긴급한 것인가.[48] 그런데 생태적 재난
의 보편성을 우위에 두고 인간을 하나의 종으로, 역사를 자연사로 파악하
는 입장은 이데올로기적 신비화에 노출되는 경우가 적지 않다. 지젝이라면
"두려움의 생태주의ecology of fear"[49]라고 비꼬았을 어떤 생태주의 묵시록은
'자본주의의 끝'보다 '세계의 끝'을 즐긴다. 강하게 파국을 이야기하면 할수
록 이러한 묵시록은 파국이 실제로 일어나는 것을 결코 원하지 않는다.

여기서 간단한 사고 실험을 해볼 수 있겠다. 자본주의의 무한한 확
장과 식민화 결과로 인한 무분별한 환경 파괴는 자본주의의 종말마저 가
져다줄 것인가. 그럴 수도 있다. 그러면, 기다려라! 삼십여 년 정도의 매장
량밖에 남지 않은 석유 종말시대에 대한 묵시록적 비전을 제시해주는 제
임스 하워드 쿤슬러James Howard Kunstler의 『장기비상시대The Long Emergency』
(2005)[50]와 같은 책이 자칫 빠질 수도 있는 이데올로기적인 함정이 바로 여
기에 있다. 석유를 대체할 만한 대안에너지를 만들지 못한다면, 그러면 어
찌할 것인가. 그저 석유를 다 쓸 때까지만 기다려라. 그러면 석유를 근간
으로 하는 자본주의의 종말도 함께 오리라. 이것은 냉소주의 아닌가. 따
라서 우주론적인 재난을 그 자체로 읽기보다는 정치경제적 재난의 결과에
대한 하나의 증상으로 독해하는 것이 중요하다. 우주론적 재난은 엔트로
피처럼 평등하게 결과하지만, 정치경제적 재난은 불평등의 구조적 요소를
가장 첨예하게 드러낸다. 그래서 재난은 자본의 순환 과정에서 독특하게
헤지펀드와 같은 금융 거래의 방식으로 작동한다. 재난마저도 자본주의
가 자신을 무한하게 확장하는 데 발생할 수 있을 예상 리스크, 특히 공황
을 예방하기 위해 만든 일종의 파생금융상품과 한패이자 바로 그 상품이
아닐까. 자본이 리스크를 예상하는 방법은 바로 파국을 상품화해서 거래
목록에 안전하게 등록시키는 것이다. 다행히도 한국문학은 재난을 '세계의

끝'이라는 형이상학적이고도 우주적 규모뿐만 아니라 전 지구적 자본주의라는 정치경제의 역학으로도 접근하려는 매우 드문, 그래서 그런지는 몰라도 별 주목을 받지 못했던 문학의 중요한 시도를 한둘 정도는 갖고 있다.

조하형의 뛰어난 묵시록인『조립식 보리수나무』는 한반도에 닥치는 불과 모래비의 재난과 그 재난의 복구 과정을 통해 재난이 초국적 자본, 다국적기업이 하는 사업의 일부로 명확하게 제시되어 있음을 보여준다. 재난은 시스템을 파괴하는 것이 아니다. 재난 자체가 시스템 작동의 일부며, 시뮬레이션 프로그램이고, 또 시스템이 파괴적으로 벌이는 막다른 자기 유희다. 프레드릭 제임슨은 윌리엄 깁슨William Gibson의 사이버펑크인『뉴로맨서Neuromancer』(1984)에서 각종 불법 투기와 대규모 암거래, 매각과 암살 등이 행해지는 스프롤화된 도시의 이면에는 다국적기업이라는 '원초적 장면primal scene'이 어른거린다고 말한 적이 있다. 그런데『조립식 보리수나무』로 오면 이 다국적기업이란 텍스트에 음화로 각인된 원초적 장면이 아니라, 노골적이고도 뻔뻔한 실재가 되어 텍스트의 일부를 이룬다. 다음 구절을 읽어본다.

복구 사업이, 재난 이전부터 계획되었던 것처럼 진행되는 건, 놀라운 일이 아니었다. 복구 사업의 주체는, 정부가 아니었다. 강릉은, 매크로 앤 타이니로 상징되는 초국적 자본, 다국적기업들이 접수했고, 정부는 치안 서비스나 제공하는 기업 용병에 불과했다. 복구의 환상 이

---

48   이러한 질문은 다음 글에서 핵심적으로 제기되는 문제다. 디페시 차크라바르티Dipesh
         Chakrabarty,「역사의 기후—네 가지 테제」, 김용우 옮김, 조지형 · 김용우 엮음,
         『지구사의 도전—어떻게 유럽 중심주의를 넘어설 것인가』, 서해문집, 2010, 348~386쪽.
         「역사의 기후」에 대한 주요한 비판으로는 Slavoj Žižek, "Apocalypse at the Gates",
         Living in the End Times, pp. 330~336.
49   슬라보예 지젝,「자연 속의 불만」,『잃어버린 대의를 옹호하며』, 박정수 옮김, 그린비,
         2009, 665~656쪽.
50   제임스 하워드 쿤슬러,『장기비상시대』, 이한중 옮김, 갈라파고스, 2011.

면에서, 부동산 소유권이나 백두대간 개발권, 기반 시설에 대한 이권 등이 사기업으로 넘어가며 훼손되고 있었다. 강릉의 미래는 예정되어 있었다. 성장거점 집중 복구는, 양극화를 심화시킬 것이고, 애향심과 가족주의로 무장한 노동자들이 받는 평균 이하의 임금은, 악성 인플레로 날아갈 것이며, 환금 작물로 강제 전환되거나 관광 유흥지로 변해버린 농지와 어장은, 식량 위기에 대처할 수 없게 만들 것이다. 이철민이 보기에, 재난 복구는 환유 연쇄의 감옥, 하나의 사막을 또 하나의 사막으로 대체하는 것에 불과했다: 마카오—사막화.[51]

조금이라도 긴장을 늦추면 읽기 어려울 정도로 조하형의 소설 문체가 뒤틀리고 추상적이면서도 히스테리컬한 낯선 감각으로 특이하게 다가오는 이유는 무엇일까. 그것은 소설의 표현을 빌리면 재난이라는 "세계 시스템 차원의 문제를 개체 수준으로 축소하고 신경계를 식민지화한"[52] 결과로 닥친, "'세계의 비참'에 대한 전 지구적 규모의 불감증"[53]에 대해 아메바화된 주체가 행할 수 있는 이디오진크라지의 격한 몸부림이 조하형 작가만의 유니크한 문체를 통해 표출되기 때문일 것이다.

세계의 끝에서 끝의 서사로

지금까지 우리가 살펴본 '세계의 끝'의 기호학은 현재 한국소설의 재난의 상상력이 위치해 있는 상상적이고도 현실적인 이데올로기적 좌표의 하나다. 『조립식 보리수나무』의 한 구절을 다시 응용해 말해보자면, 한국소설은 재난의 상상력 덕분으로 현재의 연장 또는 단절로서의 미래를 상상하기 시작했다. 그러나 그 미래를 예정된 미래로, 좌표 수정이 도무지 불가능할 것 같은 미래로 취급한 경향도 없지는 않았다. 앞으로의 관건은 '예정된 미래를 바꿀 수 있는가?'라는 근본적인 질문에 대한 탐구일 것이다. 파생금융상품으로 미연에 리스크를 방지하려는, 다분히 예측 가능한 미래가 아니라 자본주의적 신용의 논리가 끝장나는 공황 상태의 비어 있는, 단절된 미래를 적극적으로 상상하기.

　이제 한국소설의 재난의 상상력은 도래할 실제적인 재난의 현실보다도, 재난을 재생산하고 소비하는 자본주의의 서사보다도, 자가면역의 '세계-시뮬레이션'보다도 더 빠르거나, 또는 더 느리게, 과연 돌연변이하거나 진화를 거듭할 수 있을 것인가.

덧붙임: 본문에서 나는 최근의 엔트로피 서사 및 담론이 역사허무주의로 빠져버리는 경향에 대해 인용했지만, 모든 엔트로피 서사가 반드시 그런 것만은 아니다. 내가 읽어본 소설가의 범위에서, 정치사회적 엔트로피의 상태가 임계점에 도달했다가 혁명으로 폭발한 1960년대에 걸쳐 많은 작품들을 쓴 제임스 G. 발라드, 토머스 핀천Thomas Pynchon 그리고 필립 K. 딕 Philip Kindred Dick은 엔트로피 법칙을 응용해 전치되고 위장된 방식으로 역사를 드러낸 과학소설과 묵시록의 작가들이다. 발라드의 '파멸 삼부작' 중의 하나인 『크리스탈 월드The Crystal World』(1966)[54]는 모든 것이 수정체水晶體로 변하는 열대지방에 대한 엔트로피의 유추를 통해 제국주의의 식민주의적 지배에 대한 종말을 형상화했다. 핀천은 『브이V』(1963)에서 파국으로 침몰해가는 세계에 대한 음모론적이면서도 컬트적인 만화경을 보여주었으며, 『제49호 품목의 경매The Crying of Lot 49』(1966)를 통해 엔트로피 고립계를 강화하는 미국이라는 환상의 요새를 풍자적으로 횡단했다.[55] 그리고 필립 K. 딕은 엔트로피 상상력의 왕좌에 오른 드문 작가다. 『안드로이드는 전기양을 꿈꾸는가?Do Androids Dream of Electric Sheep?』(1968), 『유빅Ubik』(1969)을

51　조하형, 『조립식 보리수나무』, 267쪽.

52　조하형, 『조립식 보리수나무』, 146쪽.

53　조하형, 『조립식 보리수나무』, 146쪽.

54　제임스 G. 발라드, 『크리스탈 월드』, 김진경 옮김, 시공사, 1999.

55　토머스 핀천, 『브이』, 김상구 옮김, 학원사, 1983; 『브이를 찾아서』, 설순봉 옮김, 민음사, 1991; 『제49호 품목의 경매』, 김성곤 옮김, 민음사, 2007.

비롯해서 최근에 번역 출간되는 필립 K. 딕의 일련의 과학소설[56]은 다양한 변종의 엔트로피 고립계에서 인간성과 세계 몰락, 그 와중에 피어나는 희망과 연대를 핍진하게 그려낸다.

필립 K. 딕이 형상화한 우주에는 행성식민개척사(『화성의 타임슬립 Martian Time-Slip』, 『죽음의 미로A Maze of Death』, 『파머 엘드리치의 세 개의 성흔The Three Stigmata of Palmer Eldritch』), 행성 간 여행과 동면(『죽음의 미로』, 『파머 엘드리치의 세 개의 성흔』), 핵전쟁 이후의 세계(『닥터 블러드머니 Dr. Bloodmoney』, 『안드로이드는 전기양을 꿈꾸는가?』), 대안 역사alternative history(『높은 성의 사내The Man in The High Castle』), 가상현실(『안드로이드는 전기양을 꿈꾸는가?』, 『유빅』, 『죽음의 미로』, 『파머 엘드리치의 세 개의 성흔』) 등등 과학소설에 친숙한 문법과 소재, 배경을 토대로 딕 특유의 음울한 디스토피아적 미래상이 잘 구축되어 있다. 『화성의 타임슬립』(1964)에서 '화성'은 작중인물들이 새로운 희망을 품고 떠나 정착했지만 정작 자본과 권력이 각축을 다투는 암투장이 되면서 몰락해가는 디스토피아다. 비슷하게 『파머 엘드리치의 세 개의 성흔』(1965)에서도 사람들이 희망 없는 미래 대신 가상현실을 통해 과거로 퇴행하는 '지구'와 '화성'의 현실이란 외계 행성에서 가져온 비밀의 환각제를 둘러싸고 자본가들의 암투가 펼쳐지는 무한경쟁의 시장일 뿐이다(〈지구를 지켜라!〉에서도 그랬던 것처럼 독점 자본가는 마침내 신이 된다). 『안드로이드는 전기양을 꿈꾸는가』에서 핵전쟁 이후의 지구는 엔트로피의 은유인 '키플kipple'로 서서히 파멸해가는 복제물들의 세계이며, 『유빅』에서 세계는 일종의 시간퇴행을 통해 화석화된 과거로 회귀한다. 또 『죽음의 미로』(1970)에서 가상의 행성 '델멕-O'는 개성이 강한 서로 다른 인물들이 광기와 환각, 살인의 늪으로 빠져들고 마는 인간성의 실험실이다. 그런가 하면 『닥터 블러드머니』(1965)에 묘사된 핵전쟁 이후의 세계는 살아남은 소수조차도 각양각색의 독점사업과 투기를 통해 다른 이들에게 주인으로 군림하려드는 동물의 왕국이다. '만일 독일과 일본이 2차 대전에서 승리했더라면'이라는 가정법으로 쓴 『높은 성의 사내』(1962)는 또 어떤가. 딕의 과학소설에서 묘사되는 근미래나 가상의 역사는 현실과 역사로부터의 도피나 탈출 경로로 제시된 것이 결코 아니다. 오히려 미래와 가상의 역사에 대한 형상화는 바로 역사를 관통하는 진지한 물음이 된다. 『높은 성의 사내』에서 제시된 가상의 미래 또는 역사는 원본과 복제를 구별할 수 없는 골동품을 전시하는 상점과 비슷하다. 이 소설에는 알렉상드르 코제브가 1960년대 후반에 언급한 스노비즘과 같은 후기산업사회의 징후가 또렷하게 예견되어 있다. 물론 딕의 이러한 디스토피아적 미래를 떠받치는 근본적인 세계관, 우주관은 모든 만물은 소멸을 향해 갈 수밖에 없다는 엔트로피 법칙이며, 거기에는 불완전하고도 악의적인 신이 창조한 기형적인 피조물들의 세계에 대한 음울한 영지주의gnosticism의 통찰이 서려 있다. 필립 K. 딕 소설에 등장하는 인물들에게, 작가 자신의 생애가 그러했듯이, 감각은 착종되며, 정신은 분열증적으로 방황하고, 구원은 요원해 보인다. 그럼에도 딕의 독자들에게 이러한 인물들의 모습은 거꾸로 인간성에 대한 희망과 연대의 비유형상으로 거듭난다. 지구에 잠입한 기계 프롤레타리아트인 안드로이드와 연대감을 나누는 '닭대가리' 인간 이지도어(『안드로이드는 전기양을 꿈꾸는가』), '고귀한 야만인bon sauvage'인 화성 원주민 블리크맨(『화성의 타임슬립』), 지구 상공의 위성에서 핵전쟁에서 살아남은 소수의 인류를 위해 밤낮으로 희망을 전송하는 데인저필드(『닥터 블러드머니』), 임실 음모에도 불구하고 몰락의 역사에 맞서 구원의 역사를 다시 쓰는 은둔 작가 아벤젠(『높은 성의 사내』), 그리고 그 자신은 방황하지만 명석하고 분별 있는 여성인물들과 자폐아들, 분열증자들 그리고 그들과 연대하는 사람들의 모습에서 결국 희망은 만들어진다.

제임스 G. 발라드, 토머스 핀천, 필립 K. 딕, 이 작가들의 소설을 읽

---

56 지금까지 번역 출간된 필립 K. 딕의 장편소설은 다음과 같다. 『안드로이드는 전기양을 꿈꾸는가?』, 이선주 옮김, 황금가지, 2008; 『유빅』, 한기찬 옮김, 문학수첩, 2010; 『화성의 타임슬립』, 김상훈 옮김, 폴라북스, 2011; 『죽음의 미로』, 김상훈 옮김, 폴라북스, 2011; 『파머 엘드리치의 세 개의 성흔』, 김상훈 옮김, 폴라북스, 2011; 『닥터 블러드머니』, 고호관 옮김, 폴라북스 2011; 『높은 성의 사내』, 남명성 옮김, 폴라북스, 2011.

다 보면 엔트로피 상상력을, 사람들이 역사의 종말이라는 명목으로 쓰레기통에 처박은 역사와 연결시키는 감수성과 지성이 절실하게 필요하다는 생각이 든다. 특히 디스토피아, 엔트로피 세계, 리얼리티와 시뮬레이션, 주체의 죽음, 대안 역사 등 한국소설도 관심을 가질 법한 현대문학의 첨단 주제와 하위문화의 소재에 '장르'의 지위를 부여한 필립 K. 딕의 과학소설은 한국에서 과학소설과 근미래 소설, 재난 소설, 묵시록에 매혹을 느끼는 작가와 독자뿐 아니라, 이미 그가 오래전에 제시한 현실 속에서 살고 있음에도 불구하고 아직 그것을 '리얼한 것'으로 받아들이는 것에 저항하는 비평가 같은 소수의 고루한 고급독자에게도 시사해주는 바가 적지 않으리라 생각한다.

3   대지와 파국

— 카를 슈미트와 마르틴 하이데거를 통해 다시 읽는 문학의/과 정치

우리 총통께서는 우리를 어둠으로, 무無로 끌고 가시지요. 그러니 어둠, 파멸과
는 특별한 사이인 우리 시인들이 어찌 탄복하지 않겠어요? / 클라우스 만Klaus
Mann, 『메피스토Mephisto』

"예, 나는 파국을 좋아합니다"—1933년 제3제국, 시인과 총통Führer
독일의 소설가이자 소설가 토마스 만Thomas Mann의 아들이기도 한 클라우
스 만의『메피스토』(1936)는 독일 연극계의 한 예술가가 자신의 출세와 명
예를 위해 기회주의적으로 나치 정권에 협력해가는 과정을 박진감 있게
그린 장편소설이다. 이 소설은 토마스 만의 대작인『파우스트 박사Doktor
Faustus』(1947)와 함께 읽어볼 만하다.『메피스토』와 비슷하게도 한 천재적
인 음악가가 악마와 결탁하면서 예술적 천재를 얻는 대신 삶 그 자체는 파
멸해가는 과정을 묘사하는『파우스트 박사』는 독일의 나치즘이 대두하기
까지의 정신적 경로를 루터로부터 독일 낭만주의를 거쳐 니체까지 답파하
는 일종의 형이상학적 사상소설이다. 그에 비해『메피스토』는 작품이 출간
되던 당시의 실존 인물들을 모델로 히틀러와 제3제국이 등장하기까지의
독일의 정치적 · 문화적 상황을 상당히 실감 있게 재현하는 '열쇠소설Schlüs-
selroman'이다.

소설의 주인공 헨드릭 회프켄은 클라우스 만의 매형으로 재능이 뛰
어나지만 속물적인 배우인 그륀트겐스Gustaf Gründgens를 모델로 한 허구의
인물이다. 그는 파우스트의 악마인 메피스토 연기를 헤르만 괴링Hermann
Göring으로 추정되는 작중인물인 '뚱보' '프로이센 총리'에게 인정받아 마침
내 국립극장장이라는 연극계의 최고 자리에 오르게 된다. 그 과정에서 헨
드릭은 공산주의자였던 지난날 자신의 경력을 은폐하는가 하면, 친구들
을 저버리고 부인과 이혼하는 등 출세를 위해서라면 무슨 일이든 마다하

지 않는다. 헨드릭은 이 글에서 앞으로 카를 슈미트의 논의를 통해 언급될 '정치적 낭만주의'의 기회주의적 화신에 가까운 예술가다. 그리고 이 소설에는 하이데거와 슈미트 모두 나치에 입당하고 각각 총장과 대학 교수로 취임되어 전투적인 시론詩論과 법학에 대한 논의를 전개해나갈 무렵인, 히틀러가 제3제국의 총통이 된 1933~1934년이라는 중요한 시기도 다뤄진다. 『메피스토』에는 예술과 정치, 좁혀서 문학과 정치와 관련되어 적지 않은 흥미로운 에피소드가 등장한다. 그중 하나로, 나치에 협력한 전과가 있는 시인 고트프리트 벤Gottfried Benn으로 추정되는 작중인물 벤야민 펠츠가 소설에서 헨드릭에게 건네는 다음과 같은 아찔한 말은 매우 인상적이어서 한번 인용해볼 만하다.

> "우리의 삶은 다시 리듬과 짜릿한 맛을 회복하며 무감각한 상태에서 깨어나고 있습니다. 곧 아름다운 옛 시대처럼 춤출 때와 같은 힘찬 활력을 얻게 될 것입니다. 보지도 듣지도 못하는 사람들에게는 새 리듬이 반복되는 행진곡 박자처럼 느껴질지도 모릅니다. 어리석은 자들은 엄한 겉모습을 보고 이 옛날 군대식 생활방식을 잘못 이해할 수 있지요. 아주 잘못 아는 거예요! 사실은 지금 행진을 하는 게 아니라 비틀거리고 있지요. 우리 총통께서는 우리를 어둠으로, 무無로 끌고 가시지요. 그러니 어둠, 파멸과는 특별한 사이인 우리 시인들이 어찌 탄복하지 않겠어요? 그저 터무니없이 우리의 총통을 신성하게 여기는 것이 아니에요. 그는 암흑세계의 신으로 마법에 빠진 민족들에게 가장 신성한 존재죠. 나는 이성의 횡포와 진보라는 속물적 물신 개념을 지독히도 싫어하기 때문에 그분을 한없이 존경합니다. 시인이라고 할 만한 자들은 모두가 태어날 때부터 하나같이 진보의 적이랍니다. 글쓰기가 곧 인류의 거룩한 문명 이전의 상태로 돌아가는 것을 뜻하거든요. 시 쓰기와 파괴, 피와 노래, 살인과 찬가—서로 잘 어울리잖아요. 문명을 뛰어넘어 위험하기 짝이 없는 심원한 곳으로 내려가는 것은 모두 다 잘 어울립니다. 예, 나는 파국을 좋아합니다."[1]

약간 아이러니한 목소리로 펠츠는 시인과 총통은 모두 어둠과 파멸을 사랑한다는 점에서 공통점을 지니고 있다고 말한다. 인용문은 '예술가는 범죄자와 광인의 형제'라는 『파우스트 박사』의 낭만주의적 데카당스 미학과 조응하는 부분이 있지만, 그것보다 한층 급진적으로 들린다.[2] 파시스트 미학 선언으로 보이는 펠츠의 말에서 삶과 죽음은 궁극적으로 하나며, 구별 불가능한 둘이다. 그뿐이 아니다. 인용한 구절에서 시인과 총통, 시(문학)와 정치, 미적 가상과 정치적 현실, 제작과 파괴, 고대적인 것과 현대적인 것, 그리고 삶과 예술은 하나가 된다. 삶과 죽음이 하나라면, 예술은 또한 죽음과 파국의 스펙터클에 대한 뿌리칠 수 없는 매혹이다.

문학사에서 삶과 예술의 일치를 표명한 문학 사조는 보통 아방가르드로 알려져 있다. 벤야민 펠츠의 말은 어딘지 모르게 급진적 아방가르드 미학의 선언과 기묘하게도 닮았는데, 그렇다면 일치 불가능해 보이거나 심지어는 서로 상반되며 적대적인 것들이 궁극으로 합치되는 순간은 어떤 순간일까. 그런 상황(국가state)은 어떤 상황(국가)일까. 슈미트와 하이데거를 우회할 이 글의 논의에서 다루어져야 할 질문은 이것이다. 여기서 문학의 정치 또는 문학과 정치에서 파생된 시와 정치에 대한 최근 문학비평의 열띤 논의는 『메피스토』에서 시인과 총통의 역설적 결합을 가능케 하는 파국, 예외 상태와 같은 어떤 상황(국가)을 전제하는 것으로 보인다. 슈미

---

1   클라우스 만, 『메피스토』, 오용록 옮김, 펭귄클래식 코리아, 2010, 296~297쪽. 이 소설은 1936년에 쓰여졌지만, 그륀트겐스와 친척의 소송 때문에 1985년에 와서야 구서독에서 정식 출간되었다. 이 글은 문학과 정치, 시인과 독재자의 공모와 연루를 탁월하게 입축한 『메피스토』의 인용문 내문에 구상되었다고 보아노 좋다.

2   흥미롭게도 골수 자유민주주의자로 나치를 비판했던 토마스 만은 『메피스토』에서 브루크너 추밀고문관樞密顧問官으로 등장한다. 소설에서 그는 나치즘과 히틀러의 등장에 대해 새된 목소리밖에 낼 줄 모르는 무기력한 자유주의적 지식인의 표본이다. 토마스 만 자신의 소설 『파우스트 박사』에서 친구이자 천재적인 음악가인 아드리안 레버퀸이 파시즘이라는 죽음의 미학으로 빠져드는 것을 그저 안타깝게 지켜보는 고전학자인 소설의 서술자 세레누스 차이트블롬 또한 자유민주주의자 토마스 만의 다른 초상일 것이다.

트의 말을 빌리면, 예외는 정상보다 흥미로우며 정상의 자명함과 질서라는 가상에 의문을 던지기에. 그러나 그런 상황에 대해 (한국)문학이 얼마나 질문을 던졌는지에 대해서는 다시 생각하지 않을 수 없다. 이 글은 문학/정치를 논의하면서도 소홀했던 국가와 같은 체제의 자명함에 대한 의문으로부터 출발하고자 한다.

이쯤에서 우리의 논의는 상이한 시대와 다른 정치체제 속에서 문학/정치에 대해 고민했던 두 역사적 인물인 카를 슈미트와 마르틴 하이데거 그리고 그들의 지적 작업의 일부를 호명하고자 한다. 자유민주주의 체제에서는 명백히 공공의 '적enemy'일 수밖에 없을 저자와 텍스트를.

대지와 그의 적들, 정치에 대한 슈미트와 하이데거의 탐색

카를 슈미트와 마르틴 하이데거[3]는 각각 법학자와 철학자였지만, 그리고 나치에 참여했던 지식인들이었지만, 지금 우리의 문학/정치의 논의에서 중요한 반면교사 역할을 할 수도 있을 논의를 전개했던 이른바 반혁명counter-revolution의 사상가들이다. 우리가 슈미트와 하이데거를 선택한 이유는 오늘날 글로벌한 시스템의 자장에 놓인 한국의 정치사회적 현실이 생각했던 것 이상으로 이들이 살아갔던 정치사회적 현실의 기본원리와 부합하는 측면이 꽤 적지 않다는 판단 때문이다.

슈미트는 『정치적 낭만주의Politische Romantik』(1919) 등을 통해, 하이데거는 1930년대 중반부터 전개한 일련의 휠덜린Friedrich Hölderlin의 시에 대한 해석을 통해 특유의 문학론을 펼치면서 문학과 정치의 관계를 이야기한다. 카를 슈미트는 '영원한 수다Ewige Gespräche'만 나누고 정치적 결단을 미루는, 자유주의와 무정부주의의 문학적 화신인 독일 낭만주의를 표적으로 삼으면서 결단의 정치를 주장했다. 이에 비해 하이데거는 오히려 독일 낭만주의 시대의 시인 휠덜린을 호명하면서, 세인世人, das Mann의 '잡담Gerede'이라는 비본래성의 독재에 이의를 제기하는 본래성의 진리를 구축했다. 이들의 탐구는 여러 경로를 통해 종종 만나지만, 모든 노모스의 근원으로서

의 대지에 대한 슈미트의 고찰, 탈은폐된 진리가 드러나고 생성되는 계기
로서의 대지에 대한 하이데거의 탐구에서 결정적으로 조우하게 된다.

슈미트와 하이데거에게 1차 세계대전 전후의 프로이센 체제의 반동
주의나 히틀러가 집권하기 전까지의 바이마르공화국의 정치적 무능, 그리
고 공화국 내에 난립하고 있었던 의회주의 분파의 지루한 토론과 대화는
슈미트에게는 결단하는 정치의 가능성, 하이데거에게는 본래적 진리에 이
르는 길이 아니었다. 1차 세계대전 이후의 독일의 상황은 참담했다. 독일
은 패전한 후, 영국 · 미국 등이 주도한 국제연맹의 베르사유 조약에 의해
전쟁 범죄 국가로 낙인찍혔으며, 동시에 엄청난 배상금을 물고 인플레이션
에 의해 경제적으로 파탄이 일어나고 있었지만, 이러한 절체절명의 위기의
난맥상을 타기하기에 독일의 정치적 상황은 완벽히 무능했다. 게다가 러
시아 볼셰비키혁명의 성공 등으로 무정부주의와 사회주의자가 난립하는
등 결단과 정면 돌파 없이는 독일의 재건은 거의 불가능해 보였다. 당시에
슈미트가 바라보기에 독일은 사방이 모두 정치적인 적이었다. 하이데거 또
한 슈미트만큼은 아니었지만 어느 정도 이러한 상황 진단을 공유하고 있
었다. 나치즘과 하이데거의 관계를 면밀하게 조사한 한 연구서에 따르면,

3　이 글에서 언급하는 텍스트는 다음과 같다. 카를 슈미트, 『정치적 낭만』, 배성동 옮김,
삼성출판사, 1990;『정치신학』, 김항 옮김, 그린비, 2010;『현대의회주의의 정신』,
박남규 옮김, 탐구당, 1987;『정치적인 것의 개념』;『대지의 노모스』;『파르티잔』;
「라이히 · 국가 · 연방」,『입장과 개념들』, 김효전 · 박배근 옮김, 세종출판사, 2001; *Land
and Sea*, trans. Simona Draghici, Washington D. C.: Plutarch Press, 1997. 이 책을
직접 구할 수 없어 인터넷 주소 http://www.counter-currents.com/author/cschmitt/에
전재된 영어 번역본을 참조했다; 마르틴 하이데거, 『존재와 시간』, 이기상 옮김,
까치, 1998;『횔덜린의 송가―게르마니엔과 라인 강』, 최상욱 옮김, 서광사, 2009;
「독일 대학의 자기주장」, 「독일 대학생들에게 고함」, 박찬국, 『하이데거와 나치즘』,
문예출판사, 2001; 「마치 축제일처럼……」(1939~1940), 「회상」(1943), 「횔덜린의 땅과
하늘」(1959), 『횔덜린 시의 해명』, 신상희 옮김, 아카넷, 2009; 「예술작품의 근원」,
「무엇을 위한 시인인가?」(1945), 『숲길』, 신상희 옮김, 나남출판, 2008;『횔덜린의 송가
〈이스터〉』;「시에 있어서의 언어」(1952), 『예술작품의 근원』, 오병남 · 민형원 옮김,
예전사, 1996.

하이데거는 1차 세계대전 전후의 '1914년의 이념' 곧 자본주의와 사회주의에 모두 반대하는 낭만주의적 국수주의와 사회주의적 민족 공동체의 이념, 과학기술에 대한 염오로 나타난 반근대주의, 시민사회의 무기력과 마비를 극복할 전쟁에 대한 찬양 등을 복잡하게 공유하고 있었다고 한다.[4] 슈미트는 영미를 주축으로 하는 새로운 국제법의 추상적 법규범주의를 비판하면서 상황에 따른 법의 적용을, 하이데거는 산업화, 대량 생산화, 그리고 그에 따른 가치의 평준화에 맞서는 본래성의 진리를 구축한다. 대지에 대한 논의는 여기서 중요해진다. 대지는 슈미트에게 법의 힘의 정초 행위이자 그렇게 세계에 질서를 부여하는 노모스이며, 하이데거에게는 탈은폐된 진리가 예술작품을 통해 스스로를 건립하는 세계였다.

슈미트는 『독재론Die Diktatur』(1921), 『정치신학Politische Theologie』(1922), 『현대 의회주의의 정신사적 지위Die geistesgeschichtliche Lage des heutigen Parlamentarismus』(1926), 『정치적인 것의 개념Der Begriff des Politischen』을 통해 결단의 정치에 근거한 국가론을 전개한 이후에, 1차 세계대전 이후 국제연맹을 중심으로 하는 영국과 미국 제국주의에 의해 절명의 위기를 맡게 된, 유럽 국제법의 근간이 되어왔으며 한 국가의 질서와 법의 수립을 가능하게 했던 '대지의 노모스'에 대한 역사적 논의를 펼쳐나간다. 『대지의 노모스』에서 법=노모스=국가의 본원적 창립에 대한 슈미트의 논의는 이미 『육지와 바다Land und Meer』(1942)에서 각각 대지와 바다, 리바이어던과 베헤모스의 문명사적 투쟁을 장엄하게 경유한 것이며, 이후에는 열강 제국주의의 침략에 맞서 영토(대지)를 방어하는 『파르티잔Theorie des Partisanen』(1963)을 통해 이른바 '전 지구적 내전' 상태에서도 정치적인 것의 본질인 적과 동지의 구분이 여전히 건재함을 과시하는 쪽으로 이어진다.[5] 한편, 하이데거는 1930년대에 들어서면서 『존재와 시간Sein und zeit』(1927)에서 전개해왔던 현존재의 결단, 진리의 탈은폐성에 대한 논의를 공동존재Mitsein인 독일 민족 특유의 역사적 사명으로 전치시킨다. 그리하여 세계와의 지속적인 투쟁을 통해 진리가 드러나는 빈 터인 대지에 대한 논의를 전개해간다. 대략 『형이상학입문Einführung in die Metaphysik』(1935)과 횔덜린 시에 대한 강의인 『횔

딜런의 송가—게르마니엔/라인 강*Germanien und Der Rhein*』(1934~1935)에서
시작된 시와 대지에 대한 하이데거의 성찰은 「예술작품의 근원Der Ursprung
des Kunstwerkes」(1936), 횔덜린의 시 「귀향Heimkunft」, 「이스터Der Ister」에 대한
강의(1941~1942) 그리고 횔덜린 시에 대한 여타의 수많은 강의 속에 산재
해 있으며, 「기술에 대한 물음Die Frage nach der Technik」(1954)으로 대표되는,
2차 세계대전 전후에 전개한 기술주의에 대한 비판과 함께 펼쳐진 그 자신
의 '정주민적 사유' 속에서 완결된다.

이 글의 논의는 제한적일 수밖에 없다. 이 글은 슈미트와 하이데거의
문학론 일반에 대한 것이라기보다는 그들이 전개한 정치와 문학의 내속적
긴장관계에 초점을 맞추면서, 특히 '대지'(그리고 바다와 하늘)에 대한 슈
미트와 하이데거의 논의에 역점을 둘 것이다. 이 글은 노모스로서의 법의
수립을 가능하게 하는 슈미트의 '대지'에 대한 논의와 진리를 솟아나게 하
는 하이데거의 '대지'의 유비에 초점을 맞추면서, 적과 동지의 정치적 투쟁,
은폐와 탈은폐의 투쟁을 통해 각각 본연의 정치와 존재의 진리가 발생하
는 계기에 촉각을 세울 것이다. 우리는 슈미트를 통해 하이데거를, 하이데

---

4   박찬국, 「하이데거의 사상과 실제의 나치즘의 정신적 뿌리」, 『하이데거와 나치즘』,
      189~214쪽 참조.
5   카를 슈미트는 법 이론가로 문학에 대한 저작을 상당수 남겼지만, 모두 법학에 대한
      지속적인 관심의 파생물이다. 슈미트의 문학론은 도이블러Theodor Däubler의 서사시집
      『북극광Nordlicht』(1910)에 대한 비평으로 1차 세계대전이 불러일으킨 참담한 기술적
      파멸 너머로 새로운 유토피아(북극)에 대한 염원을 그려낸 『테오도어 도이블러의
      〈북극광〉Theodor Däubler's 'Nordlicht'』(1916), 무능한 프로이센 체제에 대한 환멸과
      바이마르의 의회주의에 내재한 자유주의 정신과 당대에 부상하던 무정부주의의
      원천으로서의 독일 낭만주의에 대한 신랄한 비판서인 『정치적 낭만주의』(1919),
      그리고 발터 벤야민의 『독일 비애극의 원천Ursprung des deutschen Trauerspiels』(1928)에
      대한 응답으로 유명한 책인, 셰익스피어의 『햄릿』에 나타난 예술의 재현과 실제
      역사가 부딪히는 아포리아에 대한 고찰을 담은 『햄릿 또는 헤쿠바Hamlet oder
      Hekuba』(1956) 등을 썼다. 슈미트는 횔덜린(「헌법의 세 가지 유형」, 『대지의 노모스』),
      보들레르(『정치신학』), 허먼 멜빌(『구원은 옥중에서Ex captivitate salus』(1950), 『육지와
      바다』) 등의 문학작품을 종종 참조한다.

거를 통해 슈미트를 읽으면서 문학/정치의 통찰과 맹목의 순간들, 그리고 그것을 조명하는 시차적 관점을 탐색한다.

카를 슈미트: 영원한 수다에서 결단의 정치로

슈미트의 도식에 따르면, 영미와 유럽의 차이는 정치적으로는 자유주의와 민주주의, 계약 및 대의제(의회제)와 민중주의의 차이다. 경제적으로는 자유무역주의와 보호무역주의, 지정학적으로는 바다와 육지, 신화적으로는 베헤모스와 리바이어던, 신학적으로는 프로테스탄티즘과 가톨릭의 차이다. 인간 본성에서는 선성설과 성악설의 차이, 사상적으로는 흄의 경험론과 데카르트적 합리론, 차이와 동일성, 상대주의와 절대주의의 차이다(하이데거의 철학에서 이것은 대개 표상 비판과 문화주의 비판, 그리고 밀도 있는 현상학적인 경험에 대한 존중으로 나타난다). 이것은 우선 자유주의에 대한 슈미트의 비판으로 일관되게 표현된다. 『정치신학』에서 『정치적인 것의 개념』 등으로 이어지는 슈미트의 시대 진단은 날카로운데, 아래에 제시하는 일련의 사항들은 마치 오늘날 한국을 포함해 신자유주의적 시장경제를 바탕으로 한 자유민주주의 국가에도 거의 그대로 적용되는 것 같아 놀라움을 준다. 이 중 핵심적인 사항을 정리해보면 다음과 같다.

첫째, 국가의 기업화 또는 경제에 의한 국가의 중지. 슈미트가 생각한 자유민주주의 국가란 인민 지배의 직간접적 기구가 아니라, 기업과도 같은 경영관리의 구현체다. "정치이념을 자기 이익을 위해 이용"[6]하는 경제적 이해관계가 현대 국가의 통치 원리가 된다. 인민은 국가의 소액 주주가 된다. 본래 시장과 우파의 협치를 뜻하는 '시장민주주의' '정경유착'은 오늘날 자본주의 경제를 바탕으로 한 자유민주주의의 유일한 얼굴이 되었다.

둘째, 윤리에 의한 정치의 중지. 슈미트에 따르면, 경제 우위를 낳은 자유주의 사상은 "국가와 정치를 회피하거나 무시한다".[7] 이에 상응하는 것이 국가 대신에 경제를 우위에 세우는 사고방식이다. 그러나 이것은 사태의 반면이다. 실제로는 윤리가 정치의 실제적 원리가 되고, 경제가 국가의 원리가 되도록 재조정된다. 인민의 자기학습과 교양은 일종의 경력 쌓기가 된다. 궁극적으로 사회가 국가보다 우위에 서게 되지만, 이것은 국가의 지배 원리를 약화시키지는 않는다. 다만 인민의 자기통치로서의 주권 개념이 사라질 뿐이다.

셋째, 개인적 자유의 우위에 의한 인민적 평등의 중지. 만일 인민의 편에서 정치적 투쟁을 강요하려고 하면, 그것은 시장의 근본 원리인 계약, 거래, 영업 등의 개인적 자유를 침해하는 폭력이나 부자유에 불과한 것으로 비난받는다. 슈미트가 주장하는 정치적인 것의 본질인 적과 동지의 '투쟁'은 경제적 '경쟁'으로, 의회주의적 '토론'으로 전치된다. 나아가 모든 정치적 갈등과 계쟁은 인민의 주권 행사가 아닌, 법적 소송으로 대체된다.

넷째, 교환에 의한 사회계약의 중지. 인민의 대표 원리를 자임한 의회 정치는 선전과 중상모략, 음모의 각축장에 불과하게 된다. 정치는 인민에 대한 의회와 언론의 술수와 조작, 즉 "심볼"이 된다.[8] 사회계약의 '계약'은 "고리대금업자나 공갈취득자도 끌어대는"[9] 경제적 '교환'으로 대체된다. 의회는 능력 없는 정치 엘리트의 음모와 거래와 협상이 밀실에서 판치는 공간에 불과하게 된다. 결국 의회와 사법부는 경영 패러다임의 형태로 통치하는 행정부 권력을 강화하는 보조적 국가 기구로 수렴될 것이다(나중에 보겠지만 이것은 슈미트의 정치신학이 가닿은 아포리아다).

우리는 여기서 슈미트가 정치적 투쟁이 경제적 경쟁으로, 갈등과 대립이 토론과 합의로, 사회계약이 거래로, 적과 동지가 인류로 자의적으로 뒤바뀌는 언어의 전치에 극히 예민하다는 것을 기억해야 한다. 독일 낭만주의 '문학'에 대한 슈미트의 비판은 실로 언어에 대한 비판이며, 그를 통한 정치 비판이다. 또한 이것은 자신의 이익에 유리한 상황으로 말과 입장

6   카를 슈미트, 『정치신학』, 89쪽.
7   카를 슈미트, 『정치적인 것의 개념』, 84쪽.
8   카를 슈미트, 『현대의회주의의 정신』, 20쪽.
9   카를 슈미트, 『정치적인 것의 개념』, 91쪽.

을 바꾸는 등 상징(규범)을 조작하는 자유주의 정신의 자의성과 기연주의, 아노미에 대한 비판이기도 하다.

슈미트가 『정치적 낭만주의』에서 아담 뮐러Adam Müller, 슐레겔 형제August von Schlegel, Friedrich von Schlegel, 노발리스Novalis 등의 낭만주의 문학가들의 핵심에 자리 잡은 '기연機緣, ocassio' 개념을 문제 삼는 이유는 그 때문이다. 말브랑슈Nicolas Malebranche의 철학에서 연유한 '기연' 또는 기회원인론occasionalism은 원래 일체의 원인이 신으로 귀속된다는 개념이다. 그런데 슈미트에게 기연은 원인causa에 대한 부정이다. 왜냐하면 "최후의 심판권이 신으로부터 천부의 재능을 타고난 '자아'로"[10] 옮겨진 시민사회의 혁명을 통해 개인은 누구나 자신의 주권자가 되었기 때문이다. 독일 낭만주의의 '천재' 개념은 바로 세속화된 신인 것이다. 슈미트가 보기에 '기연'은 독일 낭만주의의 근간이 된 시민사회, 그리고 자아가 절대적 원리이자 자신에 대한 지배를 행사하는 개인주의 사회의 중심원리가 되었다. 슈미트가 타깃을 삼았던 적은 바로 "개인을 정신적으로 분리하여 자기 자신만이 책임을 지도록 하는 시민사회"[11]였던 것이다.

독일 낭만주의에서 기연은 이중으로 작용한다. 그것은 낭만적 자아에게는 신처럼 일체의 원인이 자신으로 귀속되도록 작용하지만, 세상에 대해서는 해체적으로 작용한다. 모든 것은, 심지어 국가조차도 낭만주의자의 주관에 의해 생산되는 유기체적 예술작품이다. 그러나 이러한 주관에 의해 가공되는 세상은 순전히 자의적으로, 즉 기연적으로 선택될 따름이다. 일종의 "해체적 개념"[12]인 기연이 "원인성의 강제를 받아들이지 않으며, 하나의 규범에 얽매이는 것"에 반대하는 시민사회의 개인주의와 맥락을 같이하는 이유는 이 때문이다.[13] 이른바 초연한 '낭만적 아이러니'란 낭만적 자아가 세상과 벌이는 기연론적 유희에 지나지 않는데, 그것은 어떤 강제된 결정과 결단의 순간 앞에서 늘 자신의 입장을 유보하는 정치적 행보로 나타난다. "낭만주의자의 초연성의 기반은 스스로 결정을 내릴 수 없는 그러한 무능에 있다. 그들이 늘 내세우는 '보다 높은 제삼자'도 보다 높은 것이 아니라, 어느 하나를 결정하지 못해서 생각해낸 제삼자일 따름이다."[14]

결정과 결단의 무능과 관련하여 독일 낭만주의 문학은 비체계성과 비완결
성, 미완의 파편화된 단상의 나열, 수다스러운 대담, 부족한 창작과 그에
비해 압도적인 비평이 주가 된다. 혹시라도 낭만주의자들이 개인을 벗어나
공동체를 진지하게 구상한다 하더라도 그것은 자신들만의 주관적인 연회
장이나 밀실에서 벌이는 사교적 대담일 뿐이다. "온 세상, 우주가 곧 대담
이다."[15] 심지어 정치적인 것의 핵심인 국가론을 전개하더라도 노발리스의
'시적인 국가'처럼 낭만주의자들에게 "국가는 예술작품"[16]일 뿐이다.

　　슈미트에게 정치적 낭만주의는 기회원인론적으로 "낭만적 작품을 산
출시키는 어떤 정치적 과정에 대해 낭만주의자들이 부수적으로 갖는 감
정 상태"[17]로 정의할 수 있다. 따라서 자아의 능동적 활동을 장려하는 독일
낭만주의자들, 즉 정치적 낭만주의자들이 정치적 현실과 직접 마주해서는
특유의 머뭇거림, 기회주의, 수동성을 보여주는 것도 무리가 아니다. 그들
은 정치적 현실이 진보적인 방향으로 흐를 때는 진보적으로, 반동적으로
움직일 때는 다시 반동적이 된다. 노발리스나 뮐러, 슐레겔이 몸소 보여주
었듯이 정치적 낭만주의자들은 프랑스혁명의 자유에 열광했다가 앙시앙
레짐Ancien Regime의 복귀를 낭만적 중세의 현현으로 찬양하는가 하면, 슈미
트가 뮐러의 개인사적 행보를 문제 삼으면서 말한 것처럼, 일상생활에서는
부도덕하며 공직 생활에서는 기회주의적 처세술에 능수능란하다. '정치적
낭만주의'에 대한 슈미트의 통찰은 이 글을 시작하면서 언급한『메피스토』
의 주인공 회프켄의 정치적 행보와 처세술에도 그대로 적용 가능할 정도

10　　카를 슈미트,『정치적 낭만』, 41쪽.
11　　카를 슈미트,『정치적 낭만』, 42쪽.
12　　카를 슈미트,『정치적 낭만』, 40쪽.
13　　카를 슈미트,『정치적 낭만』, 40쪽.
14　　카를 슈미트,『정치적 낭만』, 146쪽.
15　　카를 슈미트,『정치적 낭만』, 166쪽.
16　　카를 슈미트,『정치적 낭만』, 153쪽.
17　　카를 슈미트,『정치적 낭만』, 195쪽.

로 인상적이고 풍부하다.

다음은 슈미트가 요약한 정치적 낭만주의의 정치적 귀결이다. "아이러니와 역설에도 불구하고 거기에는 끊임없는 의존성이 엿보인다. 주관적 기연주의는 자체의 좁은 작품 영역 안에서, 그리고 서정시와 음악적인 시의 영역에서 자유로운 창작을 가능케 하는 작은 섬을 발견하지만, 여기서 그것은 의식하지 못하는 가운데 바로 가까이 있는 막강한 권력에 굴종해 들어간다. 그리하여 단지 기연적으로 받아들였던 현실에 대하여 우월감을 지녔던 것이 최고로 아이러니컬하게 역전된다. 모든 낭만적인 것은 다른 비낭만적인 에너지에 봉사하게 되며, 정의定義와 결단에 초연해 있던 그 태도는 뒤바뀌어 다른 사람의 힘, 다른 사람의 결단에 봉사하면서 따라다니게 된다."[18] 그런데 여기에는 회프켄뿐만 아니라, 나치에 참여했다가 나치로부터 버림받게 된 슈미트 또는 하이데거의 정치적 운명의 어두운 그림자도 희한하게 엿보이는데, 이에 대해서는 글 말미에 약술하겠다.

마르틴 하이데거: 세인의 잡담에서 고독한 들음으로

슈미트의『정치적인 것의 개념』의 초고가 잡지에 발표된 해인 1927년은 하이데거의『존재와 시간』이 출간된 해이기도 하다.『존재와 시간』에서 슈미트의 독일 낭만주의 비판에 상응하는 것은 현존재Dasein의 존재 양태 중 하나인 '비본래적인 세인'에 대한 하이데거의 비판이라고 볼 수 있다.『존재와 시간』은 세계-내-존재로서 자신의 유한한 시간성을 살아갈 수밖에 없는 현존재의 양태에 대한 장대한 현상학적 이해다. 따라서 하이데거는 '현존재의 종말'이라는 관점에서 우선 그것의 타락상인 '세인'을 먼저 분석한다.

세인에 대한 분석은 하이데거가 처해 있던 독일 시민사회의 평균적 타락, 무기력한 일상성에 대한 하나의 비판으로 읽을 수 있다. 하이데거에 따르면, 일상성 속에서 세계-내-존재인 현존재는 자신의 본래성을 망각하고 있다. 도심의 군중처럼 뿌리 뽑혀 부유하며, 갈대처럼 이리저리 움직이는 현존재는 "비진리 안에 있다".[19] 그리하여 '세인의 독재'가 시작된다.

세인은 현존재의 존재 양태로 존재의 '비진리'를 체현하는 자들이다. 세인은 특유의 평균성 속에서 "모든 예외를 감시"[20]하고, 모든 우위를 억압하며, 호기심이 많아 모든 것에 일일이 간섭하고 참견하기를 좋아한다. 이런 "평균성의 염려"[21] 때문에 모든 존재 가능성은 하향 평준화된다. 세련된 취향의 차이만 존재할 뿐, 거기엔 진리가 들어설 틈이라곤 조금도 없다. 현존재는 세인이라는 존재 양태 속에서 서로에게 타인일 뿐이며, "결국 어느 누구도 그 자신이 아니다."[22] 세인은 바로 이 '아무도 아닌 사람Niemand'이다.

슈미트가 비판한 독일 낭만주의자들에게 '영원한 수다'가 있다면, 하이데거가 현존재의 타락상으로 비판한 세인에게는 끊임없이 지껄여대는 '잡담'이 있다. 하이데거가 『존재와 시간』에서 양심의 "부름"이라고 일컬은, 현존재가 자신의 본래성을 회복하는 계기를 서술하는 일련의 대목들은 슈미트가 비판한 바 있던 자유주의의 '대화'와 '토론', 하이데거의 표현을 빌리면 '세인의 잡담'을 거부하는 고독한 침묵 속에서 현존재가 본래적 자기로 실존할 가능성과 관련이 있다.

하이데거에 따르면, 양심의 "부름은 또한 부름받은 자기 안에서 일종의 '자기 대화'를 열려고 노력하지도 않는다. 부름받은 자기에게 '아무것도' 건네 말해지지 않고, 그 자기가 그 자신에게로, 다시 말해서 자신의 가장 고유한 존재 가능에로 불러세워지는 것이다. 부름은, 그 부름의 경향에 상응하게, 부름받은 자기를 '토의'에 붙이는 것이 아니다. 오히려 부름은 가장 고유한 자기존재 가능에로 불러세우는 것으로서 현존재를 그의 가장 고유한 가능성에로 나오라고 앞으로('앞' 쪽으로) 불러내는 것이다."[23] 진

18   카를 슈미트, 『정치적 낭만』, 197쪽.
19   마르틴 하이데거, 『존재와 시간』, 299쪽.
20   마르틴 하이데거, 『존재와 시간』, 177쪽.
21   마르틴 하이데거, 『존재와 시간』, 177쪽.
22   마르틴 하이데거, 『존재와 시간』, 178쪽.
23   마르틴 하이데거, 『존재와 시간』, 365쪽.

리의 계기로서 양심의 부름은 슈미트의 결단이 그렇듯이 이렇게 자기 '대화'와 '토의'를 거절한다. 그리하여 일종의 고독한 부름받음의 불안한 확신 속에서 하이데거의 '결단하는' 현존재의 개념이 도출된다. 피할 수 없는 죽음을 향한 존재인 현존재는 오히려 죽음의 가능성 속에서, 어떠한 보증도 없이 미리 앞질러 자신을 기투함으로써 현존재의 본래성을 회복하고 드러낼 계기를 되찾을 수 있다. "결단성은 자체 안에 본래적인 죽음을 향한 존재를 자신의 고유한 본래성의 가능한 실존적 양태성으로서 간직하고 있다."[24]

하이데거의 이러한 현존재 이해 방식은 세인의 비판과 더불어 독일 낭만주의의 시민적, 개인주의적 성향에 대한 비판으로도 읽을 수 있다. 슈미트가 비판한 독일 낭만주의자의 자아가 세계를 기회원인론적인 우연의 총합으로 생각하면서도 자기 자신에게는 절대적 자기를 상정한다면, 하이데거의 현존재는 세계-내-존재로서 한낱 뿌리 뽑힌 우연적인 존재이기를 그치고 자신에게 지금 당장 주어진 상황, 곧 현사실성Faktischen을 직시하고 그것을 하나의 자기 임무로 변형시키는, 즉 결단하는 존재로 거듭난다.

아마도 이쯤에서 하이데거가 거의 최초로 시詩에 대한 특권과 소명을 부여하는 것처럼 보인다. "처해 있음의 실존론적 가능성을 함께 나누는 것, 다시 말해서 실존을 열어 밝히는 것이 '시를 짓는' 말의 고유한 목표가 될 수 있다."[25] 『존재와 시간』 전체에서 시를 언급한 부분은 바로 이 한 구절뿐이다. 주어진 소명에 충실해야 하는 현존재가 그렇듯이, 하이데거에게 말(언어)은 토의나 대화, 영원한 수다도 의사소통의 수단도 아니다. 현존재의 부름받음의 언어적 상관항이라고 할 수 있는 말없는 '들음'의 제스처 속에서 언어의 본래적 가능성은 존재한다.

'언어는 말한다'는 하이데거의 문장은 언어를 발화 직전의 분절分節과 잠재성, 침묵의 양태로 파악한다는 뜻이다. 그리하여 언어가 스스로 말하는 경험인 시 또는 시작詩作, Dichtung은 그를 통해 존재를 개시할 가능성의 특권적인 예술 형식, 즉 '작품'이 된다. 시가 그러하다면, 산문은 아무래도 시에 비해 저열한 잡담의 형식인 것으로 보인다. 그리고 여기서 하이데거의 이른바 '문학 비판'은 후에 일종의 '평준화'된 문화 비판과 연결된다. "더 큰 위험은, 시 대신에 우리는 곳곳에 잘 손질된 문학작품을 소유하고 있다는 점, 혹은 사람들이 좋은 소설을 쓰고, 이따금씩 성공적인 시, 심지어 내용적으로 시의적절한 시를 작성할 수 있다는 점에 있다. 이것은 바로 우리를 시의 세력권으로부터 막는 일이다. 그때 우리는 시를 가지고 있다고 생각하지만, 그것은 마치 인조견사나 그와 유사한 것을 갖고 있는 것과 다르지 않은 것이다."[26]

그리하여 마침내 하이데거는 독일 민족이라는 현존재를 구원하기 위한 메시아주의적 시인으로 휠덜린을 호명하기에 이른다. 휠덜린에 대한 하이데거의 관심은 휠덜린의 송가 「게르마니엔」, 「라인 강」에 대한 강의 이후부터 그가 죽을 때까지 계속된다. 하이데거에게 휠덜린의 시는 수많은 문학작품 중의 그저 그런 작품, 즉 존재자들 중의 한 요소인 존재자가 아니라, 존재자들의 차이 속에서 섬광 같은 진리가 일별—瞥되는 선택된 존재자, 즉 '존재'였으며, 존재의 계시 그 자체였다.

자유주의와 민주주의를 절합하기

정치적 낭만주의에 대한 슈미트의 비판은 『정치신학』, 『현대의회주의의 정신사적 지위』에서 자유주의에 대한 맹렬하면서도 통찰력 있는 비판으로 승계된다. 그것은 예외상태론과 독재론으로 각각 나타난다. 만일 낭만적 자아가 세속화된 신 개념이라면, 『정치신학』에서 이것은 "현대 국가론의 중요 개념은 모두 세속화된 신학 개념이다"[27]로 변주된다. 유대인 신학자로 슈미트와 지적인 교류를 했던 야콥 타우베스가 말한 것처럼, 슈미트

24   마르틴 하이데거, 『존재와 시간』, 407쪽.
25   마르틴 하이데거, 『존재와 시간』, 224쪽.
26   마르틴 하이데거, 『휠덜린의 송가—게르마니엔과 라인 강』, 302쪽.
27   카를 슈미트, 『정치신학』, 54쪽.

의 이 문장은 사태에 대한 긍정이 아니다. 오히려 입법기관인 의회와 그를 대표하는 법실증주의는 '법은 중립적이다'라는 가상 속에 법을 보존하면서 그 자신의 창설적 기원은 망각해버렸다는 것이다. 그렇기 때문에 『정치신학』의 이 구절은 오히려 그러한 사태에 대한 통렬한 폭로인 셈이다.[28] 다시 말해, 법 집행의 중립성 속에서 법은 그것의 언표 행위에 달려 있음을, 법은 한낱 추상적인 규범이 아니라 여하간 "상황에 따른 법"[29]임을 슈미트는 분명히 짚은 것이다.

그리하여 법을 집행할 수도 중지할 수도 있는 주권자라는 인격체 속에서 법=국가의 창설적 행위를 정초하자는 것이다. 그래서 "주권자란 예외상태를 결정Entscheiden하는 자다".[30] 예외상태는 흔히 오해되는 것처럼 무질서한 아노미나 무정부주의적 상태가 아니라, 오히려 그것을 극복하기 위해 법에 따른 질서를 효력 정지시키면서도 국가를 보존할 수 있는 주권자적 결단이 열어놓은 새로운 법질서다. 사도 바울식으로 말하면 주권자는 예외상태의 선포 속에서 적그리스도의 도래, 국가에 닥친 아노미를 억제하는 '카테콘Katechòn'이다.

슈미트의 자유주의 비판은 "진리가 경쟁에서 스스로 발생하는 조화로서 여러 가지 의견의 자유로운 투쟁에서 생긴다는"[31] 경제적 논리 우위의 자유주의가 위대한 정치적인 결단과 투신을 소멸시키는 것에 대한 위기의식에서 비롯되었다. "법을 만드는 것은 진리가 아니고 권위이다Autoritas, non veritas factit Legem"[32]라는 홉스의 유명한 테제를 모토 삼아 슈미트가 『정치적 낭만주의』의 연장에서 행했던 작업은 먼저, 자유민주주의라는 봉합의 정치체제에서 자유주의와 민주주의를 형식적으로 분절하는 것이다. "토론에 의한 정치인 의회주의적 신념은 자유주의의 사상계에 속하는 것이며 민주주의의 사상계에 속하는 것은 아니다."[33]

슈미트가 보기에 1차 세계대전 후에 성립된 바이마르 내각은 파괴된 독일을 재건하기 위한 중요한 정치적 결정을 끊임없이 미루고 끝나지 않는 토론과 이해타산, 정치적 음모와 암살로 점철된 당파 대립의 무정부주의적 난장판이었다. 슈미트의 예외상태론, 주권적 결단, 독재론은 이러한 당파적 대립을 단번에 지양하는 절호의 기회로 주어지며, 그것은 자유주의가 아니라면 민주주의로, 정치 엘리트의 창백한 토론과 몸싸움이 아니라 인민의 열광하는 "갈채"[34]로 얼마든지 가능한 것이었다.

흔한 오해와는 달리, 독재는 민주주의에 반하는 것이 결코 아니다. 당시 무솔리니Benito Mussolini의 파시즘과 볼셰비키의 공산주의적 독재를 지켜보면서 슈미트는 이렇게 썼다. "볼셰비즘과 파시즘은 과연 모든 독재와 마찬가지로 반자유주의적이기는 하지만 필연적으로 반민주주의는 아니다."[35] 어떻게 그러한가. 먼저, 샹탈 무페Chantal Mouffe가 슈미트를 두고 말했듯이, "인민들을 대신해 대의제가 의사 결정을 위임받은 것이 실천적 편의 때문이었다면, 정확히 반의회주의적인 케사르주의 역시 쉽게 정당화될 수 있었을 것이다." 슈미트에 따르면, 자유주의가 차이의 논리를 기반으로 한다면, 민주주의는 동일성의 논리를 근간으로 한다. 따라서 민주주의는 "통치자와 피통치자, 법과 인민의 의지 사이의 동일성의 논리"이기 때문에 "권위주의적 통치 형식과 전적으로 양립할 수 있다."[36] 반면, 자유주의적 대의제의 핵심은 슈미트가 말한 것처럼 "비밀 투표의 기록 시스템"[37]에 있다. 가라타니 고진에 의하면, 비밀투표는 각자를 "'개인'답게" 만든다. 자유주의

---

28 Jacob Taubes, *The Political Theology of Paul*, trans. Dana Hollander, Stanford University Press, 2004, p. 64. 나는 이러한 해석을 현재 야콥 타우베스의 책을 번역하는 문학평론가 조효원 님 덕택에 알게 되었다. 번역본을 참조할 수 있도록 해준 조효원 평론가에게 감사드린다. 야콥 타우베스, 『바울의 정치신학』, 조효원 옮김, 그린비, 2012.

29 카를 슈미트, 『정치신학』, 25쪽.

30 카를 슈미트, 『정치신학』, 16쪽.

31 카를 슈미트, 『현대의회주의의 정신』, 76쪽.

32 카를 슈미트, 『현대의회주의의 정신』, 92쪽에서 인용.

33 카를 슈미트, 『현대의회주의의 정신』, 24쪽.

34 카를 슈미트, 『현대의회주의의 정신』, 40쪽.

35 카를 슈미트, 『현대의회주의의 정신』, 39쪽.

36 샹탈 무페, 『정치적인 것의 귀환』, 이보경 옮김, 후마니타스, 2007, 191쪽.

37 카를 슈미트, 『현대의회주의의 정신』, 40쪽.

의 이른바 '표현의 자유'란 바로 이 "비밀의 자유"와 다르지 않은 것이다.[38] 그러나 표현의 자유가 표현을 억압하거나 표현하지 않을 자유가 될 수 있다면, 마찬가지로 비밀투표를 통한 개인의 자유란 투표하지 않을 자유도 된다. 개인의 탈정치화와 국가 운영의 자유주의적 원리는 이런 식으로 공범이 된다.

슈미트는 '갈채'에 의한 직접민주주의를, 오늘날에 유행하는 정치적 개념으로는 포퓰리즘(인민주의)을 희망한다. 인민의 '갈채'라는 "일반 의지가 존재하는 곳에서는 계약은 아무 소용이 없다."[39] 그가 발터 벤야민과 무솔리니를 모두 매혹시켰던 조르주 소렐의 총파업 신화와 『폭력에 대한 성찰Réflexions sur la violence』(1908)에 기대는 것은 당연했다. "호전적 혁명적인 감격 및 가공할 파국을 기대하는 기분은 생명에 대한 긴장의 일부이고 역사를 움직이는 것이다. 그러나 이 고양은 대중 자신에서 생겨 나오지 않으면 안 된다."[40]

슈미트의 열광을 하이데거의 문화 비판으로 바꿔 말하면, 동일성을 바탕으로 하는 민주주의에서 평준화가 발생한다기보다는, 오히려 차이를 존중하는 피상적인 자유주의적 문화에서 평준화가 산출되었다고 말해볼 수 있다. 그토록 존중받을 차이란 결국 문화적 취향의 차이일 뿐이기 때문이다. 이 문제는 다시 슈미트식으로 법과 인간에 대한 물음으로 바꿔 생각해볼 수도 있다.

우리는 보통 법 위에 인간이 있으며, 법 아래에 인간이 있다고 생각하지 않는다. 인간이 법을 만들었지, 법이 인간을 만들지 않았기 때문이다. 그러나 사실은 다르다. 우리는 태어나면서부터 법으로 규정되면서 인간이 된다. 법 앞에서의 평등은 법 아래에 인간이 있다는 생각과 다를 바 없는데도, 실제로는 양립 불가능한 것이라고 느끼고 있다. 법 앞에서의 평등을 주장하는 사람은 법의 권위 아래에 인간이 복속해 있다는 것에는 휴머니즘적으로 반대한다. 그러나 이런 사고방식은 대단히 자유주의적이다. 슈미트는 오히려 법 위에 인간이 있다는 식의 휴머니즘적–자유주의적 사고가 궁극적으로 국가를 아노미 상태로 이끄는 지름길이라고 보았다. 그에게 인간은 법 아래에서 평등해야 한다. 그렇지만 실제 상황에서는 법 앞에서의 평등이라는 가상 아래에서 인간이 법 위에 실력으로 군림하는 경우가 많다. 경제적 이성과 자유주의적 차이를 존중하는 자유주의자들이 그렇다. 야콥 타우베스는 다음처럼 잘라 말한다. "슈미트의 관심은 딱 한 가지입니다. 즉 파당派黨이, 그러니까 카오스가 권력의 상층부로부터 생겨서는 안 된다는 것, 국가가 존속해야 한다는 것뿐이었죠."[41] 따라서 단 하나의 예외, 법의 안팎에, 법 아래와 위에 동시에 있는 어떤 주권적 인격체가 법을 효력 정지시키면서도 국가와 인간을 무질서로부터 구해낼 방법을 궁리해야 한다.

대지를 둘러싼 거인족의 전쟁

하이데거에게 현존재의 실존론적 결단은 슈미트가 정치적인 것의 회복의 제스처로 간주한 무無로부터의 결단과 상통한다. 슈미트가 말하는 '정치적인 것'이란 그럴듯한 자유주의적 합리화와 토론 속에서 결정적인 대결과 결단을 회피하는 부르주아지의 자기기만과 "수다"[42]를 지양하고 "합리화나 토의를 필요로 하지 않는, 또한 정당화조차도 필요로 하지 않는, 그야말로 무無로부터 내려지는 절대적 결정, 즉 순수 결정으로 국가를 환원하는 일"[43]이었다.

　　슈미트 쪽에서 하이데거를 읽으면 하이데거의 '존재론'은 '정치적 존재론'으로, 하이데거 쪽에서 슈미트를 읽으면 슈미트의 '정치적인 것'은 '존재의 정치학'으로 읽힌다. 1930년대에 나치에 참여하게 되면서 하이데거는

38　가라타니 고진, 「의회제의 문제」, 『문자와 국가』, 조영일 옮김, 도서출판 b, 2011, 50~51쪽.

39　카를 슈미트, 『현대의회주의의 정신』, 35쪽.

40　카를 슈미트, 『현대의회주의의 정신』, 145쪽.

41　Jacob Taubes, *The Political Theology of Paul*, p. 103.

42　카를 슈미트, 『정치신학』, 86쪽.

43　카를 슈미트, 『정치신학』, 89쪽.

현존재 분석에서 존재 분석, 즉 세계와 대지의 투쟁 속에서 진리의 솟아남
이라는 주제로 서서히 옮겨가는 한편, 슈미트는 예외상태를 선포하는 주
권자적 결단 바탕으로 '적과 동지의 구별'이라는 투쟁의 정치를 더욱 세공
한다. 이미 하이데거의 결단하는 존재와 현존재 분석에서 본래적 존재/그
들(세인), 본래성/비본래성, 침묵/잡담, 고독/공공성, 엘리트주의/평균화,
시골/도시 등의 무수한 구별에 상응하는 것으로 슈미트의『정치적인 것의
개념』에서 정치적인 것의 본질로 규정한 "적과 동지의 구별"⁴⁴에는 공통적
으로 진리의 도래를 둘러싼 투쟁의 계기가 내포되어 있었다. 흥미로운 사
실은 우리의 논의와 관련되어 슈미트와 하이데거의 '대지'론의 단초가 일
종의 '공간혁명Raumrevolution'이자 적에 대한 능동적 공격과 파괴보다는 수세
적인 문화 방위론, 토지를 근거로 방어하는 일종의 파르티잔주의에 가까
운 형태로 나타난다는 것이다. 그것은 하이데거의 현존재의 결단, 또는 슈
미트의 주권자적 결단에 그 싹이 이미 뿌리를 내리고 있었다.

하이데거에게 시간적으로 속박되어 있는 현존재가 결단을 통해 자신
을 앞으로 내던진다는 것은 시간의 속박으로부터 벗어나면서 하나의 특이
점으로 현존재를 구성하는 것이며, 현존재의 덧없음에서 사건의 순간적 영
원성을 재구성하는 것이다. 그래서 중요해지는 것은 현존재라기보다는 현
존재의 존재 경험이다. 이것은 일종의 모더니즘적 현현epiphany의 순간과도
비슷하다는 점에서 정치적이면서 동시에 미적이다. 따라서 하이데거에게
는 이제부터는 현존재 분석보다는 존재가 존재자의 탈은폐성의 계기를 통
해 드러나는 특이한 진리의 순간에 집중하는 것이 목표가 된다. 마찬가지
로 광역주의와 대지 논의를 통한 슈미트의 '공간혁명'은 노모스로서의 대
지를 기초 짓는 법정초적(법창설적) 행위로 집중된다. 현존재는 독일 민족
의 현존재(공동존재)가 되며, 결단의 정치는 독일 민족 전체의, 전체를 위
한 위대한 결단의 행위가 된다. 그리고 언어, 독일어는 민족의 근원어가 되
며, 대지는 노모스가 된다.

그런데 하이데거의 '시'와 슈미트의 '노모스'는 일종의 주권자의 고독
한 결단 행위를 통해 공간적으로는 초월적인 하늘로부터 수직적으로 내려

오는 것이지만, 동시에 이에 공명하면서 대지로부터 솟아오르는 것이기도 하다. 동시에 이것은 저절로 주어지는 것이 아니라, 적과 동지의 구별과 같은 격렬한 '전쟁polémios'을 통해 얻을 수밖에 없는 것이다.

바이마르 정국의 혼란 속에서 상황은 빠르게 급변하고 있었다. 1933년, 나치당은 독일의 유일무이한 정당으로 부상했으며, 독일 제국의회는 나치당의 총수인 히틀러의 권력 승계를 위해 전권위임법을 통과시켰다(이듬해 힌덴부르크Paul von Hindenburg 대통령이 사망하자 제국의회 수상이었던 히틀러는 또한 국민 투표를 통해 '총통'으로 선출되어 바야흐로 의회와 사법부를 동시에 장악해 무소불위의 권력을 가진 행정부 최고 수반이 된다). 하이데거는 프라이부르크대학의 총장으로 임명되었으며, 슈미트는 베를린대학의 교수로 취임함과 동시에 헤르만 괴링의 후원으로 프로이센 추밀고문관으로 임명되었다. 두 사람 모두 1933년에 나치당에 가입했다. 당시 슈미트('법학계의 하이데거')와 하이데거는 서로의 학문적 작업을 꽤 알고 있었으며, 1934년에는 무솔리니를 만나기 위해 로마행 밤기차에 오르기도 했다.

1933년 4월, 히틀러가 제국의회의 수상이 되고 나서 몇 달 후, 하이데거가 슈미트에게 보낸 한 통의 편지는 당시 독일의 정치적 상황을 환기시키는 동시에 이들의 '공간혁명'과 관련된 두 개의 키워드를 선보인다. 바로 '바실리우스basilous'와 '폴레모스polémios'이다. 바실리우스, 즉 왕은 하이데거에게 시인이며, 슈미트에게는 주권자다. 그리고 폴레모스, 곧 전쟁 속에서 시인은 주권자와 일치한다. 편지 전문을 인용해본다.

1933년 8월 22일. 프라이부르크.
친애하는 슈미트 선생님!
제가 이미 2판을 읽어 잘 알고 있는, 지극히 중요한 탐구를 포함하고

44   카를 슈미트, 『정치적인 것의 개념』, 31쪽.

있는 선생의 책 3판(카를 슈미트, 『정치적인 것의 개념』 3판, 1933)을 보내주신 것에 감사드립니다. 저는 선생과 직접 만나 이 책에 대한 의견을 주고받을 수 있는 기회가 주어지기를 간절히 바라고 있답니다. 선생의 헤라클레이토스Heraclitus 인용은 저를 특히 기쁘게 했는데, 선생이 거기서 바실리우스basilous를 잊지 않으셨다는 사실 때문입니다. 누군가 헤라클레이토스의 문구를 완전하게 해석한다면, 바실리우스는 그 금언 전체에 결정적인 의미를 제공할 만큼 중요한 것입니다. 저는 이미 몇 해 전부터 진리 개념과 관련하여 그에 대한 해석을 착수해왔습니다. 헤라클레이토스 단편 53[45]에 있는 eideize '드러내다proves'와 epoiese '되게 하다makes'가 그것입니다. 그런데 지금은 제 자신이 폴레모스polémios 상황이라 모든 연구가 온통 뒷전으로 미뤄져야 할 지경이랍니다.

저는 당장은 과학적이고도 교육적인 프로그램에 맞춰 법학부 전체를 재정비하는 데 선생의 결정적인 협력을 희망하고 있다고 말하고 싶을 뿐입니다.

안타깝게도 여기서 벌어지는 일들은 매우 낙담할 지경입니다. 도래해야 할 것을 이끌어내기 위해 정신적인 힘을 결집시키는 일이 갈수록 더욱 긴박해지고 있습니다.

지극히 감사드리며 오늘은 이만 줄이고자 합니다.

하일 히틀러!
당신의 하이데거[46]

슈미트는 1933년 6월 20일 쾰른대학 취임 강연문 「라이히 · 국가 · 연방」에서 제국, 국가, 연방 등에 대한 법학적 개념의 혼란을 뚫고 제국의 수상 자리에 오른 히틀러, 그리고 그가 짊어질 미래의 독일을 치하하는 일종의 학문적 축하연을 연다. 거기서 그는 헤라클레이토스를 인용하며 다음과 같이 말하는데, 이 구절은 슈미트만큼이나 하이데거가 쓴 것처럼 읽히며, 또

한 하이데거의 유명한 프라이부르크대학 총장 취임 연설을 상기시키기도
한다. "그러므로 지금 우리가 정치적인 생, 다시 말해서 강렬한 생의 직접
적인 현존 속에 서 있다는 사실에 대한 자각을 잃지 말자! 우리가 노예가
되지 않고 자유로운 독일인이 될 수 있도록 하기 위한 위대한 투쟁에 우리
들 모두가 학문적으로 참여하자!"[47] 이 구절과 하이데거의 총장 취임 연설
을 비교해보면 두 사람이 쓴 글의 공통점은 뚜렷해진다. "독일 민족은 세
계를 형성하는 인간 현존재의 모든 압도적인 힘들의 개시성 안에 자신의
역사를 건립하고 자신의 정신적 세계를 언제나 새롭게 쟁취해냄으로써 자
신의 운명을 형성합니다. 이렇게 가장 물을 가치가 있는 고유한 현존재에
자신을 내맡김으로써, 이 민족은 정신적인 민족이 되려고 의지합니다."[48]
슈미트와 하이데거가 보기에 나치의 국가사회주의혁명은 독일 민족, 독일
인이라는 "현존재에 대한 완전한 변혁"[49]을 가져온/올 전대미문의 사건이

---

45 헤라클레이토스 단편 53은 보통 다음과 같이 번역되는데, 슈미트와 하이데거가 자신의
글에서 인용하는 것과 큰 차이가 없어 보이므로 여기서는 그리스어 원전 번역을
인용하고자 한다. "전쟁은 모든 것의 아버지이고, 모든 것의 왕basilous이다. 그것이 어떤
이들은 신으로 또 어떤 이들은 인간으로 드러내며eideize, 어떤 이들은 노예로 또 어떤
이들은 자유인으로 만든다epoiese." 히폴뤼토스, 『모든 이교석 학설들에 대한 논박』
IX.9. 인용은 탈레스 외, 『소크라테스 이전 철학자들의 단편 선집』, 김인곤 외 옮김,
아카넷, 2005, 249쪽.

46 번역과 인용은 "Carl Schmitt—Enemy or Foe?", *Telos*, Number 72, Summer 1987,
p. 132에 의거했다. 이 편지는 슈미트가 『정치적인 것의 개념』 3판(1933)을 보내준 것에
대한 답례로 하이데거가 감사 편지를 쓴 것이다. *Telos*지의 '카를 슈미트' 특집호에
실린 이 편지의 각주에는 편지의 독일어 원문이 실려 있다. 토론자인 김남시 선생님은
독일어 감수를 통해 번역과 교정에 결정적인 도움을 주신 한편, 진리의 '드러냄'과 '되게
함'과 관련되어 중요한 생각을 들려주셨다. 아울러 한병철의 『권력이란 무엇인가』 번역
초고를 미리 보여주셨다. 한병철, 『권력이란 무엇인가』, 김남시 옮김, 문학과지성사,
2011. 권력에 대한 대단히 흥미로운 시각을 선사하는 이 책에서 하이데거와 슈미트의
대지 및 공간 개념과 권력의 발생과 역학을 비교하는 대목들은 이 글에 주요하게
반영되었다. 이 자리를 빌려 김남시 선생님에게 감사드린다.

47 카를 슈미트, 「라이히·국가·연방」, 『입장과 개념들』, 286쪽.

48 마르틴 하이데거, 「독일 대학의 자기주장」, 박찬국, 『하이데거와 나치즘』, 416쪽.

었다.

슈미트와 하이데거가 공통적으로 언급하는 '폴레모스'는 단순히 반목과 불화의 요소가 아니라, "내적인 진리와 정당성"[50]을 자신의 내부에 가지고 있는 힘이며, "존재자를 바로 그것의 본질 안에 존속하도록"[51] 보존하고 주관하는 역량이었다. 『존재와 시간』의 편에서 볼 때, "정지, 평형, 평균, 무해함, 쇠약, 타락"[52] 등의 현존재의 비본래성, 또는 세인의 존재 양태의 궁극적 원인은 바로 보존하는 힘으로서의 전쟁이 중지되면서 시작된 것이다. 따라서 현존재 내부에 적대와 투쟁의 힘을 긴장되게 보존하는 것이 다른 무엇보다도 중요하다. 또 하이데거가 쓴 다음과 같은 구절은 적과 동지의 구분을 뚜렷하게 상기시킨다는 점에서 마치 하이데거보다는 슈미트가 쓴 것처럼 읽힌다. "투쟁이 여러 입장들을 확고히 한다. 그래서 한 입장은 다른 입장을 통해, 서로서로 상대방을 인지하는 가운데, 자신의 입장으로 존재한다."[53]

그럼 이러한 투쟁을 가능하게 하는 원동력인 왕, 바실리우스는 어떻게 해석해야 할 것인가. 슈미트와 하이데거 모두 휠덜린이 번역한 핀다로스Pindaros 단편에 대한 주석을 주목하는데, 여기서 바실리우스, 왕이 모습을 드러낸다.

Das Höcheste	최고 존재	가장 지고한 것
Das Gesetz, Von allen der König, Sterblichen und Unsterblichen; das führt eben Darum gewaltig Das gerechteste Recht mit allerhöchster Hand	법, 모두의, 나고 죽는 자들과 아니 죽는 자들의 왕, 이것이야말로 강력하게도 더없이 정의로운 법을 더없이 고귀한 손길로 이끄나니.	법칙은, 가사적인 모든 것과 불사적인 모든 것의 왕이로다. 바로 그렇기에 지존의 손으로 가장 의로운 정의를 강력히 행하는구나.

〈표〉 핀다로스 단편에 대한 휠덜린의 독일어 번역과 한글 번역[54]

슈미트는 『대지의 노모스』에서 휠덜린의 핀다로스 번역을 비판하면서 이렇게 말한다. "근원적인 의미에 있어서의 노모스는 바로 법률에 의해 매개되지 않은 법의 힘이 지니는 완전한 직접성인 것이다. 즉 그것은 창설적이며 역사적인 사건, 단순한 법률의 합법성을 처음으로 의미 있는 것으로 만드는, 정통성의 행위인 것이다."[55] 만물의 생성과 소멸, 그들이 운위되는 나름의 법칙은 바로 '법의 힘'이라는 근원적 투쟁의 행위를 통해 비로소 전개된다는 것이다. 물론 '법의 힘'은 법칙에 고유하게 내재적인 것으로 사물들의 생성과 소멸을 매개하는 방식으로 존재한다. 그러나 '법의 힘' 그 자체는 법률에 의해 매개되는 방식으로, 즉 매개에 의해 생성된 것은 아니다. 이러한 '법의 힘'은 법의 안에 있으면서 예외상태를 선포하는 주권자만큼이나 위상학적으로 위치 짓기에 대단히 애매하다.

이 구절과 횔덜린의 핀다로스 번역에 대한 하이데거의 설명, 특히 '열린 장'에 대한 언급과 비교해보도록 하자. "저 나름의 모든 연관들 속에서 개별화된 채 존재하는 현실적인 모든 것은, 이 모든 것에 앞서 자연이 열린 장—이 안에서 불사적인 것과 가사적인 것, 그리고 모든 사물이 서로 만날 수 있다—을 허락해줄 때에만 존재 가능하다. (……) 그러나 서로 상생적으로 공존하는 모든 것에게 비로소 그것들이 함께 속하는 그런 영역을 제공해주는 열린 장 자체는 결코 어떤 매개로부터 유래하는 것이 아니다. 열

---

49 마르틴 하이데거, 「독일 대학생들에게 고함」, 박찬국, 『하이데거와 나치즘』, 417쪽.

50 카를 슈미트, 「라이히 · 국가 · 연방」, 『입장과 개념들』, 285쪽.

51 마르틴 하이데거, 『횔덜린의 송가—게르마니엔과 라인 강』, 179쪽.

52 마르틴 하이데거, 『횔덜린의 송가—게르마니엔과 라인 강』, 179쪽.

53 마르틴 하이데거, 『횔덜린의 송가—게르마니엔과 라인 강』, 180쪽.

54 표 왼쪽부터 독일어 원문과 한글 번역의 순서는 다음과 같다. 독일어 원문: 조르조 아감벤, 『호모 사케르—주권권력과 벌거벗은 생명』, 박진우 옮김, 새물결, 2008, 87쪽; 첫 번째 한글 번역: 『호모 사케르—주권권력과 벌거벗은 생명』, 87쪽; 두 번째 한글 번역: 마르틴 하이데거, 「마치 축제일처럼……」, 『횔덜린 시의 해명』, 119~120쪽. 『대지의 노모스』의 국역본에는 핀다로스의 원문에 대한 번역은 누락된 채 그에 대한 슈미트의 해석만 실려 있다. 칼 슈미트, 『대지의 노모스』, 56~57쪽.

55 카를 슈미트, 『대지의 노모스』, 56~57쪽.

린 장 자체는 직접적인 것이다."[56] 이렇게 '법의 힘'과 '열린 장'은 다른 모든 사물들, 곧 필멸의 사물과 불멸의 사물을 매개하면서도, 그 자체는 직접적으로 무매개적이며, 매개의 산물이 아니다.

그런데 슈미트에게 주권권력, 즉 법의 힘이 궁극적으로 장소를 새롭게 정초하는 폭력적인 힘이라면, 하이데거에게 공간(장소)은 어떤가. "장소Ort라는 명사는 근원적으로 창끝을 의미한다. 이 끝에서는 모든 것이 결집된다. 장소는 자신을 최고의 것, 극단의 것 가운데로 모은다. 이러한 집결이 모든 것에 두루 걸치면서 모든 곳에 있게 된다. 즉 집결은 자신에게로 모든 것을 받아들이고, 또 받아들여진 것을 간직한다. 그러나 그것은 폐쇄적인 주머니와 같은 방식으로 받아들이고 간직하는 것이 아니라 집결된 것을 빛으로 꿰뚫어 투명하게 빛나도록 해서, 그 집결된 것을 처음으로 그것 자신의 본질 가운데로 해방하는 방식을 취한다."[57] 독일 철학자인 한병철은 이 구절을 언급하면서 장소가 만일 매개를 결핍하면 창의 끝은 강제와 억압으로 그 모습을 드러낸다고 말한다. 다시 말해 노모스의 장소 확정과 질서 부여는 그 자체로 폭력적이며, 또한 존재자들에게도 폭력을 행사한다.[58]

바실리우스, 즉 왕은 슈미트와 하이데거에게 이런 방식으로 새로운 세계를 맞이한 독일 민족의 역사적 운명을 정초하도록 이끄는 결단하는 주권자이며 또한 시인이다. 그러나 슈미트와 하이데거에게서 읽은 노모스의 이러한 창설 과정은 독일 민족의 현존재의 위대한 희생과 죽음에의 기투를 통해 비로소 가능했을 것이다. 그리고 이것은 다시 대지에 대한 슈미트와 하이데거의 논의와 맞물리면서 더욱 구체화된다.

대지를 방어하는 법학과 철학의 '파르티잔'

슈미트가 말하는 노모스nomos, 즉 분할과 목양牧養의 뜻을 갖고 있는 노모스로서의 대지의 의미는 다음과 같이 요약할 수 있다. "대지는 그 내부에 노동의 대가로서의 법을 품고 있다. 대지는 자신에게서 확정된 경계로서

법을 드러낸다. 그리고 대지는 스스로의 위에 질서의 공적인 표지로서 법을 유지하고 있다."[59] 즉 노모스는 법의 잠재 가능성, 경계 확정(장소 확정 Ortung)과 질서 부여Ordnung의 의미를 포함하고 있다.

2차 세계대전이 끝날 무렵에 완성되었지만, 5년 후에 출간된 『대지의 노모스』에서 슈미트가 행한 작업은 유럽의 역사를 노모스 확립의 역사, 법의 창시와 보존의 역사로 다시 쓴 것이다. "법은 대지에 구속되어 있고 대지와 관련되어 있다."[60] 슈미트의 진단은 로마제국과 중세의 기독교 유럽, 신구교도의 전쟁, 콜럼부스의 신대륙 발견을 거쳐 확립되어온 유럽 공법 또는 국제법의 확립이 1차 세계대전 전후를 통해 결정적으로 해체되어 버렸다는 것이다. 슈미트에 따르면, 유럽 공법은 주권을 가진 국가가 다른 주권 국가에 대해 갖고 있는 적대적 긴장 상태 속에서도 오랜 평화를 확립하고 서로의 주권을 인정하는 데 기여해왔다. 그러나 전통적인 해양 제국으로 대륙적 질서와 법에서 예외였던 '해양 국가' 영국, 그리고 국제연맹의 창시자이지만 그 자신은 연맹에 소속되어 있지 않았던 '섬나라' 미국의 등장은 유럽 공법을 결정적으로 와해시켰다. 슈미트는 이에 대해 여러 차례 강도 높게 영국과 미국을 비난하는데, 그것은 오늘날의 제국주의 비판의 논리와 닮아 있어서 흥미롭다. 슈미트가 광역廣域, Großraum주의를 제안했던 것은 그 때문이었다. 광역주의는 영국과 미국, 소비에트연방, 독일 등의 강대국이 서로를 동등한 주권 국가로 인정하면서 각자의 영토를 수호하자는 슈미트식의 국제법적 제안으로, 그것은 제국주의 일본의 대동아 공영권이나 제국주의에 대항하는 한편 중국을 영토적으로 방어하는 마오쩌둥毛澤東의 파르티잔주의[61]와도 얼마간 닮아 있다.

56   마르틴 하이데거, 「마치 축제일처럼······」, 『횔덜린 시의 해명』, 119쪽.
57   마르틴 하이데거, 「시에 있어서의 언어」, 『예술작품의 근원』, 134쪽.
58   한병철, 「권력의 윤리학」, 『권력이란 무엇인가』, 154~155쪽.
59   카를 슈미트, 『대지의 노모스』, 14쪽.
60   카를 슈미트, 『대지의 노모스』, 14쪽.

슈미트에 따르면, 인간의 역사는 기본적으로 '대지적'이다. 예를 들면 딸 아니마Anima에게 들려주는 이야기 형식으로 씌어진 『육지와 바다』는 이렇게 시작한다. "인간은 육지의 존재, 즉 대지인大地人이란다. 그는 확고하게 발판이 다져진 육지에서 살고, 육지를 이동하며, 육지를 걷는단다. 육지가 그의 관점이며, 기초인 것이지. 인간은 세상에 대한 관점을 육지로부터 이끌어내는데, 그건 그의 인상이 육지에 의해 규정되며, 그의 세계관 또한 육지에 의해 조건 지어진다는 뜻이란다".[62] 슈미트에게 인간을 해양의 존재로 정의하는 일은 아무래도 낯설고 이상한 것이었다. 슈미트는 흥미롭게도 『육지와 바다』에서 한 철학자의 말을 인용하기도 한다. "공간(장소)이 인간의 활력과 활동, 창조성의 장이 되어가고 있다. (중략) 동시대의 한 독일 철학자는 그것을 다음과 같이 말했다. '공간(장소) 안에 있는 것이 세계라기보다는 오히려 세계 안에 있는 것이 공간(장소)이다'라고".[63] 슈미트의 지적 편력에 대한 한 연구서에 따르면, 이 '동시대의 한 독일 철학자'는 물론 하이데거다.[64]

하이데거의 논의에서 대지 또한 경계와 장소, 법칙과 무관하지 않다. 그런데 그것을 정립해주는 것이 슈미트에게는 주권자라면, 하이데거에게 그 주권자는 '성스러운 사제'인 횔덜린과 같은 '시인'이다. 대지는 존재자의 진리가 은폐되어 있는 상징적인 이해 지평인 동시에 탈은폐된 진리로 곧 자기 자신을 개시할 채비를 끝낸 잠재성의 기호가 된다.[65] 그리고 시인은 "그 안에서 시원적으로 결단을 내리게 되는 저 유일무이한 시간-공간Zeit-Raum을 명명"[66]하는 존재로 격상된다. 슈미트의 노모스와 마찬가지로 하이데거에게도 대지는 질서 및 장소 확정과 관련이 있다. "시인들은 먼저 신들이 손님으로 찾아와야 할 그런 집을 짓기 위한 집터를 그저 말뚝을 박아 표시하고 확정하면 된다."[67] 시인은 대지의 경계와 질서를 수립하는 자다. 나아가 대지와 노모스의 관계도 시인이 수립한다. "대지는 '위대한 법칙들을 따라간다.' 여기서 말하는 '법칙들'이란, 각각의 모든 것이 각자 자신의 본질에 따라 어디로 사용될 것인지를 가리키면서 섭리하는 저 위대한 운명의 지시들이라는 의미에서의 노모이νόμοι, 법칙다".[68] 하이데거에게 예술작품이 갖고 있는 중요성은 여기에서 비롯된다. 하이데거에 따르면 작품이란 지금까지 말한 의미에서 "대지를 하나의 대지로서 존재하게 한다".[69]

하이데거에게 예술작품은 "존재자의 진리가 작품 속으로 스스로를 정립"[70]하는 것을 통해 개진되는 것이지 인간 주체의 문화적 활동의 표상적(가상적) 산물이거나 주체적 의지의 발현을 통해 구현되는 것이 아니라는 점에서 모더니즘의 반인간주의적 면모를 닮았다. 또한 예술작품은 "죽음으로의 삶의 기투"[71]를 통해 존재 또는 진리를 밝히는 방식이라는 점에서 미적인 동시에 윤리적이며, 또한 정치적이게 된다. 이 두 가지 특징을 결합하면 하이데거에게 예술작품이란 단지 미학적 고찰의 대상이 되는 문학이나 회화 같은 예술의 장르적 명칭이 아님을 알게 된다. 오히려 하이데

---

61   슈미트는 마오쩌뚱이 지은 「곤륜崑崙」이라는 시를 인용한다. "하늘이 발판이라면
        나는 내 칼을 빼어/너를 세 조각으로 자르리라/하나는 유럽의 선물로/하나는 미국의
        선물로/그러나 중국을 위해 하나를 남겨두리/그러면 세계에는 평화가 찾아오리." 카를
        슈미트, 『파르티잔』, 99쪽에서 인용. 슈미트에 따르면 마오쩌뚱이 가진 특이하고도
        모순된 입장은 그가 마르크스주의적 세계 혁명을 실현시키는 데에 따른 절대적인
        계급의 적(가령 미국 제국주의와 자국 내의 국민당 정부 등)과 중국(아시아)이라는
        대지를 방어하는 데에 따른 현실적인 제국주의적 적(가령 일본 제국주의 등)을 자기
        내부로 결합시키는 데서 온다. 이른바 마오쩌뚱은 '광역 주권론을 주장하는 파르티잔'이
        되는 셈인데, 마오쩌뚱이야말로 슈미트가 히틀러에 대한 환멸 이후에 자신의 이론으로
        진정 만나고자 했던 은밀한 정치적 영웅은 아니었을까.
62   Carl Schmitt, *Land and Sea*, Chap. 1.
63   Carl Schmitt, *Land and Sea*, Chap. 20.
64   Gopal Balakrishnan, "The International Order and World War", *The Enemy: An
        Intellectual Portrait of Carl Schmitt*, London & New York: Verso, 2000, p. 244.
65   슬라보예 지젝, 『잃어버린 대의를 옹호하며』, 박정수 옮김, 그린비, 2009, 192쪽; 마크 A.
        래톨, 『How To Read 하이데거』, 권순홍 옮김, 웅진지식하우스, 2008, 144~154쪽 참조.
66   마르틴 하이데거, 「마치 축제일처럼……」, 『횔덜린 시의 해명』, 153쪽.
67   마르틴 하이데거, 「회상」, 『횔덜린 시의 해명』, 293쪽.
68   마르틴 하이데거, 「횔덜린의 땅과 하늘」, 『횔덜린 시의 해명』, 330쪽.
69   마르틴 하이데거, 「예술작품의 근원」, 『숲길』, 63쪽.
70   마르틴 하이데거, 「예술작품의 근원」, 『숲길』, 50~51쪽.
71   마르틴 하이데거, 「예술작품의 근원」, 『숲길』, 107쪽.

거에게 미학이란 예술작품에 대한 고찰이 아니라 현존재의 피와 살의 윤리학이 되며, 나아가 공동존재로서의 독일 민족의 역사적 운명과 중요하게 연결되는 정치였다. 폴레모스, 곧 투쟁이란 그런 뜻이다. 독일 민족의 역사적 무대를 위한 세계는 대지를 통해 건립된다. 그러나 그것은 세계와 대지의 막연한 조화나 통일이 아니라 서로의 격렬한 투쟁으로부터 비롯된다.

세계가 기본적으로 어떤 폐쇄도 용납하지 않는다는 점에서 개방적이라면, 대지는 안으로 감싸는 특유의 경향이 있다는 점에서 폐쇄적이다. 그러나 투쟁 속에서 세계와 대지가 격돌하게 되면 세계는 대지를 고양시키며, 대지는 세계를 자신 쪽으로 끌어당겨 간직하려고 한다. 작품의 작품 존재란 "세계와 대지 사이에서 벌어지는 이러한 투쟁의 격돌 속에 존립한다."[72] 그것은 일종의 해석학적 순환 운동처럼 계속되며, 결코 끝나지 않는 이러한 투쟁은 자신의 고유한 형태를 만들어나간다. 예술작품은 자신의 내부 공간에서 대지와 세계의 투쟁이 끊임없이 일어나는 격전지라는 데서 미완성이며, 바로 미완성의 계속된 형태로 예술작품은 대지와 세계의 투쟁을 완료한다는 점에서 완성이다. 미완성인 동시에 완성인 예술작품은 자신의 존재 속에서, 헤라클레이토스의 단편 53에서 그랬던 것처럼, 진리를 '드러내고eideize' '만드는epoiese' 열린 장이 된다.

하이데거에게 예술작품은 그 내부의 존재Sein의 등가 원리에 따라 "국가를 창건하는 행위", 존재자를 통한 존재의 이끎, "본질적 희생", "사유가의 물음"을 엮어나가면서 결국 이들과 동일한 것이 된다.[73] 이러한 것들이 하이데거에게 동지라면 그의 적은 기술주의적 행태 속에서 "역사의 비본질"을 구현하고 있는 "미국주의"(또는 그것의 변형인 볼셰비즘)이다.[74] 데리다가 말했던 것처럼, 하이데거의 대지는 자신의 주장과 달리 매우 지정학적이다. 슈미트가 유럽 공법을 수호하면서 그랬던 것처럼 하이데거가 사방의 적으로부터 "단 하나의 유럽이 있다는 것을 말하고 싶어 한다는 것은 의심할 여지가 없다".[75]

그러나 노모스로서의 대지의 역사는 끝난 것처럼 보였다. 독일의 패전이라는 파국이 도래했던 것이다. 슈미트와 하이데거가 각각 주권자와 시인으로 방어하고자 했던 대지와 더불어 유럽(역사적 사명을 부여받은 독일을 중심으로 하는)은 타락한 기술 문명의 화신인 미국식 자유민주주의와 볼셰비키식 공산주의의 승리(슈미트와 하이데거에게는 진정한 승리가 아니었던)에 의해 완전히 끝장나고 말았다. 나치당에 가입했다가 얼마 지나지 않아 환멸을 느꼈다고는 하지만, 이들은 전후에 체포되어 감옥에 갇히거나 대학 강의를 금지당한다. 2차 세계대전이 끝날 무렵, 곧 제3제국의 패전이 기정사실이 되었을 때, 슈미트와 하이데거가 고대했던 대지로서의 노모스는 종결된다. 독일은 미국과 소련에 의해 나눠졌고, 해양과 영공은 제국주의자들의 몫이 되었으며, 대지와 노모스의 연결고리는 완전히 끊어진 것 같았다. 노모스를 정초할 수 있는 어떤 권위도 힘도 더 이상 없는 듯 보였다. 그것은 유럽의 정치적·도덕적 파국이었다.

더구나 현대 기술의 발달로 인한 전쟁 방식의 혁명적 변화는 이를 가속화시켰다. 사물들을 보는 관점도 달라졌다. "육지의 토지 위에 존재하는 인간은 하늘로부터 위에서 그에게 작용을 미치는 비행기에 대하여, 오히려 해저에 있는 생물이 바다 표면의 선박에 대하여 취하는 태도와 같은 태도를 취하여, 그와 동일한 존재에 대하여 취할 태도를 취하지 않는다."[76] 기술의 무자비한 발달, 두 번의 새로운 전쟁으로 인한 "절대적인 탈장소화"[77]에 직면해 이제 국가와 국가 사이의 정규전이 아닌, '전 지구적 내전'의 시대가 개막되었다. 그것은 정치적인 것의 핵심인 적과 동지의 동등한 구분을 완전히 없애버리는 것만 같았다.

바다와 하늘을 완전히 점령해버린 새로운 제국주의의 개막 속에서

72   마르틴 하이데거, 「예술작품의 근원」, 『숲길』, 67쪽.
73   마르틴 하이데거, 「예술작품의 근원」, 『숲길』, 88쪽.
74   마르틴 하이데거, 『횔덜린의 송가 〈이스터〉』, 241쪽.
75   자크 데리다, 『정신에 대하여—하이데거와 물음』, 박찬국 옮김, 동문선, 2005, 75쪽.
76   카를 슈미트, 『대지의 노모스』, 401쪽.
77   카를 슈미트, 『대지의 노모스』, 401쪽.

대지에는 적과 동지 대신 열등한 자와 우월한 자만이 남을 것이다. 열등한 자는 내전을 일으키는 범죄자가 될 것이며, 우월한 자는 그를 처벌하는 전 지구적 경찰이 될 것이다. 그리하여 "열등한 자는 힘과 법의 구별을 내전의 공간 속으로 옮길 것이다. 우월한 자는 그의 무기의 우월성을 그가 지닌 정당 원인의 증거로 간주하며, 사람들이 더 이상 정당한 적이라는 개념을 실현시킬 수 없기 때문에 적을 범죄자로 선언한다. 범죄자에 대해 적을 차별하는 것과 정당 원인을 동시에 끌어들이는 것은 파괴 수단의 고도화와 병행하며 전장의 탈장소화와 병행한다. 기술적인 파괴 수단의 고도화는 마찬가지로 파괴적인 법적, 도덕적 차별화의 심연을 열어젖힌다".[78] 현대의 테크놀로지는 이렇게 슈미트와 하이데거에게 비인간적일 정도로 잔인한 인간성의 파괴의 계기가 되거나 새롭게 닥친 존재론적 위험이 되면서 지적 성찰의 대상으로 정립된다. 하이데거가 독일인들에게 도래하리라고 대했던 섬뜩한Unheimlich '하늘의 불Das Feuer vom Himmel'은 실제로는 영미 폭격기가 쏟아내는 무시무시한Ungeheuer 폭탄이었으며, 슈미트에게 해면과 육지를 가로지르는 비행기는 "쌍방적인 적들이라고 하는 명확한 대립자들을 폐지"시켰다.[79]

그럼에도 아직 끝난 것은 아니다. 미국과 영국과 같은 새로운 제국주의와 국제법의 새로운 건립자들의 편에서 적이 사라졌다는 것은 적이 더 이상 존재하지 않는다는 다행스러운 사태가 도래한 것처럼 보였다. 그러나 오히려 이것은 적이 형상Gestalt을 갖고 있지 않다는 뜻도 된다. 다시 말해, 보이지 않게 군중 속으로 숨어드는 범죄자처럼 전 지구적 내전 상황에서 사방은 적이 아닌 적, 잠재적인 적이다. 거울에 비친 적대적 쌍생아인 미국과 소련의 냉전 구도하에 일시적인 안정을 되찾은 것 같았던 '정치적 상상계'는 다시 위기를 맞게 된다. 그리하여 대지를 근거로 방어하는 비정규군에 대한 이론인 '파르티잔'론은 슈미트에게는 여전히 전 지구적 내전 상태에서도 적과 동지의 구분이 유효함을 증명하는 결정적인 전환점이 된다. 그때 그는 자신도 모르게 제국주의에 대항하는 마르크스주의적이거나 반식민주의적인 파르티잔들, 레닌, 게바라Che Guevara와 카스트로Fidel Castro,

마오쩌둥과 호치민胡志明 등에게 강하게 이끌리게 된다(하이데거는 슈미트보다 인색하게 휴머니즘에 대한 자신의 글에서 처음이자 마지막으로 마르크스주의의 위력을 인정한다).

나폴레옹에 대항한 스페인 비정규군에서 유래한 정치적 당파인 파르티잔은 "비정규성, 활동적 투쟁의 고도화된 기동성, 정치적 관여의 격렬성"[80]과 함께 가장 중요한 징표인 "대지적 성격"[81]을 갖고 있다. "파르티잔은 그가 토착적인 관계를 맺고 있는 한 덩어리의 대지를 방어하는 것이다."[82] 그는 정규군이 아니기 때문에 포로로 정당하게 대우받을 수 없으며, 법의 바깥에 놓인 비인간적인 처사 속에서 재판을 받지 않고도 즉결 처형될 수 있는 한낱 목숨뿐인 삶이다. 그러나 이러한 불리한 조건 때문에 파르티잔의 투쟁은 만일 기술적 힘을 등에 업을 경우에는 고도로 격화된다.

슈미트는 두 종류의 파르티잔을 구분한다. 하나가 "방어적이고 토착적인 향토의 방위자로서의 파르티잔"이라면, 다른 하나는 "세계적으로 공격적이며 혁명적인 활동가로서의 파르티잔"이다.[83] 이런 의미에서 보면 2차 세계대전이 끝난 후 하이데거가 대지를 토대로 전개한 것, 즉 땅과 하늘, 신들과 죽을 자들이 하나로 귀속되는 사방四方, Geviert 세계에 대한 일련의 논의들은 잠재적이고도 비가시적인 적으로부터 자신을 수호하는, 적의로 가득 찬 파르티잔들이 숨어 있는 지하 땅굴의 패러디로 읽힌다. '방어적이고 토착적인 향토의 방위자로서의 파르티잔'의 철학자가 한 사람 있다면, 그는 바로 하이데거 자신이었다. 이 '철학의 파르티잔'은 허무주의적 태도로 "시가 노래한 땅과 하늘이 사라져버렸다"[84]고 탄식하기에 이른다.[85]

78   카를 슈미트, 『대지의 노모스』, 402쪽.
79   카를 슈미트, 『대지의 노모스』, 392쪽.
80   카를 슈미트, 『파르티잔』, 39쪽.
81   카를 슈미트, 『파르티잔』, 40쪽.
82   카를 슈미트, 『파르티잔』, 150쪽.
83   카를 슈미트, 『파르티잔』, 54쪽.

깨어진 대지, 슈미트와 하이데거 비판: 증언testimony의 문학적 가능성

슈미트식의 결단의 정치, 적과 동지의 불안정한 구분 자체가 삶과 정치를 즉각 동일시하는 파시즘으로 귀결되는 것은 아니다. 자유주의와 민주주의를 절합하는 이데올로기에 민감하게 반응하는 슈미트의 통찰은 급진정치학에도 매우 유효하다.[86] 마찬가지로 하이데거의 양심, 결단, 희생, 피, 민족, 영웅 등의 전형적인 우파 용어도 파시즘으로 간단히 기각할 수는 없다. 테리 이글턴이나 지젝의 작업처럼 이를 지속적인 좌파의 어휘로 재전유하는 것, 헤게모니적으로 분절하는 비평적 훈련이 중요하다. 문학과 정치가 서로에 대한 내적 긴장을 유지한 채 자신이 몸담고 있는 정치적 체제를 분절하는 것이 언어 속에서 언어를 발화하는 문학의 한 임무다. 슈미트와 하이데거의 나치 참여와 그에 대한 전후의 고집스러운 침묵이나 변명은 이러한 헤게모니적 절합의 실패와 그에 대한 철저한 부인의 제스처로 읽을 수도 있다.

적과 동지에 대한 슈미트의 구별, 본래성과 비본래성의 대립, 존재와 존재자의 차이라는 하이데거의 사유, 슈미트와 하이데거의 '폴레모스'에서 문제시된 형상Gestalt은 칸트적 의미에서 감성과 지성을 매개하는 상상력과 연관이 있다. 슈미트에게 적과 동지의 구별은 Gestalt의 문제다. 적은 직관의 대상으로 주어진 현상으로부터 추출된 감각의 다발을 지성의 종합 능력을 통해 개념적으로 도식화된다. 그리고 지성의 도식화와 감각적 직관을 매개하는 상상력의 작용으로 적은 다시금 피와 살이 만져지는 적의 형태로 인지된다.[87] "도덕적으로 악하고, 미적으로 추하며, 경제적으로 해로운 것만으로는 아직 적이라고 할 수 없다. 도덕적으로 선하고, 미적으로 아름다우며, 경제적으로 이로운 것도 그것만으로는 특수한, 즉 말의 정치적 의미에서의 동지가 되진 않는다."[88] 그래서 적은 언제나 공적公敵이다. 적을 상상한다는 것은 미적인 것과 도덕을 넘어서야 하는 과정이다. 그러나 정치와 윤리를 매개하는 상상력의 작용으로 정치는 미학이 될 가능성이 다분히 남아 있게 된다.

슈미트의 예외상태에 따른 결단의 정치는 그가 비판한 독일 낭만주

84 마르틴 하이데거, 「횔덜린의 땅과 하늘」, 『횔덜린 시의 해명』, 351쪽.

85 물론 하이데거의 '대지'와 슈미트의 '대지'가 세부까지 일치하는 것은 아니다. 슈미트의
대지, 노모스가 일종의 세계 체제의 등장, 초기 산업자본주의의 발흥, 총력전der
Totale Krieg을 가능하게 하는 독점자본주의 등의 경제적 패러다임의 변환을 지시하는
'생산양식', 패러다임과 비슷하다면, 하이데거의 대지는 2차 세계대전이 끝나고 그의
후기 사상으로 갈수록 보다 특수하게는 생산양식의 일부이자 그 잔여물로, 자본주의적
생산양식에 의해 생산수단으로 포획되는 것에 저항하는, 하이데거 자신에 의해 가상의
숭고한 지위를 부여받은 독일 농촌의 농경지일 것이다. 이에 대해서는 Fredric Jameson,
"Notes on the Nomos", *The South Atlantic Quarterly* 104: 2, Spring 2005 참조.

86 슈미트의 '정치적인 것'에 대한 좌파적 전유의 급진적인 방식은 샹탈 무페의 다원적
민주주의와 에르네스토 라클라우Ernesto Laclau의 포퓰리즘(민중주의)에서 볼 수 있다.
무페의 다원적 민주주의는 자유민주주의라는 정치적 봉합을 자유주의와 민주주의로
분절하는 작업을 통해 '사회적 적대'를 드러낸다. 그녀는 자유주의의 중요한 요소인
차이를 선험적 실체가 아닌 해체적으로 해석함으로써 그것의 잠재성의 역량을
극대화한다. 다원적 민주주의는 민주주의에 내재한 등가=동일성의 논리 안의 배제를
극복하는 장점을 갖고 있다. 민주주의가 국민 안에 포섭되지 않는 이질적 존재들을
배제하는 위험이 있다면, 이 이질성은 차이의 이름을 통해 정치적 질서 안으로
기입하도록 이끌 수 있다는 것이다. 이것이 무페가 말하는 헤게모니 투쟁이다. 한편,
민주주의의 동일성 논리는 단지 배제의 논리만으로 기능하지 않는다. 라클라우가
말한 것처럼, 민주주의의 등가 원리는 페미니즘, 생태주의, 이주노동자의 인권 등
서로 이질적인 요구들을 하나의 주인기표master signifiant를 통해 누비는 역할을 할 수
있다. 이것은 일자一者 속에 다자多者를 포섭하는 것이 아니라, 다자의 요소들 중 하나를
일자가 되게 하는 것이다. 즉, 특수와 보편을 일치시키는 것이 아니라, 어떤 특수가
우연히 보편이 됨을 인정함으로써 특수와 보편 사이의 분리를 긴장상태로 유지하는
것이다. 간단히 말해, 무페의 다원적 민주주의는 민주주의의 등가 논리를 자유주의의
차이의 논리와 접속하려는 지속되는 헤게모니 투쟁이라면, 라클라우의 '포퓰리즘'은
민주주의 안에서의 보편적 실천의 한 예로, 민주주의적 동일성 안에 포섭되는 형태로
배제되는 사회적 이질성, 부재하는 바로 그 방식으로 존재하는 집단을 하나의 정치적
주체인 '민중'이라는 과잉 기표로 호명하고 재발견하려는 헤게모니적 쟁투이다. 이에
대해서는 에르네스토 라클라우, 「민중주의적 이성에 관하여」, 『전쟁은 없다』, 강수영
옮김, 인간사랑, 2011 참조.

87 Petar Bojanić, "The USA has no enemy because it has no form/Gestalt…", February
2006, http://www.abdn.ac.uk/modern/node/50. 또한 지젝의 글을 참조하라. "적을
인지하기 위해서는 기존의 범주 아래의 개념적인 포섭만으로는 불충분하다. 적의
논리적인 형상을 '도식화'해내야 한다. 증오와 투쟁의 적절한 과녁이 되도록, 즉 만져서
감각할 수 있는 구체적인 특성을 적에게 부여해야 한다." Slavoj Žižek, *Welcome to the
Desert of the Real*, London & New York: Verso, 2002, pp. 109~110. 슬라보예 지젝,
『실재의 사막에 오신 것을 환영합니다』, 김희진 · 이현우 옮김, 자음과모음, 2011, 154쪽.

88 카를 슈미트, 『정치적인 것의 개념』, 33쪽.

의의 기회원인론을 그대로 적용하자면, 적과 동지의 구별을 궁극적으로 예외적 결단 속에서 무화하는 기회원인론의 특징을 갖고 있다고 말할 수 있다. "슈미트가 주장하는 것은 주권적 결단의 정치학인데, 이것의 내용을 이루는 것은 그때그때의 정치 상황이라는 우연적인 기연에서만 나오는 것이다."[89] 적과 동지의 구별과 마찬가지로 대지와 노모스 사이의 필연적 연결고리는 그의 예외상태 이론에 따르면 주권적 결단에 의해 불안정하고도 자의적으로 변할 수 있는 것이다. 슈미트에게 철학자 키르케고르Søren Kierkegaard가 주요한 참조점이 되는 부분은 신학에서 기적에 해당할 예외상태 이론뿐만이 아니다. 키르케고르의 심미적 · 윤리적 · 종교적 단계는 슈미트에게 각각 독일 낭만주의, 적과 동지의 구별, 예외상태 이론에 대응한다. 그리고 각각의 단계에서 다른 단계로의 '어둠 속의 도약'은 슈미트에게는 '결단'의 행위가 된다…….

그러나 이 세 가지는 이상하게도 서로에 대한 '도약'이 아닌, 슈미트에게는 그가 그토록 증오했던 아노미처럼 뒤섞여버린다. 예외상태에서 적과 동지의 구분이 불안정하며 자의적인 상황에 따라 변할 수 있다면, 예외상태는 다시 독일 낭만주의의 기회원인론과 재접속하게 되는 것이다. 그리고 바로 그런 방식으로 적과 동지의 구별이라는 정치적 제스처는 자신이 정치와 구별하고자 했던 바로 그 도덕(윤리)이자 아름다움이기도 했다. 레오 스트라우스는 일찌감치 적과 동지의 정치적 구별이 도덕적인 것임을 간파한 바 있는데,[90] 이러한 '정치적인 것'은 또한 독일 낭만주의의 기회원인론만큼이나 미적인 것이기도 하다.

하이데거를 경유하면 슈미트가 품고 있었던 아포리아는 한층 명료해진다. 하이데거에게는 '존재'의 무차별적 등가 원리에 따라 정치와 미학, 윤리를 묶고 푸는 상상력에 대한 지나친 의존이 문제라면 문제다. "죽음으로의 삶의 기투 또한 미학적인 것이다."[91] 『존재와 시간』에서 하이데거의 윤리학의 지표였던 '죽음으로의 기투'는 나치에 참여하면서부터는 독일 민족이라는 현존재의 결단의 정치학이 되는가 하면 그 자신의 말처럼 미학적인 것이기도 하다. 하이데거의 '존재'는 1930년대에는 역사적 운명을 부

여받은 독일 민족처럼, 1940년대 이후에는 횔덜린의 시처럼 너무 특수하
게 선택적이면서도 종종 나무, 총통, 시, 하늘과 대지로 미끄러지는 '떠도
는 기표'와 비슷하지 않은가. '존재의 본질은 본질의 존재'라는 알쏭달쏭하
고도 애매한 특유의 문체에서 엿보이는 것 같은 하이데거의 기표는 귀족
적인가 하면 민중적이고, 대지처럼 모든 것을 끌어안는 포용과 배려를 보
이는 것 같다가도 정주민 특유의 폭력과 배제를 이방인과 방랑자에게 일
삼는다. 이러한 비일관성은 슈미트와 마찬가지로 기회원인론적인 것은 아
닐까. 만일 '존재'에 일관성이 있다면, 즉 "나무들을 그 고유의 존재 방식으
로 살아가게 해준다면, 장티푸스라고 그렇게 해주지 못할 것도 없지 않은
가?"[92] 결국 슈미트는 자신이 비판한 것 이상으로 낭만주의자였으며, 하이
데거 또한 그러했다. 이렇게 시인과 총통은, 문학과 정치는 극적으로 조우
한다. 그러나 그런 만남은 결국 냉혹하고도 살벌한 정치에 대한 문학 또는
미적인 것의 일방적이고도 맹목적인 구애일 따름이다. 이것이 발터 벤야민
이 말했던 '정치의 심미화Ästhetisierung der Politik'의 한 양상이라면, 슈미트와
하이데거에게 정치의 심미화란 미적인 것(문학)에 의한 정치적인 것(정치)
의 봉합에 대한 명명이다.

　　윤리와 정치의 관계도 마찬가지다. 슬라보예 지젝이 말하는 것처럼,
존재자의 차이로서의 존재는 그것을 어떤 존재자의 관점에서 보느냐에 따
라 '통찰'이거나 '맹목'이 된다. 존재적인 것과 존재론적인 것의 차이는 통

89　카를 뢰비트, 「카를 슈미트의 기회원인론적 결정주의」, 카를 슈미트 외, 『합법성과
　　　정당성』, 김효전 옮김, 교육과학사, 1993, 242쪽.
90　"슈미트는 정치적인 것을 시인한다. 왜냐하면 그는 정치적인 것의 존립이 위협받고
　　　있는 것 중에 인간생활의 진지함이 위협받고 있는 것을 보고 있기 때문이다. 결국,
　　　정치적인 것의 시인은 다름 아닌 도덕적인 것의 시인인 것이다." 레오 스트라우스, 「카를
　　　슈미트의 『정치적인 것의 개념』에 대한 주해」, 『정치적인 것의 개념』, 176쪽.
91　마르틴 하이데거, 「예술작품의 근원」, 『숲길』, 107쪽.
92　테리 이글턴, 「존재의 정치학: 마르틴 하이데거」, 『미학사상』, 방대원 옮김, 한신문화사,
　　　1995, 353쪽.

찰과 맹목의 차이를 가능하게 하는 '시차'의 경험이다. 횔덜린의 시 「이스터」에 대한 강의에서 하이데거는 진정한 의미의 파국은 존재적 파국, 즉 미국의 평균화된 기술 문명에 의한 재앙과 같은 실제적인 것이 아니라, 그보다 더 근원적인 것, 존재론적 파국이라고 말한다. "존재자 내부에서 인간은 유일한 재앙이다."[93] 즉 가장 파국적인 것은 인간 그 자체다. 그러나 이렇게 물어볼 수도 있겠다. 인간이라는 존재자 자체의 파국에 비해 '홀로코스트'라는 존재적 파국은 가령 "아무런 섬뜩함도 아닌"[94] 것인가. 지젝은 하이데거의 존재론적 파국을 옹호하지만, 그때 그는 자신이 "존재론적 통찰은 필연적으로 존재적 맹목과 오류를 함축하며, 그 역도 마찬가지"[95]라고 했던 말을 거스르는 것처럼 보인다. 그러나 인간 자체가 유일한 존재론적 파국이라는 통찰은 홀로코스트라는 존재적 파국에 대해서는 맹목적일 수 있지 않을까. 그것은 슈미트에게 나치즘이라는 예외상태가 증명한 막다른 골목이었다. 슈미트의 '총통'은 독일제국을 적그리스도의 무질서로부터 구제하는 '카테콘'이 아니라, 사실상 그 자신이 무질서를 초래했던 적그리스도였다.

하이데거는 1945년 8월, 히로시마와 나가사키에 원자폭탄이 떨어진 후인 그해 겨울, 릴케의 시에 대해 강연한다. "요즘에 자주 거론되고 있는 원자폭탄도 특수한 살인무기로서 치명적인 것은 아니다. 이미 오래전부터 죽음에 의해, 그것도 인간 본질의 죽음에 의해 인간을 위협하고 있던 것은, 모든 영역에서 의도적으로 자기를 관철한다는 그런 의미에서의 단순한 의욕이 무조건적인 것이 되고 말았다는 데에 있다."[96] 현대의 테크놀로지가 '의지의 의지'(니체)라는 과정을 통해 니힐리즘의 막다른 골목에 다다랐다는 하이데거의 통찰은 유효하다. 그러나 방금 읽은 문장은 방점이 어디에 놓이느냐에 따라 얄궂게 들릴 수도 있다. 물론 앞의 문장에 이어지는 다음 문장은 최근에 우리가 경험한 일본의 후쿠시마 원전 사고를 떠올리면 그 윤리적 울림이 꽤 적지 않다. "인간을 그의 본질에서 위협하고 있는 것은, 자연 에너지의 평화적 방출·변형·저장·관리에 의해 인간 존재가 어떤 일이든지 견디어낼 수 있고 또 전적으로 행복해질 수 있다는 의지의 생

각이다. 그러나 이러한 평화로운 것의 평화는 단지 자기 위에 세워진 의도
적인 자기관철의 광기가 조용히 지속되는 불안정에 지나지 않는다."[97] 그
러나 이러한 윤리적, 존재론적 통찰이 '과연 원자폭탄도 특수한 살인무기
로서 치명적인 것은 아니다'라는 존재적, 정치적 사실에 대한 언급으로 무
리 없이 자연스레 이어질 수 있는 것일까. 그리고 이 둘의 어색한 종합 또
한 가능하지 않다.

　　하이데거의 윤리학에서도 이러한 맹목은 여전하다. 『존재와 시간』에
서 죽음을 향한 존재인 현존재의 결단의 윤리는 어떻게 변형되고 무화되
는 것일까. 또 존재자와 그에 의해 은폐된 존재의 관계가 만일 존재자에
의한 존재의 추방령일 경우에는 어떻게 되는가. 당시 이십대 중반이었던
한나 아렌트Hannah Arendt는 프라이부르크에서 하이데거가 한 '위험Die Gefahr'
이라는 제목의 '브레멘 강좌'를 듣는다. 거기서 하이데거는 릴케Rainer Maria
Rilke가 『말테의 수기Die Aufzeichnungen des Malte Laurids Brigge』(1910)에서 말했을
법한 '타인의 대량 죽음'과 비슷한 '시체 공정fabrication of corpses'에 대해 이야
기한다. '시체 공정'에 대한 조르조 아감벤의 해석은 이렇다. "브레멘 강좌
에서 볼 때 아우슈비츠의 위상은 단연코 중요하다. 이 관점에서 캠프는 불
가능성의 가능성으로, 가장 고유하면서도 무소불위의 가능성으로 [하이데
거가 말하는—인용자] 죽음을 경험하는 것의 불가능성이 자리 집고 있는
장소다. 즉, 캠프는 고유하지 않은 것[죽음]의 전유가 발생할 수 없으며,
비본래적인 죽음의 현사실적 지배가 그에 대한 어떤 반전도 예외도 알지
못하는 장소다. 이것이 왜 캠프(그 철학자에 따르면, 기술의 무제한적 승리

93　마르틴 하이데거, 『휠덜린의 송가 〈이스터〉』, 121쪽.
94　마르틴 하이데거, 『휠덜린의 송가 〈이스터〉』, 121쪽.
95　슬라보예 지젝, 「초월적 상상력의 곤궁, 혹은 칸트 독자로서의 마르틴 하이데거」,
　　　『까다로운 주체』, 이성민 옮김, 도서출판 b, 2005, 29쪽.
96　마르틴 하이데거, 「무엇을 위한 시인인가?」, 『숲길』, 431쪽.
97　마르틴 하이데거, 「무엇을 위한 시인인가?」, 『숲길』, 431~432쪽.

의 사건인)에서, 죽음의 존재the Being of death에 대한 접근이 불가능한 것인지 그리고 인간은 죽는 것이 아니라, 시체로 생산되는 것인지에 대한 이유다."[98]

이 구절에서 '죽음에의 기투'라는 하이데거의 윤리는 '캠프에서의 시체 공정'이라는 정치에 대해 맹목적이다. 이렇게 보면, 슈미트와 하이데거의 나치 참여라는 존재적 사건은 그들의 정치적 존재론 또는 존재론적 정치학에서 예외가 아니었다. 나치에 대한 학문적, 이데올로기적 정당화를 나치 운동의 위대함과 분리시키는 틈새는 바로 슈미트와 하이데거의 통찰과 맹목을 가능하게 하는 바로 그 조건이었다.[99] 그렇다면 미적인 것, 윤리적인 것, 정치적인 것은 우리가 생각했던 것 이상으로 서로에 대해 비대칭적이며 낯선 타자가 아닐까. 미적인 것을 매개로 셋이 비로소 어울릴 수 있다면, 오히려 이것이야말로 윤리와 정치에 대해 미적인 것이 갖고 있는 맹목은 아닐까.

하이데거는 횔덜린의 시 「회상Andenken」(1802)의 "Was bleibet aber, stiften die Dichter"라는 구절을 즐겨 인용한다. "그러나 상존하는 것을, 시인이 건립한다." "머무는 것은 그러나 시인들이 짓는다." 하이데거에게 이 구절은 "시인은 존재의 건립자"[100]라는 정의를 낳는다. 시인에게 건립함은 민족의 현존재를 건립하는 것이며, 그것을 근거 짓는 일이다. 또한 건립은 존재의 본질에 대한 회상을 통해 현존재를 구원한다. 그것은 "존재자 전체", 즉 "신들, 대지, 인간들, 그리고 역사로서, 민족으로서 역사 안에 있는 것을 포괄해야만 한다".[101]

만일, 횔덜린의 위 시구에 대한 아감벤의 재해석처럼(What remains is What the poets found/남아 있는 것들은 시인이 발견한 것이다), '시인은 존재의 증인'이라면,[102] 독일 민족의 현존재로부터 배제된 존재의 증인은 누구인지 묻지 않을 수 없겠다. 또 '언어가 존재의 집'이라면, 언어는 그 집에는 들어오지 못하고 떠도는 존재자들에겐 추방령이 될 수도 있다. 그럴 경우, 언어는 자기 자신의 바깥에서, 발화의 불가능 속에서 불가능한 발화를 하는 역설과 만나게 될 것이다. 아우슈비츠의 시인 파울 첼란Paul Celan의 시구 세 행은 우리에게 그렇게 읽힌다. 첼란의 시 「재의 후광Aschenglorie Hinter」 (1967)은 '시인은 증인'이라는 횔덜린의 구절에 대한 반향으로, 여기서 하이데거의 시론에 대한 가장 강력한 비판으로 읽어도 좋다. "Niemand/ zeugt für den/Zeugen." "아무도/증인을 위하여/증언하지 않는다."[103]

노모스에 의해 추방된 비-장소인 캠프, 그곳에 유대인 첼란처럼 존재에 의해 추방된 존재자에 대한 증언, 첼란의 시처럼 추방된 언어가 행하는 불가능한 증언이 하나의 가능성으로 존재한다. 이 가능성이야말로 정치적이며, 그래서 첼란의 시는 아우슈비츠 이후에도 문학이 될 수 있었던 것이다.

파국의 관점에서

『메피스토』의 마지막 장에는 회프켄이 무대에서 '햄릿'을 연기하는 일련의 장면이 그려져 있다. 나치들이 보는 앞에서 이 덴마크 왕자는 회프켄의 연기를 통해 완전히 탈바꿈한 것처럼 보인다. 햄릿은 용단을 내리지 못하는 소심한 르네상스 인에서 『니벨룽겐의 노래Das Nibelungenlied』(1205)의 지크프리트처럼 결단하는 남성적 존재로 각색된다. 소설에는 회프켄의 햄릿 연기에 대한 호의 어린 관전평에서 횔덜린의 시 한 구절도 인용된다. "독일인들이여, 그대들마저도/생각은 많고 행동은 적구나." 그러나 회프켄은 자신의 인기와 지위가 최고의 절정에 올랐을 때, 도리어 절망한다. 그는 초연 전에

98   Giorgio Agamben, "The Muselmann", *Remnants of Auschwitz: The Witness and the Archive*, trans. Daniel Heller-Roazen, Zone Books, 1999, p. 75.

99   슬라보예 지젝, 「초월적 상상력의 곤궁, 혹은 칸트 독자로서의 마르틴 하이데거」, 『까다로운 주체』, 29쪽.

100 마르틴 하이데거, 『횔덜린의 송가—게르마니엔과 라인 강』, 293쪽.

101 마르틴 하이데거, 『횔덜린의 송가—게르마니엔과 라인 강』, 293쪽.

102 Giorgio Agamben, "The Archive and Testimony", *Remnants of Auschwitz*, p. 161.

103 파울 첼란, 「재의 후광」, 『죽음의 푸가』, 김영옥 옮김, 청하, 1986, 93쪽.

햄릿의 유령과 대면해 자신의 연기가 햄릿의 것이 아님을 깨닫게 되며, 고독 속에서 자신이 어릿광대였음을 인정하기에 이른다. "사람들은 나한테서 뭘 바라는 겁니까? 왜 나를 쫓아다니는 거냐고요. 왜 그렇게 힘들게 하지요? 난 아주 평범한 배우일 뿐이라고요!" 그는 햄릿을 연기했지만 단지 흉내 냈으며, 나치의 눈에 들기 위해 자신을 어릿광대로 분장했을 뿐이다. 그러나 햄릿의 고독 속에서 회프켄은 지금까지의 자신의 삶과 연기가 순전히 맹목이었음을 깨닫는다. 매 순간의 기회주의적 결단 대신에 햄릿의 망설임 속에서 그는 자신의 맹목을 순간이나마 통찰했던 것이다. 지금까지 살펴본 슈미트와 하이데거의 정치와 문학 논의도 이러한 맹목과 통찰의 순간이 촘촘히 얽혀 있다. 그렇다면 지금, 우리는 어떠한가.

이 시점에서 2년 넘게 비평계를 달군 '문학의 정치' 또는 '문학과 정치' 논쟁과 관련된 글들을 상기하면, 상이한 입장이라고 하더라도 거기에는 한두 가지 공통점이 엿보인다. 이 글의 결론에서 문학과 정치 또는 문학의 정치 논의를 재론할 능력과 여유는 없지만, 톺아볼 사항은 한둘 있다.

첫째, 문학'의' 정치와 문학'과' 정치에서 각각 '의'와 '과'가 잘 구별되지 않는다는 것이다. 이것은 겉보기보다 중요하다. '의'와 '과'가 구별되지 않고 뒤섞이면서 문학과 정치는 별개인 것처럼 굴다가도 문학 쪽에서 정치적인 것과 화해할 수 있다는 모종의 믿음이나 가상을 창출하는 쪽으로 논의가 선회된다. 그러나 문학이 정치에 대해 그렇게 생각하더라도 정치는 문학에 대해 그렇게 생각할까. '문학과 정치'라고 전제했을 경우는 문학과 정치는 비대칭성으로 불거지며, 그 둘은 결코 좁혀질 수 없는 거리로 주어진다. 그러나 '문학의 정치'가 이를 비집고 들어오면서 문학과 정치의 비대칭성은 슬그머니 사라지고 결국 문학=정치로 논의가 수렴된다. '문학의 정치' 논의에서 엿볼 수 있는 메시아주의는 한국어의 감각으로는 감당하기 힘든 전미래 시제로 도래할 민주주의와 도래할 문학은 무한대 소실점에서 일치할 수 있다는 믿음과 위안을 선사한다. 그러나 이 둘의 화해 불가능성이나 적대, 카를 슈미트가 정치적인 것의 본질로 규정한 적과 동지의 구분은 논의조차 되지 않는다. 특유의 해체적 감각 속에서 적과 동지의 구분이라는 이분법 따윈 문학에겐 처음부터 문제가 아니라는 식으로. 마주하고 있는 현실에 대한 역사적 감각을 중요시하다가 문학이 정치든 그 무엇이든 간에 나란히 할 수 있다는 믿음을 표현할 때, 문학은 비역사적으로 자신의 체위를 바꾼다. 차라리 문학과 정치의 비대칭성을 강조하면서 문학과 정치의 화해 불가능성을 인정하고 문학의 손을 드는 것이 솔직해 보인다. 문학주의는 슈미트가 비판한 독일 낭만주의가 그랬듯이, 문학이 정치든 무엇이든 끌어안을 수 있다는 전능한 믿음의 화신이다. 그것이 문학의 정치를 말하더라도 말이다. 문학의 물신주의는 무조건 문학 편을 드는 것이 아니라, 문학이 무엇이든 할 수 있다는 믿음이자 자신감의 발현이다. 그러나 문학의 우쭐한 자신감은 거꾸로 문학이 아무것도 아니라는 현실적으로 뼈저린 자괴감의 이면으로 읽힌다.

둘째, 문학의 정치, 그리고 문학과 정치 논의에서 공통적으로 빠져 있는 부분은 문학/정치의 담론이 속하는 한국이라는 국가, 또는 정치 체제에 대한 물음이다. 슈미트와 하이데거의 문학론으로 우리가 읽고자 했던 작업이 바로 이것이었다. 우리가 살고 있는 국가가 시장민주주의든 자유민주주의든 간에 그에 대한 근본적인 성찰이 문학/정치의 논의에서 얼마만큼 진행되었는지 여기서 묻지 않을 수 없다. 물론 우리는 시와 정치를 이야기하며 몫 없는 자의 몫, 평등과 민주주의를 말하기도 했다. 또 그 속에서 우리가 살고 있는 폭압적인 정치 체제를 비판하기도 했다. 그러나 녹색 성장만큼이나 불가사의한 봉합인 시장민주주의, 그것이 아니라면 자유민주주의 체제에서 문학으로 문학과 정치를 말할 때, 주어진 상징체계인 언어로 발화하는 문학은 시장민주주의나 자유민주주의와 같은 봉합의 정치를, 언어의 정치적 봉합을 문제 삼은 적은 많지 않았던 것으로 보인다. 우리는 그 안에서 문학을 하는 자유민주주의가 얼마나 자명한 체제인지를 물어야 한다. 예를 들어, 문학이 자신이 처한 현실에 대해 분노하면서 이명박 정권이 민주화 이후의 자유민주주의를 훼손하고 있다고 말할 때, 문학은 비로소 현실에 비판적인 관심을 회복하는 것이 아니라, 현실에 대처하고 발언하는 특유의 무능력을 오히려 발휘하는 것처럼 보인다. 문학이 정치에 요구하고 국가에 선처를 바라는 것은 '표현의 자유' 이상을 넘지 못한다. 문학이 언급하고 있는 현실에 대한 수사적 환기도 상투어의 나열일 뿐이다. 어디를 펼쳐도 '신자유주의의 모순', '복잡다단한 현실의 패착', '폭압적인 이명박 독재 정권' 정도다. 문학이 정치를 말할 때면, 이렇게 상투어 이상으로 말하지 못한다. 그것이 아마도 우리가 문학의/과 윤리를 종종 문학의/과 정치와 혼동하거나 동일시하는 이유 중의 하나일 것이다.

결론적으로, 우리가 정치 또는 정치적인 것을 문제 삼았을 때 문학은 어떤 정치 체제 안에서 정치, 또는 정치적인 것을 말하고 있는지를 꼼꼼히 살펴야 한다. 그것이 자유주의인지 민주주의인지, 아나키즘인지 파시즘인지 공산주의인지를. 문학/정치 논의에서 시인 김수영이 자주 호출되는 상황도 그래서 흥미롭다. 김수영은 어떤 경우에는 혁명에의 충실성을 고수하는 바디우Alain Badiou의 시인으로, 감각적인 것의 분배를 통해 시와 정치를 깊이 있게 논의한 랑시에르Jacques Rancière의 민주주의자로, 시와 삶을 일치시킨 전복적 아방가르드로, 더러는 김일성 만세라고 쓸 수 있어야 한다는 언론 자유의 문학적 변호인으로, 또 정치적 '자유'를 중요시한 자유주의자 등으로 호명된다. 더러는 호들갑스럽게도 느껴지는 이런 비평적 호출을 문제 삼지는 않겠다. 그러나 김수영에 대한 최근의 기표놀이는 문학/정치 담론을 누비는 주인기표보다는 그때그때의 상황과 선호도에 따라 미끄러지는 해체적인 기호에 가까운 게 아닌가 하는 의심이 드는 게 요즘의 솔직한 생각이다. 덧붙여 사랑과 우정을 통해 정치적인 것을 이야기하는 방식이 문학/정치 논의에 많은 것도 특징이다. 문학은 연인의 공동체, 우정의 공동체에 대해서는 넘치게 말하면서도 정치적 적에 대해서는 말을 지나치게 아끼거나 할 줄을 모른다. 그런 방식으로 사회적 적대는 은밀히 소거시킨 채 아름다움의 가상적 연합체만을 남긴다. 오늘날 문학으로 공동체를 이야기하는 사람들은 프리드리히 쉴러Friedrich von Schiller의 심미적인 문학 공화국 근처에 가본 적이 없어 보인다. 그에 비해 김수영은 사랑을 이야기하면서도 적에 대해서도 말을 아끼지 않았던 시인이었다. 그에게 적은 적과 싸우면서 닮아가는 자신, 곧 내면의 적만은 아니었다. 김수영에게 시와 정치의 물음은 바로 적이 누구냐는 물음이기도 했다.

만일 문학이 그리 자율적이지도 자명하지 않다면, 문학이 자신의 '표현의 자유'를 빌리고 요구하는 자유민주주의 또한 그리 자율적이거나 자명하지는 않다. 알랭 바디우가 정치는 사랑의 문제가 아닌 증오의 문제며, 정치는 적을 분명하게 하는 것이라고 말했던 것을 지금과 같은 시점에서 반드시 상기해봐야 한다.[104] 우리가 지긋지긋해하는 신자유주의만큼이나 언어적 절합을 의문시해야 할 체제와 정신이 있다면, 그것은 협소하게 이명박 정부가 아니라 이러한 국가와 시장경제를 합법적인 것으로 만든 자유민주주의 체제 그것이다. 지금까지 살펴본 것처럼, 슈미트와 하이데거가 험난하게 보여줬던 지적이면서도 정치적인 경로처럼 문학(미적인 것, 상상력)이 정치와 결부될 때는 상당한 아포리아가 발생한다는 점에 유념해야 한다.

슈미트와 하이데거는 1, 2차 세계대전이라는 파국의 경험 속에서, 적과 동지의 구분이 극도로 모호해질 때 치열하게 사유했던 사상가들이었다. 두 사상가의 사유구조에 내재한 '정치의 심미화'는 최근의 문학비평이 '예술의 정치화Politisierung der Kunst'로 생각하는 일견 급진적인 것 같은 논의들이 실제로는 '정치의 심미화'의 한 단계에 불과하지 않았을까 하는 의문을 낳게 한다. 타우베스의 표현을 빌리면, 예외상태가 도래하면 깡그리 무너질 여리고 성城과 같은 논의들. 또 벤야민의 패러디를 빌리면, 이러한 논의들은 세상이 멸망하더라도 문학은 계속되리라고 외친다. 그러나 실제로 끝장나는 것은 문학이며, 계속되는 것은 세상, 아마도 정치일 것이다······. 슈미트와 하이데거의 사유를 길라잡이 삼아 살펴본 것처럼 문학과 정치는 서로에 대한 시차적 관점이자, 통찰과 맹목의 불균등한 절합이다. 슈미트와 하이데거를 반면교사 삼아 우리는 문학은 문학이 곧 정치가 될 수 있다거나 정치가 곧 문학일 수 있으리라는 환상Schein, 이러한 '정치의 심미화'

---

104   알랭 바디우, 『사랑 예찬』, 조재룡 옮김, 길, 2010, 68~80쪽 참조.

를 떨쳐내야 할지도 모른다. 이러한 환상은 문학만이 갖고 있는 맹목일 따름이다. 그렇다고 이 맹목을 꼭 두려워할 필요까지는 없으리라. 단, 맹목이 통찰의 구성적 조건일 경우에만. 지금까지 내가 말한 것 중에 문학은 없었다고 할지 모르겠다(그럼 나는 문학은 아랑곳하지 않고 오직 정치에 대해서만 이야기한 것인가). 그렇다면 문학의/과 정치에 대한 한국비평의 논의들은 정치적인 것에 대해서 실제로는 한마디도 하지 않았거나 기껏해야 '문학의 절대화'를 통해 정치에 대해 '영원한 수다'를 떤 것에 불과할지도 모르겠다. '예술의 정치화'에 대한 본격적인 사유는 지금부터다.

덧붙임 1-1: 많은 비평가들이 몰두하는 랑시에르의 '감각적인 것의 분배 Le Partage de Sensible'와는 조금 다른 방식으로 감각의 문제에 대해 접근할 수는 없는 것일까. 랑시에르가 감각적인 것의 분배를 이야기하면서 그것의 사회역사적 조건의 하나가 될 법한 감각능력의 쇠퇴에 대해 이야기하지 않는 것은 좀 이상하다. 미학의 어원으로 '지각의 감각적 경험'을 뜻하는 Aisthēsis는 랑시에르가 말하는 감각적인 것과 별반 다르지 않으며, 또 리얼리티의 역사적 변화와 필시 관련이 있을 것인데도 말이다. 이와 관련해 수전 벅 모스의 「미학과 마취학Aesthetics and Anaesthetics」(1992)[105]을 읽어본다. 벅 모스는 감각에서 마취로, 즉 마취와 무감각을 극복하기 위해 신경에 더 강한 자극을 주는 형식으로 바뀌어온 미학의 역사, 즉 감각능력의 역사를 간단히 재조립한다. '미학'은 근대인이 모더니티의 각종 '충격shock'에 적응하는 방식으로 '마취학'으로 변모해왔으며, 그에 따라 리얼리티의 체험에서 중대한 지각변동이 일어났다는 것이 이 글의 핵심이다. 우리의 논의와 관련해서는 파시즘의 '정치의 심미화'란 새로운 방식으로 감각적인 것을 고안하고 분배하는 형식이었다는 것이 중요하다. 슈미트가 말했던 '대표되는 것'과 '대표하는 것'의 열광적 동일시, 『메피스토』에서 인용한 것처럼 총통에 대한 시인의 도취적 매혹, 파국에 대한 매혹은 또한 민주주의 프로젝트의 일환이기도 했는데, 이 프로젝트를 진정으로 수행한 것은 바로 '미학'이었던 것이다. 대중의 소외되고 파편화된 신체가 아니라, 유기적이고도 총체적인 조화로 거듭날 '유니폼', 국민의 신체를 꿈꾸는 '총체적 예술작품Gesammtkunstwerk'으로서의 미학.

덧붙임 1-2: 벤야민이 「기술복제시대의 예술작품Das Kunstwerk im Zeitalter seiner technischen Reproduzierbarkeit」(1936)에서 말한 '정치의 심미화'란 충격을 통해 '살 대신 신경'을 자극하고 도취하게 하는 방식으로, 삶에 대해 미적인 것이 집단적이고도 전면적으로 지배하는 형식이다. 정치의 심미화는 삶을 심미화하는 정치적 프로젝트다. 정치의 심미화는 삶의 파편화된 무감각을 감각으로 활성화하기 위해 신경에 자극을 줄 수 있는 테크놀로지를 육체에 적용하며, 이러한 수용을 통해 육체는 스스로의 경험을 신경생리학적 반응과 무반응의 자동화 과정으로 분배하는 방식에 익숙해진다. 찰리채플린Chalrie Chaplin이 〈모던 타임즈Modern Times〉(1936)에서 묘사한 테일러주의 생산방식과 비슷하게 몸을 맞춰 똑같이 발을 움직이는 틸러 걸즈Tiller Girls가 불러일으키는 환각적 아름다움에 대해 지크프리트 크라카우어Siegfried Kracauer는 '대중장식Das Ornament der Masse'이라고 명명한다.[106] 그리고 이 '대중장식'은 '피와 대지Blut und Boden'의 나치 신화와 결합하면서 파시즘이 수행하는 정치의 심미화로 실체 변환하기에 이른다. 벤야민은 정치의 심미화의 강렬한 사례가 될 만한 것으로 레니 리펜슈탈Leni Riefenstahl이 대중 스스로가 연기자이자 관객이 될 수 있도록 세팅 촬영한 뉘른베르크 전당대회Der Nürnberger Parteitag der NSDAP(1934)를 염두에 두고 있었을지도 모른다. 대중이 자기에 대한 상상적 응시를 돌려받는 방식으로 신들린 연설을 했던 히틀러라는 나르시스의 거울 이미지, 리펜슈탈의 냉정한 카메라 광학, 기계미학적 대중장식이 삼위일체화한, 정치의 심미화의 스펙터클 제전.[107]

105   Susan Buck-Moss, "Aesthetics and Anaesthetics: Walter Benjamin's Artwork Essay Reconsidered", *October:* Vol. 62, Autumn, 1992.

106   지크프리트 크라카우어, 「대중장식」, 『모더니즘의 영화 미학』, 피종호 옮김, 제이앤북, 2006 참조.

뉘른베르크 전당대회: 레니 리펜슈탈 감독의 〈의지의 승리Triumph des Willens〉(1934).

덧붙임 1-3: 뉘른베르크 전당대회의 스펙터클 제전을 파시즘의 정치의 심미화로 서둘러 정리하기 전에 이러한 제전이 슈미트가 말했던 대중의 열광적 갈채로서의 민주주의와 본질적으로 어긋나는 것이 아님을 지적해야겠다. 일찌감치 리하르트 바그너^{Richard Wagner}의 신화적 제전에서 연원하는 집단적 도취의 문화와 대표되는 것과 대표하는 것의 평등한 일치라는 민주주의와의 상관성에 대해서는 니체도 간파한 바 있다. 바그너의 연극은 "대중숭배의 한 형식이고, 일종의 대중봉기이며, 좋은 취향에 대적하는 국민투표"였던 것이다.[108] 또한 니체는 이러한 연극적 수행이 '신경이 점점 살을 대신하는' 자극과 마취의 반복임을 알아챘다. '예외상태가 상례인 삶'(벤야민)은 무엇보다도 신경에 가하는 흥분과 무감각의 악순환 속에서 더 강렬한 감각을 통해 살아 있음을 확인해줄 상관물을 찾아다니는 것에 소진, 탄화炭化된 삶이다. 예외상태란 이러한 살아 있음을 지속적으로 마련할 수 있는 법을 발명하는 기제다. 이제 신경을 자극해 얻는 삶의 도취는 삶을 신경자극에 반응하는 무감각한 생물학적 조건으로 환원해버렸다. 삶은 살아 있음이라는 생물학적 사실, '단순한 생명'이 되었다. 벅 모스의 말처럼, 제3제국의 나치즘은 여전히 우리가 그것을 통해 우리 자신의 삶(살아 있음)의 조건을 인지하는 잔상^{afterimage}으로 두렵게 남아 있다. 어떻게 '정치의 심미화'에서 '예술의 정치화'를 분절할 수 있을까. 그것은 살아 있음의 조건 자체를 다시 사유하는 일에서 시작된다. 멀리 한 바퀴 돌아 제자리로 온 듯해 다소 허탈하지만, 이러한 반복은 불가피하더라도 꼭 필요하다. 결국 우리가 반복하려는 것은 역사의 조건, 바로 그것이기에.

덧붙임 2: 『대지의 노모스』에는 '유토피아'에 대한 매우 흥미로운 진술이

---

107 박해천, 「우리, 파시스트—테크놀로지의 강철폭풍」, 『인터페이스 연대기—인간, 디자인, 테크놀로지』, 디자인플럭스, 2009, 254~257쪽.

108 프리드리히 니체, 「바그너의 경우」, 『바그너의 경우 외(1888~1889)』 니체 전집 15, 백승영 옮김, 책세상, 2002, 57쪽.

있다. 토머스 모어의 "유토피아라는 기술적 용어 속에서 의미심장한 방식으로, 그 위에 대지의 낡은 노모스가 입각하고 있었던 그러한 모든 장소 확정이 엄청난 규모로 폐기될 가능성이 나타나 있다".[109] 한마디로 유토피아는 아노미의 가능성이라는 것이다. 카를 슈미트는 바다에 의해 둘러싸인 상상의 섬 유토피아의 등장을, 산업혁명 시기부터 본격화될 대지(홈 파인 공간)와 바다(매끄러운 공간)의 헤게모니 전쟁에서 영국이라는 해양 제국이 바다의 패권을 쥐게 될 역사의 예표로 읽었다. 그래서 유토피아는 단순히 어디에도 없는 곳이라기보다는 장소가 아닌 것[U-topos], 나아가 장소에 반대되는 것이 된다[A-Topos]. 슈미트의 맥락에서 '유토피아'는 대지에 기반을 둔 유럽 공법, 고전적인 국제법을 와해시킬 아노미 상태의 도래(해전에서 공중전으로 옮겨가는 1차 세계대전 이후의, 이른바 '총력전'의 가능성)로 읽을 수 있다. 그러나 유토피아를 기존 노모스의 와해와 해양 제국의 등장으로 읽는 슈미트의 독법과는 다르게, '구성하는/구성된politeia/politeuma' 권력의 외심부外心部에 자리한 슈미트적 예외상태를 중지시키는 것으로 상상하는 방법은 없는 것일까.

---

109 카를 슈미트, 『대지의 노모스』, 205쪽.

4 미래에서 오는 문학

— 최인석 장편소설『나의 아름다운 귀신』과
임철규 비평집『왜 유토피아인가』에 대하여

유토피아는 급진적 차이의 장소가 될 것이다. 유토피아에서 우리는 우리 자신에
게 상상하기조차 어려운 외계인이 된다. 그리고 소외되지 않은 삶이 모든 것들
중에서도 가장 낯선 것임이 증명되리라. / 프레드릭 제임슨,『미래의 고고학』

반시대적 고찰

이 글은 타임머신을 타고 시간 여행을 떠나려고 합니다. 최인석의 소설과
임철규의 비평은 바로 제가 선택한 시간 여행의 출발점이자 종착지며, 또
한 안내자이기도 합니다. 이 텍스트들은 시간적으로 과거에 속해 있지만,
그 텍스트들이 가리키는 방향은 미래입니다. 미래를 이야기하기 위해서는
과거를 이야기해야 하며, 과거를 이야기하는 것이 미래를 이야기한다고 생
각합니다. 이 시간의 역설과 아이러니가 이 글의 주제이기도 합니다.

저는 우선 이 자리를 회고의 자리로 간주하려고 합니다. 어떤 것에
대한 회고일까요? 그것은 한국문학의 유토피아적 상상력에 대한 진단으로
요약할 수 있습니다. 물론 유토피아적 상상력, 대안적 상상에 대한 문학
적 노력의 비근한 예를 최근의 한국문학의 성과에서 찾기는 쉽지 않습니
다. 이에 대한 비판이 이 글의 목적은 아닙니다. 다만 우리는 '결을 거슬러'
올라가 과거의 텍스트를 발굴하는 일을 할 뿐입니다. 그럼 하필이면 지금
'왜, 유토피아인가?'라는 물음이 나올 법합니다.

최근 어쩌다가 한국과 외국의 과학소설을 읽을 기회가 있었고 과학
소설에 대한 짧은 독서를 바탕으로 두 편의 글을 썼습니다.[1] 그때 저는 듀
나와 복거일 등의 과학소설을 읽었고 그들에게서 대안 세계에 대한 어떤
밑그림을 엿볼 수 있었습니다. 그렇다고 제가 이야기할 내용은 과학소설
에 대한 것은 아닙니다. 다만 과학소설에 대해 제가 아는 한 가장 엄밀한

정의를 내린 다르코 수빈Darko Suvin이라는 과학소설 이론가의 말에서 출발하는 것만큼은 허용해주시길 바랍니다. "과학소설이라는 장르의 필요충분조건은 '낯설게 하기estrangement'와 인지적cognitive 존재 및 그것들의 상호작용이다. 이 장르의 주된 형식적 도구는 작가의 경험적 세계를 대신하는 상상의 틀이다."²

수빈은 과학science을 인지cognition로, 픽션fiction을 러시아 형식주의자나 브레히트를 빌려 '낯설게 하기' 또는 '소격효과'로 재해석합니다. 여기서 인지는 '현실을of reality' 반영하는 것뿐만 아니라 그 '현실에 대해on reality' 말하는 것을 의미하며, 낯설게 하기 또는 소격효과란 우리에게 대상이 무엇인지 알게 하면서 동시에 뭔가 친숙하지 않도록 보이게 만드는 행위입니다. 다시 말해, 과학소설의 성립 조건에는 상상력을 바탕으로 현실의 냉혹한 필연성을 낯설게 만들고 그 필연성이 우연적일 수도 있음을 인지하도록 만드는 문학적 실험이라는 전제가 깔려 있습니다. 과학소설에 대한 이런 정의는 재현된 현실 일체를 낯설게 바라보고 재고하게 만드는 문학의 인식론적 전제에 대한 근본적이고도 대안적인 성찰을 포함합니다. 한편으로 그것은 경험론적인 현실을 취급하는 문학, 우리가 보통 리얼리즘이라고 부르는 문학 그 자체에 대한 인지적 낯설게 하기 또는 소격효과에 대한 요청이기도 합니다. 과학소설은 그러는 가운데 가능한 대안들의 지도, 곧 유토피아를 작성하는 신호로 정착되었습니다.

물론 수빈의 설명은 유토피아 문학이라는 서구 문학 장르가 근대 문학의 출발선을 끊은 과학소설로 흡수해 들어온 19세기 중반 무렵의, 서구 문학 장르의 분화 및 융화 현상과 관련된 특수한 역사적 사항입니다. 저는 그의 멋진 말을 좀 더 자세히 인용해보겠습니다.

"비록 역사적으로 볼 때 우리 시대에 그것이 위기에 처해 있다 할지라도, 결국 유토피아는 사회정치적 완벽성을 부인할 수는 없다. 비록 이 유토피아가 논리적으로는 연금술에서 불멸, 전지전능한 과학에서 최고선까지 확장되는 블로흐적 스펙트럼의 한 부분일 뿐이더라도 말이다. 모든 인지는 대안 역사이기도 한 특정 유사-인간의 공동체를 다루는, 낯설게 하는 언어 구조의 중요한 문제다. 이런 '인지적 낯설게 하기'가 과학소설이라는 문학 장르의 기초다. 정확하게 말하자면, 유토피아는 독립적인 장르라고 말할 수 없다. 그보다는 과학소설의 사회정치적 하위 장르sociopolitical subgenre of science fiction라고 하는 편이 맞을 것이다. 역설적으로 과학소설은 이제 유토피아를 감싸 안는 방식으로부터 그것의 근대적 단계인, 유토피아의 '뒤를 돌아보는looking backward' 방식으로 확장되어온 것 같다. 나아가 과학소설의 이런 확장이 다소 고전적인 유토피아 문학 그리고 19세기의 유토피아 문학의 직선적 계승인 것만은 꼭 아니었다. 따라서 뒤집어 말하면, 과학소설은 유토피아 문학보다 더 포괄적인 문학인 동시에 최소한 유토피아 문학의 방계傍系 자손인 셈이다. 과학소설은 만일 유토피아의 딸이 아니라면 적어도 유토피아의 조카다. 대개 유전자를 공유하는 가족에게는 낯설어 보이더라도 가족의 친척이라는 운명을 피하기란 결코 불가능할 그런 조카 말이다. 모든 모험, 로맨스, 대중화, 놀라움을 포함하는 과학소설은 어떤 식으로든 결국에는 유토피아적이거나 또는 반反유토피아적인, 두 가지 가운데 하나의 지평선에서 씌어질 수밖에 없다."[3]

　　모든 문학은 유토피아 충동을 내장하고 있다는 다르코 수빈의 말은 다소 일반론처럼 들리지만, 적어도 이 글에서 읽을 최인석의 소설과 임철규의 비평에는 더할 나위 없이 적합하게 들어맞아 보입니다.

　　앞서 과학소설을 얘기했지만, 과학소설 작가이면서 시장만능주의의 수사학적 전도사인 복거일의 경우, 그가 상상하는 대안 세계는 이명박 정

1　　복도훈, 「한국의 SF, 장르의 발생과 정치적 무의식」, 『창작과비평』; 「초자아여, 안녕!—듀나와 윤이형의 좀비소설로 읽은 묵시록과 유토피아」, 『자음과모음』 2008년 가을 창간호. 「초자아여, 안녕!」은 「사람을 먹지 않은 아이를 구할 수 있을까」로 제목을 바꿨으며, 이 책의 2부에 실려 있습니다.

2　　Darko Suvin, "Estrangement and Cognition", *Metamorphoses of Science Fiction*, New Haven: Yale University Press, 1979, pp. 7~8.

3　　Darko Suvin, "Defining the Literary Genre of Utopia", *Metamorphoses of Science Fiction*, pp. 61~62. (강조는 원문)

권의 선진화로 바꿔 불러도 좋을 만큼, 재앙에 가깝다고 판단됩니다. 복거일의 과학소설에서 미래는 시장만능주의가 위세를 떨치는 현재의 연장延長에 불과한 것, 그 연장에 방해되는 적대적 세력들(북한과 같은 국가나 작가가 보기에 이 세력에 동조적인 민중주의자와 좌파)이 제거되는 과정으로 그려져 있습니다. 그럼 현재 한국문학에서 가장 작품 활동을 활발히 펼치고 있는 젊은 작가들, 그 문학적 성과의 여부를 제쳐두고서라도 이 작가들의 과학소설을 어떻게 판단해야 할까요.[4]

그러나 한국에서 과학소설은, 문학 장르의 외연을 확대하고 있다는 점에서 긍정적으로 출현했지만, 현재의 제 판단으로는 미래를 관습화된 디스토피아의 세계로만 다루는 경향이 있는 것 같습니다. 과학소설과 같은 장르 문학의 외연을 띤 현재의 몇몇 작품들은 과학소설의 형식에 현실의 어떤 내용을 외삽한 결과를 관습적으로 따르고 있는 것 같습니다.[5] 그도 아니면, 현재를 다만 예상되는 미래의 한 귀결로만 파악하고 있었습니다. 아무리 우리가 미래에 대해 잘못을 저지르는 현재를 살아가더라도 그 현재를 출구가 막힌 것으로 인정하는 일은 거꾸로 현재를 전능한 것으로 간주해버리고 마는 태도로 귀속됩니다. 그것은 아도르노의 말을 빌리면 "미래에 대한 허구가 현재적인 것의 전능한 힘 앞에 굴복"[6]하는 사태, 패배를 미리 인정하는 것과 같습니다.

그러나 뒤집어 생각해보면 이렇게 사방이 막막하여 한 걸음 떼기조차 힘든 상황을 대안적 세계의 밑그림을 그리거나 유토피아적 실험을 할 수 있는 차분한 기회로 삼을 수는 없을까요. 유토피아적 상상력에 대한 이 글의 제안은 그런 문학적 실험이 한국문학에 없었거나 소홀했다는 식의 하나 마나 한 확인 작업이 아닙니다. 오히려 한국문학의 소중한 유산 중에 묻혀 있거나 곧 발굴을 기다리고 있는 텍스트가 있다는 가정을 한다는 점에서 우리의 작업은 '미래의 고고학'이라는 역설적 표현에 가까운 것입니다.

다시 현실적인 정황을 상기하면, 현재 이명박 정부의 집권 이후, 그나마 지탱해왔던 한국 민주주의의 공직 영역, 특히 그를 수식하는 수많은 어휘들이 그 토대로부터 심각하게 침식당하고 있다고 생각됩니다. 소설가 토마스 만은 히틀러가 독일어를 완전히 타락시켰다고 말했습니다. 이 말은 그 자체로 탁월한 비평입니다. 비슷한 맥락에서 비평은 인권, 자유, 평등, 정의, 미래, 희망, 삶, 행복 등과 같은 어휘가 하이테크 시장주의자들, 이데올로기적 극우파들, 종교적 근본주의자들에 의해 어떤 식으로 전유되었는지를 눈여겨봐야 합니다. 가령 미래라는 어휘를 봅시다. 녹색 성장이나 선진화라는 어휘 속에서 이명박 정권이 말하는 미래는 시장수사학으로 점철된 현재의 끝없는 연장, 불안한 현재에 대해 순순히 인정하고 굴복하라는 강요에 불과합니다. 선진화라는 우주선을 타고 도착한 미래는, 얼어붙어버린 현재의 별에 불과합니다. 유토피아도 재탈환해야 할 이러한 어휘의 목록들 중 하나가 아닐까요. 그런 의미에서 이 글은 이런 절망적 현실에 대한 최소한의 정치적, 문학적 개입의 하나라고 여겨도 좋습니다.

제가 아래에서 읽을 최인석의 소설과 임철규의 비평은 유토피아에 대한 열망만큼이나 그것을 가로막고 저해하는 현실원칙에 대한 가장 강렬한 부정변증법을 전개하고 있습니다. 그들의 텍스트에서 오싹할 정도로 묘사되는 소름끼치는 현실에 대한 부정성의 파토스가 그것을 입증해주고도 남습니다. 이 글에서 주로 읽을 최인석의 연작 장편소설『아름다운 나의 귀신』(1999)과 임철규의 문학비평집『왜 유토피아인가』(1994)가 가령

---

4   이 작가들의 목록에는 사이버펑크 소설『러셔』, 문학동네, 2003을 쓴 백민석과 디스토피아 소설『키메라의 아침』, 문학판, 2004;『조립식 보리수나무』, 문학과지성사, 2008을 쓴 조하형이 포함될 수 있을 겁니다.

5   그러나 조하형의 작품은 예외라고 말하고 싶습니다. 비록 작가 자신이 과학소설이라는 장르에 자신의 소설을 귀속시키지 않았으면 하는 입장을 피력했지만, 그의 소설은 전 지구적 형태의 자본주의가 기형 인간과 변종 생태계를 만들어내고 재생산하는 세계 체제 시스템이 초래한 재앙의 결과를 디스토피아적인 문제와 형식으로 외삽하고 있습니다. 여기에 대해서는 다른 지면을 할애해야 할 것 같습니다. 이에 대해서는 복도훈, 「SF, 과학Science과 픽션Fiction 사이에서—최근 SF 비평에 대한 비판적 주석」, 『문학들』2009년 가을호.

6   T. W. 아도르노, 「올더스 헉슬리와 유토피아」, 『프리즘』, 홍승용 옮김, 문학동네, 2004, 132쪽.

그런 텍스트들입니다. 흥미로운 사실은 이들의 텍스트가 바로 유토피아적 열망이 희미해지던 무렵에 도리어 유토피아적 충동을 격렬하게 드러냈다는 점입니다. 저는 이 작품들을 과학소설 이전의 과학소설의 한 장르이기도 했던 유토피아 문학과 담론으로 간주할 것입니다. 또한 이 작품들에 나타난 인간학 역시 포스트휴먼 이전의 포스트휴먼을 예고하고 있다고 보고 있습니다. 최인석 소설의 민담적 원천이나 낙원 이미지들과 연관되는 인간적 삶에 대한 끈질긴 희망, 임철규 비평에서 텍스트에 대한 다시 쓰기를 통해 행해지는 유토피아의 구제 등이 이 글에서 상세히 밝혀야 할 해석적 암호들입니다.

모두들 '유토피아는 존재하지 않는다'는 냉소를 보낼 때, 그런 시대정신을 정면으로 거슬러 올라간다는 일은 결코 쉬운 일이 아닙니다. 그러나 이러한 역류, 결을 거스르기가 문학이 해야 하는 중요한 임무라고 생각합니다. 최인석과 임철규의 텍스트는 그 임무의 나침반과 방향타가 되어줄 훌륭한 본보기입니다. 그때 그들의 작품을 읽는 비평은, 니체의 표현을 빌리면, 반시대적 고찰이어야 합니다.

'그리운 미망'을 위한 '장송곡'

전반적으로 볼 때, 우리 시대의 문학뿐만 아니라 정치 담론에서도 유토피아는 무관심의 대상이거나 기껏해야 공산주의나 폭력, 혁명이라는 어휘가 지식인이나 대중들에게 파블로프식 조건반사와 같은 알레르기 반응을 불러일으키는 것처럼 전체주의나 스탈린주의의 재앙과 동일시되고 있습니다. 한편 그런 우파의 협박과는 별도로 좌파에게 유토피아는 공산주의나 사회주의에 대한 비문祕文이 되어버렸습니다. 유토피아는 더 이상 실현 불가능하다는 본래의 뜻에 가까워지게 되었던 것입니다. 이러한 현상은 한국문학에서도 아무런 유보 없이 나타나는 현상입니다. 어떤 경우, 작가들이나 비평가들조차 유토피아를 폐기하거나 냉소하려는 이 대열에 거리낌 없이 동참하고 있습니다. '문학은 궁극적으로 희망을 노래하기 위해 절망을 이야기하는 것이다'라고 관습적으로 읊조려봤자 소용없습니다. 유토피아는 한낱 "그리운 미망"[7]으로 치부되거나, 그에 대한 "장송곡"[8]만이 유일하게 가능하다 믿고 있는 태도가 우리 시대에 더 지배적입니다.

그러나 저는 현실의 의미망이 도저히 손쓸 틈도 없이 달라지는 것을 인정한다손 치더라도 뭔가 소중한 것이 존재하다가 실종되거나 그것을 잃어버린 사태를 문학의 새로운 기회나 된 것처럼 여기는 생각은 득보다 실이 더 많다고 생각하는 편입니다. 가령 어떤 이들은 유토피아에 대한 열망의 필요 불가결의 조건으로 집단적 변혁에 필요한 집단적 주체성을 상정한 다음, 결국 그것을 철 지난 과거의 것으로 치부해버립니다. 사실 이런 태도는 우리 시대에 집단적 변혁의 희망은 처음부터 불가능하다는 포석을 깔고 하는 얘기들인 경우가 더욱 많습니다.

한편, 지배 체제에 대한 불편함을 드러내는 느리고도 끈질긴 대안적인 상상imagination 대신에 세계를 한순간에 '언인스톨'해버리는 공상fancy이 최근의 문학에서 우세이기도 합니다.[9] 그러나 진정한 묵시록은 묵시록이 그리는 폐허의 세계를 사실주의적으로 묘사하는 만큼이나 그 세계를 폐허에 이르도록 만든 현실원칙에 대한 낱낱의 불편한 고발이기도 했습니다. 슬라보예 지젝의 말을 빌리면, 이렇게 유토피아는 문학이나 정치에서 언제부턴가 사유의 구멍마개, 사유 금지된 일련의 어휘군 중 하나가 되어버렸습니다. 체제에 대한 저항을 이야기하면서도 정작 폭력이라는 어휘에 대해서는 알레르기 반응을 보이는 사람들은 유토피아에 대해서도 똑같이 그러한 반응을 보입니다. 그런 점에서 유토피아는 아프면서도 아픈지도 모르는, 우리가 대면하기 한사코 회피하려는, 그러나 부인하는 바로 그 몸짓 때문에 저절로 드러나는 증상에 가깝습니다. 증상이 있는 곳에 문학이 가

7   최인석, 「숨은 길」, 『혼돈을 향하여 한 걸음』, 창비, 1997, 90쪽.
8   임철규, 「역사의 바보들─마르크스의 공산주의 사회」, 『왜 유토피아인가』, 민음사, 1994, 67쪽.
9   박민규, 『핑퐁』, 창비, 2006.

야 합니다. 바로 거기에 현실의 과부하가 걸려 있기 때문입니다.

물론 유토피아의 실종에는 그 나름의 내적 논리가 있습니다. 1990년대 초반, 동구 사회주의권의 몰락으로 대표되는 세계 체제 시스템의 격변과 1991년의 걸프전에서 비롯되는 미국 주도하의 신세계 질서의 재편, 그리고 그 이후 지금까지 지속되는 두 개의 극단적으로 대립되는 세계상—만성적인 가난과 폭력, 사회 시스템이 완전히 붕괴된 아프리카, 남미 등의 남반구와 과학기술의 발전에 따른 외적인 풍요로움과 사치를 구가하는 미국과 EU, 동아시아 등의 북반구로 양분된 세계—과 유토피아의 실종은 무관하지 않습니다. 끝없는 나락의 궁핍한 현재가 아니면, 오로지 소비적 쾌락의 일시적 현재만이 존재합니다. 거기서 삶은 한낱 생존에 지나지 않게 됩니다. 이미 세계 체제의 중심부에 서 있는 국내도 사정은 크게 다르지 않습니다. 앞서 말한 세계사적 흐름의 여파로 인한 대안 체제에 대한 소망의 점진적 붕괴와 신자유주의적 철창·iron cage이 강요하는 현실원칙은 우리가 당면하고 있는 사정이기도 합니다.

아무튼 전자에서 유토피아적 프로젝트는 제한적인 개혁이나 주먹구구식의 원조로 뒤바뀌며, 후자에서 유토피아는 이미 실현된 어떤 것으로 결론지어집니다. 그러나 현재에 집착하면서 잃어버리는 것은 정작 미래나 과거가 아니라, 현재 그 자체가 아닐까 싶습니다. 유토피아에는 미래를 향한 충동 또는 과거에 대한 향수를 미래에 대한 열망으로 치환하려는 노력이 가득 차 있지만, 하이테크 시장주의자들의 미래에 대한 예측과 투자와는 구분된다는 점에서 언제나 지금 당장, 또는 발터 벤야민이 '지금의 때 Jetztzeit'라고 부른 시간의 프로젝트이기도 했습니다. 그 시간은 아직 오지 않은 미래와 발굴을 기다리는 과거가 동시에 만나는 현재입니다.

그런데 최근 미래에 대한 기대 이윤에만 전적으로 의존하던 작금의 자본주의는 현재 거대한 변환을 예고하는 듯 보입니다. 추상적으로만 느껴지던 금융시장의 환율과 주가 변동이 생활 세계 안으로 깊이 들어와 삶의 향방을 결정하고 있음을 우리는 다른 어느 때보다 뼈저리게 느끼고 있습니다. 게다가 우리는 최근 시장민주주의가 강요하는 시스템이 더 이상

대다수의 삶과는 맞지 않는다는 분노와 의지를 집단적인 형태로 발산했다가, 비평가 도정일의 표현을 빌리면 '시장전체주의'의 전도사이자 불한당들의 엄혹한 역습을 받고 있는 상황에 이르렀습니다. 상황이 어찌 될지는 좀처럼 가늠하기 힘들지만, 마냥 봉기와 반란의 시간이 오기만을 앉아서 기다릴 수만은 없습니다. 우리는 이미 다른 세계는 가능하다는 희미한 메시아적 문틈을 엿본 찰나, 그 문이 눈앞에서 마치 꿈의 한 장면처럼 빠르게 닫히고 마는 것을 바라보면서도 발을 구를 수밖에 없었던 안타까운 순간들을 길지 않은 시간 속에서 충분히 겪었습니다.

그래서 그런지는 몰라도 유토피아는 희망과 직결되어 있지만, 이상하게도 그것이 발화될 때는 언제나 부정적입니다. 무엇에 대해서 그럴까요? 프레드릭 제임슨은 이렇게 말합니다. "유토피아는 우리가 그것을 상상할 수 없을 때에도 가장 진정한 것이다. 그것은 우리로 하여금 더 나은 미래를 상상할 수 있도록 돕는 데 있는 것이 아니다. 유토피아의 기능은 오히려 우리가 어쨌든 갇히고 묶여 있는 시스템의 이데올로기적 폐쇄를 드러내기 위해 미래를 상상하는 일이 전적으로 무력함을 천명하는 데 있다. 만일 우리가 역사 또는 미래에 대한 전망이 없다면 비유토피아적인 현재에 감금되고 말 것이다."[10] 이 문장에서 제임슨 특유의 비관주의를 중화할 수 있다면 유토피아가 무엇에 대해 발화하는지를 어렵지 않게 짐작할 수 있습니다. 유토피아 충동은 바로 '가능성의 불가능성' 속에 대한 면밀한 진단을 통해 '불가능성의 가능성'의 짧게 타오르는 불꽃을 상상하는 행위라고 바꿔 말할 수 있겠습니다.

---

10   Fredric Jameson, "The Politics of Utopia", *New Left Review* 25, J/F, 2004, p. 46.
(프레드릭 제임슨, 「유토피아의 정치학」, 『뉴레프트리뷰 2』, 367쪽.)

'플래닛 X'에서 온 '파란 꽃'

최인석의 경우

많은 사람들이 유토피아를 한낱 '그리운 미망'쯤으로 치부하던 그때, 최인석 소설의 주인공들은 『아름다운 나의 귀신』에 나오는 "꿈이 현실과 화해할 수 있을지도 모르는 유일한 위성"[1]인 '플래닛 X'를 꿈꿨습니다. 그러나 최인석의 소설은 이러한 꿈보다도 꿈이 좌절될 수밖에 없으며 더욱 절실해질 수밖에 없도록 만드는 가혹한 현실원칙을 묘파하는 데 주력하고 있습니다.

『아름다운 나의 귀신』은 「내 사랑 나의 귀신」, 「직녀 내 사랑」, 「염소할매」, 「내 사랑 나의 암놈」 이렇게 네 편의 중편이 모여 장편을 이루는 연작 소설로, 민둥산 달동네 사람 네 명이 각각 1인칭 화자가 되어 달동네에서 벌어지게 된 일련의 사건들을 이야기하는 방식으로 구성되어 있습니다. 독자들은 이 연작을 읽으면서 인간과 세계에 대한 최인석의 진단과 비전을 입체 만화경처럼 자연스럽게 재구성하게 됩니다. 이처럼 연작 의도는 분명합니다. 도시 재개발로 인해 삶의 터전을 박탈당하게 된 달동네 주민들과 재개발과 철거를 강행하려는 자들 간의 상시적 대치와 적대가 끊이질 않는 달동네의 현실, 그리고 그들 사이의 이간질과 배신에서 드러나듯 최소한의 인륜마저도 팽개치고 추악한 욕망만이 끓어 넘치는 소설 속의 인간 군상은 네 화자의 입체적 조망 아래서 비루한 인간세人間世의 축도縮圖로 변형되는 것입니다.

용산참사와 같은 비극적인 사건이 일어난 지 얼마 되지 않는 2009년의 현시점에서 최인석의 소설을 펼쳐든 독자들은 『아름다운 나의 귀신』과 같은 처절하고도 무시무시한 이야기가 1980년대 중후반의 개발 독재에서 빚어진 예외적 산물로 머무는 것이 아니라, 우리 시대에도 여전히 얼마든지 일어날 수 있는 현재진행형 비극임을 떠올리고 몸서리칠 수도 있을 겁니다. 그러나 독자들은 이 소설에서 전경들과 철거단원에 맞서 저항하는 민중들의 억센 생명력에 대한 감동적인 재현보다는 사리사욕과 배신으로

가득 찬 인간 야수들의 아귀다툼에 대한 극단적인 묘사와 더 자주 만나게
됩니다. 값비싼 아파트를 짓기 위해 시청에서 강제로 행하는 철거와 재개
발이 상징하듯, 소설에서 민둥산 달동네는 개발지상주의와 교환거래라는
모더니티의 기획에 의해 떠밀려나게 된 사람들이 모여든 곳이자 또 그로부
터 언젠가는 추방되어야 하는 곳입니다.

　　이런 이중의 추방을 겪어야 하는 민둥산 달동네, 그리고 그곳에서 사
람의 살림살이란 모더니티가 배출하고 되돌아보지 않는 부산물, 소설의
표현을 빌리자면 '쓰레기'에 불과합니다. 그럼에도 『아름다운 나의 귀신』
의 달동네는, 전반적인 서술의 음조로 볼 때, 비참한 삶의 조건에도 불구
하고 삶의 희망을 놓지 않으려는 민중의 연대가 가능한 곳으로 묘사되지
않습니다. 물론 「염소 할매」에서 화자인 '염소 할매'가 기억하듯, 처음 달동
네가 생겼을 당시 이곳으로 흘러들어온 사람들에게도 새로운 삶을 시작할
수 있다는 믿음과 활력은 있었습니다. 그러나 그러한 희망은 소설에서 이
미 아득한 옛 기억에 불과한 것으로 묘사됩니다. 최인석의 소설에서 묘사
되는 민중은 1980년대의 민중문학에서, 범위를 좁혀 적어도 1990년대 이
전에 발표된 최인석 소설에서 간간이 당위의 형태로 만날 수 있었던 '민중'
의 형상과는 다소간 거리가 있습니다.

　　『아름다운 나의 귀신』에서 달동네는 차라리 "사람이 살기 위해 만들
어진 동네가 아니라 망가지기 위해, 서서히 죽어가기 위해, 산다는 것이 얼
마나 비참하고 세상이라는 것이 얼마나 잔인한 곳인지를 입증하기 위해
만들어진 동네"[12]에 가깝습니다. 가령 「직녀 내 사랑」에서 싸움 끝에 프로
판 가스에 불을 붙여 집과 함께 폭사한 한 씨네 부부, '나'의 아이를 떼버리
고 다방 레지가 된 순희, 「내 사랑 나의 암놈」에서 술주정뱅이에다가 늘 폭
력을 휘두르는 정이의 의붓아비, 아파트 매매와 중개를 구실로 이웃의 돈

11　　최인석, 「직녀 내 사랑」, 『나의 아름다운 귀신』, 문학동네, 1999, 101쪽.
12　　최인석, 「내 사랑 나의 귀신」, 『나의 아름다운 귀신』, 27쪽.

을 착복하다가 죽임을 당한 '나'의 아비 등의 행적들에 대한 작가의 서술을
떠올려본다면, 민둥산 달동네 사람들의 삶이란 그저 살기 위해서라면 인
류이나 도덕을 폐기처분하는 일도 주저하지 않는 타락한 삶 바로 그것이
라고 해도 무방합니다.

최인석 소설이 1990년대 한국문학의 장에서 불러일으킨 신선함은
바로 이것이었습니다. 즉 민중이라는 집합적 저항과 생명력의 표상이라
는 '당위Sollen'가 썰물처럼 빠져나간 자리에 덩그러니 남아 생존을 위해 아
귀다툼을 벌이는, 뭐라 명명하기 힘든 무정형 덩어리의 '존재Sein'를 정면으
로 응시한 점 말입니다. 사실 그런 민초들의 형상은 지속적으로 존재해왔
지만, 적어도 최인석의 소설 언어가 출현하기 전까지는 그들은 '재현'이라
는 그물망에서 빠져나갔다고도 할 수 있습니다. 사실 추방된 이들이야말
로 그간 한국문학의 언어 속에서 그 자리를 제대로 할당받지 못하지 않았
습니까. 최인석 소설의 저 원한에 차고도 남루한 삶들에 대한 형상화가 리
얼리즘적 재현보다는 그러한 재현에 대한 환상적인 왜곡의 형태로 드러나
는 까닭이 있는 것입니다. 그들을 '대표'할 만한 언어는 최인석 이전엔 드물
었다고 해도 과언이 아닙니다. 달동네에서 태어난 주인공이나 작중인물들
상당수가 불구나 기형으로 태어나거나 또 말을 잃어버린 벙어리로 설정된
것도 그 때문입니다. 그들에게 이 타락한 세상으로부터 체득할 수 있는 '정
상적인' 언어란 없다 해도 좋기 때문입니다.

최인석 소설에서 언어는 달동네 주민들과 그 밖의 사람들을 분할하
고 경계 짓는 도구입니다. 그것은 심지어 삶과 죽음마저 결정합니다. 달동
네 사람들의 언어는 늘 분쟁과 소란을 일으킵니다. 그래서 언어는, 소설의
주인공들이 사용할 수 있는 진정성 있는 언어란 언어 이전의 언어, 외침,
짐승의 울부짖음에 가깝게 됩니다. 『아름다운 나의 귀신』과 최인석의 다른
소설들에서 독자들은 말하는 대신 울부짖음으로써 자신의 분노와 인간됨
을 역설적으로 표현하는 최인석의 비인非人, 鬼人이나 괴물을 자주 만날 수
있습니다.

공교롭게도 모두 어린아이들인 최인석 소설의 이 괴물들은 그저 말

못하는 장애아거나 비정상인이 아니라, 일찌감치 삶의 어두운 참상을 정
면으로 응시하고 그로부터 벗어나려는 특이한 능력을 지닌 자들로 묘사됩
니다. 「내 사랑 나의 귀신」에서 달동네의 삶에 일찌감치 절망한 어린 화자
는 자신 내부의 깊숙한 곳에 자라나는 "어두운 열정"[13]을 "괴상한 소리로
꾸억꾸억 울어대는"[14] '두꺼비' 등에 비유합니다. 그렇지만 이 어리고도 비
상非常한 주인공들은 두꺼비, 지네, 뱀과 같은 음습한 이미지에서 연상되는
지옥의 현실에 얽매인 만큼이나 그런 현실을 초월하려는 비상飛翔의 능력
도 갖고 있습니다.

그 예로 『아름다운 나의 귀신』의 어린 화자들은 자주 교회 첨탑이나
담벼락처럼 아찔하고도 높은 곳을 올라가 지상을 내려다봅니다. 또 「직녀
내 사랑」에서 코마 상태의 '나'는 '플래닛 X'로 날아오르며, 「내 사랑 나의
암놈」에서 화자는 헌터 신드롬이라는 유전 질환에 걸려 있지만, 자신의 탄
생을 목격하거나 날아가는 등 초자연적인 능력을 지니고 있습니다. 그럼
에도 최인석 소설의 주인공들은 태어나자마자 "나는 괴물이 되었다"[15]고
말합니다. '삶은 치욕이다', '인간은 괴물이다', '세상은 지옥이다'와 같은 단
정은 최인석의 소설 곳곳에서 자주 만나는 표현입니다. 그렇지만 이 표현
들은 다양한 가치가 경쟁하고 도덕적 판단이 혼재되어 있는 세상살이에
대한 즉자적이거나 단순한 인식의 소산이 아닙니다. 그것들은 오히려 삶
과 죽음을 선고하고 집행하는 권력과 처형의 언어에 대응하려는 작가 최
인석 고유의 비극적 통찰의 산물입니다.

"이곳에서의 삶은 이미 처형을 위한 심판"[16]이라는 말이 절실하게 들
리는 것도 그 때문입니다. 관념적 진술이 아닙니다. 주인공들의 삶을 처형
으로 규정하는 언어, 법과 심판의 언어가 엄연히 존재하기 때문입니다. 『아

13   최인석, 「내 사랑 나의 귀신」, 『나의 아름다운 귀신』, 16쪽.
14   최인석, 「내 사랑 나의 귀신」, 『나의 아름다운 귀신』, 17쪽.
15   최인석, 「내 사랑 나의 암놈」, 『나의 아름다운 귀신』, 191쪽.
16   최인석, 「내 사랑 나의 귀신」, 『나의 아름다운 귀신』, 27쪽.

름다운 나의 귀신』에서 민둥산 달동네는 최인석 소설이 그리는 세계에 대한 알레고리라고 말했습니다. 다시 말해 공간적으로 달동네를 벗어난 곳역시 달동네의 연장에 불과하다는 것입니다. 이러한 정황을 가장 상징적으로 보여주는 곳이 「직녀 내 사랑」의 후반부에 등장하는 재판정과 병원입니다.

재판정과 병원은 최인석의 소설에서 삶에게 사형 선고를 내리고 '쓰레기'로 처분하는 곳입니다. 벙어리 '나'는 부부싸움을 하다가 프로판 가스로 자폭한 아비어미에 대한 존속살인죄와 방화죄로 몰려 법정에 끌려가 사형선고를 받습니다. '유전무죄, 무전유죄'를 외치며 경찰과 대치하다 죽은 형이 "쓰레기처럼"[17] 묻혔듯 '나' 역시 처형을 앞두고 있습니다. 그런데 법정에서 '나'는 의식을 잃고 일종의 코마 상태에 빠지게 됩니다. '나'의 "살아 있다고도 죽었다고도 얘기할 수 없는 상태"[18]에 대해 의사들은 이런 진단을 내립니다. "우리는 이런 걸 사망이라 배운 적도 없고, 이런 걸 사망이라 규정한 어떤 책이나 의학 사전도 본 적이 없다. 따라서 우리 의사들은 최종적으로 사법 당국이 사형을 확정하기 전까지는 환자에게서 생명 유지 장치를 제거하기를 거부하기로 결정을 내렸다. 만일 법정의 최종적인 선고 확인이 있다 하더라도 법무장관의 사형집행 명령이 제시되어야만 비로소 생명 유지 장치를 제거하는 행위를 허락할 것이다."[19]

법관 또는 의사의 이 언어들을 보십시오. 소설에서 최인석이 파악한 권력의 언어는 사망선고나 형 집행을 수행합니다. 그 언어는 삶과 죽음을, 정상과 병리를, 기성 질서에 포함된 자와 그로부터 배제된 자를 나누는 군림과 선고의 언어입니다. 최인석에게 가진 자들, 포식자들, 지배 체제의 언어는 약한 자들, 눌린 자들에 대한 형 집행이거나 사망선고입니다. 그것은 지배자의 언어와 피지배자의 언어는 현실에서 결코 화해가 불가능하다는 적대의 언어입니다.

최인석 소설에서 유토피아의 이미지는 바로 이런 적대의 한가운데로부터 솟아오릅니다. 그 유토피아는 적대가 제거될 뿐만 아니라, 물과 불처럼 도저히 섞일 수 없는 것들이 화해하는 낙원 이미지로 표상됩니다. 아래

인용문은 가혹한 필연성인 현재의 얼개를 열어젖히는 유토피아 이미지로,
『아름다운 나의 귀신』의 유토피아인 '플래닛 X'의 다른 변주입니다.

> 양 같은 범이 놀고 범 같은 양이 노는 곳, 금 같은 돌이 있고 돌 같은
> 금이 있는 곳, 꽃 같은 비가 내리고 비 같은 꽃이 피어나는 곳, 별 같
> 은 노래가 사시사철 흘러넘치고, 노래 같은 별들이 하늘 가득 빛나는
> 곳, 들 같은 집이 있고 집 같은 들이 펼쳐진 곳, 그곳이 그 너머 어딘
> 가에 보이는 것 같았다. 나는 그곳을 향해 염소 뿔을 움켜쥐고, 염소
> 떼와 염소 할배와 도깨비 선생과 이웃들과 함께 그곳으로 염소를 휘
> 몰아갔다. 그러나 어쩔셀까, 피비린내가 코끝을 스치고 새로운 눈물
> 이 계속해서 눈앞을 가리는 것은.[20]

위와 같은 유토피아 이미지는 강박적이다 싶을 만큼 최인석의 소설 곳곳
에서 많이 등장하지만, 저는 그 지루하다고 느껴진다 싶을 정도의 반복을
유토피아를 끈질기게 소망하는 서사적 충동의 결과로 읽고 싶습니다. 기
존의 최인석에 대한 글에는 최인석이 상상하는 유토피아의 실제적 특징이
무엇인가에 대한 논의가 별로 없었습니다. 특별히 위 문장들을 인용한 이
유는 최인석의 소설이 독자들에게 보여주는 유토피아의 황홀한 이미지 때
문만은 아닙니다. 사실 인용문의 이미지는 따로 떼어놓고 보면 'A≠B는
A≒B가 된다'처럼 흔한 동일성과 은유적 표상에 불과할 수도 있습니다.
    최인석의 유토피아 이미지는 보통 미래에 대한 표상보다는『산해경』
이나『성서』에 등장하는 낙원 이미지를 다시 쓴 것에 가깝습니다. 양 같은
범이 놀고 범 같은 양이 논다는 것은 양이 범이 되고 범이 양이 된다는 말

17   최인석,「직녀 내 사랑」,『나의 아름다운 귀신』, 60쪽.
18   최인석,「직녀 내 사랑」,『나의 아름다운 귀신』, 97쪽.
19   최인석,「직녀 내 사랑」,『나의 아름다운 귀신』, 99쪽.
20   최인석,「염소 할매」,『나의 아름다운 귀신』, 155쪽.

과 같은 뜻입니다. 이질적이고 적대적인 어휘들은 유토피아를 이루는 어휘들의 연쇄 속에서 상쇄되어 사라집니다. 그래서 최인석 소설의 유토피아의 이미지는 우리에게 아무것도 말해주거나 기약하는 것이 없습니다. 저는 그보다 인용문에서 유토피아의 이미지가 표출되는 바로 그 순간, '피비린내가 코끝을 스치고 새로운 눈물이 계속해서 눈앞을 가리는' 등의 구절처럼 부정적 현실과 아픔이 환기되는 대목에 더 주의를 기울이고 싶습니다. 최인석 소설의 유토피아는 유토피아의 한 가지 기능, 즉 모든 '악의 제거'라는 측면에서 실존적, 도덕적 유토피아에 가까워 보입니다.

확실히 최인석의 현실 비판은 집단적, 계급적이라기보다는 돈과 얽힌 욕망에 의해 완벽히 타락한 세상과 그렇지 않은 유토피아적 세계를 명료하게 분별하는 개별자의 '반反자본주의의 파토스'에서 비롯되고 있는 측면이 적지 않은 것 같습니다.[21] 그렇기 때문에 최인석의 유토피아적 이미지가 개인적 환상의 차원에 머무른다는 비판도 일면 타당할 수 있겠습니다. 그러나 과연 그렇기만 할까요? 여기서 잠시 방향을 돌려 임철규의 비평에서 유토피아적 충동은 어떻게 나타나는지 살펴보아야겠습니다.

임철규의 경우

'유토피아, 문학, 이데올로기에 관한 비평'이라는 부제가 붙은 『왜 유토피아인가』는 "5공의 폭압 정치"[22]가 절정에 다다른 만큼이나 대안적 세계에 대한 소망이 불타오르던 1985년 무렵부터 동구의 현실사회주의가 무너지는 등 세계사적 격변의 흐름을 타고 현실사회주의의 기획에서 갖가지 공산주의 프로젝트가 도매금으로 역사의 쓰레기통에 처박히던 1990년대 초중반에 이르는 저 십여 년의 시간을 담고 있습니다.

사람들이 '그리운 미망'이라고 냉소하는 1990년대 초중반의 시점에서 최인석의 소설들이 유토피아적 충동을 발산한 것과 비슷하게도, 임철규의 비평 또한 "혁명 이후의", 유토피아가 사라진 "환멸의 시대"[23]를 겨냥합니다. 물론 유토피아에 대한 임철규의 비평적 관심은 군사독재 정권의 강권 통치가 한창이던 1980년대 중반에서 비롯되었습니다. 마찬가지로 최인석도 자신의 소설적 무대를 88올림픽 전후로 악명 높은 도심 재개발 프로젝트가 한창 진행되던 서울 한복판의 판자촌이나 5공식 공안 통치의 추악한 산물인 삼청교육대 등이 남아 있는 1980년대적 현실로 설정하고 있습니다.

『왜 유토피아인가』의 「책머리에」에서 임철규는 이렇게 쓰고 있습니다. "이 책은, 그리운 아주 어린 시절을 나의 잊지 못할 '황금 시절'로 마음 속 깊이 간직한 채 그때 이후 많은 아픔의 나날들을 보내다가 다행히 현재까지 이른 '지금'의 나로부터 나 스스로 떠나고 싶어 하는 고별 형식의 글이 될 것이다."²⁴ 이 '황금 시절'의 "파란 꽃"²⁵을 찾아 떠나는 여행이 임철규의 비평적 서사인 『왜 유토피아인가』입니다. 『왜 유토피아인가』에서 느껴지는 유토피아적 추동력은 더 나은 삶을 소망한다는 점에서 앞으로 나아가고 있는 듯 보이지만, 특이하게도 그 비평적 시선은 '잊지 못할 황금 시절'의 '파란 꽃'이라는 과거를 향하고 있을 경우가 많습니다. 마치 발터 벤야민이 「역사철학테제」에서 묘사한 천사, 천국에서 불어오는 폭풍우에 의해 앞으로 떠밀리면서도 자꾸 뒤를 돌이키는 천사의 응시처럼 말입니다.

벤야민의 천사는 무엇이 존재하기에 과거를 응시하는 것일까요? 정확히 말해, 과거는 왜 천사의 시선을 자꾸 붙잡아둘까요? 그런데 그 천사의 눈이 '파란 꽃'을 응시하는 비평적 글쓰기를 일컬어 임철규는 '고별告別'이라고 불렀습니다. 고별은 헤어짐[別]을 알리는 일[告], 헤어짐을 헤어짐 그 자체로 인정하거나 깨닫는 일입니다. 고별은 별사別辭의 언어이며, 별사가 수반하는 것은 애도mourning입니다. 애도는 되돌아보면서 되돌아보기를 지

21　김영찬, 「부정의 파토스와 욕망의 드라마」, 최인석, 『이상한 나라에서 온 스파이』, 창비, 2003, 427쪽. 이 글은 김영찬, 『비평극장의 유령들』, 창비, 2006에 실려 있습니다.

22　임철규, 「책머리에」, 『왜 유토피아인가』, 5쪽.

23　임철규, 「낭만주의와 유토피아」, 『왜 유토피아인가』, 344쪽.

24　임철규, 「책머리에」, 『왜 유토피아인가』, 7쪽.

25　임철규, 「책머리에」, 『왜 유토피아인가』, 7쪽.

양하는 행위입니다. 우울-melancholy이 대상과의 결별을 인정치 못하고 대상이 현존했던 과거로 향하는 심적인 태도라면, 애도는 과거를 과거로 남겨 놓는다는 점에서 현실 긍정의 몸짓입니다. 그렇다면 과거를 응시하는 천사의 눈짓은 얼핏 애도보다는 우울에 가까울 법도 합니다. 그러나 임철규는 특이하게도 그 눈짓을 일컬어 고별로 부르고 있습니다. 그렇다고 그에게 고별은 단순히 과거를 통해 미래로 나아가는 행위도, 미래를 향하는 행위 속에서 과거를 되묻는 것도 아닙니다. 고별은 애도이되 과거와 서둘러 결별하려는 몸짓이 아니며, 우울이되 과거에 한없이 붙들려버린 응시도 아닙니다. '고별 형식의 글이 될 것이다'라는 문장의 시제가 그러하듯(마치 책의 진정한 '서문'은 본문과 결론 다음에 쓰는 글인 것처럼), 고별은 과거를 과거로 인정하는 제스처가 미래('~이 될 것이다')로의 전환을 약속하는 약호 변환trans-coding에 가깝습니다.

임철규에게 비평은 바로 이러한 약호 변환, 글쓰기에 대한 글쓰기, 다시 쓰기rewriting입니다. 임철규의 비평은 미래 속에서 과거를 찾으며, 과거 속에서 미래를 찾는, 과거와 현재와 미래의 연속성이라는 일직선적인 서사의 플롯을 절단하고, 흠집 내는, 지금 당장의 행위입니다. 그 비평적 개입의 시간('지금 당장')은 메시아적 비평가 발터 벤야민의 생애와 비평을 다룬 빼어난 글 「역사의 천사」의 비극적 주인공이 '지금의 때Jeztzeit'라고 부른 것과 닮아 있습니다. '지금의 때'가 어떤 책이 제대로 읽혀진 적 없기에 독해의 가능성을 매 순간 기다려왔던 바로 그 시간이라면 더더욱 그렇습니다.[26]

한국의 문학비평에서 임철규의 비평이 차지하는 위치는 특이합니다. 지금까지 그는 네 권의 책을 펴냈지만, 한국문학에 대한 현장 비평적 개입은 매우 드물었습니다. 그의 비평집은 『우리 시대의 리얼리즘』(1983)을 제외하고는 대개 인문학적 연구 성과물로 간주됩니다. 『우리 시대의 리얼리즘』을 포함해서, 『왜 유토피아인가』, 『눈의 역사 눈의 미학』(2003), 『그리스 비극』(2007) 등에 이르는 일련의 저서에서 찾아볼 수 있는 한국문학에 대한 임철규의 발언 역시 인색하게 느껴질 성싶을 정도로 드뭅니다. 임철규 자신의 리얼리즘론을 전개하면서 조세희의 연작 소설 『난장이가 쏘아

올린 작은 공』(1978)을 언급하는 대목들(『우리 시대의 리얼리즘』), 박노해
의 시와 황석영의 『장길산』에 나타난 유토피아적 열망을 분석, 추출하는
문단(『왜 유토피아인가』), 『우리 시대의 리얼리즘』에서 개진한 리얼리즘론
에 대해 백낙청이 비판한 대목에 대한 간략한 논평(『왜 유토피아인가』) 정
도를 제외하고 우리가 임철규의 저작에서 읽을 수 있는 한국문학에 대한
비평적 언급은 거의 없습니다.

그럼에도 임철규의 비평은 제 생각에 한국문학과 현실에 대한 우회
적인 '원거리 개입', 또는 알레고리로 읽을 여지가 적지 않다고 생각합니
다. 게다가 한국문학에 대한 그의 비평, 예컨대 박노해의 시를 꼼꼼히 읽는
「평등한 푸르른 대지」 등은 비평적 독해의 전범을 보여주는 매우 수준 높
은 글들입니다.

임철규 비평은 우선 광범위한 전거, 텍스트에 대한 수많은 해석과 인
용문들 속으로 자신의 견해가 은밀히 삼투해 들어가는 식의 자유간접화법
으로 씌어져 있습니다. 그래서 이것들로부터 저자 자신의 견해만 따로 도
출하기란 쉽지 않습니다. 따라서 임철규의 비평이 기존의 유토피아 텍스트
에 대한 익숙하고도 관습적인 해석을 다시 쓰기 하거나 약호 변환하는 논
쟁적인 대목들을 독자들은 특별히 눈여겨볼 필요가 있습니다.

예컨대 해방신학에 대한 글에서 "'구원'이라는 전통적 범주를 '해방'이
라는 새로운 범주"[27]로 대체하는 해방신학자들의 작업에 대한 임철규의 긍
정적인 평가는 그가 다시 쓰기의 작업에 충실한 비평적 사례를 차용하는
증거로 읽힙니다. 게다가 그는 부르주아 비평가 시절의 루카치György Lukács
의 업적인 『소설의 이론Die Theorie des Romans』(1914~1915)에서 말한 그리스
적 서사시의 유기적 총체성 개념을 이렇게 바꿔 읽기도 합니다. "잃어버린

---

26   조르조 아감벤, 『남겨진 시간—로마인들에게 보낸 편지에 관한 강의』, 강승훈 옮김,
        코나투스, 2008, 237쪽.
27   임철규, 「해방신학에 대하여」, 『왜 유토피아인가』, 111쪽.

호메로스의 그리스가 갖고 있던 유기적 총체성은 루카치에게 비역사적 고향이지만, 그것은 그뿐만이 아니라 그 밖의 많은 혁명적인 인간들을 위해 역사를 지배하며 역사의 목적으로 여전히 작용하고 있다."²⁸ 이런 대목은 부르주아적 '소설의 이론'에서 레닌주의적인 '역사와 계급의식'으로 이행한 루카치의 지적 이력에 대한 일반적 견해의 측면에서는 논란의 여지가 있을 수 있는 해석입니다. 게다가 『역사와 계급의식Geschichte und Klassenbewußtsein』 (1923)에서 루카치가 말한 프롤레타리아트의 계급의식이 『소설의 이론』 의 유기적 총체성에서 발원한 것으로 암시하는 대목들은 더욱 그러합니다. 그러한 해석은 그리스 서사시의 유기적 총체성을 실제로 존재했던 하나의 실체가 아니라 칸트가 말한 '규제적 이념regulative idee', 즉 현실적인 프로젝트로 실현 가능한 '구성적 이념konstitutive idee'이 아닌, 현실에 대한 비판적 개입을 가능하게 하는, 일종의 '불가능성의 가능성'이라는 필연적 당위로 간주할 때 가능해집니다.

규제적 이념이라는 측면에서 보면, 「낭만주의와 유토피아」에서 고찰하는 낭만주의, 『장길산』(1984)에서 민중들의 염원인 미륵 신앙, 그리고 유토피아에 이르기까지 이 모든 것들 역시 규제적 이념으로 다시 기술됩니다. 18세기 중후반에 서유럽에서 태동한 낭만주의는 각각 상이하게 전개되지만 모두 프랑스혁명을 열렬히 찬양하고 이 혁명을 천년왕국의 도래로 해석하는 등의 혁명적 에너지를 공통적으로 보유하고 있었습니다. 그러나 프랑스혁명이 자코뱅의 테러 정치와 나폴레옹 전쟁으로 귀결되면서 혁명에 대한 환멸이 확산되고 구체제가 복귀하자, 낭만주의는 복고적, 반동적으로 회귀하면서 지배 체제에 복무하는 사례가 적지 않았습니다. 그러나 임철규는 그럼에도 "우리가 과거 지향적인 낭만주의를 가리켜 단순히 반동적, 보수적이라고 매도할 수 없"다고 잘라 말합니다.²⁹ 낭만주의 역시 그리스 서사시의 유기적 총체성과 마찬가지로 "과거에 대한 기억이 기억 그 자체로 그치는 것이 아니라 잃어버린 과거의 본질적인 가치들을 기억함으로써 현재를 비판하고 그 모순을 지양하며 미래에 구현할 이상사회의 실체를 마련하기 위한 '규제적인 원리'로 작용하기 때문"³⁰입니다.

  그럼에도 임철규는 황금시대에 대한 열망을 무조건적으로 찬양하는 몰역사적 인식은 지양하고 있습니다. 예를 들어 그는 황금시대에 대한 찬양이 지배계급의 논리를 정당화시키는 이데올로기적 메커니즘으로 변모되는 측면에 대해서도 면밀한 주의를 기울이고 있습니다.[31] 뿐만 아니라 미륵이 강림하면 그때까지의 억눌린 자들의 선과 지배계급의 악 모두 무화되는 정토淨土가 도래한다는 미륵신앙의 비非변증법적인 측면을 비판하고 그것을 혁명적 이데올로기의 무기로 탈바꿈시키는 노력을 하고 있습니다.[32]

  이러한 다시 쓰기rewriting는 임철규 비평의 윤리적 지향점을 짐작하게 만듭니다. 특히 루카치에 대한 글과 낭만주의에 대한 글에서 공통적으로 등장하는 '낭만주의적 반자본주의'는 임철규의 비평 저변에 흐르는 에토스로 보입니다. '낭만주의적 반자본주의'의 에토스는 마르크스주의의 혁명적 유산과의 친근성을 강조하는 한편으로, 그것과 일정하게 거리를 두는 자세로 더러 표방하기도 합니다. 「역사의 바보들」에서 임철규는 마르크스에서 현실사회주의의 과업에 이르는 공산주의의 혁명적 유산을 역사의 종언, 동구 사회주의의 몰락과 같은 세계사적 현실의 전환기를 맞아 재빨리 폐기처분하려드는 자들을 '역사의 바보들'로 간주합니다. 그런 한편으로 임철규는 마르크스주의의 변증법이 그 실현 가능성의 측면에서 볼 때, 어떤 부분은 재고되어야 한다고도 지적하고 있습니다. 예긴대 그것은 마르크스주의자들이 반동적 부르주아지들과 마찬가지로 역사 발전의 목적론적 도식, 또는 연속성의 진보라는 관념을 무비판적으로 수용하고 있는 대목에 대한 가차 없는 비판으로 나타납니다. 그래서 임철규는 혁명은 역사의 기관차라는 마르크스의 말보다 그 기관차의 브레이크에 제동을 거는 행위라

28   임철규, 「루카치와 황금시대」, 『왜 유토피아인가』, 238쪽.
29   임철규, 「낭만주의와 유토피아」, 『왜 유토피아인가』, 369쪽.
30   임철규, 「낭만주의와 유토피아」, 『왜 유토피아인가』, 370쪽.
31   임철규, 「황금시대와 로마제국의 이데올로기」, 『왜 유토피아인가』 참조.
32   임철규, 「민중의 나라—황석영의 『장길산』」, 『왜 유토피아인가』 참조.

는 벤야민의 전언을 더 애용합니다.

임철규 비평의 '낭만주의적 반자본주의'의 에토스는 비평의 대상 텍스트에 따라 어떤 경우는 낭만주의가 더 강조되고 또 어떤 경우에서는 반자본주의가 강조되는 측면이 많습니다. 그것은 그의 비평이 갖고 있는 유연성일 겁니다. 그러나 임철규가 낭만주의적 '황금시대'가 '프롤레타리아트의 승리'와 동일시할 때 뜻밖의 곤란한 문제가 발생하기도 합니다. 임철규는 역사의 합목적성이나 진보와 같은 목적론적 관념을 『왜 유토피아인가』의 전체에 걸쳐 파기하지만, 그 파기된 공백에는 계절의 순환론이 살며시 끼어듭니다. 아래는 박노해의 시를 다룬 「평등한 푸르른 대지」에서 인용한 구절들입니다.

이러한 〈푸른〉 세계에는 대립적 세계가 존재할 수밖에 없다. 황금시대를 특징짓는 계절이 봄이듯이, 그리고 인간의 타락으로 인해 계절이 네 개로 쪼개지면서부터 타락의 극치인 철기 시대를 특징짓는 계절은 겨울이듯이, 그의 시에 자주 등장하는 〈봄〉은 이에 못지않게 자주 등장하는 〈어두운 겨울〉(「한강」)과 맞서고 있다. 겨울에 대한 봄의 승리는 철기 시대의 겨울을 상징하는 부르주아지에 맞서 황금시대의 봄을 상징하는 프롤레타리아트가 싸워 이긴 승리를 표상하는데, 겨울에 대한 봄의 승리는 죽음에서의 재생, 타락에서의 부활을 뜻하며, 이 계절적 순환의 필연성처럼, 프롤레타리아트의 승리도 필연적일 수밖에 없다는 것을 말해준다. 역사의 합목적성에 대한 깊은 신뢰를 박노해는 이러한 시적 이미지들을 빌려 보여주고 있다.[33]

'어두운 겨울'에 대한 '푸른' 봄의 궁극적인 승리가 도래할 것이라는 믿음을 박노해 시의 내용만큼이나 박노해가 자주 사용하는 이미지와 은유를 통해 분석하는 윗글은 사실 마르크스주의적 변증법보다는 임철규 자신이 번역한 노스럽 프라이의 『비평의 해부』에서 희극을 '봄의 뮈토스', 로망스를 '여름의 뮈토스'로 설명하는 등의 장르론적 해석에 더 의존하고 있습니다.

프라이식의 원형 비평의 계절적 순환론이 해석적 쟁투에서 상대적인 우위를 차지하려고 할 때 어떻게 변증법이 그것을 용납할 수 있을지는 의문입니다. 원형 비평이 제아무리 역사의 합목적성이라는 이름표를 붙이고 있다 하더라도 말입니다. 우연의 일치일까요? 최인석의 소설의 유토피아 이미지는 로망스적 뮈토스의 근간이 되는 은유, 즉 A≠B가 A≒B로 변하는 은유적 동일화의 양상을 띠고 있습니다.

앞서 말했듯이, 은유는 비동일성과 적대를 동일성, 화해의 형식으로 통합하는 수사입니다. 서사적 양식으로 확장될 때 은유는 선과 악, 혁명 세력과 반동 세력의 이원적 투쟁 끝에 전자가 후자에 대해 최종적인 승리를 거둔 다음, 자신의 가치 체계를 보편화하고 이상적 상징으로 통합하려는 로망스적 뮈토스가 됩니다. 우리가 다음 장에서 조금 더 하려는 이야기는 이것입니다. 최인석의 소설과 임철규의 비평에 내재한 유토피아의 충동은 유토피아의 실제적 내용을 이룰 뿐만 아니라, 그들의 글쓰기, 곧 텍스트 자체를 구성하는 형식이 된다는 것 말입니다. 민담이나 로망스처럼 소망충족과 현실원칙의 갈등을 다룬 문학 장르가 여기서 우리의 주된 관심사가 될 것입니다. 게다가 형식이 내용을 구성하고 내용이 형식을 만들어 간다는 생각은 "그 개념이 현실과 유리되어 있지 않으며 존재가 존재의 재현과 부합하는"[34] 유토피아 문학 장르의 특질과도 상통하지 않습니까.

유토피아가 존재한다는 증거

우리가 이 글에서 일관되게 쓰는 유토피아라는 개념은 아시다시피 토머스 모어Thomas More의 『유토피아*Utopia*』(1516)에서 가져온 것입니다. 당대 영국

---

33   임철규, 「평등한 푸르른 대지―박노해의 시 세계」, 『왜 유토피아인가』, 86쪽.

34   Fredric Jameson, "The Politics of Utopia", *New Left Review* 25, p. 35. 프레드릭 제임슨, 「유토피아의 정치학」, 『뉴레프트리뷰 2』, 352쪽.

사회에 대한 신랄한 풍자와 비판을 담은 1부와 유토피아라는 새로운 사회 구성체에 대한 갖가지 구상들로 짜인 2부로 나누어지는 『유토피아』는 유토피아 담론이나 서사가 부정적 현실에 대한 삭제와 소거를 통해 이루어지고 있음을 잘 보여줍니다. 1부의 풍자적 서술이 적어도 현실 변화의 '가능성의 불가능성'을 통렬히 극화하여 보여준다면, 그러한 변증법적 작동을 통해 앞의 불가능성은 2부에서 '불가능성의 가능성'으로 놀랍게 전화轉化됩니다.[35]

오늘날 유토피아를 부정하거나 그것의 이데올로기적 소임이 다했다고 믿는 사람들은 유토피아에 대한 상투적인 해석에서 한 발자국도 나아가지 않으려 합니다. 유토피아에 대한 상투적인 해석이란 유토피아를 결국은 현실에서는 실현 불가능하거나 존재하지 않는 곳으로 간주하는 것에서부터 출발해서, 근대적 전체주의가 시작된 곳, 반反페미니즘적 가부장의 세계, 노예제와 사형제가 존속하는 국가, 개인성과 사적 생활 등이 보장되지 않는 집단적 생활, 위로부터 주어진 제도적 혁명의 소산 등의 갖가지 평가에 이릅니다. 즉 유토피아를 구성하는 요소들 모조리 반反유토피아의 요소로 삭제되고 마는 것입니다. 이것은 토머스 모어의 혁신적인 창안과 정반대의 길로 가는 것입니다.

「토머스 모어의 『유토피아』」에서 임철규는 탐욕과 오만처럼 보통 인간 본성으로 간주되는 것들이 사유재산과 같은 사회제도에서 비롯되었다고 보고 그런 인간 본성조차 역사에 의해 구성된 것이며, 인간적 실천의 산물임을 전제로 『유토피아』를 읽습니다. 그리고 유토피아에 대한 위의 부정적 해석들과 대목들 중 상당수를 조목조목 반박하면서 유토피아를 '규제적 이념'으로 보존하고자 합니다. 그러나 저는 이 글을 읽으면서 한편으로는 유토피아에 대한 수많은 비판자들과 냉소주의자들이 유토피아가 한사코 불가능함을 증명하는 일에 너 나 할 것 없이 그토록 열중하는가라고 의문을 떠올려봤습니다. 이런 사태는 이데올로기적으로 매우 징후적입니다. 유토피아 비판가들은 유토피아가 존재하는 것이 아니라고 하지만, 그러한 부정은 도리어 유토피아가 존재한다는 증거처럼 보이니까 말입니다. 아도르노와 호르크하이머Max Horkheimer는 『계몽의 변증법Dialektik der Aufklärung』
(1947)에서 이런 말을 한 적이 있습니다. 실제의 이탈리아가 아니라, 이탈
리아가 존재한다는 증거가 제공된다고 말입니다. 유토피아도 마찬가지입
니다. 실제의 유토피아가 아니라, 유토피아가 존재한다는 증거가 제공되는
것입니다.

　　확실히 유토피아 서사나 담론은 유토피아가 무엇인가에 대해 기꺼이
말해주기보다는 유토피아를 이루는 지난함과 곤경의 증거들에 대해 보다
더 잘 이야기하는 것 같습니다. 임철규의 비평적 다시 쓰기에서 배워야 할
점은 바로 이것입니다. 유토피아를 이야기하기 어려운 정황에 대한 끈질긴
비판을 통해 유토피아를 구제하기. 최인석의 소설 또한 그러한 구제의 드
라마입니다.

　　'불가능성의 가능성', 또는 '규제적 원리'로서의 유토피아에 대한 임철
규의 강조는 "생명에 못지않은 어떤 것, 그것 없이는 온전한 생명이 될 수
없는 무엇인가"[36]에 대한 최인석 소설의 주인공들의 호소와도 상통합니다.
그것은 타락한 세상에서 인간답게 살려고 극단적인 몸부림을 치는 주인공
들의 삶의 내용일 뿐만 아니라, 그 자체가 텍스트의 문체와 플롯을 이뤄가
는 서술의 형식이기도 합니다. 그래서 우리는 최인석의 소설과 임철규의
비평이 유토피아적 충동으로 그 서사적, 서술적 형식을 구조화한다는 제
안을 했습니다. 다시 말해, 유토피아는 부정적으로 형상화된 현실의 제반
조건에 대한 대안적 내용인 동시에 그 내용을 근본적으로 추동하는 형식
이라는 것입니다. 그래서 유토피아는 마치 0처럼 숫자를 구성하기 위해서
는 필요한 공백과도 비슷합니다. 물론 어떤 바보도 0이 숫자가 아니라고
말하지는 않습니다.

35　Darko Suvin, "Defining the Literary Genre of Utopia", *Metamorphoses of Science Fiction*, p. 43.

36　최인석, 「직녀 내 사랑」, 『나의 아름다운 귀신』, 59쪽.

자연스럽게 최인석의 소설과 임철규의 비평이 갖는 내용적, 형식적 층위의 동일성을 지적하는 단계에 이르렀습니다. 저는 먼저 최인석의 소설과 임철규의 비평은 저변에 깔린 인간학에서 공유하는 바가 적지 않음을 말해야겠습니다. 자신의 꿈과 현실이 그 최고도에서 불일치할 때, 최인석의 '비인'들이 내지르는 "으아아아아"와 같은 비탄의 외침에 상응하는 표현은 임철규의 저작에서도 발견할 수 있습니다. 저는 임철규 비평에도 숨은 주인공이 활약하고 있다고 생각하는데, 오이디푸스가 바로 그 주인공이 아닐까 싶습니다. 『우리 시대의 리얼리즘』, 『눈의 역사 눈의 미학』, 『그리스 비극』에 등장하는 눈이 멀고 나서야 진실을 깨닫는 오이디푸스는 임철규 자신이 정의하듯 "괴물"이자 "비존재"며, 또한 인간 조건의 한계를 묻는 "비극적 패러다임"입니다.[37] '인간이기를 포기한 이후에야 나는 비로소 진정한 인간이 되는 것인가'(소포클레스, 『콜로노스의 오이디푸스Oidipus epi Kolonoi』)라는 오이디푸스의 절규에 대해서라면 임철규도 충분히 동의할 것입니다. 임철규의 비평에도 최인석 소설의 '비인'과 비슷한 동물화한 인간에 대한 비극적 인식이 있습니다.

임철규는 『그리스 비극』에서 아이스킬로스Aischylos의 비극 『페르시아인들Persai』을 분석하면서 그리스와의 전쟁에 패하고 수많은 아군들이 목숨을 잃는 것을 목격하고 비통함을 느낀 페르시아의 왕 크세르크세스가 코러스와 함께 다음처럼 울부짖는 목소리를 그리스어 원문 그대로 표기합니다. "오토토토토이otototototoi".[38] 이 '오토토토토이'에 대해 임철규는 "어떤 언어, 어떤 말로도 옮기기가 불가능한 짐승들의 울부짖음 그 자체", "원초적인 울부짖음"이라고 말합니다.[39] 그러면서 "모든 동물은 빈사瀕死 상태에서 목소리를 발견한다. 빈사 상태에서 동물은 자신을 지양止揚된 자기로서 als aufgehobnes Selbst 표현한다는" 헤겔의 말을 인용합니다. 그것은 "자기 포기"를 통한 "자기 지양"입니다.[40] 이러한 절규는 의미 탄생 이전의 단순한 동물적인 외침과는 다른 한편으로 그 어떤 인간적 의미마저 무화시켜버리는 목소리라고 할 수 있습니다. 최인석 소설의 주인공의 격렬한 외침, 그리고 임철규 비평에서 애통해하는 인간의 절규와 울음은 인간 이전의 외침이자, 인간 이후의 외침이기도 합니다.

이러한 외침을 품고 있는 이들의 텍스트는 인간 조건의 무저갱에 다다르면서 역설적으로 더 이상 짐승이나 괴물이 아닌 인간으로 소생코자 하는, 한국문학에서는 드물게 보이는 산문적 노력이 성취한 감동적인 소산입니다. 저는 최인석의 인간학 역시 임철규의 '낭만주의적 반자본주의'와 비슷하게 반자본주의적 파토스에 가깝다고 말했습니다. 그리고 최인석의 인간학은 그의 소설의 서술적 특성이나 플롯 전개 방식과 결코 무관하지 않습니다.

앞서 잠깐 언급한 바 있지만, 비평가 김영찬은 최인석의 장편소설 『이상한 나라에서 온 스파이』(2003)에 대한 해설에서 최인석의 소설이 갖고 있는 서사적 가능성과 폭의 확장을 십분 인정하는 한편으로 최인석의 소설이 갖는 반자본주의적 파토스는 세상을 선명한 도덕적 이분법으로 나누는 데서 연원하며, 그러한 이분법은 이 소설의 멜로드라마적 상상력과 무관하지 않다고 말합니다.[41] 일단 '반자본주의적 파토스'라는 표현은 최인석 소설의 유토피아적 특징이 악의 제거라는 실존적, 도덕적 측면에 머무르고 있음을 암암리에 지적합니다. 이러한 비판을 어느 정도 수긍하면서도 우리는 최인석 소설의 장르적 특성에 대한 보다 중요한 지적을 앞의 비판에서 더 이끌어내고 싶습니다. 저는 도덕적 이분법의 내용적 층위가 서사적 형식의 차원에서 멜로드라마와 이어진다는 해석에서, 멜로드라마를 그 장르의 원류인 로망스로 고쳐 읽을까 합니다. 최인석 소설의 근간을 이루는 로망스 장르는 서구의 전통 서사물에서도 그렇지만 우리의 서사적

37   임철규, 『그리스 비극—인간과 역사에 바치는 애도의 노래』, 한길사, 2007, 355, 384쪽.

38   임철규, 『그리스 비극—인간과 역사에 바치는 애도의 노래』, 52쪽.

39   임철규, 『그리스 비극—인간과 역사에 바치는 애도의 노래』, 52쪽.

40   임철규, 『그리스 비극—인간과 역사에 바치는 애도의 노래』, 540쪽.

41   김영찬, 「부정의 파토스와 욕망의 드라마」, 최인석, 『이상한 나라에서 온 스파이』, 423, 430쪽.

관습에서도 민담에 상당히 가깝습니다. 만일 그렇게 볼 여지가 있다면, 최인석의 소설에서 펼쳐지는 선악의 대립 구도로 보이는 열정의 드라마가 갖는 서사적 가능성에 보다 너그럽게 접근할 수 있겠습니다.

제임슨은 블라디미르 프롭Vladimir Propp의『민담형태론Morphology of the Folk Tale』(1928)을 비판적으로 고찰하는 가운데, 민담의 경우 보통 하늘에서 내려오는 밧줄이나 정답을 말하는 새 등 마술적 대리물이 있는 곳에는 숨어 있는 '시혜자donor'가 반드시 존재한다고 말합니다. 시혜자는 민담 텍스트에서는 보통 은폐되어 있지만, 그 텍스트의 플롯을 플롯답게 만드는 기능을 하는 숨은 매개자입니다. 따라서 그 시혜자-매개자가 민담 텍스트에서 드러날 경우, 시혜자-매개자는 갑작스럽게 나타나거나 느닷없이 사라지는 방식을 취합니다.

여기서 최인석의 소설에 등장하는 인물들을 잠시 떠올려봅시다.『이상한 나라에서 온 스파이』에서 시간의 역설을 타고 온 여행자이자 열고야列姑射국이 파견한 간첩인 작은년(밥어미), 중편『서커스 서커스』(2002)의 우렁 각시,『아름다운 나의 귀신』에 등장하는 당골네나 염소 할배와 같은 사람들과 그들의 역할을 잠시 상기해보도록 합시다. 말하자면 그들은 프롭이 말하는 시혜자-매개자의 역할을 담당하고 있습니다. 스파이는 말 그대로, 간첩[間者], 곧 매개자가 아닙니까. 무당 역시 산 사람과 죽은 사람을 매개하는 자가 아닙니까. 몰래 밥과 음식을 주인공에게 차려주는 우렁 각시와 아무런 대가도 바라지 않고 무조건 베푸는 작은년, 어디선가 갑자기 나타나 위험에 처한 주인공을 구해주는 염소 할배 등 이들의 '갑작스러운' 출현과 '느닷없는' 사라짐은 소설의 사건에 우연성이 개입한 흔적으로 손쉽게 처리해버릴 수는 없습니다. 오히려 이들은 민담 텍스트에 내재한 소망충족을 매개하는 기능적 역할의 화신化身에 가깝다고 봐야 합니다. 그들이 존재하기에 세상은 경이로운 것이며, 마냥 아귀다툼의 지옥도만은 아니게 됩니다. 이러한 증거를 뒷받침하기라도 하는 듯, 최인석은 한 대담에서 민담, 그 자신의 표현을 빌리면 '우화'의 플롯이 가지는 중요성에 대해 다음과 같이 주목할 만한 이야기를 하고 있습니다.

"그런 이야기를 옛사람들이 만들어냈을 때에 가장 중요한 것은 바로 (……) 플롯 그 자체지요." (……) "그런 이야기들은 대개 어찌어찌하여 그런 이들이 다시 하늘로 돌아가서 잘 먹고 잘 살았다, 하는 것으로 끝나지만, 중요한 것은 잘 먹고 잘 살았다는 지점이 아니라 천상에서 죄를 짓고 쫓겨나 이곳으로 추방되었다는 플롯이지요." (……) "〈잠자는 숲 속의 공주〉 같은 경우에도 멋진 왕자가 나타나 뽀뽀를 했더니 잠에서 깨어나고 어떻게 어떻게 해서 잘됐다 이런 결말이 중요한 것이 아니라, 그렇게 조심하고 골방에 가둬놓았음에도 불구하고, 아무 잘못 없는 한 소녀가 결국 저주에서 빠져나올 수 없었다는 지점이 중요한 거죠."⁴²

인용한 대목은 최인석 소설이 천상의 존재가 지상으로 추락했다가 이런저런 과정을 통해 결국 구원을 받는다는 식의 민담의 플롯을 공유하는 부분으로 읽힙니다. 최인석의 말처럼, 민담의 '결말'이 아니라 '이런저런'이라는 플롯이 중요합니다. 민담에서 하늘에서 내려오는 밧줄이나 수수께끼에 해답을 일러주는 동물들과 같은 '시혜자'에 대한 해명은 바로 민담의 이 '어떻게 어떻게 해서'라는 마술적 대리물에 대한 최인석의 주목과도 상통합니다. 여기서 '나타났다가 사라지는 매개자'를 통해 최인석의 주인공들과 작중인물들이 맺는 인연과 연대의 장면들을 떠올려봐도 좋을 것입니다.

  가령 『이상한 나라에서 온 스파이』에서 어디서 마련했는지 모를 반찬과 밥으로 '작은년'이 차린 간소하지만 풍성한 식탁을 둘러싼 작중인물들이 숟가락을 드는 장면들은 저열한 욕망의 암투가 무자비하게 진행되는 시간을 중단시키는 조그마한 휴지부休止符와도 같습니다. 고아인 작중인물들이 모여 하나의 대안가족을 형성하는 광경을 포함한 소설의 장면들은

---

42 최인석·정여울 대담, 「세상의 모든 우렁이들에게」, 최인석, 『서커스 서커스』, 책세상, 2002, 187~188쪽.

그 자체로 무저갱의 지상에 실현된 유토피아의 조그만 성취라고 봐도 무방합니다. 그럼 임철규의 비평은 어떨까요?

물론 임철규의 비평에 대해 로망스라고 명명하는 행위는, 서술된 일체의 것에 장르적 특성을 부여하는 것과 같은 최근의 이론적 유행을 인정하더라도, 다소 무리가 따르는 일처럼 보입니다. 그럼에도 『왜 유토피아인가』에서 저자가 분석하는 텍스트뿐만 아니라, 그것을 분석하고 전개하는 방식 역시 로망스적 뮈토스를 따르고 있음은 분명해 보입니다. 저는 앞서 박노해의 시에 대한 임철규의 분석을 인용하면서 원형 비평과 변증법적 비평이 충돌하는 것처럼 썼습니다. 그러나 사실 프라이식의 원형 비평이 변증법적 비평과 친연성이 없는 것도 아닙니다. 프라이가 '여름의 뮈토스'인 로망스에 대해 설명하는 구절을 직접 예로 들어보겠습니다.

> 로망스는 모든 문학의 형식 중에서 욕구 충족의 꿈에 가장 가까운 것이며, 그렇기 때문에 그것은 사회적으로 기묘하게 역설적인 역할을 갖고 있다. 로망스에는 그 여러 가지 구체적인 모습에도 결코 만족하지 않는 순전히 〈프롤레타리아〉적인 요소가 있으며, 사실 여러 가지 구체적인 모습을 띠고 로망스가 나타나는 그 자체야말로, 사회에 어떤 큰 변화가 일어난다 할지라도, 그것은 변함없이 굶주림에 차 있는 모습으로 새로운 희망과 새로운 희망에 살찌고 있는 욕망을 찾는 모습으로 나타날 것이다.[43]

그러나 문학이론가이면서 감리교 목사이기도 했던 프라이의 장르론을 뒷받침하는 기독교의 휴머니즘은 계급투쟁을 통한 단 하나의 계급의 승리만을 인정하는 프롤레타리아트 세계관을 자신의 품으로 포섭하려고 합니다. 프라이의 장르론은 일견 형식주의적이며 가치중립적으로 보이지만, 잘 들여다보면 사실 그는 비극이나 아이러니(풍자)보다 희극과 로망스에 대한 가치 부여를 더 많이 하는 편입니다. 이 시점에서 프라이의 장르론 또한 고쳐 써야 할 필요가 있겠습니다만, 이 작업은 이 글의 범위를 넘어서는 일입니다. 다만 우리는 프라이의 장르론적 가설을 충실히 전개한 임철규의 비평에 초점을 맞추는 데에 논의를 한정하려고 합니다.

초기 비평적 저작에서부터 장르론에 관심을 가져왔던 임철규는 적어도 『왜 유토피아인가』에서만큼은 로망스나 희극적 뮈토스에 대한 선호도가 높았다고 할 수 있습니다. 그 이후의 작업 역시 프라이의 장르론과 원형비평에 비교적 충실히 따르며 전개됩니다. 눈[目], 또는 시선의 이중성, 그것의 실상과 허상의 아이러니, 오이디푸스의 눈멂과 깨달음을 고찰한 『눈의 역사 눈의 미학』의 비평적 서술이나 문체가 아이러니적 뮈토스(가을)에 가깝다면, 그리스 비극에 대한 방대한 저서인 『그리스 비극』은 말 그대로 비극적 뮈토스(겨울)의 비평적 실천입니다. 임철규의 다음 저서의 주제는 그 자신이 말한 것처럼 '귀환'입니다.[44] 그렇다면 '귀환'은 봄의 뮈토스가 되는 것일까요?

헤이든 화이트Hayden White 같은 역사학자가 프라이의 장르론을 적극적으로 활용하여 역사 서술의 뮈토스를 추출하고 분류하는 방식은 우리에게 시사해주는 바가 적지 않습니다. 화이트에 따르면, 『프랑스혁명사Histoire de la révolution française』(1847~1853)를 서술한 미슐레Jules Michelet와 같은 낭만주의 역사학자는 "로망스의 뮈토스를 이용"했습니다.[45] "이야기 형식으로서의 로망스라는 구성 형식은 유해하지만 궁극적으로는 일시적인 악과의

---

43 노스럽 프라이, 『비평의 해부』, 임철규 옮김, 한길사, 1982, 260~261쪽.

44 임철규, 『그리스 비극─인간과 역사에 바치는 애도의 노래』, 414쪽, 각주 30 참조. 2011년 덧붙임: 이 작업은 임철규, 『귀환』, 한길사, 2009로 출간되었습니다. 2011년 7월 20일 저녁, 서울의 인사동에서 있었던 사적인 만남에서 저자는 『귀환』을 봄의 뮈토스와 꼭 연관되는 것은 아니라고 말했습니다. 실제로 『귀환』에서 강조되는 것 중 하나는 '귀환의 비극성'입니다. 이 책은 돌아갈 곳에 대한 향수와 그리움뿐만 아니라, 그러한 귀환에 내포된 역사성과 현실성을 강하게 환기시키고 있습니다. 임철규 선생님은 당신의 다음 작업이 '죽음', 그러나 단지 소멸이 아니라 죽음의 불가역성과 재생의 희망에 대한 것이라고 말씀해주셨습니다.

45 헤이든 화이트, 『19세기 유럽의 역사적 상상력─메타 역사』, 천형균 옮김, 문학과지성사, 1991, 181쪽.

근본적인 투쟁으로 역사 과정을 이해하도록 만들었다"는 것입니다.[46] 미슐레는 프랑스혁명을 "암흑으로부터 광명이 나타나서, 동포애를 지향하는 '자연적'인 충동이 오랫동안 프랑스 정신과 대립 관계에 있었던 '인위적'인 세력을 누르고 승리"하는 플롯으로 구성하고 있습니다.[47] 프랑스는 "과감하게 암흑의 겨울(1789~1790년의)을 뚫고, 세계에 새로운 광명을 약속하는 기다리던 봄을 향해 전진하고 있다"라고 미슐레가 말했을 때, 그의 로망스적 역사 기술 또는 역사 서술의 로망스적 뮈토스는 "구제의 드라마"를 가능하게 만듭니다.[48]

사실 이러한 로망스적 뮈토스에 내재한 인간관은 프롤레타리아트의 계급투쟁보다는 모든 이들은 평등하게 태어났으며, 또한 그렇게 살아갈 권리가 있다고 18세기 프랑스 계몽주의자들이 표방한 바 있는 평민적 휴머니즘이나 민중주의에 가깝습니다. 여기서 프랑스혁명에 대한 미슐레의 역사 서술의 뮈토스는 박노해의 시에 대한 해석을 통해 겨울의 암흑을 뚫고 봄의 희망을 기리는 임철규의 비평적 열망에 상응하며, 악과의 적대적 투쟁 끝에 마침내 승리를 거두면서 일체의 대립적 가치 체계를 화해시키는 프랑스혁명의 정신에 대한 은유는 최인석의 소설에서 적대적인 것들이 화해하는 유토피아의 이미지와 통합니다.

최인석의 소설에 대해서는 그렇더라도, 비평적 서술에 대해 로망스라는 표현이 여전히 어색할 수도 있다면 저는 하나의 예를 더 들어보겠습니다. 무엇보다 임철규 자신이 발터 벤야민에 대한 글 「역사의 천사」에서 벤야민이 비판하고 있는 진보로서의 역사관에 대해 '플롯'이라는 어휘를 쓰고 있음에 각별히 주목할 필요가 있습니다. 이런 어휘를 사용한다는 사실 자체가 임철규가 역사 서술이나 서사물, 담론의 전개 방식에서 그것의 재현 양상을 엿보고 있다는, 작지만 결정적인 증거로 여겨집니다. 여기서 임철규가 벤야민을 빌려 비판하는 진보의 개념은 문명의 발전이라는 이름으로 내일의 희망을 약속하지만, 임노동의 착취와 같은 야만적 행위를 묵인하거나 미래를 위해 현재의 고난을 감수하라는 도덕적 명령이나 희생의 행위 일체를 뜻합니다. 따라서 진보 개념은 중단 없는 연속이라는 하나의 서사적 행위로 기술될 수 있습니다. 우리가 말하는 서술 행위는 허구적 서사뿐만 아니라, 역사 기술, 그리고 루카치나 벤야민과 같은 문제적 개인의 일대기 작성에 이르는 모든 언어 수행까지 포함합니다.

임철규는 혁명을 세계사의 기관차라고 말한 마르크스를 포함해 역사와 혁명에 대해 중단 없는 진보의 시각을 가진 자들의 역사 인식과 서술에 대해 "진보의 대서사적 플롯"[49]이라고 명명하고 있습니다. 이에 대해 벤야민은 진정한 혁명이란 혁명의 기관차를 타고 있는 인간들이 비상 브레이크를 움켜잡는 것이라고 말하고 있습니다. 이 점을 충실히 따르는 임철규의 비평적 다시 쓰기, 약호 전환은 과거와 현재, 또는 현재와 미래에 대한 무매개적인 시간의 연속에 대한 단절break의 행위, 바로 그것입니다.

단절, 또는 전복의 미래

나는 날고 있다. 내 옆에서 주둥이에 깃털 하나를 물고 날고 있는 것은 누이 선이다. 그 옆에는 어미가 연탄가루가 다 벗겨진 희디흰 얼굴로 마주 불어오는 바람을 가르며 날고, 아비는 다가가려 할 때마다 자꾸 밀어내는 어미를 흘끔흘끔 살피며 시무룩한 얼굴로 날다가 나와 눈이 마주치면 계면쩍은 웃음을 짓는다. 나의 쌍둥이 형이 날고, 그의 두 눈 가득 담긴 유도의 푸른 하늘과 바다, 나무들, 별, 그 모든 것들이 만들어내는 음악도 함께 난다. 네 다리와 꼬리를 버둥거리며, 수염을 흩날리며 나는 검은 염소의 등에 올라앉아 깔깔거리고

---

46 헤이든 화이트, 『19세기 유럽의 역사적 상상력—메타 역사』, 190쪽.
47 헤이든 화이트, 『19세기 유럽의 역사적 상상력—메타 역사』, 190쪽.
48 헤이든 화이트, 『19세기 유럽의 역사적 상상력—메타 역사』, 191~192쪽.
49 임철규, 「역사의 천사—발터 벤야민과 그의 묵시록적 역사관」, 『왜 유토피아인가』, 384쪽.

 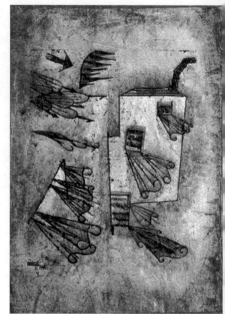

진보의 폭풍에 떠밀리는 천사와 진보의 폭풍을 꿰뚫어버리는 불의 폭풍.[50]
왼쪽: 파울 클레Paul Klee 〈새로운 천사Angelus Novus〉(1920).
오른쪽: 〈불의 폭풍Feuerwind〉(1923).

있는 것은 정이고, 그 곁에서 크고 작은 날개들로 제각기 그녀를 감싸듯 나는 것은 그녀의 오빠들이다. 정이 어미는 재봉틀을 품에 안고 날고, 그 옆에서 돼지 어미는 갓난아이에게 젖을 물린 채 난다. 저 먼 하늘에는 내가 태어난 날의 태풍이 아직도 사방팔방을 다 삼키고도 오히려 하나가 남아나는 아홉 개의 입을 휘두르며 앞서 달려가고, 뒤에서는 새로운 태풍이 밀려오지만, 나는 마침내 솔개처럼 자유롭다.[51]

우리는 그가 사용하는 이미지 속에서 진보라는 〈폭풍〉은 낙원으로부터 불어오고 있음에 주목할 필요가 있다. 〈역사의 천사〉가 진보를 향해 절망적으로 멀리 떠밀려 가면 갈수록 잔해의 더미는 한층 높이 쌓여가고, 천사는 폭풍의 원천인 낙원으로부터 점점 더 멀어져만 가는 것처럼 보인다. (……) 〈잔해 위에 또 잔해〉의 이미지는 역사의 시대로부터 메시아의 시대로의 변형을 예고하는 일련의 예기된 자연적 참화와 파국을 가리키며, 역사적 삶으로부터 메시아적 구원의 삶으로의 파국 없는 전위는 가능할 수 없음을 강조한다.[52]

---

50   2011년 덧붙임: 저는 문학평론가 윤인로의 블로그에서 이 놀라운 그림을 처음 보았습니다. 윤인로는 클레의 〈불의 폭풍〉에 대해 이렇게 덧붙입니다. "'진보의 폭풍'을 뚫고 찢는 '불의 폭풍Feuerwind'. 혹은 계단을 타고 오르는 진보의 집을 싸그리 불태우는 '진정한 비상사태'의 도래." http://blog.aladin.co.kr/rororo/4987200. 오래 두고 명상해야 할 그림입니다. 인용을 흔쾌히 허락해준 윤인로 평론가에게 감사드립니다. 나와는 다른 방식으로, 그리고 더욱 깊이 있는 방식으로 파국의 신학과 유물론에 대해 고민하는 그의 치열한 글쓰기가 앞으로 주목됩니다. 나는 근래에 읽은 글 중에 가장 감명 깊었던 윤인로의 글을 소개하는 것으로 이 각주를 대신하고자 합니다. 윤인로, 「파루시아의 역사유물론—크레인 위의 삶을 위하여」, 『역사비평』 2011년 겨울호. 새로 후기가 덧붙여진 이 글은 그의 블로그에서도 읽을 수 있습니다. http://blog.aladin. co.kr/rororo/5188326.

51   최인석, 「내 사랑 나의 암놈」, 『나의 아름다운 귀신』, 250쪽.

52   임철규, 「역사의 천사—발터 벤야민과 그의 묵시록적 역사관」, 『왜 유토피아인가』, 397~398쪽.

『아름다운 나의 귀신』의 마지막 장면이기도 한 첫째 인용문을 파울 클레의 〈새로운 천사〉에 대해 벤야민이 소묘한 알레고리적 문장과 함께 비교해보면 둘의 유사성을 쉽게 짐작할 수 있을 겁니다. 첫째 인용문은 전투경찰과 철거반원들이 삽차와 지게차를 앞세우고 달동네의 건물들을 무너뜨리다가 교회마저 부수고 그때 교회의 첨탑에 올라가 있다가 아래를 내려다보던 어린 주인공이 떨어져 죽는 장면에 이어 등장한 주인공만의 환상입니다. 이제 아비규환의 지옥이었던 달동네는 철저하게 파괴되며, 그때 죽은 '나'는 달동네를 떠나는 것처럼 보입니다. 주인공은 완전한 해방을 성취하는 것일까요? 그러나 환상 속으로의 비약이 마냥 안전해 보이지는 않습니다. '내가 태어난 날의 태풍이' '나'보다 앞서 달리고 '뒤에서는 새로운 태풍이' 밀려듭니다. 그래서 인용문에서 보이는 비상의 이미지는 두 태풍 사이에 끼어 있기에 너무도 불안해 보입니다. 우리는 〈새로운 천사〉에서 불안해하는 천사의 커다란 눈동자로 그것을 볼 수밖에 없습니다.

둘째 인용문은 벤야민의 글, 즉 클레의 〈새로운 천사〉에 대한 벤야민의 해석에 대한 임철규의 재해석입니다. 벤야민의 「역사철학테제」는 '모든 것이 그대로 계속된다는 사실이 바로 파국이다'라는 그 자신의 경고처럼, 진보 개념에 대한 단절, 틈새 만들기이자 다시 쓰기입니다. 진보의 서사는 인과나 연속의 행위로 이해되지만, 임철규에게 비평은 오히려 그런 진보의 연속성, 인과성과 단절하는 행위입니다. 인용문을 자세히 읽으면, 파국의 잔해는 미래에 쌓이게 된다는 것을 알 수 있습니다. 그것은 우리가 진보가 가져다줄 것처럼 생각하는 행복의 약속으로 현재를 희생하고 미래를 저당 잡힐 때, 미리 예고된 것입니다.

구원의 힘은 오히려 이러한 파국에서 희미하게 약속되는 어떤 것일 수도 있습니다. 그렇지만 그것은 저절로 주어지는 것이 아니라 현재와 미래의 틈새 없는 연속성과 단절하는 일에서만 가능합니다. 최인석 소설에서 그것은 인용문의 장면에서처럼 현실에서 환상으로의 급격한 비약으로 나타납니다. 비인非人, 卑人은 비인飛人이 되는 것입니다. 그렇지만 환상으로의 비약은 흔히 오해되듯이 현실에 대한 복잡다기한 탐구 정신을 포기하는 일이 아니라, 오히려 타락한 현실에 대해 근본적으로 되묻는 작업을 행한다는 데서 단절이기도 합니다. 비약은 단절이되, 이렇게 계속 되다가는 파국을 맞을지도 모를 현실에 대한 단절입니다.

이 단계에 이르렀다면, 최인석의 소설과 임철규의 비평에서 유토피아가 갖는 기능을 좀 더 보편적으로 확대하고 해석할 수 있을 듯합니다. 최인석의 소설에는 흔히 몇 세대의 삶을 살았다고 믿는 치매 노인이나 당골네 무당, 망상증을 앓고 있는 작가나 시므온 같은 예언자들이 자주 등장합니다. 예를 들어 「목숨의 기억」에서 치매 증세를 보이는 할아버지는 「내 사랑 나의 귀신」의 당골네처럼 인간의 역사와 세대를 응축한 삶을 살고 있습니다. 그래서 유한자는 집단의 소망이 응축된 개체로 변신합니다. 그런 할아버지가 손자에게 전해주는 말을 손자는 이렇게 받아 적고 있습니다. 삶이 세대에서 세대로 중단 없이 이어지듯, 꿈도 중단 없이 그렇게 이어집니다. 쉼표로만 연결되는 다음의 아름다운 문장은 여기서 인용할 만합니다. "사람은 때가 되면 죽어 사라지지만, 그가 꾼 꿈은, 그것이 아름답고 지극한 것이라면, 결코 사라지지 않아, 꽃씨처럼, 또 다른 자리에, 또 다른 사람의 가슴에 떨어지고, 그렇게 꿈으로, 꿈으로 이어지다가 언젠가는 피어나는 것이 아닐까."[53]

최인석의 소설과 임철규의 비평의 유토피아석 열망은 이런 내목을 디딤돌 삼아 더 이상 개별자의 실존적, 도덕적 비전에 머무르지 않고 집단적, 계급적 인식으로 도약하고 있다고 보아도 무방합니다. 아래의 구절들에서 최인석의 소설과 임철규의 비평은 집단적 해방의 순간에 대해 담담하지만 인상 깊게 기록한 바 있습니다.

차츰 그들은 순식의 노래에 취해갔다. 음정도 박자도 더 이상 필요치 않았다. 한 사람의 혼이 담긴 노래에 음정과 박자가 무엇이 그리도

---

53   최인석, 「목숨의 기억」, 『목숨의 기억』, 문학동네, 2006, 97쪽.

중요한 것인가. 아니, 그들이 부르는 노래는 이미 음정이나 박자 따위에 제한을 받을 필요가 없었다. 그들의 노래는 이미 그들 자신이었다. 음정도 박자도 그들의 것이었다. 그들이 지금 눈으로 뒤덮인 산속에서, 김 중사의 폭행의 위협 아래 부르는 노래에는 그들 자신의 삶과 소망과 꿈이, 그들 자신의 이야기가 담겨 있었다.[54]

사실, 진리를 찾는 자가 바로 진리이듯이, 부처를 찾는 중생이 바로 부처이듯이, 메시아를 찾는 민중은 그들 자신이 바로 메시아다.[55]

삼청교육대에 끌려와 사회의 낙오자나 쓰레기 취급 받고 김 중사 등의 무자비한 폭력에 휘둘리는 일단의 사람들이 노래를 부르기 시작합니다. 음정과 박자는 중요하지 않습니다. 노래를 부르는 시간과 공간도 중요하지 않습니다. 그러나 한 사람 한 사람의 엇박자 노래는 한 편의 삶과 꿈과 이야기를 각자 담아 삼청교육대라는 조그만 시공간을 해체하고 담장 너머로 날아갑니다. 그래서 그들 각각의 노래는 그들 모두의 노래가 됩니다. 그들이 바로 노래입니다. 그런가 하면 억압받는 민중은 그들을 구원할 메시아를 기다려왔습니다. 메시아는 오지 않았지만, 그들은 메시아가 오리라는 소망을 품고 그 소망을 힘껏 실천하고 살았습니다. 마침내 메시아는 왔습니다. 그런데 그 메시아는 처음부터 그들 곁에 있었습니다. 메시아를 기다리는 소망을 품고 실천한 그들 자신이 바로 메시아였던 것입니다!

그렇습니다. 유토피아적 실천은 미래의 행복과 자유를 위해 우리가 견뎌 마땅한 현재의 고난으로 경험되는 것이 아닙니다. 미래를 위해 현재를 견뎌라와 같은 말들은 과거엔 스탈린주의자들이 즐겨 썼지만, 오늘날에는 하이테크 시장주의자들이 하고 있습니다. 오히려 유토피아는 미래의 행복과 자유를 암담하게 만드는 그림자가 이미 드리워진 곤경으로 경험됩니다. 그 안에서 우리는 자유를 위해 싸우면서 이미 자유로우며, 행복을 위해 싸우면서 우리는 이미 행복한 것입니다.[56]

최인석의 소설과 임철규의 비평에서 이런 통찰의 섬광이야말로 텍스

트의 좁은 문으로 들어오는 '메시아적 순간', 정지의 변증법이 아니라면 또
무어라 불러야 하겠습니까. 최인석의 소설과 임철규의 비평은 이처럼 각각
묻혀 있는 과거의 행복한 이미지를 발굴하고 타락한 현실 일체에 대해 다
시 쓰는 구제의 드라마요, 구제의 비평이 아닐 수 없습니다. 그것은 지금까
지 말한 미래와는 다른 미래, 전복의 미래를 꿈꾸는 일일 수 있습니다.

미래에서 오는 문학

발터 벤야민은 정복자로부터 우리의 과거도 전혀 안전하지 못하다고 말
했지만, 이제 우리는 결코 안전하지 않은 미래에 대해서도 같은 말을 해
야 할 때가 아닌가 합니다. 누군가 이렇게 덧붙입니다. "진보가 역사적 규
범으로 응고되면, 현재의 미래 연관성으로부터 새로운 것의 성격은 제거되
고, 예측할 수 없는 시작에 대한 강조도 사라진다."[57] 곱씹어볼 말입니다.
전 지구적 자본주의 운운할 것도 없이 가까운 우리의 현실을 살펴봅시다.
수많은 땅 투기꾼들, 건설 투자자들, 이 모든 불도저와도 같은 협박꾼들은
지금 시장이 요구하는 방식대로 미래를 자본이 투자할 만한 영역으로 가
득 채우고 있습니다. 국가 지도자들은 현재를 조금만 참고 견디면 내일은
도래한다고 말하면서 위로를 주는 척하지만, 그들에게 내일이란 기실 오
늘의 다른 이름에 불과합니다. 우리에게 약속된 미래란 고작해야 진보와
테크놀로지 혁명으로 중화된, 역사성이 소거된 미래, 변증법적 연관이 없
는 현재의 연장에 불과한 텅 빈, 공허한 미래밖엔 없습니다.[58]

54   최인석, 「노래에 관하여」, 『혼돈을 향하여 한 걸음』, 150쪽.
55   임철규, 「민중의 나라 ─황석영의 『장길산』」, 『왜 유토피아인가』, 433쪽.
56   슬라보예 지젝, 『지젝이 만난 레닌』, 정영목 옮김, 교양인, 2008, 453~454쪽.
57   위르겐 하버마스, 『현대성의 철학적 담론』, 이진우 옮김, 문예출판사, 1994, 32쪽.
58   Fredric Jameson, "The Future of Disruption", *Archaeologies of the Future: The Desire
      Called Utopia and Other Science Fiction*, London & New York: Verso, 2005, p. 228.

우리는 벤야민의 천사처럼, 우리를 떠미는 진보라는 폭풍에 휘말리고 오지 않은 미래의 폐허 위에 잔해가 쌓이는 것을 불안하게 내다봅니다. 그처럼 우리의 삶은 절박합니다. 그러나 그러한 절박함이야말로 유토피아를 성취하기 위한 조건입니다. 역사성과는 무관한 미래 이데올로기가 현재를 지배하고 있는 이 시대에 바로 이러한 "현존의 '존재 구조'를 파괴하는 방향으로 작용하는 것만이 유토피아적"[59]이라고 할 수 있을 겁니다. 역설적으로 유토피아 의식은 무반성적으로 주어진 미래를 파괴하는 사명에 복무해야 합니다. 그래서 있을 수 있는 재난의 미래를 형상화하는 작업은 흔히 오해되는 것처럼 역사로부터의 도피가 아니라 오히려 역사성을 부활시키기 위한 노력으로 읽어야 합니다.

글을 맺으면서 우리는 지금껏 말한 로맨스를 리얼리즘을 대신할 대안적 문학 장르로 한번 고려해볼 수 있습니다. 제임슨은 유토피아적 충동과 로맨스 문학 장르의 근본적 연관성을 프라이나 화이트보다 한 발 더 나아가 지적하고 있습니다. "로맨스는 작금의 억압적인 리얼리즘적 재현이 볼모로 잡고 있는 현실원칙으로부터 벗어난 서사적 다양성과 자유의 장소로 느껴지게 되었다. 로맨스는 다시 다른 역사적 리듬들을 지각할 수 있는 가능성, 흔들릴 수 없게 자리 잡고 있는 현실의 마술적 또는 유토피아적 변화 가능성을 제공하는 것처럼 보인다."[60]

그러나 로맨스든 과학소설이든 문학의 장르는 선험적으로 존재하는 것이 아니라, 역사적으로 규정되어온 것이며, 새로운 작품들이 등장하면 그 장르적 규약은 바뀌게 됩니다. 『목숨의 기억』과 같은 최인석의 최근 작품은 삶의 황폐한 심연을 들여다보는 부정성의 탐구에서 삶과 죽음, 꿈과 현실, 희망과 절망 등의 이분법에 대해 근원적인 질문을 던지는 아이의 응시로 옮겨가면서 삶에 내재한 비극의 씨앗을 감지하고 있습니다.[61] 마찬가지로 임철규는 눈의 인식론과 미학에 대한 비평 작업을 통해 허상과 실상, 눈멂blindness을 통찰insight했습니다. 그리하여 오이디푸스적 눈멂에서 통찰로의 반전을 통해 인식과 행위에 내재한 인간적 한계와 그로부터 비롯되는 삶의 불가항력적인 고통을 탐구하는 비극으로 임철규의 비평이 옮겨간

것은 자연스러워 보입니다. 어떻게 보면 최인석과 임철규의 문학적 탐구는 유토피아에 대한 애도로부터, 애도 그 자체로 옮겨갔다고도 할 수 있습니다. 사실 이것이 진정한 애도 행위일지도 모릅니다.

지금껏 우리가 최인석의 소설과 임철규의 비평을 통해 탐구해온 이 로망스적 뮈토스의 다른 문학적 판본이 과학소설일 수도 있습니다. 바로 소망충족의 형식으로 가혹한 현실원칙을 적나라하게 폭로하면서, 다시 말해 낯설게 하면서 그 현실의 정체가 도대체 무엇인지를 인지하도록 하는 문학 장르라는 측면에서 말입니다. 그런 점에서 볼 때 과학소설은 미래에서 오는 장르이며, 최인석의 소설과 임철규의 비평은 지금까지 우리를 미래와 과거로부터 동시에 인도해온 타임머신이었습니다.

우리가 기다리던 미래의 행성 '플래닛 X'가 황금시대에 핀 '파란 꽃'이라는 이 시간의 역설은 미국의 페미니즘 과학소설 작가인 마지 피어시가 쓴 『시간의 경계에 선 여자』라는 과학소설의 몇 구절에도 감동적으로 표현되어 있습니다. 저는 이 소설의 인상적인 구절을 인용하는 것을 끝으로 지금까지의 모든 시간 여행을 마치고자 합니다. 『시간의 경계에 선 여자』에서 우리 자신과 우리의 현재가 없었더라면 결코 존재하지 않았을 미래의 한 시간 여행자는 우리에게 이렇게 충고합니다. 아래 인용문에서 저는 '당신'을 현재의 문학으로, '우리'를 미래의 문학으로 바꿔 부르려고 합니다. 아직 오지 않은 한국문학은 이런 텍스트를 과거부터 꿈꿔오고 있었을지도 모릅니다.

한 개인으로 당신이 우리를 이해하는 데 실패하거나 당신의 삶과 시

---

59   카를 만하임, 『이데올로기와 유토피아』, 황성모 옮김, 삼성출판사, 1990, 203쪽.

60   Fredric Jameson, *The Political Unconscious: Narrative as a Socially Symbolic Act*, Ithaca: Methuen, 1981, pp. 104~105.

61   이에 대해서는 복도훈, 「심연에서 비극으로」, 최인석, 『목숨의 기억』의 해설 참조. 이 글은 복도훈, 『눈먼 자의 초상』, 문학동네, 2010에 수록되어 있습니다.

간에서 투쟁하는 데 실패할지도 모릅니다. 당신 시대의 당신이 우리와 함께 투쟁하는 데 실패할지도 모릅니다. 그러나 우리는 태어나기 위해, 그리고 계속 존재하기 위해, 도래할 미래가 되기 위해 싸워야 합니다. 그것이 우리가 당신에게 온 이유입니다.[62]

62 마지 피어시, 『시간의 경계에 선 여자 2』, 변용란 옮김, 민음사, 2010, 16쪽. 이 글의 의도를 조금 더 살리기 위해 번역을 일부 수정했습니다.

후기

『묵시록의 네 기사』에 실릴 원고들을 정리하면서 내내 머릿속에 떠올랐던 추억이 두어 개쯤 있다. 키가 큰 백발의 어부이자 교회 장로님으로 십여 년 전에 작고하신 외할아버지는 내가 어렸을 적에 다녔던 교회의 성경학교 시간에 늘 지옥 이야기를 들려주셨다. 죄를 짓고 회개하지 않으면 유황불이 끓는 지옥에 던져져 살이 지글지글 타오르는 영원한 고통 속에서 죽지도 못하고 살아야 한다는 이야기. 오, 주여, 이 어린아이를 지옥 불에 담금질하지 마소서. 고향 바닷가의 전설을 재미나게 들려주시던 이야기꾼 할아버지는 교회에서는 언제 그랬냐는 듯 근엄한 달변가로 옷을 바꿔 입으셨는데, 당신께서 반복해 들려준 무시무시한 지옥 이야기를 상상하면서 아마도 나는 스무 살까지 신앙생활을 계속할 수밖에 없었던 것 같다. 아마도 그때까지 지옥 불로 심판하는 하나님이라는 초자아가 내 삶을 이끌었다고 해도 과장은 아니리라.

그리고 다른 추억은, 이렇게 신앙생활에 회의를 느끼면서도 그에 대한 나름의 답을 구하고자 '신앙의 사도'인 도스토옙스키와 키르케고르를 읽던 스무 살 무렵에 일어났던 일이다(혹시 이들 때문에 신앙의 회의가 찾아왔던 것은 아니었을까 하는 생각도 든다). TV로 생중계되어 모두가 기억하는 그날, 1992년 10월 28일은 외할아버지라면 단호하게 이단이라고 꾸짖었을 기독교의 한 광신적 종파 신도들이 재림예수를 영접해야 한다며 수의壽衣 같은 한복을 입고 교회에서 난리법석을 떨었던 날이었다. 이른바 다미선교회의 휴거소동으로 잘 알려진 날이다. 그날 아침까지 수업 과제물을 하기 싫었던 나는 어차피 세계의 종말이 온다면 수업이고 과제물이고 도대체 무슨 소용이 있겠냐며 배낭에다가 빵과 우유, 그리고 청하출판사에서 나온 앙드레 지드Andre Gide의 에세이집을 넣고 학교 아닌 가까운 계곡으로 도보 여행을 떠났다. 말이 여행이지 걷기 시작한 지 세 시간도 못 되어서 헉헉대기 시작했다. 그리고 마침내 도착한 계곡에서 평평하고 너른 바위를 찾아 누워 책을 펼쳐놓고 시냇물 소리와 늦가을이 주는 따사로운 햇빛을 즐겼다. 추수 무렵이라 지나가던 농부들이 고개를 갸웃거리며 날 이상하게 쳐다볼 법도 했다. 아, 그때, 가을의 마지막 햇빛이 주던 소란스러운 감촉을 결코 잊을 수 없으리라. 그로부터 거의 이십여 년이 지나 이 둘의 추억과 아련하면서도 질긴 방식으로 얽히고설킨 끝에 이 책을 쓰게 되었다.

개인적으로는 『눈먼 자의 초상』(2010)에 이은 두 번째 책이고, 평론집이다. 서문을 제외하고 8편의 글이 묶인 『묵시록의 네 기사』는 각종 묵시록 서사와 담론, 문학과 정치 논의, 유토피아에 대한 비평 등 사뭇 이질적으로 보이지만 모두 묵시록이라는 하나의 키워드가 관통하는 책이다. 원래 과학소설에 대한 글들도 넣을 계획이었으나, 과학소설에 대해서는 시간을 들여 새 책으로 내는 것이 낫겠다는 생각이 들었다. 분량은 줄었는데, 시간과 품은 많이 들게 되었다. 이 년 전에 공언하고 지금에서야 책을 냈으니, 좀 송구스럽다.

묵시록 서사는 보통 과학소설의 하위 장르로 받아들여지고 있지만, 한국소설의 맥락에서 지금까지 독자에게 선보인 과학소설은 묵시록과는 약간 다르게 별도의 독립적인 서사로 인정하는 것이 더 나아 보인다는 게 지금 드는 생각이다. 장르적으로 겹치는 만큼이나 구분할 필요가 있다는 말이다. 그렇다고 과학소설이 묵시록과 무관한 서사 장르라는 뜻은 결코 아니다. 유토피아와 디스토피아, 소망충족과 현실원칙이 갈등과 긴장, 타협을 통해 서사적 형식을 이루는 데서 과학소설과 묵시록은 가족 유사성이 강한 서사로 함께 묶인다.

2000년대 전후로 한국소설은 기존의 문학 범주에 포섭되지 않았거나 바깥으로 밀려났던 다양한 문학적 장르의 시도와 확산을 꾀하고 있다. 과학소설과 묵시록, 판타지 등 한국문학에서 그동안 장르 문학 등 주변적인 장르로 불려왔던 문학작품들이 자신의 목소리를 찾고 뛰어난 작품성으로 한국문학의 영역을 폭넓고 풍요롭게 하고 있다. 아직은 많은 작품들이 나온 것은 아니며, 작품의 수준 또한 일정 이상의 성취를 이룬다고 판단하기는 이르지만, 과학소설과 묵시록 등의 하위 문학의 등장 그 자체는 문제적이며 고무적이다. 그동안 한국소설은 리얼리즘 서사에서 우수한 문학적 성취를 일구어왔으며, 그것은 확실히 한국소설의 중요한 성과라고 지칭할 만했다. 하지만 현실에 대한 해석과 접근의 측면에서 리얼리즘이 본의 아닌 규율과 법칙으로 다른 문학의 가능성에 억압적인 기제로 작용한 측면도 더러 없지는 않았다. 장르적인 혼효와 습합을 통한 소설 미학의 갱신, 리얼리티의 확대로서의 환상의 세계에 대한 진지한 탐험, 현재의 연장 또는 단절로서의 미래에 대한 대안적인 상상력 등은 그동안 한국소설에서 리얼리즘의 규약이라는 현실원칙에 얽매여 한낱 '백일몽'과 같은 잔여물로 취급되는 경향이 있었다. 이에 대한 조심스러운 의문으로부터 출발한『묵시록의 네 기사』가 한국문학에 대한 이해의 지평을 확대하는 데 조그만 비평적 기여를 할 수 있기를 바란다.

『묵시록의 네 기사』는 근래에 들어 급부상하기 시작한 묵시록 서사, 재난 서사 등의 발생적 기원을 한국의 정치, 사회, 경제, 문화 등 다양한 심급과 맥락을 통해 두루 살피는 글들로 묶여 있다. 나는 한국의 뛰어난 묵시록적 블록버스터인 장준환 감독의 〈지구를 지켜라!〉를 밑그림 삼아 묵시록 서사의 하위 종인 듀나·윤이형의 좀비 묵시록, 주원규의『망루』와 같은 혁명적 천년왕국의 서사, 김현영·김애란·김사과·박민규·조하형·황정은 등의 여러 묵시록 서사나 재난 서사를 분석했다. 아울러 나는 비단 소설과 같은 내러티브뿐 아니라, 최근 국내의 인문학 담론에까지 강한 파급력을 행사하는 동시대의 정치적·철학적인 묵시록 담론을 함께 분석했다. 2부에 실린 글로, 파국의 사상가로도 불릴 수 있는 카를 슈미트, 마르틴 하이데거에 대한 글은 그렇게 나오게 되었다. 그리고 한국문학과 비평의 영역에서 소홀히 취급되어온 미래 또는 유토피아에 대한 사유를 최인석의 소설과 임철규의 비평을 통해 살펴본 글도 함께 실었다.『묵시록의 네 기사』는 문학 텍스트에 대한 비평의 영역을 넓히고 깊이를 심화하는 방편으로 정치학, 철학, 정신분석 등 인접 학문과의 만남을 꾀했다. 그리고 외국 이론의 적용을 넘어 비판과 위기, 진단의 뜻을 두루 갖고 있는 형용사 'critical'에 맞게 비평의 지평을 넓히려 시도했다. 종종 그렇듯이 이런 시도에 기다렸다는 듯 냉소를 보내는 경우가 적지 않다. 이론적이라는 것인데, 이론이 문학이든 현실이든 근본을 따져 묻는 일이라면 이 책이 조금은 이론적일 수 있겠다. 하지만 작품을 이론의 형틀에 끼워 난해한 문장으로 주리 튼다는 식으로 심술부리실 예정이라면, 미리 사양하겠다. 나는 '이론'을 근본을 되묻는 일로 생각한다. 어떤 문학비평가가 문학 그 자체에 근본적인 의심을 보낼 수밖에 없게 되는 긴장된 상황과 직면하게 될 때, 그/그녀는 이론적일 수밖에 없다. 이 책에서 마주치는 인용과 주석에 괜한 트집을 잡지 않는다면, 나는 어려운 내용을 명료하게 쓰려고 노력했다. 어려운 내용을 쉽게 쓴다는 말, 아무렇게나 쉽게 뱉는 이 말은 곰곰이 따져보면 도대체 무슨 뜻인지를 도무지 종잡을 수 없는 말이기도 하다. 문제라면 정작 다음이 문제일 텐데, 내가 이 책에서 서투르게나마 시도한 읽기의 몽타주는 현실적·지적 상황에 개입하는 정치적 비평의 한 시도다. 독자 여러분의 아낌없는 질정을 바란다.

　　글을 쓰면서 감사드릴 분들이 많아졌다. 2008년부터 2011년까지, 나는 한국예술종합학교, 한신대학교, 중앙대학교의 학부와 대학원, 자유예술캠프, 문지문화원 '사이', 수유너머 N 등이 개최한 강좌에서 만난 많은 분들과 흥미로운 대화를 나눴다. 함께 술을 마시고 토론하고 이메일로 생각을 주고받은, 일일이 이름을 밝힐 수 없는 그분들에게 이 자리에서 감사의 인사를 전하고자 한다. 자음과모음의 강병철 사장님, 정은영 주간님은 내가 글을 쓸 수 있도록 물심양면으로 지원을 아끼지 않으셨다. 4년 남짓 동고동락해온『자음과모음』의 황광수, 심진경 편집위원 선생님은 가장 가까이서 따뜻하게 내 글을 읽고 날카롭게 논평해주셨다. 모두들 감사드린다. 또, 나만큼이나 전멸과 파국의 상상력에 매혹된 박해천, 문강형준, 최정우 선생님, 이 뛰어난 지성들과 나눴던 즐거운 대화가 지금도 기억에 많이 남는다. 물론 동의하지는 않겠지만, 이분들과 함께 파국의 상상력을 공유하는 '묵시록의 네 기사' 클럽이나 계 모임이라도 만들고 싶다. 이 자리에서 세 분 선생님께 고마움을 표하고 싶다. 책의 의도를 정확히 간파하고 더할 나위 없이 매력적인 표지를 만들어주신 워크룸의 김형진 디자이너, 꼼꼼하게 편집을 해주고 번다한 문제를 처리해준 자음과모음의 편집부 한승희, 이혜영, 문여울 님에게도 감사의 인사를 드린다.

종종 농담으로 파국의 상상력은 독신자의 산물일지 모른다고 말하곤 했다. 슬로베니아의 인더스트리얼 그룹 라이바흐Laibach의 묵시록적 앨범 〈W.A.T We Are Time〉(2003)를 반복해 들으면서 나는 저녁 창밖 황혼의 풍경을 온통 파국의 빛깔로 덧칠하곤 했다. 점점 고조되어가던 파국의 환상은, 그러나, 단 한마디 말의 침투로 허무하게 깨져버리곤 했다.

"아빠, 뭐 해?"

그래서 무엇보다도 내 최고의 희망이라고는 감히 말할 수 없겠지만 너희들이 너희들 자신에게 최고의 희망일 윤서와 현서, 나의 두 딸에게 이 책을 바친다. 너희들에게 나쁜 세상을 대물림하는 것 같아 마음이 착잡하다. 그리고 두 딸을 나의 희망으로 낳아주고 키워준 아내 민주에게는 늦었지만 미안하고도 고마운 마음으로 장미 한 송이를 건넨다. 이 책이 억압받는 자들이 소중히 상상할 미래에 최소한 걸림돌이 되지 않기를 바라고 또 바라면서.

첨탑 끝으로 겨울의 푸른 하늘이 까마득히 달아나는
2011년의 마지막 날
복도훈

발표 지면

1부

「묵시록의 아이러니: 묵시록의 네 기사 (1)」, 『자음과모음』 2010년 가을호.
「적이 없는 세계의 적: 묵시록의 네 기사 (2)」, 『자음과모음』 2010년 겨울호.
「저울에 대하여: 묵시록의 네 기사 (3)」, 『자음과모음』 2011년 여름호.
「"내 최고의 희망으로부터 태어날……": 묵시록의 네 기사 (4)」, 『자음과모음』 2011년
　　가을호.

2부

「사람을 먹지 않은 아이를 구할 수 있을까—듀나와 윤이형의 좀비소설로 읽은 묵시록과
　　유토피아」, 『자음과모음』 2008년 가을 창간호(이 글은 「초자아여, 안녕!」으로
　　발표되었다).
「세계의 끝, 끝의 서사—2000년대 한국소설의 재난의 상상력과 그 불만」, 『자음과모음』
　　2011년 가을호(이 글은 보다 짧은 형태로 『인문학연구』 제42집, 조선대학교
　　인문학연구원, 2011에 실렸다).
「대지와 파국—카를 슈미트와 마르틴 하이데거를 통해 다시 읽는 문학의/과 정치」,
　　2011년도 계명대학교 인문과학연구소 정기학술심포지엄 '문학과 정치', 2011년
　　5월 13일 발표문(이 글은 보다 짧은 형태로 『인문학연구』 제45집, 계명대학교
　　인문과학연구소, 2012에 실렸다).
「미래에서 오는 문학—최인석 장편소설 『나의 아름다운 귀신』과 임철규 비평집 『왜
　　유토피아인가』에 대하여」, 『시작』 2009년 봄호.